WIRTSCHAFT
bei ueberreuter

Sigrid Born
Nicole Würth

ZDF WISO

Mein Recht

REDLINE WIRTSCHAFT
bei ueberreuter

Die Deutsche Bibliothek – CIP-Einheitsaufnahme

Born, Sigrid
WISO Mein Recht : Das Wichtigste aus den Bereichen Arbeitsrecht, Mietrecht, Familienrecht, Erbrecht, Verkehrsrecht, Baurecht
Sigrid Born / Nicole Würth.–
Frankfurt/Wien: Redline Wirtschaft bei Ueberreuter, 2002
ISBN 3-8323-0899-7

Unsere Web-Adressen:

http://www.redline-wirtschaft.de
http://www.redline-wirtschaft.at

1 2 3 / 2004 2003 2002

Umschlag: INIT, Büro für Gestaltung, Bielefeld
unter Verwendung eines Bildes der Bildagentur Getty Images, München

Druck: Landesverlag Druckservice, Linz
Printed in Austria

Das bietet WISO Mein Recht

Vorwort

Auch wenn es viele nicht glauben: Fast jeder von uns wird tagtäglich mit juristischen Situationen konfrontiert – oft ohne es richtig zu bemerken: Jeder Einkauf beim Bäcker, jedes Benutzen der Straßenbahn bedeutet genau genommen den Abschluss eines Vertrags mit allen rechtlichen Folgen, die das Bürgerliche Gesetzbuch kennt. Hinzu kommen Verträge, die wir bewusst eingehen, wie etwa die gebuchte Urlaubsreise, die Beauftragung des Handwerkers, der Kauf einer Waschmaschine oder der Bau eines Hauses. Diese Rechtsgeschäfte ziehen spürbar rechtliche Konsequenzen nach sich, und zwar immer dann, wenn etwas schief geht.

Das vorliegende Buch erklärt Ihnen in groben Zügen und leicht verständlich, welche Rechte Sie bei immer wieder vorkommenden, alltäglichen Situationen haben. Außerdem soll dieser Ratgeber Sie davor schützen, voreilig zu handeln. Denn schon eine einzige falsche Entscheidung kann langwierige Streitigkeiten und Auseinandersetzungen nach sich ziehen, die auch ein Fachmann kaum wieder ausbügeln kann.

„WISO Mein Recht“ richtet sich ausschließlich an den Verbraucher, nicht an Juristen. Für Letztere gibt es Literatur, die weiter in die Tiefe geht und gespickt ist mit juristischer Fachterminologie. Dieses Buch soll hingegen ein Nachschlagewerk sein, ein täglicher Begleiter, mit dem Sie sich einen ersten Überblick über gängige Rechtsprobleme verschaffen können – und dies alles in einer für den Verbraucher verständlichen, einfachen Sprache. „WISO Mein Recht“ ersetzt zwar im Einzelfall nicht den fachkundigen Rat eines Rechtsanwalts. Es soll Ihnen aber helfen, sich mit einem Basiswissen auszustatten, und es Ihnen damit leichter machen, Ihre Probleme rechtlich einordnen zu können. Musterbriefe und Tabellen geben Ihnen Hilfestellung im Umgang mit dem „Gegner“. In den einzelnen Kapiteln finden Sie außerdem Literaturtipps und Adressen, bei denen Sie sich weitere, tiefergehende Informationen beschaffen können.

Wir danken unseren Kollegen Thomas J. Kramer, Angelika Breinich und Herrn Rechtsanwalt Axel Breuckmann für ihre wertvolle Unterstützung und die reibungslose Zusammenarbeit. Alle drei haben durch ihre umfangreichen Recherchen und ihr großes Fachwissen entscheidend zum Gelingen des Ratgebers beigetragen.

Sigrid Born
Nicole Würth

I. Arbeit und Beruf

1. Arbeitsunfähigkeit

Beispiel: Freizeitspaß während der Krankmeldung

Sabine Mertens ist begeisterte Sportlerin. Umso schlimmer trifft sie es, als sie sich beim Joggen den Fuß verstaucht. Der Arzt diagnostiziert einen Bänderriss. Sie bekommt Krücken und wird erst einmal krankgeschrieben. Zwei Wochen kann sie nun nicht zur Arbeit in einem Friseursalon gehen. Da ihr zu Hause die Decke auf den Kopf fällt, lässt sie sich von ihrem Mann ins Schwimmbad fahren. Sie kann zwar nicht baden, aber es tut ihr gut, in der Sonne zu liegen und auszuspannen. Am nächsten Morgen bekommt sie einen Anruf von dem Saloninhaber. Eine Kollegin hat sie gesehen und ihre Beobachtungen brühwarm dem Chef weitergetragen. Dieser ist total verärgert. Wer sich in die Sonne legen könne, der könne auch arbeiten.

Bedeutung der Krankmeldung

Wer arbeitsunfähig ist und nicht am Arbeitsplatz erscheinen kann, muss dies unverzüglich seinem Chef mitteilen. Denn immerhin muss der Arbeitgeber für die betriebliche Organisation sorgen und zusehen, dass alle Aufgaben in dem Unternehmen ordnungsgemäß und fristgerecht erfüllt werden. Arbeitnehmer, die einfach nicht am Arbeitsplatz erscheinen, gefährden deshalb den Arbeitsablauf im Unternehmen. Sie riskieren eine Abmahnung und im schlimmsten Fall auch eine Kündigung. Um den Arbeitsplatz nicht aufs Spiel zu setzen, sollte deshalb jeder wissen, wie man sich richtig krankmeldet und wie man sich in der Zeit der Arbeitsunfähigkeit richtig verhält.

Anzeigepflicht

Zunächst einmal muss jeder Arbeitnehmer die Arbeitsunfähigkeit unverzüglich dem Chef mitteilen. Falls ein Arzt den Beschäftigten krankschreibt, sollte dieser den Arbeitgeber erneut anrufen und die Dauer der Arbeitsunfähigkeit mitteilen. So kann sich der Vorgesetzte frühzeitig auf das Fehlen einstellen und die betriebliche Organisation darauf ausrichten. Wer die Arbeitsunfähigkeit nicht oder nicht rechtzeitig anzeigt, der hat eine arbeitsvertragliche Nebenpflicht verletzt. Der Arbeitgeber kann dann vorübergehend eine mögliche Entgeltfortzahlung verweigern, eine Abmahnung aussprechen oder je nach Einzelfall sogar kündigen. Kann er auf Grund Ihres Fehlverhaltens nicht rechtzeitig für eine Vertretung sorgen, machen Sie sich unter Umständen schadenersatzpflichtig.

WISO rät: Rufen Sie bereits zum Zeitpunkt des üblichen Arbeitsbeginns Ihren Chef oder die Personalabteilung an und informieren Sie diese über die Erkrankung. Nicht ausreichend ist demgegenüber die Mitteilung an einen Arbeitskollegen, die Telefonzentrale oder den Pförtner.

Zu Beweiszwecken sollten Sie außerdem eine Notiz darüber anfertigen, wen Sie wann über die Arbeitsunfähigkeit informiert haben.

Sind Sie selbst auf Grund Ihrer Erkrankung nicht in der Lage, dem Arbeitgeber die Arbeitsunfähigkeit mitzuteilen, müssen Sie gegebenenfalls Verwandte oder Freunde beauftragen, mit dem Arbeitgeber Kontakt aufzunehmen. Aber Vorsicht: Das Übermittlungsrisiko tragen Sie dabei. Deshalb nur zuverlässige Personen auswählen.

Beachten Sie: Das bloße Absenden der Arbeitsunfähigkeitsbescheinigung, die erst am nächsten Tag mit der Post beim Arbeitgeber eingeht, reicht zur unverzüglichen Anzeige der Erkrankung nicht aus.

Nicht jede Erkrankung bedeutet zugleich den Eintritt der Arbeitsunfähigkeit. Das heißt, selbst jemand, der krank ist, muss unter Umständen am Arbeitsplatz erscheinen. Ob auf Grund einer Krankheit zugleich auch Arbeitsunfähigkeit vorliegt, ist stets eine Frage des Einzelfalles und kann nicht generell beantwortet werden. Wer beispielsweise einen Bildschirmarbeitsplatz hat und sich beim Sport eine leichte Fußprellung zuzieht, der ist unter Umständen krank, aber nicht arbeitsunfähig. Arbeitsunfähigkeit liegt nur dann vor, wenn der Arbeitnehmer die ihm aus dem Arbeitsvertrag obliegende Arbeitsleistung auf Grund der Krankheit objektiv nicht erbringen kann.

Indizien für eine Arbeitsunfähigkeit liegen beispielsweise vor, wenn

- Sie Ihre Arbeitsleistung nur auf die Gefahr hin erbringen können, dass sich Ihr Gesundheitszustand verschlechtert,
- Sie die Arbeit nur unter großen Schmerzen verrichten können,
- der Arzt bei Ihnen häusliche Heilbehandlung angeordnet hat,
- Ansteckungsgefahr für Dritte besteht,
- ein rechtmäßiger Schwangerschaftsabbruch durchgeführt wurde.

In unserem Ausgangsfall ist davon auszugehen, dass Sabine Mertens nicht nur krank, sondern auch arbeitsunfähig war, denn als Friseurin arbeitet sie im Stehen, und gerade das kann sie bei einem Bänderriss nicht.

Zu beachten ist im Zusammenhang mit der Arbeitsunfähigkeit auch, dass diese nicht automatisch dadurch eintritt, dass der Beschäftigte infolge der Erkrankung den Arbeitsweg nicht zurücklegen kann, soweit er auf andere Weise zu dem Arbeitgeber gelangen kann. Ist eine andere Person für den Eintritt Ihrer Arbeitsunfähigkeit verantwortlich, so müssen Sie als Arbeitnehmer auf Verlangen die erforderlichen Angaben hierzu machen, da entsprechende Schadenersatzansprüche nach dem Entgeltfortzahlungsgesetz auf den Arbeitgeber übergehen können.

Nachweispflicht

Dauert die Arbeitsunfähigkeit länger als drei Kalendertage, muss die Erkrankung dem Arbeitgeber nicht nur angezeigt, sondern auch nachgewiesen werden. Spätestens am vierten Tag muss dem Vorgesetzten dann eine ärztliche Bescheinigung vorliegen. Fällt der vierte Tag auf einen Sonn- oder Feiertag, an dem in Ihrem Betrieb üblicherweise nicht gearbeitet wird, so ist die Bescheinigung erst am darauf folgenden Tag zu erbringen. Auch hier kann die Arbeitsunfähigkeitsbescheinigung von Familienangehörigen oder Freunden überbracht werden, wenn Sie selbst auf Grund der Erkrankung nicht dazu in der Lage sind. Sie können auch ein Fax schicken, wobei Sie dann allerdings das Original der Bescheinigung per Post nachsenden müssen. Vorsicht: Manche Arbeitgeber verlangen die Arbeitsunfähigkeitsbescheinigung nicht erst nach dem dritten Tag der Erkrankung, sondern schon ab dem ersten Tag. Das ist durchaus legitim. Verspäten Sie sich mit der Überbringung der Arbeitsunfähigkeitsbescheinigung beim Arbeitgeber, kann dieser die Entgeltfortzahlung wegen krankheitsbedingter Arbeitsunfähigkeit so lange verweigern, bis die ärztliche Bescheinigung vorliegt. Der Anspruch auf Entgeltfortzahlung geht dadurch aber grundsätzlich nicht verloren. Der Arbeitgeber muss das Entgelt ab dem ersten Tag der Arbeitsunfähigkeit nachzahlen. Wie bei der Anzeigepflicht handelt es sich bei der Nachweispflicht aber um eine vertragliche Nebenpflicht, bei deren Verletzung Sie unter Umständen mit einem Schadenersatzanspruch, einer Abmahnung oder einer Kündigung rechnen müssen. Wer Risiken vermeiden möchte, sollte sich unbedingt bereits für den ersten Tag der Arbeitsunfähigkeit eine entsprechende ärztliche Bescheinigung ausstellen lassen.

Arbeitsunfähigkeitsbescheinigung

Die ärztliche Arbeitsunfähigkeitsbescheinigung darf normalerweise keine Angaben zur Erkrankung enthalten. Inhalt ist neben einigen Formalien lediglich das Datum der Feststellung der Arbeitsunfähigkeit und die voraussichtliche Dauer der Erkrankung. Über die Art und Ursache der Erkrankung muss der Beschäftigte den Arbeitgeber nur in Ausnahmefällen aufklären, beispielsweise dann, wenn er eine ansteckende Krankheit hat. Nur so kann der Arbeitnehmer Schutzmaßnahmen für andere Mitarbeiter ergreifen. Eine Rückdatierung der Bescheinigung durch den Arzt ist nur ausnahmsweise und in der Regel nur bis zu zwei Tagen zulässig.

WISO rät: Entbinden Sie den Arzt mit Ausnahme gerichtlicher Anweisungen niemals von der ärztlichen Schweigepflicht. Verlangt der Arbeitgeber eine solche Entbindungserklärung oder ein Attest über die Art der Erkrankung, sollten Sie zunächst Rechtsrat bei der Gewerkschaft oder einem Rechtsanwalt einholen. Häufig fordert der Arbeitgeber diese Erklärung nämlich nur, um eine krankheitsbedingte Kündigung vorzubereiten.

Gehaltsfortzahlung während der Erkrankung

Für die Dauer der Arbeitsunfähigkeit hat der Arbeitnehmer in der Regel einen Anspruch auf Entgeltfortzahlung. Das bedeutet, dass der Arbeitgeber den Lohn weiter zahlen muss, obwohl der Angestellte nicht arbeiten kann. Aber Vorsicht: Die Erkrankung muss die alleinige Ursache der Verhinderung sein, ansonsten geht der Beschäftigte leer aus. Außerdem gibt es das Gehalt nur dann weiter, wenn das Arbeitsverhältnis bereits länger als vier Wochen ununterbrochen andauerte. Wer also zum Zeitpunkt der Arbeitsunfähigkeit beispielsweise nur zwei Wochen bei seinem Arbeitgeber tätig war, bekommt erst ab der fünften Woche Entgeltfortzahlung. Für die Zeit davor bekommt der Beschäftigte kein Gehalt bezahlt, bleibt aber dennoch dazu verpflichtet, dem Arbeitgeber die Arbeitsunfähigkeit anzuzeigen und gegebenenfalls nachzuweisen. Im Übrigen wird das Gehalt wegen derselben Erkrankung längstens für die Dauer von sechs Wochen weiterbezahlt. Der Höhe nach erhält der Arbeitnehmer entsprechend dem so genannten Entgeltausfallprinzip 100 Prozent des „normalen“ Entgelts. Entscheidend sind dafür grundsätzlich die Bruttobezüge einschließlich der Anteile an der Sozialversicherung. Überstunden, die der Beschäftigte gewöhnlich macht, werden jedoch bei der Berechnung des fortzuzahlenden Arbeitsentgeltes nicht berücksichtigt. Für den Anspruch auf Entgeltfortzahlung spielt es übrigens keine Rolle, ob das Entgelt in dem Arbeitsvertrag als Lohn, Gehalt, Vergütung, Verdienst, Arbeitsentgelt oder in sonstiger Weise bezeichnet ist. Entscheidend ist allein, dass der Arbeitgeber es als Gegenleistung für seine Arbeit sowie nicht als „Einmalzahlung“ erbringt. Handelt es sich allerdings um Sonderleistungen wie Weihnachts- oder Urlaubsgeld, kann der Arbeitgeber berechtigt sein, die Höhe der Entgeltfortzahlung entsprechend zu kürzen.

Nach Ablauf des gesetzlichen Sechs-Wochen-Zeitraums zahlt der Arbeitgeber das Gehalt nicht mehr weiter. Mit leeren Händen steht der Arbeitnehmer aber auch dann nicht da: Er bekommt zunächst unbegrenzt von der Krankenkasse Krankengeld, und zwar in Höhe von 70 Prozent des Arbeitsentgelts. Der Anspruch auf Krankengeld besteht übrigens auch während der vierwöchigen Wartefrist nach Aufnahme des Arbeitsverhältnisses, in der der Beschäftigte keinen Anspruch auf Entgeltfortzahlung hat.

Unabhängig von der Sechs-Wochen-Frist endet die Weiterzahlung des Gehalts in jedem Fall mit dem Ende der Arbeitsunfähigkeit oder trotz fortbestehender Arbeitsunfähigkeit, wenn das Arbeitsverhältnis wirksam endet. Aber: Hat der Arbeitgeber gerade die Arbeitsunfähigkeit zum Anlass für eine wirksame ordentliche Kündigung genommen, kündigt er also im weiteren Sinn krankheitsbedingt, bleibt der Anspruch auf Entgeltfortzahlung bestehen. Gleiches gilt bei einer (wirksamen) außerordentlichen Kündigung durch den Arbeitnehmer selbst.

Generell ausgeschlossen ist die Entgeltfortzahlung, wenn der Arbeitnehmer die Arbeitsunfähigkeit selbst verschuldet hat. Gleiches gilt, wenn eine unverschuldete Erkrankung durch sein schuldhaftes Verhalten erschwert oder verlängert wird und dadurch

die Arbeitsunfähigkeit erst eintritt oder ihre Dauer verlängert wird. Hat der Arbeitgeber das Gehalt zunächst weitergezahlt und erst im Nachhinein erfahren, dass die Arbeitsunfähigkeit selbst verschuldet worden ist, so kann er den zu viel bezahlten Lohn wieder zurückverlangen. Von einem Verschulden gehen die Gerichte aber erst bei grober Fahrlässigkeit oder vorsätzlicher Herbeiführung der Erkrankung aus. Ein leicht fahrlässiges Verhalten, wie es meist bei Sportunfällen vorliegt, reicht dafür noch nicht aus. Anders kann es aber aussehen, wenn sich der Arbeitnehmer die Verletzung bei der Ausübung einer außergewöhnlich gefährlichen Sportart zugezogen hat. Dazu zählen etwa Sportarten wie Kickboxen und Bungee-Springen. Als nicht ausreichend gefährlich hingegen wurden von der Rechtsprechung Boxen, Drachenfliegen, Fallschirmspringen, Fußball, Karate, Motorradrennen, Skilaufen, Skispringen und Crossbahnrennen erachtet. Wer Sport trotz schlechter, aber notwendiger Ausrüstung oder bei einem schlechten Zustand der Sportanlage ausübt, kann die Arbeitsunfähigkeit jedoch auch bei ansonsten weniger gefährlichen Sportarten schuldhaft herbeigeführt haben. Gleiches gilt im Falle einer fehlenden Eignung für die ausgeübte Sportart. In diesen Fällen kann der Arbeitgeber die Entgeltfortzahlung verweigern. Der Anspruch auf Entgeltfortzahlung während der Arbeitsunfähigkeit kann außerdem auch dann noch wegfallen, wenn der Arbeitnehmer einen Verkehrsunfall verursacht hat und deshalb erkrankt ist. Das schuldhafte Verhalten muss aber grundsätzlich der Arbeitgeber darlegen und beweisen.

Als schuldhaftes Fehlverhalten im Straßenverkehr wurden von der Rechtsprechung beispielsweise folgende Fälle angesehen:

- Benutzung eines nicht verkehrssicheren Fahrzeugs
- Nichtanlegen des Sicherheitsgurts
- Unfall auf Grund abgefahrener Reifen
- Zu schnelles Fahren bei Glatteis, bei Nebel, Dunkelheit oder starkem Regen
- Unfälle unter Alkoholeinfluss
- Verkehrswidriges Überqueren der Straße
- Mitfahren in einem Kraftfahrzeug, wenn der Fahrer erkennbar unter Alkohol- oder Drogeneinfluss steht
- Fahren ohne Licht in der Dunkelheit
- Überanstrengung wegen zu langen Fahrens
- Falsches Überholen
- Grobe Vorfahrtsverletzung
- Fehlendes Tragen eines Schutzhelmes
- Einnahme von Medikamenten, die die Reaktionsfähigkeit herabsetzen

WISO rät: Im Falle einer gerichtlichen Auseinandersetzung sollten Sie den Anspruch auf Entgeltfortzahlung als solchen geltend machen und der Höhe nach genau beziffern. Lassen Sie sich mit der Geltendmachung nicht allzu viel Zeit, da der Entgeltfortzahlungsanspruch möglicherweise tarif- oder arbeitsvertraglichen Ausschlussfristen unterliegt.

Die Vorschriften des Entgeltfortzahlungsgesetzes können grundsätzlich nicht zu Ungunsten des Arbeitnehmers abgeändert werden. Enthält Ihr Arbeitsvertrag also beispielsweise Regelungen, die eine Verkürzung der sechswöchigen Anspruchsdauer oder eine Begrenzung der Entgeltzahlung der Höhe nach vorsehen, so sind diese unwirksam. Das gilt auch, wenn es sich um Vereinbarungen handelt, nach denen die Arbeitsunfähigkeit von einem von Ihrem Arbeitgeber zu bestimmenden Arzt nachzuprüfen ist oder der Entgeltfortzahlungsanspruch von einer bestimmten Dauer Ihrer Betriebszugehörigkeit abhängen soll. Aber: Geht es darum, dass eine von der gesetzlichen Regelung abweichende Bemessungsgrundlage für die Berechnung Ihres Entgeltfortzahlungsanspruches gelten soll, kann ein Tarifvertrag auch eine für Sie ungünstigere Regelung vorsehen.

Fortsetzungserkrankung

Wenn der Arbeitnehmer nach Ablauf der Arbeitsunfähigkeit wegen derselben Krankheit erneut arbeitsunfähig wird, liegt eine Fortsetzungserkrankung vor. Der Anspruch auf Entgeltfortzahlung ist dann eingeschränkt. In einem solchen Fall wird das Gehalt für alle einzelnen Zeiten der Arbeitsunfähigkeit zusammen ebenfalls nur für insgesamt sechs Wochen gezahlt. Die wiederholte Erkrankung muss allerdings auf denselben Grundlagen beruhen wie die Vorerkrankung beziehungsweise auf dieselbe chronische Veranlagung zurückzuführen sein. Litt der Arbeitnehmer beispielsweise an einer Infektionskrankheit und kommt es wegen fehlenden Ausheilens zu einem Rückfall, steht ihm grundsätzlich kein neuer Anspruch auf Entgeltfortzahlung zu. Etwas anderes gilt bei Wiederholungserkrankungen. Hierzu gehören Fälle von nacheinander auftretender Arbeitsunfähigkeit, die auf verschiedenen Erkrankungen beziehungsweise verschiedenen Ursachen beruhen.

Wer also im März/April die Grippe hatte und im Mai erneut daran erkrankt, dem steht wieder ein Anspruch auf Entgeltfortzahlung bis zu sechs Wochen zu. Aber: War die erste Grippe noch nicht gänzlich auskuriert und erkrankt der Arbeitnehmer noch während der bestehenden Arbeitsunfähigkeit an einer schweren Erkältung, läuft die Sechs-Wochen-Frist weiter.

Zwei Ausnahmen vom Grundsatz der eingeschränkten Entgeltfortzahlung bei Fortsetzungserkrankungen gibt es aber. Der Arbeitnehmer hat nämlich einen Anspruch auf Entgeltfortzahlung nur, wenn zwischen zwei Arbeitsunfähigkeitszeiträumen sechs Monate liegen. Wer also beispielsweise im oben genannten Beispielsfall in den Monaten März/April sechs Wochen lang wegen einer Infektionskrankheit ausfiel und im November/Dezember einen sechswöchigen Rückfall erleidet, der hat erneut den vollen Anspruch auf Entgeltfortzahlung. Daran könnte auch eine zwischenzeitlich aufgetretene andere Krankheit nichts ändern. Ebenso entsteht ein erneuter Anspruch auf Entgeltfortzahlung für sechs Wochen nach Ablauf von zwölf Monaten seit Beginn der ers-

ten Arbeitsunfähigkeit im Rahmen der Fortsetzungserkrankung. Das gilt selbst dann, wenn zwischen den verschiedenen Phasen der Arbeitsunfähigkeit keine sechs Monate liegen. Erleidet der Beschäftigte folglich im Infektionsbeispiel einen jeweils sechswöchigen Rückfall im September/Oktober sowie im April/Mai des darauf folgenden Jahres, muss der Arbeitgeber das Gehalt weiterzahlen.

Pflicht zu genesungsförderndem Verhalten

Während der Arbeitsunfähigkeit hat jeder Arbeitnehmer die Pflicht zum genesungsfördernden Verhalten. Alles, was die Genesung verzögert oder gefährdet, muss der Beschäftigte unterlassen. Verstößt er gegen den Grundsatz des gesundheitsfördernden Verhaltens, riskiert er unter Umständen die Gehaltsfortzahlung, eine Abmahnung und eventuell sogar eine Kündigung.

Hat der Arbeitgeber Zweifel am Bestehen der Arbeitsunfähigkeit, kann er auch den Medizinischen Dienst der Krankenkasse einschalten. Der Arbeitnehmer ist dann verpflichtet, sich einer amtsärztlichen Untersuchung zu unterziehen.

WISO rät: Halten Sie sich unbedingt an ärztliche Anweisungen. Je nach Art der Erkrankung bedeutet das zwar nicht, dass Sie den ganzen Tag Bettruhe halten müssen oder das Haus nicht verlassen dürfen. So können Sie sich unter Umständen in der Öffentlichkeit bewegen, verreisen oder sogar einer Nebentätigkeit nachgehen, wenn der Heilungsprozess dadurch nicht gefährdet wird. Aber Vorsicht: Gerade wenn Sie verreisen wollen, sollten Sie sicherheitshalber den Arzt befragen, ob dies Ihre Krankheit zulässt. Gleiches gilt, wenn Sie eine Nebentätigkeit ausüben wollen. Hier sollten Sie den Arzt außerdem genau darüber informieren, wie Ihre Nebentätigkeit aussieht. Nur so kann er auch beurteilen, ob diese Arbeit der Genesung schadet. Ähnelt die Tätigkeit der, die Sie bei Ihrem Arbeitgeber ausüben, sollten Sie ohnehin darauf verzichten. Ärger mit dem Vorgesetzten ist in solchen Fällen fast immer vorprogrammiert.

Krank im Urlaub

Vielleicht ist es Ihnen auch schon einmal so ergangen: Sie erkranken während Ihres Urlaubes und befürchten nun, Ihre wohlverdienten Urlaubstage im Bett verbringen zu müssen. Hier gibt es allerdings keinen Grund zur Verzweiflung: Erkranken Sie während des Urlaubs, werden die Tage der Arbeitsunfähigkeit, die durch ärztliches Zeugnis nachgewiesen werden, nicht auf Ihren Jahresurlaub angerechnet. Die gesetzlichen Vorschriften, die eine teilweise Anrechnung des (tariflich oder einzelvertraglich vereinbarten) Erholungsurlaubes auf die Arbeitsunfähigkeit ermöglichten, wurden zum 1. Januar 1999 aufgehoben. Beachten sollten Sie allerdings, dass bei einer Erkrankung im Ausland besondere Anforderungen an Ihre Anzeige- und Nachweispflichten gestellt werden. So müssen Sie zur Benachrichtigung immer die schnellstmögliche Art der

Übermittlung wählen. Außerdem müssen Sie Ihre Rückkehr dem Arbeitgeber und der Krankenkasse unverzüglich anzeigen. Wichtig ist dies auch für mögliche Entgeltfortzahlungsansprüche.

2. Abmahnung

Beispiel: Schon wieder zu spät!

Michael Müller wollte an diesem Montag wirklich pünktlich am Arbeitsplatz erscheinen. Aber dann kam wieder einmal alles anders: Der Wecker klingelte nicht und anschließend stand er auf der Autobahn auch noch im Stau. Fast eine Stunde kam er zu spät ins Büro. Der Chef war davon gar nicht begeistert, denn in den letzten Wochen war das insgesamt schon dreimal vorgekommen. Jetzt reichte es dem Vorgesetzten. „Ich mahne Sie ab“, so die Worte des Chefs. Michael Müller war davon wenig beeindruckt, denn so lange er nichts schriftlich bekam, war das doch gar nicht wirksam, oder?

Wirksame Abmahnung

Gerade in Zeiten wie diesen, in denen der Druck der Arbeitsbedingungen steigt und Personal eher abgebaut als eingestellt wird, sollte kein Arbeitnehmer eine Abmahnung seines Chefs auf die leichte Schulter nehmen. Schließlich bedeutet sie nicht nur, dass der Vorgesetzte mit den Leistungen oder dem Verhalten am Arbeitsplatz unzufrieden ist, sondern dass im Wiederholungsfall die Kündigung droht.

Damit die Abmahnung aber wirksam ist, muss sie das gerügte Verhalten so genau bezeichnen, dass der Arbeitnehmer erkennen kann, welcher Verstoß gegen seine Pflichten ihm vorgeworfen wird. Die Androhung der Kündigung muss nicht ausdrücklich erfolgen, sondern kann auch mit „rechtlichen Konsequenzen“ oder Ähnlichem beschrieben werden.

Folgende Voraussetzungen muss eine Abmahnung demzufolge enthalten:

- Sie muss die erhobenen Vorwürfe bezüglich der näheren Umstände, Zeit, Ort und beteiligten Personen genau beschreiben.
- Sie müssen darin aufgefordert worden sein, sich in Zukunft korrekt zu verhalten.
- Die Abmahnung muss den Hinweis enthalten, dass im Wiederholungsfall das Arbeitsverhältnis gefährdet ist.

Der Betriebsrat muss vor der Abmahnung übrigens nicht gehört werden.

WISO rät: Ist das beanstandete Fehlverhalten nicht genau beschrieben oder hat es Ihr Chef unterlassen, Sie künftig dazu aufzufordern, sich korrekt zu verhalten, so wäre es sicher verfehlt, triumphierend zu Ihrem Chef zu gehen und ihn auf die Unwirksamkeit der Abmahnung hinzuweisen. Die Folge wäre nur, dass Ihr Vorgesetzter eine berichtigte Abmahnung vorlegt. Halten Sie sich deshalb trotzdem genau an die Worte des Chefs und vermeiden Sie zukünftig das beanstandete Verhalten.

Eine Abmahnung kann auch mündlich ergehen

Eine Abmahnung kann mündlich oder schriftlich erteilt werden. Mündliche Abmahnungen sind jedoch nicht so gefährlich wie schriftliche. Sie tauchen in der Personalakte nicht auf und sind in der Regel nicht Grundlage für Ihren weiteren beruflichen Werdegang.

Aber Vorsicht: Sollte über die mündliche Abmahnung ein Vermerk in die Personalakte aufgenommen worden sein, hat der Arbeitnehmer sämtliche Rechtsschutzmöglichkeiten wie gegen eine schriftliche Abmahnung.

So können Sie sich zur Wehr setzen

Sind Sie der Meinung, die Vorwürfe seien falsch, so können Sie sich zur Wehr setzen. Doch aufgepasst: Wer weiter bei dem Arbeitgeber beschäftigt sein will, sollte nicht sofort beim Arbeitsgericht gegen die Abmahnung klagen, denn häufig sind Arbeitnehmer mit ihrem Vorgesetzten dann so zerstritten, dass es keinen Sinn mehr macht, in dem Unternehmen noch weiter tätig zu sein. Ist bei einer Abmahnung erkennbar, dass ein Arbeitgeber grundsätzlich bereit ist, an dem Arbeitsverhältnis festzuhalten, sollte von einer Klage abgesehen werden, um die Situation nicht zu verschärfen.

WISO rät:

- Suchen Sie mit Ihrem Chef unbedingt erst einmal ein klärendes Gespräch. Missverständnisse lassen sich so häufig aus dem Weg räumen. Vielleicht lässt er sich darauf ein, die Abmahnung zurückzunehmen und sie aus der Personalakte zu entfernen.
- Leidet eine Abmahnung offensichtlich unter formalen Mängeln, ist die Abmahnung unbeachtlich und sollte daher nicht angegriffen werden. Stützt ein Arbeitgeber eine späte Kündigung auf diese Abmahnung, erhöhen sich in diesem Fall die Chancen, eine Kündigungsschutzklage zu gewinnen.
- Ist die Abmahnung zwar berechtigt, der Sachverhalt allerdings etwas überzogen dargestellt, können Sie versuchen, Ihren Vorgesetzten wenigstens zur Berichtigung der Abmahnung zu bewegen.
- Sie haben aber auch die Möglichkeit, sich bei dem Betriebsrat über eine als unge-

recht empfundene Abmahnung zu beschweren. Sie können diesen dann dazu auffordern, seinerseits den Arbeitgeber dazu zu bringen, Abhilfe zu schaffen.

- Bleibt Ihr Chef trotzdem bei seinen Vorwürfen, empfiehlt es sich, eine Gegendarstellung zu verfassen. In Ihr sollten Sie genau aufzeigen, weshalb die erteilte Abmahnung falsch ist. Verlangen Sie außerdem, dass Ihre Gegendarstellung in die Personalakte aufgenommen wird.
- Als letzte Möglichkeit können Sie vor dem Arbeitsgericht auf Aufhebung der Abmahnung und Entfernung aus der Personalakte klagen.

Eine Abmahnung kann auch durch Zeitablauf wirkungslos werden

Hat der Arbeitgeber Ihnen eine Abmahnung erteilt, so kann diese nach einer bestimmten Zeit wirkungslos werden. Es gibt hierfür allerdings keine bestimmte Frist. Entscheidend sind die Umstände im Einzelfall. Abmahnungen wegen geringfügiger Verspätungen verlieren früher ihre Relevanz als schwerwiegendere Fehlverhalten. Trotzdem gilt: Auch wenn die Abmahnung nach einigen Jahren für eine Kündigung unerheblich ist, bleibt sie in der Personalakte. Für eine etwaige Versetzung oder Beförderung kann sie immer noch von Belang sein.

Der Arbeitgeber muss keine Fristen beachten

Eine Abmahnung kann ausgesprochen werden, wenn ein „verständiger Arbeitgeber“ für den Wiederholungsfall eine Kündigung in Erwägung ziehen würde. Allerdings muss die Abmahnung nicht unbedingt innerhalb einer bestimmten Frist erfolgen. Erhalten Sie nach einer Pflichtverletzung nicht sofort eine Abmahnung Ihres Chefs, heißt das gar nichts. Auch nach Wochen oder Monaten kann sich das Unternehmen noch zu einer Abmahnung entschließen. Andererseits sind Sie auch nicht verpflichtet, innerhalb einer bestimmten Frist gegen die Abmahnung vorzugehen. In einem späteren Kündigungsschutzprozess bleibt es Ihnen immer noch unbenommen, die Richtigkeit der Abmahnung zu bestreiten. Es ist dann Sache Ihres Arbeitgebers, zu beweisen, dass die Abmahnung zu Recht ergangen ist.

Nach wie vielen Abmahnungen droht eine Kündigung?

Grundsätzlich gilt: Je schwerer das Fehlverhalten ist, desto weniger Abmahnungen sind erforderlich. Haben Sie wiederholt in der Rauchverbotszone zur Zigarette gegriffen, wird man Ihnen sicherlich nicht gleich kündigen können. Sind Sie jedoch eigenmäch-

tig der Arbeit fern geblieben, kann eine Abmahnung genügen und beim zweiten Mal gleich die Kündigung drohen. Schwere Vertrauensverstöße (Spesenbetrug, Unterschlagung oder Diebstahl) rechtfertigen natürlich eine Kündigung ohne Abmahnung.

3. Personalakte

Beispiel: Einsichtsrecht des Arbeitnehmers

Wolfgang Schneider hat eine schriftliche Abmahnung bekommen. Sein Chef sagt ihm, dass das Fehlverhalten in der Personalakte vermerkt wird. Wolfgang Schneider besteht darauf, die Akte sehen zu dürfen. Seiner Meinung nach hat er ein Recht darauf zu wissen, was sich bislang alles über seine Person in den Unterlagen befindet. Weil er außerdem der Auffassung ist, dass die Abmahnung nicht gerechtfertigt ist, möchte er selbst eine Gegendarstellung schreiben und diese ebenfalls in die Personalakte legen. „Das wäre ja noch schöner, in die Personalakte kommen nur Vermerke des Arbeitgebers, und nicht der Angestellten", so der Chef.

Was ist eine Personalakte?

Eine Personalakte ist jede Sammlung von Unterlagen, die im Zusammenhang mit dem Arbeitverhältnis stehen, und zwar unabhängig davon, wo diese aufbewahrt werden. Eine Personalakte entsteht also schon mit dem Abschluss des Arbeitsvertrags oder einer schriftlichen Abmahnung. Ein Arbeitgeber kann daher beispielsweise einer Klage auf Entfernung einer Abmahnung aus der Personalakte nicht entgegenhalten, er führe überhaupt keine Personalakte.

Der Chef darf in die Personalakte alle Informationen aufnehmen, die eine unmittelbare Beziehung zu der ausgeübten Tätigkeit des Arbeitsnehmers haben. Dazu zählen: Angaben zu der Person wie zum Personenstand, zur beruflichen Entwicklung, zu den Fähigkeiten, Leistungen, Arbeitsunfällen, Darlehen, Pfändungen oder Lohn- und Gehaltsänderungen, Bewerbungsunterlagen. Weiterhin gehören dazu der Arbeitsvertrag, Arbeitszeugnisse, Arbeitsunfähigkeitsbescheinigungen und Personalfragebögen. Auch Unterlagen, die das Verhältnis zu Ämtern und Behörden betreffen, also Lohnsteuer- und Versicherungsunterlagen, zählen hierzu. Gleiches gilt für sonstigen Schriftverkehr zwischen Arbeitgeber und Arbeitnehmer.

Nicht in die Personalakte gehören hingegen Unterlagen und Vermerke, die keinen Bezug zur Arbeit haben. So darf der Arbeitgeber ein Strafurteil, das ein außerdienstliches Verhalten betrifft, grundsätzlich nicht der Personalakte beifügen. Auch Unterlagen vom Betriebsarzt, die der ärztlichen Schweigepflicht unterliegen, haben in der Personalakte nichts zu suchen.

Normalerweise gilt: Was einmal in der Personalakte steht, bleibt auch drin. Manche Betriebe haben aber Betriebsvereinbarungen, die bestimmen, dass eine Abmahnung nach zwei Jahren aus der Personalakte genommen wird. Einige Vorgesetzte lassen sich auch nach Ablauf einer bestimmten Zeit aus Kulanz darauf ein, einen „Ausrutscher“ aus der Personalakte zu entfernen.

Als Arbeitnehmer haben Sie Rechte

Arbeitnehmer haben jederzeit bezüglich aller Aufzeichnungen ein Einsichtsrecht. Sie können also während der Arbeitszeit in die Personalakte schauen und sich auch auf eigene Kosten Notizen und Kopien machen. Wer will, kann außerdem ein Betriebsratsmitglied hinzuziehen. Diese Person muss den Inhalt der Personalakte vertraulich behandeln. Wollen Sie sich beispielsweise ein Arbeitszeugnis ausstellen lassen und haben Sie die Befürchtung, dass dieses nicht Ihren Vorstellungen entsprechen könnte, empfiehlt es sich, einen Blick in die Personalakte zu werfen. Böse Überraschungen lassen sich so vielleicht vermeiden. Sind dort negative Vermerke notiert, können Sie über diese mit Ihrem Chef sprechen. Vielleicht lassen sich auch hier Missverständnisse beseitigen.

Neben dem Einsichtsrecht haben Arbeitnehmer auch das Recht, eigene Gegendarstellungen zum Inhalt der Personalakte abzugeben. Ihr Chef ist verpflichtet, diese der Personalakte beizufügen, und zwar auch dann, wenn er der Meinung ist, dass der von Ihnen dargestellte Sachverhalt falsch sei. Unbenommen bleibt es Ihnen natürlich auch, der Personalakte sonstige Unterlagen, wie zum Beispiel Bescheinigungen über während des Arbeitsverhältnisses erworbene Qualifikationen, beizufügen.

In unserem Beispielsfall hat Wolfgang Schneider also durchaus das Recht, die Personalakte durchzusehen und eine Gegendarstellung zu schreiben, die der Chef auch in die Personalakte aufnehmen muss.

Im Übrigen können Sie von Ihrem Arbeitgeber auch verlangen, dass er unrichtige Angaben aus der Personalakte nimmt oder sie zumindest berichtigt.

4. Kündigung

Beispiel: Schluss mit Lustig

Axel Lustig ist zufrieden. Nachdem der Servicetechniker den Weihnachtsurlaub zu einem erfolgreichen Einkaufsbummel genutzt hat, sieht er nun freudig den Feiertagen entgegen. Doch dann der Schock: Statt Weihnachtspost findet er ein Einschreiben von seinem Arbeitgeber im Briefkasten: die Kündigung – ohne Angabe von Gründen, und das nach über 20 Jahren im Betrieb! Nie hätte Lustig gedacht, dass ausgerechnet ihm

so etwas passieren könnte. Nach der ersten Schrecksekunde kommt er ins Grübeln, ob bei der Kündigung wohl alles mit rechten Dingen zugegangen ist. Schließlich war er bei Vorgesetzten wie Kollegen sehr beliebt und hatte sich im Betrieb nie etwas zu Schulden kommen lassen. Außerdem ist da ja noch der Betriebsrat. Mit dessen Vorsitzendem hat Lustig sich immer gut verstanden. Vielleicht kann der ihm erklären, warum die Firma ihm nur 2.500 Euro als Abfindung zahlen will. Lustigs Frau teilt die Bedenken ihres Mannes und empfiehlt ihm, sofort einen Rechtsanwalt einzuschalten. Den müsse in einem solchen Fall ja wohl sein Arbeitgeber bezahlen. Von einem Bekannten erhält Lustig wiederum den Tipp, vor dem örtlichen Arbeitsgericht gegen die Kündigung Widerspruch einzulegen. Um im Betrieb keinen unnötigen Ärger zu verursachen, wartet Lustig jedoch erst einmal ab. Fünf Wochen, nachdem er das Kündigungsschreiben erhalten hat, entschließt er sich dazu, gegen die Kündigung vorzugehen. Seiner Auffassung nach gibt es für die Kündigung keinen Grund.

Betriebsinteressen contra Arbeitnehmerschutz

Kündigungen durch den Arbeitgeber sind im heutigen Arbeitsleben an der Tagesordnung. So wie der Arbeitgeber einen Arbeitnehmer einstellen kann, kann er ihn oft auch wieder entlassen. Anlässe für Entlassungen gibt es viele: Dem Betrieb geht es schlecht, es sollen Kosten gespart werden oder der Arbeitgeber ist mit dem Mitarbeiter schlichtweg unzufrieden.

Für den Arbeitnehmer wiederum ist jede Kündigung mit weitreichenden Folgen verbunden: Verlust des Arbeitsplatzes, Beschränkung der finanziellen Möglichkeiten, Absinken des sozialen und gesellschaftlichen Status. Je älter oder weniger qualifiziert der Arbeitnehmer bei Ausspruch der Kündigung ist, desto schwieriger gestaltet sich darüber hinaus die Suche nach einem neuen Arbeitsplatz. Der Gesetzgeber hat diesen Konflikt zwischen den unterschiedlichen Interessen gesehen und durch eine Vielzahl von Vorschriften geregelt. Zum Schutze der wirtschaftlich schwächeren Arbeitnehmer wurden die Kündigungsmöglichkeiten für Arbeitgeber stark eingeschränkt. Da es aber kein einheitliches „Arbeits- oder Kündigungsgesetzbuch“ gibt, ist es für den Arbeitnehmer schwierig, sich hier ohne rechtlichen Rat zurechtzufinden.

Darauf sollten Arbeitnehmer beim Kündigungsschreiben achten

Eine Kündigung darf nur in schriftlicher Form erfolgen. Das Wort „Kündigung“ muss der Arbeitgeber dabei allerdings nicht ausdrücklich verwenden. Außerdem muss die Kündigung von der richtigen Person ausgesprochen worden sein. Das ist in der Praxis nicht immer der Fall. Kündigt beispielsweise Frau Maier aus dem Personalbüro, weil sie „das immer schon getan hat“, reicht das nicht aus.

WISO rät: Achten Sie darauf, wer die Kündigung ausgesprochen hat, genauer gesagt, wer das Kündigungsschreiben unterzeichnet hat: Der Chef selbst, ein Geschäftsführer oder der Personalleiter sollten es in jedem Fall gewesen sein. Ansonsten können Sie die Kündigung zurückweisen, wenn keine ausdrückliche Vollmacht vorgelegt wird. Zwar kann der Chef die Kündigung ordnungsgemäß wiederholen, möglicherweise ergeben sich dann aber andere, für den Arbeitnehmer günstigere Kündigungstermine.

Wer das Kündigungsschreiben in Händen hält, sollte überprüfen, ob der richtige Zeitpunkt für das Ende des Arbeitsverhältnisses angegeben wurde. Der richtige Kündigungstermin hängt von den Kündigungsfristen ab, die der Arbeitgeber bei Ausspruch der Kündigung einhalten muss. Sie ergeben sich aus dem Arbeitsvertrag oder – wenn ein solcher nicht vorhanden ist oder keine Bestimmung hierzu enthält – aus dem Gesetz.

Beispiel: Der Arbeitgeber kündigt dem Arbeitnehmer am 25. April zum „nächstmöglichen Termin“. Nach dem Arbeitsvertrag muss er eine Kündigungsfrist von sechs Wochen zum Monatsende einhalten. Das Arbeitsverhältnis endet somit am 30. Juni.

Der Arbeitgeber ist nicht verpflichtet, die Gründe für die Kündigung in seinem Schreiben darzulegen. Erst wenn der Arbeitnehmer sich gegen die Kündigung zur Wehr setzt, kann der Arbeitgeber (gerichtlich) gehalten sein, die Gründe, die zur Kündigung geführt haben, näher zu erläutern. Existiert aber im Betrieb ein Betriebsrat, so muss der Arbeitgeber diesem zuvor die Gründe für die Kündigung dargelegt haben. Teilt der Arbeitgeber also dem Arbeitnehmer in der Kündigung mit, „der Betriebsrat ist vor Ausspruch der Kündigung ordnungsgemäß angehört worden“, kann und sollte der Arbeitnehmer sich beim Betriebsrat vergewissern, ob die Anhörung tatsächlich durchgeführt wurde. Keine Rolle spielt es, wie der Betriebsrat die Kündigung beurteilt hat. Selbst im Falle erheblicher Bedenken kann der Betriebsrat die Kündigung nicht verhindern.

Manchmal bietet der Arbeitgeber dem Arbeitnehmer im Kündigungsschreiben eine Abfindung an. Das kann, muss er aber nicht tun. Gleiches gilt normalerweise für die häufig anzutreffende Anordnung des Arbeitgebers, der Arbeitnehmer werde „bis zum Ende der Kündigungsfrist von der Arbeit freigestellt“. Stellt der Arbeitgeber den Arbeitnehmer einseitig von der Arbeit frei, muss er ihm allerdings das Gehalt weiterzahlen. Eine Einstellung oder Kürzung der Gehaltszahlungen braucht der arbeitswillige Arbeitnehmer sich nicht gefallen lassen.

Wann der Arbeitgeber kündigen darf

Der Arbeitgeber kann dem Arbeitnehmer außerordentlich oder ordentlich kündigen.

Kündigt er außerordentlich, wird der Arbeitnehmer in aller Regel sofort fristlos entlassen. Er scheidet dann mit Ausspruch der Kündigung aus dem Betrieb aus. Der Arbeitgeber kann aber auch außerordentlich kündigen und dem Arbeitnehmer dabei noch eine Frist von einigen Tagen einräumen.

Kündigt der Arbeitgeber dagegen ordentlich, hält er sich an die vertraglichen oder gesetzlichen Kündigungsfristen. Man spricht deshalb auch von einer fristgemäßen Kündigung.

Um eine **ordentliche Kündigung** durchzubringen, braucht der Arbeitgeber nicht immer einen Grund. Ob ein Grund erforderlich ist und wie stark er sein muss, richtet sich vielmehr nach der Art der Kündigung und den Umständen des Arbeitsverhältnisses.

Normalerweise kündigt der Arbeitgeber dem Arbeitnehmer fristgemäß. Hier hängt die rechtliche Position des Arbeitnehmers entscheidend davon ab, wie lange er dem Betrieb angehörte und ob er in einem so genannten Kleinbetrieb tätig war. Bei einer Beschäftigungsdauer von weniger als sieben Monaten und/oder einer Beschäftigung in einem Kleinbetrieb mit weniger als sechs Arbeitnehmern ist der Arbeitnehmer gegenüber dem Arbeitgeber praktisch schutzlos gestellt. Erheblich bessere Karten hat er bei längerer Beschäftigungsdauer und einem größeren Betrieb. Dann darf der Arbeitgeber eine Kündigung nur noch aus personen-, verhaltens- oder betriebsbedingten Gründen aussprechen. Ansonsten ist sie sozialwidrig.

Im Fall von Axel Lustig hängt die Beurteilung von den genaueren Umständen ab. Allein der Umstand, dass er lange im Betrieb tätig war, sagt wenig aus. Wurde der Arbeitsplatz beispielsweise ersatzlos gestrichen, könnte ihn die Firma betriebsbedingt kündigen. Wäre dagegen noch ein sehr junger, neu eingestellter Servicetechniker im Betrieb und würde nur ein Arbeitsplatz gestrichen werden, könnte die Kündigung von Axel Lustig sozialwidrig sein.

Häufigster Fall der personenbedingten Kündigung ist die Kündigung wegen Krankheit. Weil der Arbeitnehmer auf seine Gesundheit allerdings nur begrenzten Einfluss hat, kann der Arbeitgeber eine Krankheit des Arbeitnehmers nur ausnahmsweise zum Anlass für eine Kündigung nehmen. Erst wenn die betrieblichen Interessen durch eine dauerhafte Krankheit oder häufige Kurzerkrankungen unzumutbar beeinträchtigt werden, kommt eine Kündigung wegen Krankheit in Betracht.

Anders die Situation bei der verhaltensbedingten Kündigung. Hier hat der Arbeitnehmer in aller Regel seine vertraglichen Pflichten verletzt. Das muss der Arbeitgeber sich grundsätzlich nicht gefallen lassen. Wer im Betrieb klaut, ständig unpünktlich zur Arbeit kommt oder Betriebsgeheimnisse ausplaudert, genießt keinen Kündigungsschutz. Allerdings berechtigt nicht jeder noch so geringe Pflichtenverstoß zur Kündigung. Außerdem muss der Arbeitgeber den Arbeitnehmer in der Regel vorher abmahnen.

Fällt der Arbeitsplatz des Arbeitnehmers weg, scheint die Sache ebenso klar zu sein: Der Arbeitgeber kann aus betriebsbedingten Gründen kündigen. Häufig wird aber auch betriebsbedingt gekündigt, obwohl der Arbeitsplatz gar nicht weggefallen ist oder aus Sicht des Arbeitnehmers gar nicht wegfallen musste. Die betriebsbedingte Kündigung dient dem Arbeitgeber dann dazu, missliebiges Personal loszuwerden. Vor der betriebsbedingten Kündigung hat der Arbeitgeber zudem zu prüfen, ob er den Arbeitnehmer nicht an einer anderen Stelle im Betrieb einsetzen kann. Außerdem muss er zunächst denjenigen Arbeitnehmern kündigen, die am wenigsten schutzbedürftig sind. Hierbei gelten zwischen mehreren vergleichbaren Arbeitnehmern die Grundsätze „jung vor alt“, „betriebsneu vor betriebserfahren“ und „kinderarm vor kinderreich“. Andere soziale Gesichtspunkte finden unter Umständen ebenfalls Berücksichtigung.

Ausgeschlossen ist eine ordentliche Kündigung in aller Regel bei befristeten Arbeitsverhältnissen.

Immer wieder kommt es vor, dass Arbeitgeber unter Hinweis auf die schlechte wirtschaftliche Lage versuchen, das Gehalt ihrer Arbeitnehmer zu kürzen. Lässt der Arbeitnehmer sich hierauf nicht ein, benutzen Arbeitgeber häufig das Mittel der ordentlichen Kündigung, um die Gehaltsabsenkung durchzusetzen. Man spricht dann ebenso wie bei anderen einseitigen Änderungen der Arbeitsbedingungen von einer Änderungskündigung. Für Änderungskündigungen gelten die gleichen Regeln wie für gewöhnliche Kündigungen. Wichtig: Eine einseitige Gehaltskürzung muss sich niemand gefallen lassen.

Spricht der Arbeitgeber eine **außerordentliche Kündigung** aus, braucht er hierfür generell einen wichtigen Grund. Außerdem muss der Arbeitgeber ab Kenntnis des wichtigen Grundes eine zweiwöchige Frist einhalten, innerhalb derer er die Kündigung aussprechen kann. Zuvor hat er dem Arbeitnehmer zudem Gelegenheit zu geben, zu den gegen ihn erhobenen Vorwürfen Stellung zu nehmen.

Für die Frage, wann ein wichtiger Grund vorliegt, haben die Gerichte im Laufe der Zeit einen „Katalog“ von Fallbeispielen herausgearbeitet, die typischerweise eine außerordentliche Kündigung rechtfertigen. Man sollte sich allerdings davor hüten, „seinen Fall“ in einer bestimmten Schublade unterzubringen. Entscheidend ist immer eine Prüfung im Einzelfall unter Abwägung sämtlicher Interessen und Umstände. Die Anforderungen an den wichtigen Grund sind insgesamt recht hoch. Als ausreichend erachtet wurden beispielsweise

- Diebstahl beim Arbeitgeber,
- eigenmächtiger Urlaubsantritt,
- beharrliche Arbeitsverweigerung,
- wiederholte Unpünktlichkeit,
- Ausübung verbotener Nebentätigkeiten,
- fortlaufende Verstöße gegen die Betriebsordnung,

- Betätigen der Stechuhr für abwesende Kollegen,
- Beleidigung des Chefs,
- Trunkenheit im Dienst.

Was auch immer vorher geschehen ist, die außerordentliche Kündigung darf nie unverhältnismäßig sein. Übersetzt bedeutet dies: Der Arbeitgeber darf nur dann zum Mittel der außerordentlichen Kündigung greifen, wenn es keine anderen, weniger einschneidenden Maßnahmen gab, um das Fehlverhalten des Arbeitnehmers zu ahnden. Solche milderen Mittel könnten beispielsweise eine Abmahnung, eine betriebsinterne Umsetzung oder der Ausspruch einer ordentlichen Kündigung sein.

In bestimmten Fällen können Kündigungen von vornherein verboten oder an besondere Voraussetzungen geknüpft sein. Das gilt vor allem bei Schwerbehinderten, Erziehungsurlaubsberechtigten, Schwangeren, jungen Müttern, Wehr- und Zivildienstleistenden sowie bestimmten Amtsinhabern, wie beispielsweise Betriebsratsmitgliedern.

Ein besonderes Kündigungsverbot besteht, wenn der Arbeitgeber das Arbeitsverhältnis deshalb beendet, weil er den Betrieb verkauft oder einzelne Teile des Betriebes auf einen anderen Inhaber überträgt. In diesen Fällen spricht man auch von einem Betriebsübergang. Hier schützt das Gesetz den Arbeitnehmer vor dem Verlust seines Arbeitsplatzes. Dies aber natürlich nur, soweit keine anderen Kündigungsgründe eingreifen. Besondere Vorsicht ist immer geboten, wenn die Funktion, die der Arbeitnehmer im Betrieb ausgeübt hat, nach der Kündigung in irgendeiner Form weiterbesteht, ganz gleich, ob an einem anderen Ort, etwa bei einer Auslagerung, oder unter anderem Namen oder anderer Verantwortung, wie beispielsweise bei einer Umstrukturierung.

Unwirksam sind schließlich diskriminierende, sittenwidrige oder treuwidrige Kündigungen. Kündigt der Arbeitgeber dem Arbeitnehmer nur aus Rache, braucht der Arbeitnehmer die Kündigung nicht hinzunehmen. Anders bei so genannten Kündigungen zur „Unzeit“: Der Ausspruch einer Kündigung beispielsweise an Weihnachten oder während des Urlaubs, wie in unserem Beispielsfall, lässt diese nicht ohne weiteres wirkungslos werden.

Wie man sich gegen Kündigungen zur Wehr setzt

Wer mit einer Kündigung nicht einverstanden ist, kann sich dagegen zur Wehr setzen. Hierzu muss er allerdings in aller Regel gerichtliche Hilfe in Anspruch nehmen. Im Kündigungsschutzverfahren vor dem Arbeitsgericht soll nach der Vorstellung des Gesetzgebers geklärt werden, ob die Kündigung in Ordnung war. War sie es nicht, darf der Arbeitnehmer in dem Betrieb weiterarbeiten. Aber: Die Praxis sieht meist ganz anders aus, denn auf Grund der Umstände ist die Weiterbeschäftigung sowohl für den Arbeitgeber als auch für den Arbeitnehmer nicht mehr denkbar. Ein typischer Prozess vor dem Arbeitsgericht läuft deshalb häufig wie folgt ab:

Der Arbeitnehmer erhebt Klage, das Gericht setzt innerhalb von rund vier Wochen einen Gütetermin an, um eine Einigung zwischen Arbeitgeber und Arbeitnehmer herbeizuführen. Im Gütetermin werden mögliche Kündigungsgründe nur kurz angesprochen, dann bietet der Arbeitgeber dem Arbeitnehmer freiwillig oder auf Anraten des Gerichts eine Abfindung für den Verlust des Arbeitsplatzes an. Die Höhe schwankt zwischen einem halben und einem ganzen Bruttomonatsgehalt pro Beschäftigungsjahr. Am Ende verständigen sich die Parteien in einem so genannten Vergleich auf einen Abfindungsbetrag und das Arbeitsverhältnis wird aufgelöst. Das klingt einfach und verlockend, weckt aber im Einzelfall falsche Erwartungen. Um Enttäuschungen zu vermeiden, sollte man sich daher über Folgendes im Klaren sein:

- Kündigungsschutzprozesse sind heute zwar eher die Regel als die Ausnahme. Trotzdem: Nur wer begründete Bedenken gegen die Kündigung hat, sollte vor Gericht ziehen.
- Der Arbeitgeber ist nicht gezwungen, sich in einem Vergleich mit dem Arbeitnehmer zu einigen. Mit zunehmender Prozessdauer steigt aber oft die finanzielle und gesundheitliche Belastung des Arbeitnehmers, denn der Prozessausgang ist häufig ungewiss.
- Am Ende des Prozesses hat man auch bei einem Vergleich in aller Regel seinen Arbeitsplatz verloren, ganz gleich, ob die Kündigung berechtigt war oder nicht. Oft erfährt man nicht einmal Einzelheiten über die Kündigungsgründe.
- Nicht bei jedem Prozess kommt es zur Zahlung von Abfindungen. Wer keinen Kündigungsschutz genießt oder „richtig Mist gebaut" hat, darf nicht mit einer Abfindung rechnen. Außerdem steht die Zahlung von Abfindungen entgegen landläufiger Meinung im Regelfall im Belieben des Arbeitgebers. Abfindungen sind bis zu einem Betrag von 8.181,00 Euro steuerfrei. Höhere Freibeträge gelten für Arbeitnehmer über 50 Jahre.
- Das Verfahren vor dem Arbeitsgericht kann ohne einen Anwalt geführt werden. Zur Erhebung der Klage gibt es bei der Geschäftsstelle des Gerichts meist Vordrucke in verschiedenen Sprachen. Ist der Arbeitnehmer nicht anwaltlich oder gewerkschaftlich vertreten, gibt das Gericht zudem im Gütetermin häufig Hilfestellungen. Aber aufgepasst: Wer eine vernünftige Regelung erzielen will, sollte lieber nicht auf rechtlichen Beistand verzichten.
- Um gerichtlich gegen die Kündigung vorzugehen, hat man je nach Einwand nur drei Wochen Zeit. Die dreiwöchige Frist gilt beispielsweise, wenn sich der Arbeitnehmer auf das Fehlen eines wichtigen Grundes bei einer fristlosen Kündigung beruft. Gleiches gilt für denjenigen, der mindestens sechs Monate in einem Betrieb mit mehr als fünf Mitarbeitern gearbeitet hat, wenn er sich darauf beruft, dass kein personen-, verhaltens- oder betriebsbedingter Kündigungsgrund vorlag. Entscheidend für den Beginn der Frist ist der Tag, an dem man die Kündigung erhalten hat. Ist man urlaubs- oder krankheitsbedingt längere Zeit nicht zu Hause, schützt einen

das aber nicht. Den Zugang der Kündigung muss der Arbeitgeber beweisen. In unserem Beispielsfall hat Herr Lustig Pech, denn erst fünf Wochen, nachdem er das Schreiben erhalten hat, will er gegen die Kündigung vorgehen.

- Ein Kündigungsprozess kostet in aller Regel Geld. Die Kosten für einen Anwalt belaufen sich in der ersten Instanz normalerweise auf 500 bis 2.000 Euro. Diese Kosten müssen Sie selbst dann aus der eigenen Tasche finanzieren, wenn Sie den Prozess gewinnen, denn im arbeitsgerichtlichen Verfahren muss in erster Instanz jede Partei unabhängig vom Ausgang des Verfahrens ihren Anwalt selbst bezahlen, der Arbeitgeber also seinen Anwalt, und der Arbeitnehmer den von ihm beauftragten Anwalt. Hinzu kommen unter Umständen Gerichtskosten. Aber: Bei entsprechend ungünstiger wirtschaftlicher Situation – und die liegt nach der Kündigung manchmal schnell vor – bekommt der Arbeitnehmer Prozesskostenhilfe. Dann muss der Arbeitnehmer für das Verfahren entweder gar nichts zahlen oder die Kosten in Raten zurückerstatten.
- Aufgepasst: Wer sich mit seinem Arbeitgeber in einem Prozess einigt, kann später meistens trotzdem das volle Arbeitslosengeld beziehen. Das gilt selbst dann, wenn eine Abfindung ausgehandelt wurde.

WISO rät: Holen Sie möglichst frühzeitig Rechtsrat ein, wenn Sie Bedenken gegen die Kündigung haben. Häufig folgen auf die Kündigung auch noch weitere Anordnungen des Arbeitgebers, wie zum Beispiel die Wegnahme von Arbeitsmaterial, des Firmenwagens oder die Verweigerung eines Arbeitszeugnisses. Nur wer hier umfassend beraten ist, vermeidet unwiderrufliche Fehler.

Aufhebungsvertrag statt Kündigung?

Trotz zahlreicher gegenteiliger Beispiele aus der Praxis kann nur eindringlich davor gewarnt werden, sein Arbeitsverhältnis unüberlegt selbst zu kündigen oder mit dem Arbeitgeber auf eigene Faust einen Aufhebungsvertrag abzuschließen. Im Einzelfall kann es zwar durchaus ratsam sein, auf ein Aufhebungsangebot des Arbeitgebers einzugehen. Hierbei sollten Sie aber unbedingt rechtlich beraten sein. Außerdem sollten sämtliche offenen Streitfragen oder Ansprüche, wie beispielsweise das Arbeitszeugnis, rückständige Gehaltszahlungen, Freistellungszeiten oder Urlaubsansprüche, im Vertrag mitgeregelt werden. Besonders wichtig: Eine außergerichtliche Vereinbarung zwischen Arbeitgeber und Arbeitnehmer kann bei unklarer Formulierung Nachteile beim Bezug von Arbeitslosengeld mit sich bringen.

Vorsicht vor voreiliger Unterschrift

Immer wieder kommt es vor: Der Arbeitnehmer wird für die Kündigung in das Personalbüro zitiert, und gegen Aushändigung aller Unterlagen wird ihm ein Papier vorgelegt, das er unterschreiben soll.

WISO rät: Unterschreiben Sie auf keinen Fall ein solches Formular. Häufig sind darin versteckte Klauseln enthalten, mit denen Sie auf wichtige Rechte verzichten.

5. Arbeitszeugnis

Beispiel: Formulierungen zwischen den Zeilen

Christina Schmidt fühlt sich wohl in ihrem Job. Ihre Arbeit als Diplom-Kauffrau in einem Elektronikkonzern erledigt sie kompetent und souverän, ihr Chef ist außerordentlich zufrieden mit ihr. Als ihr Vorgesetzter aber in ein anderes Unternehmen wechselt, weht plötzlich ein anderer Wind. Mit ihrem neuen Chef versteht sie sich ganz und gar nicht, er mäkelt ständig an ihr herum, obwohl er an ihrer Arbeit kaum etwas auszusetzen hat. Schließlich hat sie genug von allem und kündigt. Als sie ihr Arbeitszeugnis bekommt, ist sie zunächst zufrieden. Doch als sie es einem befreundeten Juristen zeigt, schlägt der die Hände über dem Kopf zusammen. Was freundlich klingt, ist in Wahrheit eine vernichtende Formulierung der „Zeugnissprache“. Ihr Zeugnis ist ganz einfach schlecht, ein Hindernis für jede Bewerbung. Ratlos wendet sie sich an ihren Anwalt. Sie will wissen, ob sie ein besseres Zeugnis verlangen kann.

Bedeutung des Arbeitszeugnisses

Heute geht es in vielen Arbeitsbereichen gar nicht mehr ohne Arbeitszeugnis. Wer sich bewirbt, braucht neben Berufserfahrung auch gute Referenzen. Und die lassen sich unter anderem mit einem guten Zeugnis belegen. Ein gutes Arbeitszeugnis ist daher enorm wichtig für den Arbeitnehmer, der damit beweisen kann, was er bis jetzt geleistet hat. Es ist mitentscheidend für seine berufliche Zukunft. Da es seine Tätigkeiten auflistet sowie sein Verhalten beurteilt, ist es unter Umständen seine Eintrittskarte in ein neues Unternehmen. Mit einem schlechten Zeugnis verbaut er sich womöglich alle Chancen für sein berufliches Weiterkommen, ein gutes verhilft ihm vielleicht zu einem Karrieresprung. Immerhin ist das Zeugnis laut Umfragen das zweitwichtigste Bewertungskriterium nach den fachlichen Qualifikationen.

Der potenzielle neue Arbeitgeber erfährt durch das Zeugnis etliches über den Bewerber, noch bevor er ihn überhaupt kennen gelernt hat. Wer ein schlechtes Zeugnis hat, wird oft gar nicht erst zum Bewerbungsgespräch eingeladen.

Wie muss das Zeugnis aussehen?

Fast jeder kennt das: Wer ein Unternehmen verlässt, weil das Praktikum vorüber ist, weil er gekündigt hat oder der Arbeitgeber Stellen streichen muss, bekommt ein Arbeitszeugnis. Darauf hat auch jeder Arbeitnehmer einen Anspruch.

WISO rät: Fordern Sie das Arbeitszeugnis unmittelbar nach Beendigung des Arbeitsvertrages ein. Selbst wenn der Arbeitnehmer einen Anspruch auf das Zeugnis hat, so ist der Arbeitgeber nämlich nicht verpflichtet, das Zeugnis von sich aus fristgerecht auszustellen.
Haben Sie das Zeugnis angefordert, muss der Arbeitgeber es auch frist- und formgerecht ausstellen. Weigert er sich, dann können Sie Ihren Anspruch vor dem Arbeitsgericht einklagen.

Der Arbeitnehmer ist verpflichtet, sich bei der Ausstellung des Arbeitszeugnisses an bestimmte Formvorschriften zu halten. Folgenden formalen Anforderungen muss das Zeugnis genügen:

- Es muss maschinengeschrieben sein,
- auf Geschäftspapier geschrieben sein,
- als „Zeugnis“ überschrieben sein,
- ohne Schreibfehler sein,
- ordentlich, das heißt frei von Eselsohren, Streichungen, Ausbesserungen, Flecken sein,
- vom Arbeitgeber unterschrieben sein.

Diese Rahmenbedingungen sind schon rein äußerlich leicht zu überprüfen. Doch andere „Formalien“ sind viel schwieriger zu erkennen, weil sie versteckt sind. Trotzdem sind sie geeignet, ein Zeugnis abzuwerten.

- Achten Sie auf die Länge des Zeugnisses. Waren Sie lange in einem Betrieb beschäftigt und erhalten nur ein kurzes Zeugnis, dann ist das genauso verdächtig wie ein langes Zeugnis nach einer relativ kurzen Beschäftigungszeit. Minimal eine, maximal zwei Seiten sollte ein unverdächtiges Zeugnis lang sein.
- Auch das Datum des Zeugnisses kann Aufschlüsse geben. Liegt es beispielsweise lange nach dem Austrittsdatum, dann legt das den Schluss nahe, dass um den Inhalt des Zeugnisses lange Diskussionen geführt wurden. Warten Sie also im eigenen Interesse nicht zu lange damit, Ihr Zeugnis anzufordern. Theoretisch verjährt Ihr Anspruch erst nach 30 Jahren, in der Praxis ist der Anspruch aber nach einiger Zeit verwirkt, wenn es dem Arbeitgeber nicht mehr zumutbar ist, die Leistungen des Arbeitnehmers objektiv zu bewerten. Wie lange das dauert, hängt immer vom Einzelfall ab, in der Praxis gab es bisher Zeitspannen von fünf bis 21 Monaten.

Zwischenzeugnisse – manchmal unentbehrlich

Zwischenzeugnisse sind Beurteilungsschreiben, die nicht nach Beendigung des Arbeitsverhältnisses ausgestellt werden, sondern während des Arbeitsverhältnisses. Solche Zeugnisse sind bisweilen unentbehrlich und nützlich, und zwar immer dann, wenn Veränderungen bevorstehen und Sie Ihre Leistungen dokumentiert haben wollen, beispielsweise wenn Sie die Abteilung wechseln. Auch Christina Schmidt aus unserem Fall hätte jetzt eine Sorge weniger, wenn sie von ihrem ehemaligen Chef ein Zwischenzeugnis verlangt hätte. Das Arbeitsklima zwischen beiden war gut und Christina konnte mit einem guten Zeugnis rechnen.

Auf ein Zwischenzeugnis haben Sie einen Anspruch, wenn

- Sie Ihren Erziehungsurlaub antreten,
- die Probezeit abläuft,
- wichtige Veränderungen in der Unternehmensstruktur bevorstehen,
- Sie zum Wehrdienst einberufen werden,
- Ihr Vorgesetzter wechselt,
- Sie versetzt werden,
- Sie das Zeugnis für Weiterbildungsmaßnahmen benötigen.

Ein Zwischenzeugnis unterscheidet sich nicht von einem normalen Zeugnis. Dennoch haben Sie keinen Anspruch darauf, dass das Endzeugnis genauso lautet wie das Zwischenzeugnis. Weicht es jedoch von den verwendeten Formulierungen ab, so muss der Arbeitgeber triftige Gründe dafür nachweisen!

WISO rät: Nutzen Sie jede sich bietende Gelegenheit für ein Zwischenzeugnis. Der Grund: Zwischenzeugnisse fallen häufig besser aus als Endzeugnisse, weil der Arbeitgeber seinen Mitarbeiter schließlich damit auch motivieren will und das Verhältnis noch nicht durch eine etwaige Kündigung getrübt ist.

Was darf im Arbeitszeugnis stehen und was nicht?

Wer ein Arbeitszeugnis von seinem Chef erhält, sollte es sich umgehend genau durchlesen. Der Arbeitgeber darf nämlich nicht alles, was er will, in das Zeugnis schreiben. Manche Dinge dürfen überhaupt nicht erwähnt werden, auch wenn sie für den potenziellen nächsten Arbeitgeber vielleicht von Interesse wären. Doch durch diese Regelung soll vor allem der Arbeitnehmer geschützt werden. Das gehört nicht in ein Arbeitszeugnis:

- Krankheiten, selbst wenn sie der eigentliche Kündigungsgrund waren;
- Kündigungsgründe, außer wenn der Arbeitnehmer dies verlangt;
- Parteizugehörigkeit;

- Straftaten, außer wenn sie sich auf das Arbeitsverhältnis ausgewirkt haben, zum Beispiel der Diebstahl eines Verkäufers;
- Höhe des Gehalts, allerdings darf die tarifvertragliche Vergütungsgruppe angegeben werden;
- Nebentätigkeiten;
- Mitarbeit im Betriebsrat, außer wenn der Mitarbeiter dies ausdrücklich verlangt;
- Geheimzeichen wie Häkchen oder Striche;
- Abmahnungen;
- Arbeitsgerichtsverfahren.

Ein gutes Zeugnis zeichnet sich auch dadurch aus, dass es lückenlos ist. Zu allen üblichen Punkten eines Zeugnisses sollte etwas gesagt sein. Fehlen einige Bewertungen, dann werten das die Personalchefs in der Regel als schlechte Leistung. Im Zeugnis sollten folgende Punkte bewertet werden:

- Arbeitsleistung,
- Arbeitserfolg,
- Arbeitsweise,
- Verhalten,
- Führungsqualität.

Zeugnissprache – gibt es das wirklich?

Um es gleich vorwegzunehmen: Ja, es gibt eine Zeugnissprache. Und wer ein gutes Zeugnis will, der sollte es auch lesen können. Vieles, was im Zeugnis auf den ersten Blick nämlich recht schmeichelhaft und lobenswert klingt, entpuppt sich als vernichtende Kritik, wenn man sich die Mühe macht, die Sprache zu entziffern. Der Arbeitgeber ist zum einen verpflichtet, ein wahres Zeugnis auszustellen, zum anderen soll es auch wohlwollend formuliert sein. Das hat in der Praxis zu Formulierungen geführt, die ihre ganz eigene Bedeutung haben. Der nächste Vorgesetzte, der das Zeugnis liest, weiß genau, was hinter bestimmten Formulierungen steckt. Doch glücklicherweise ist diese Zeugnissprache auch für normale Arbeitnehmer leicht zu entschlüsseln. Und mit ein bisschen Übung braucht man irgendwann in der „Übersetzung" gar nicht mehr nachzulesen, weil man schon ein Gefühl für die richtige Bedeutung bekommt.

Hier einige wichtige Übersetzungen der Zeugnissprache, die Sie vielleicht schon aus Ihrem eigenen Zeugnis kennen:

- Haben Sie die Ihnen übertragenen Arbeiten stets zur vollsten Zufriedenheit erledigt, dann bedeutet das die Note „sehr gut"
- Die Erledigung der Arbeit zur vollen Zufriedenheit heißt, dass Sie „gute" Leistungen gezeigt haben.
- Schlechter ist es schon, wenn Sie die Arbeiten nur zur Zufriedenheit gelöst oder

wenn Sie nur den Leistungen entsprochen haben. Das heißt, dass Sie nur die Note „ausreichend“ bekommen.

- Das vernichtendste Urteil ist, wenn Ihr Chef Ihnen bescheinigt, dass Sie „stets bemüht waren, den Anforderungen zu entsprechen“, „mit Fleiß arbeiteten“ oder auch bemüht waren, „sie termingerecht zu erledigen“.
- War das Verhalten nur gegenüber den Mitarbeitern „stets korrekt“ und wird über Ihr Verhalten zu den Vorgesetzten dagegen nichts gesagt, dann heißt das, dass es hier Probleme gab.
- Wenn Ihre „Toleranz im Kollegenkreis bekannt war“, dann anscheinend nur da, und nicht bei Ihren Vorgesetzten.
- „Seine/Ihre gesellige Art war sehr geschätzt“ soll bedeuten, dass Sie wohl eher zu intensivem Alkoholgenuss geneigt haben.
- Hatten Sie ein „gutes Verhältnis zu Vorgesetzten und vermieden Spannungen“, dann sagt das eher aus, dass Sie ein Opportunist und Ja-Sager waren.
- Wenn Sie alle Arbeiten immer „ordnungsgemäß“ erledigt haben, dann will Ihr Chef damit ausdrücken, dass Sie ein Bürokrat ohne Eigeninitiative waren.
- „Er/Sie hat die Aufgabe in seinem/ihrem Interesse gelöst“ heißt eigentlich: Er/Sie hat Diebstähle oder sonstige Verfehlungen begangen.
- Werden Selbstverständlichkeiten wie „Pünktlichkeit“ oder „Genauigkeit“ hervorgehoben, dann bedeutet das auch, dass Sie nicht viel mehr zu bieten hatten.
- Wenn Sie die „Gelegenheit hatten, sich in alle Aufgaben Ihres Gebietes gründlich einzuarbeiten“, dann heißt das, dass Sie diese Chance wohl nicht genutzt haben und vielleicht gleich nach der Probezeit ausgeschieden sind.

WISO rät: Wenn Sie mit einzelnen Formulierungen nicht einverstanden sind, zögern Sie nicht, Ihren Chef darauf anzusprechen. Bitten Sie ihn, eine andere zu verwenden, denn schließlich geht es hier um Ihre Zukunft. Weigert er sich, dann ist hier der Weg zum Arbeitsgericht geboten.

Genauso wichtig wie das, was im Zeugnis steht, ist auch das, was nicht drinsteht. Das Fehlen so mancher Floskeln lässt jeden zukünftigen Arbeitgeber misstrauisch werden. Achten Sie deshalb unbedingt darauf, dass sie in Ihrem Zeugnis stehen, auch wenn sie Ihnen noch so unwichtig vorkommen.

Wichtige „Floskeln“, die in keinem Zeugnis fehlen dürfen:

- ein Dankeschön für die gute Zusammenarbeit
- ein Bedauern darüber, dass Sie die Firma verlassen
- alle guten Wünsche für den weiteren Lebensweg
- die Angabe, wer gekündigt hat („... verlässt unser Unternehmen auf eigenen Wunsch“)

Achten Sie darauf, dass jedes Unternehmen durchaus seine eigene Zeugnissprache entwickeln kann. Betrachten Sie daher einzelne Aussagen nie isoliert, sondern immer im Gesamtzusammenhang.

Beachten Sie aber immer, wer in einem eventuellen arbeitsgerichtlichen Verfahren die Beweislast hat. Falls Sie im Zeugnis eine überdurchschnittliche Bewertung anstreben, dann müssen Sie im Zweifel darlegen und beweisen, dass Sie auch überdurchschnittliche Leistungen erbracht haben. Bewertet der Arbeitgeber allerdings Ihre Leistungen unterdurchschnittlich, dann muss er beweisen, dass seine Bewertung richtig ist. Das geht zum Beispiel anhand von Abmahnungen.

WISO rät: Führen Sie ein Job-Tagebuch! Häufig kommt es vor, dass Ihr Chef gar nicht weiß, wie gut Sie eigentlich gearbeitet haben, und Ihnen unabsichtlich ein nicht ganz so gutes Zeugnis geschrieben hat. Tragen Sie daher alles in ein Job-Tagebuch ein, was Sie Ihrer Meinung nach gut gemacht haben, zum Beispiel die Vertretung eines Kollegen, erfolgreiche Verhandlungen mit Kunden oder ein neues Projekt, das Sie an Land gezogen haben. Und: Lesen Sie auch Ihre Personalakte und kontrollieren Sie, ob alles Wichtige über Sie vermerkt ist. So gut gerüstet lässt es sich leichter über die Zeugnisinhalte verhandeln.

6. Arbeitnehmerhaftung

Beispiel: Der verlorene Generalschlüssel

Seit fünf Jahren ist Peter Sommer als Hausmeister in einer großen Sanitärfirma tätig. Bisher gab es nie Probleme mit dem Chef. Das ändert sich jedoch von heute auf morgen. Seine Firma feiert ihr 25-jähriges Bestehen und in diesem Zusammenhang fällt eine Menge Arbeit an. Kurz vor der Feier hat Peter Sommer viel zu tun. Schließlich muss ja alles funktionieren. Als er gerade dabei ist, die Eingangstür zu reparieren, kommt seine Kollegin und fragt, ob er mit seinem Generalschlüssel mal eben schnell den Nebenraum aufschließen könne, da sie dringend etwas benötige. Peter Sommer sagt ihr, er könne jetzt nicht weg, sie müsse sich etwas gedulden. Doch als die Kollegin drängt, gibt er ihr den Schlüssel. Ein Fehler, wie sich später herausstellt, denn der Schlüssel taucht nie wieder auf. Die Kollegin jedoch weiß von nichts. 25.000 Euro will sein Arbeitgeber jetzt von ihm erstattet haben. Für Peter Sommer der finanzielle Ruin.

Was alles passieren kann ...

Berufstätige verbringen den Großteil ihrer Zeit am Arbeitsplatz, und natürlich passieren dort auch Fehler. Zwar wird kaum einer vorsätzlich den Arbeitgeber schädigen wollen. Doch fahrlässig handelt so gut wie jeder einmal. Da wird ein anvertrauter Schlüssel verlegt, ein wichtiges Telefonat vergessen, die Geschwindigkeitsbegrenzung nicht ganz so ernst genommen. Ein kleines Fehlverhalten – das im Ernstfall aber zu großen Schäden führen kann. Im schlimmsten Fall kann die Folge eines Schadenersatzes der Verzicht aufs Auto oder auf den Urlaub bis hin zur Vernichtung der wirtschaftlichen Existenz des Arbeitnehmers sein.

Weil somit jeder Arbeitnehmer – und zwar unabhängig von der Art seiner Arbeit – einem unter Umständen enormen Schadensrisiko ausgesetzt ist, haben die Gerichte Grundsätze entwickelt, wann der Arbeitnehmer haften muss.

Entscheidend für die Haftung: Grad der Fahrlässigkeit

Die Gerichte stellen bei der Frage, ob der Arbeitnehmer haften muss, darauf ab, wie schwerwiegend sein Fehlverhalten war. Unterschieden wird zwischen der leichten Fahrlässigkeit, der mittleren Fahrlässigkeit und der groben Fahrlässigkeit sowie dem vorsätzlichen Fehlverhalten.

Arbeitnehmer müssen in der Regel nicht haften, wenn sie nur leicht fahrlässig einen Schaden verursacht haben. Das ist dann der Fall, wenn sie zwar objektiv etwas falsch gemacht haben, das Fehlverhalten jedoch als äußerst gering anzusehen ist.

Beispiel: Eine Fliege fliegt Ihnen beim Chauffieren des firmeneigenen Lkw ins Auge. Für einen kurzen Moment sind Sie unkonzentriert. Sie bremsen zu spät, und es kommt zu einem Unfall. Hier wäre der Unfall bei einem korrekten Verhalten zwar nicht passiert. Allerdings ist Ihr Fehlverhalten als so gering anzusehen, dass ein Gericht Sie von der Haftung aller Wahrscheinlichkeit nach freisprechen würde.

Anders sieht es da schon aus, wenn von einer so genannten mittleren oder normalen Fahrlässigkeit auszugehen ist. Dann ist das Fehlverhalten des Arbeitnehmers zwar nicht als äußerst gering zu sehen, allerdings liegt auch kein grober Pflichtverstoß vor. Die Gerichte teilen die Haftung hier zwischen Arbeitnehmer und Arbeitgeber auf. Sie bestimmen je nach Einzelfall eine Quote.

Beispiel: Sie fahren in einer 30-km/h-Zone im Innerortsverkehr um 50 km/h zu schnell. Hier können Sie von einer Haftung nicht einfach freigesprochen werden, wenn es zu einem Unfall kommt. Das Gericht wird Sie in der Regel aber auch nicht dazu verurteilen, den vollen Schaden zu bezahlen. In einem solchen Fall nehmen die

Richter meistens eine Quotelung vor. Sie bestimmen das Verhältnis der Schadensteilung nach dem Einzelfall. Im Ergebnis könnte das Urteil beispielsweise lauten: 60:40 Prozent zugunsten des Arbeitgebers.

Bei grober Fahrlässigkeit müssen Arbeitnehmer in der Regel voll haften. Das ist dann der Fall, wenn sie die erforderliche Sorgfalt in ganz besonderem Maße verletzen. Wer also schon einfachste, ganz nahe liegende Überlegungen nicht beachtet, die eigentlich jedem einleuchten müssen, der muss den vollen Schaden zahlen. Gleiches gilt natürlich, wenn der Arbeitnehmer vorsätzlich den Schaden herbeiführt.

Beispiele:

- Der Fahrer versucht während der Fahrt einen Gegenstand vom Boden aufzuheben;
- Übermüdung am Steuer;
- Anzünden einer Zigarette am Steuer während der Fahrt;
- Wechseln einer Kassette im Recorder während der Fahrt;
- Nachschlagen in der Straßenkarte während der Fahrt;
- Verwechseln von Blutkonserven, woraufhin der mit der Bluttransfusion behandelte Patient verstirbt.

Wichtig im Zusammenhang mit dem Grad des Verschuldens ist, dass es hier keine pauschalen Einstufungen gibt. Die Gerichte nehmen immer den konkreten Einzelfall unter die Lupe. Selbst wenn die Fälle noch so ähnlich klingen, die Urteile können im Ergebnis sehr unterschiedlich aussehen.

Kriterien, die die Gerichte bei der Beurteilung heranziehen, sind häufig das Maß an Sorgfalt, das bei der konkreten Tätigkeit normalerweise anzuwenden ist, oder die Höhe des Schadens. Berücksichtigt wird auch, ob das Gehalt des Arbeitnehmers eine Risikoprämie enthält oder welches Schadensrisiko die vom Arbeitnehmer ausgeübte Tätigkeit überhaupt beinhaltet.

Mitverschulden des Arbeitgebers

Unabhängig davon, wie schwer das Fehlverhalten des Arbeitnehmers ist, kann auch der Arbeitgeber für den Schaden mitverantwortlich sein. Dann ist es möglich, dass auch bei einem grob fahrlässigen Verhalten des Arbeitnehmers der Chef einen Teil des Schadens mittragen muss. Ein solches Mitverschulden des Arbeitgebers kann zum Beispiel darin liegen, dass er einen erkennbar ungeeigneten oder überforderten Arbeitnehmer für die Tätigkeit einsetzte. Gerade bei Lkw-Fahrern kommt es außerdem vor, dass die Route in der vorgegebenen Zeit gar nicht zu schaffen ist und der Fahrer sein Ziel nicht erreichen kann, ohne die vorgeschriebenen Ruhe- und Lenkzeiten zu überschreiten. Kommt es dann zu einem Unfall, muss auch der Arbeitgeber einen Teil des Schadens zahlen.

Vorsicht bei Schuldanerkenntnis

Viele Berufsfahrer haben die Erfahrung schon gemacht: Sie verursachen einen Unfall mit dem Fahrzeug des Arbeitgebers, und das Erste, was dieser verlangt, ist ein so genanntes Schuldanerkenntnis. Dem Arbeitnehmer wird ein entsprechendes Formular vorgelegt, das er nur noch zu unterschreiben braucht. Der Schock und das Schuldgefühl können den Arbeitnehmer dann leicht dazu verleiten, die Unterschrift zu leisten. Woran sie in dem Moment nicht denken: Mit dieser Unterschrift wird ihre Rechtsposition gegenüber dem Arbeitgeber, gegenüber der Versicherung und auch in einem etwaigen Gerichtsprozess erheblich verschlechtert.

WISO rät: Unterschreiben Sie niemals ein Schuldanerkenntnis. Sie sind dazu nicht verpflichtet. Machen Sie allenfalls Angaben zum Unfallhergang. Beschränken Sie sich dabei auf Tatsachen. Was ist passiert? Ziehen Sie nie irgendwelche Schlussfolgerungen aus diesen Tatsachen. Wer zu welchem Anteil für den Schaden verantwortlich ist, sollten Sie lieber den Juristen überlassen.

Wenn in der Kasse Geld fehlt ...

Bei der so genannten Mankoabrede geht es darum, ob der Arbeitgeber mit seinem Angestellten eine Vereinbarung dahingehend schließen kann, dass dieser grundsätzlich für Fehlbeträge in einer von ihm geführten Kasse haftet. Gerade Kassiere sind also davon betroffen.

Weil der Arbeitnehmer hier unabhängig von seinem Verschulden haften soll, ist die Mankoabrede nur zulässig, wenn er dafür einen angemessenen wirtschaftlichen Ausgleich bekommt. Das ist zum Beispiel dann der Fall, wenn der Arbeitnehmer eine zusätzliche Risikovergütung bekommt.

Oft betroffen: das Eigentum von Außenstehenden

Häufig kommt es auch vor, dass nicht nur das Eigentum des Arbeitgebers betroffen ist, sondern auch außenstehende Personen geschädigt werden. Gerade bei Verkehrsunfällen mit dem Dienstwagen passiert das immer wieder. In solchen Fällen stellt sich schnell die Frage, ob der Dritte den Arbeitnehmer direkt in Anspruch nehmen kann. Das ist zu bejahen. Der Dritte kann sowohl den Arbeitgeber als auch den Arbeitnehmer zur Haftung heranziehen. Der Arbeitnehmer hat dann allerdings einen Freistellungsanspruch gegen den Arbeitgeber. Wenn der Arbeitnehmer also auf Grund des festgestellten Verschuldensgrades nicht oder nur anteilig gegenüber dem Arbeitgeber haften würde, muss der Arbeitgeber in dieser Höhe den Schaden des Dritten übernehmen.

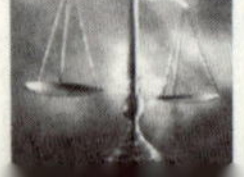

Absicherung gegen berufliche Risiken

Der Arbeitgeber ist nicht verpflichtet, eine Kasko- oder Betriebshaftpflichtversicherung abzuschließen, um eine Minderung des Schadens herbeizuführen. Aber wenn ein Arbeitnehmer zum Beispiel einen Schaden an dem von ihm genutzten Pkw verursacht und grobe beziehungsweise mittlere Fahrlässigkeit festgestellt wird, muss der Arbeitnehmer so gestellt werden, als ob der Arbeitgeber eine entsprechende Kaskoversicherung abgeschlossen hätte. Dies bedeutet, dass der Arbeitnehmer letztendlich nur anteilig beziehungsweise voll für die Selbstbeteiligung und die Erhöhung der Versicherungsprämie haftet. Aber auch hier sind letztendlich die Umstände des Einzelfalles maßgebend.

Der Arbeitnehmer selbst kann sich nur lückenhaft gegen berufliche Risiken absichern. Private Haftpflichtversicherungen kommen in der Regel nicht für Schäden auf, die in Ausübung der beruflichen Tätigkeit entstanden sind. Berufshaftpflichtversicherungen bestehen nur für bestimmte Berufe, wie beispielsweise für Rechtsanwälte, Steuerberater, Architekten, Ärzte oder auch Lehrer. Für Gewerkschaftsmitglieder des DGB beispielsweise gibt es die Möglichkeit, sich gegen Schäden zu versichern. Allerdings geht das nur, wenn diese im Zusammenhang mit dem Fahren und dem Transportieren von irgendwelchen Gütern stehen.

Alles in allem bestehen also nur wenige Möglichkeiten, Risiken durch den Abschluss von Versicherungen abzudecken. Und selbst wenn eine Versicherung das Risiko übernimmt, ist häufig schon die Haftung bei grobem Vorsatz ausgeschlossen.

WISO rät: Bietet Ihnen ein Versicherungsunternehmen an, Sie gegen Schäden im Rahmen der Berufsausübung abzusichern, sollten Sie sich das Kleingedruckte genau durchlesen und darauf achten, wann die Versicherung tatsächlich die Schadensregulierung übernimmt. Überlegen Sie dann, ob die Versicherung wirklich Sinn macht.

Was tun, wenn bereits ein Schaden eingetreten ist?

Wenn es tatsächlich zu einem Schadensfall gekommen ist, sollten Sie in jedem Fall einige wichtige Dinge beachten:

- Melden Sie den Schaden sofort Ihrem Arbeitgeber.
- Dokumentieren Sie den Schadenshergang.
- Machen Sie Fotos.
- Halten Sie Zeugenaussagen fest.
- Suchen Sie eine fachkundige Person wie einen Gewerkschaftsvertreter oder Rechtsanwalt auf.

7. Berufskrankheiten

Beispiel: Gefährliche Dämpfe

Peter Hamann arbeitet seit 25 Jahren in einer großen Lederwarenfabrik. Jeden Tag steht er dort am Fließband und gibt Kleber auf Ledergürtel und Taschen. Als er krank wird, denkt er erst gar nicht daran, dass die Beschwerden etwas mit seiner Tätigkeit zu tun haben könnten, denn schließlich hat er ja schon sein halbes Leben in der Firma verbracht, und bislang ging es ihm gesundheitlich immer gut. Deshalb ist er völlig erstaunt, als sein Arzt ihn aufklärt. Sein schweres Lungenleiden könne auf die Einatmung von giftigen Dämpfen zurückzuführen sein. Peter Hamann will jetzt wissen, ob er den Betrieb dafür verantwortlich machen kann.

Nachweis der Berufskrankheit – oft eine große Hürde

Immer öfter werden Arbeitnehmer durch ihren Beruf krank. Und das Problem für die Erkrankten ist häufig das Gleiche: Für sie ist es meist schwer nachweisbar, dass die Erkrankung auf die ausgeübte Tätigkeit zurückzuführen ist. Dementsprechend fällt dann meistens auch die Entscheidung der Berufsgenossenschaften aus. Immerhin drei Viertel aller Anträge auf Anerkennung einer Berufskrankheit werden abgelehnt. Vielen Geschädigten bleibt dann nur noch der Gang zum Gericht.

Eine Entschädigung gibt es in der Regel nur dann, wenn die Erkrankung auf der so genannten Berufskrankheitenverordnung steht. Die Liste wird vom Bundesministerium erarbeitet. Zurzeit umfasst sie 67 Positionen. Darunter fallen beispielsweise Erkrankungen der Atemwege und der Lunge, Hautkrankheiten, Infektionskrankheiten oder Verschleißkrankheiten der Wirbelsäule.

Wer glaubt, an einer solchen Berufskrankheit zu leiden, sollte zunächst einmal seinen Hausarzt zu Rate ziehen. Günstig ist es nämlich in jedem Fall, wenn ein Mediziner die Anzeige bei der Berufsgenossenschaft begründet. Sollte der Arzt bei dem Arbeitnehmer keine Berufskrankheit vermuten und möchte er deshalb bei der Berufsgenossenschaft auch keine Berufskrankheit melden, kann der Arbeitnehmer den Verdacht auch selbst anzeigen. Dies kann er durch einen einfachen Brief an die Berufsgenossenschaft tun. Welche Berufsgenossenschaft zuständig ist, erfährt der Arbeitnehmer beim Arbeitgeber, beim Betriebsrat oder bei den Gewerkschaften.

Die Berufsgenossenschaft beginnt dann mit ihren Ermittlungen. Mit Hilfe des Technischen Aufsichtsdienstes (TAD) wird untersucht, unter welchen Bedingungen der Arbeitnehmer gearbeitet hat und welchen Belastungen oder welchen Gefahrenstoffen der Arbeitnehmer während seiner Beschäftigung ausgesetzt war. Danach überprüft sie, ob die Krankheit wirklich durch den Beruf verursacht oder verschlimmert wurde. Hier

liegt meistens der größte Stolperstein für die Geschädigten, denn sie tragen die Beweislast dafür, dass die Erkrankung tatsächlich durch den Beruf ausgelöst wurde. Diesen Nachweis machen die Berufsgenossenschaften aber oft nicht leicht.

Vorsicht: Meist behelfen sie sich zur Ermittlung mit Fragebögen an den Antragsteller. Hier verbergen sich viele Fangfragen, die es der Berufsgenossenschaft leichter machen sollen, den Antrag abzulehnen. So wird beispielsweise gezielt nach Belastungen außerhalb des Berufes gefragt, die auch zu der Erkrankung führen können (zum Beispiel Lungenkrebs durch starkes Rauchen). Vor der Beantwortung sollte man deshalb in jedem Fall professionelle Beratung einholen. Außerdem raten Experten immer wieder dazu, bei den Ermittlungen Eigeninitiative zu zeigen.

WISO rät:

- Notieren Sie sich bereits am Arbeitsplatz die Namen und Inhaltsstoffe der Mittel, mit denen Sie es zu tun haben.
- Schreiben Sie auf, wie häufig Sie die Stoffe verwendet haben und in welchen Mengen. Schauen Sie sich bei Gefahrstoffen auch die Sicherheitsdatenblätter an.
- Fragen Sie Kollegen nach ähnlichen Beschwerden.
- Begleiten Sie die Mitarbeiter des TAD bei ihrer Betriebsbesichtigung und weisen Sie sie auf wichtige Punkte hin. Beschreiben Sie ihnen, unter welchen Bedingungen Sie gearbeitet haben.
- Lassen Sie sich das Gutachten des TAD von der Genossenschaft zuschicken und lesen Sie es sorgfältig durch.
- Schreiben Sie der Genossenschaft, wenn wichtige Punkte fehlen oder Ihrer Ansicht nach falsch sind.

Erkennt die Berufsgenossenschaft das Leiden als Berufskrankheit an, dann übernimmt sie die Kosten für verschiedene Leistungen. Sie zahlt zum einen die Heilbehandlung des Patienten. Darunter fallen ambulante Behandlungen, Arznei- und Verbandsmittel, stationäre Aufenthalte in einem Krankenhaus sowie die Bereitstellung beispielsweise von Rollstühlen oder Prothesen. Außerdem zahlt sie ein Verletztengeld, wenn der Betroffene infolge seiner Erkrankung vorübergehend arbeitsunfähig wird. Das Verletztengeld beträgt 80 Prozent des entgangenen Bruttolohns bis maximal zur Höhe des Nettolohns. Die Leistungsdauer beträgt maximal 78 Wochen.

Wer infolge einer Berufskrankheit nicht mehr in seinem bisherigen Beruf arbeiten kann, hat Anspruch auf Berufshilfe. Darunter fallen in erster Linie Maßnahmen zur Erhaltung des alten Arbeitsplatzes oder zur Erlangung eines neuen Arbeitsplatzes. Sollte das nicht zum Erfolg führen, kann sich der Arbeitnehmer umschulen lassen. Während dieser Zeit erhält er ein Übergangsgeld, falls es ihm unmöglich ist, eine ganztägige Erwerbstätigkeit auszuüben. Soweit Art und Schwere der Verletzungsfolgen dies notwendig machen, hat der Verletzte auch einen Anspruch auf Rehabilitation, also beispielsweise auf psychosoziale Betreuung oder eine Haushaltshilfe. Wer durch eine Be-

rufskrankheit pflegebedürftig wird, erhält ebenso Pflegeleistungen, unter Umständen auch eine Heimpflege.

Eine Verletztenrente erhält der Erkrankte nur, wenn die Minderung der Erwerbsfähigkeit (MdE) bei mindestens 20 Prozent liegt. Die zu gewährende Rente erreicht in der Regel allerdings nur zwei Drittel des bisherigen Verdienstes. Bei einer MdE von zum Beispiel 30 Prozent bezahlt die Berufsgenossenschaft dann 30 Prozent von zwei Dritteln des bisherigen Verdienstes.

Sollte der Verletzte infolge der Berufskrankheit versterben, erhalten die Hinterbliebenen Sterbegeld, Hinterbliebenen- und Waisenrente.

Sollte die Berufsgenossenschaft den Antrag des Arbeitnehmers auf Entschädigung ablehnen, kann er innerhalb eines Monats Widerspruch gegen den Bescheid einlegen. Die Berufsgenossenschaft überprüft dann die Angelegenheit nochmals. Sollte auch der Widerspruch zurückgewiesen werden, bleibt dem Arbeitnehmer nur noch die Klage beim Sozialgericht, die er ebenfalls innerhalb einer Monatsfrist einreichen kann. Die Klage bei den Sozialgerichten ist übrigens kostenlos und die Richter haben die Möglichkeit, nochmals eigene Gutachter zu beauftragen. Sie müssen sich also nicht auf die Ergebnisse der Gutachten der Berufsgenossenschaft stützen.

Weitere Informationen und Adressen

- Informationen erhalten Sie auch unter Abekra – Verband arbeits- und berufsbedingt Erkrankter, Vogelsbergstraße 30 a, 63674 Altenstadt, Tel.: 06047/95 26 60.
- Die Berufskrankheiten-Verordnung finden Sie unter www.xipolis.de.
- Eine Übersicht über die Leistungen bei Berufskrankheiten finden Sie unter www.bma.de, unter der Rubrik Soziale Sicherheit/Unfallversicherung als PDF-Datei zum Downloaden.
- Die Adressen der zuständigen Unfallversicherungen in den gewerblichen Berufsgenossenschaften finden Sie unter www.hvbg.de.

8. Urlaubsanspruch

Beispiel: Resturlaub bis 31.3.?

Manfred Müller scheint ein Glückspilz zu sein. Bei einem Preisausschreiben hat er eine Urlaubsreise für zwei Personen gewonnen: drei Wochen auf den Malediven – eine Traumreise, die er sich sonst nicht leisten könnte. Im Februar soll es losgehen. Das passt ihm gut, denn er hat noch genau drei Wochen Resturlaub, und den kann er dafür nehmen. Umso erstaunter ist er, als ihm sein Chef sagt, er müsse sich den ganzen Urlaub noch im alten Jahr nehmen und für seine gewonnene Reise den Urlaub aus dem

neuen Jahr beanspruchen. Manfred Müller will das nicht hinnehmen. Seiner Meinung nach darf jeder Arbeitnehmer noch bis zum 31.3. den Resturlaub nehmen.

Wer hat Anspruch auf Urlaub?

Alle Arbeitnehmer haben Anspruch auf Urlaub. Das gilt auch für Teilzeitkräfte und Aushilfskräfte wie Schüler und Studenten. Wer kürzer als sechs Monate beschäftigt ist, hat einen auf Monatsbasis umgerechneten anteiligen Urlaubsanspruch.

Wichtig: Der Arbeitgeber kann den Urlaub nicht einseitig nach seinen Vorstellungen festlegen. Er muss auch die Wünsche des Arbeitnehmers berücksichtigen. Allerdings können den Wünschen des Arbeitnehmers betriebliche Belange und Urlaubswünsche anderer Arbeitnehmer entgegenstehen.

Im Übrigen ist der Arbeitgeber an eine einmal getroffene Vereinbarung gebunden. Nur im äußersten Notfall kann der Arbeitnehmer dazu verpflichtet werden, seine Urlaubspläne zu ändern. Der Arbeitgeber muss dann allerdings für alle daraus resultierenden Kosten aufkommen.

WISO rät: Wenden Sie sich im Streitfall an den Betriebsrat. Dieser hat ein Mitbestimmungsrecht bei Auseinandersetzungen zwischen Arbeitgeber und einzelnen Arbeitnehmern.

Wann verfällt der Urlaub?

Ist die Urlaubszeit vorbei, haben viele Arbeitnehmer oft immer noch etliche freie Tage auf ihrem Konto. Was tun damit? Noch im alten Jahr verbrauchen oder ins neue Jahr mitnehmen? Nur wenige Beschäftigte wissen, dass der Gesetzgeber dazu Bestimmungen im Bundesurlaubsgesetz erlassen hat: Nach diesem Gesetz hat der Arbeitnehmer Urlaubsanspruch bis zum Ende des Kalenderjahres. Das heißt, der Urlaub muss eigentlich bis zum 31. Dezember komplett genommen werden. Die Übertragung ins nächste Jahr sollte eher die Ausnahme sein, wie zum Beispiel aus einem dringenden betrieblichen oder einem in der Person des Arbeitnehmers liegenden Grund, wie etwa Krankheit.

WISO rät: Schauen Sie sich Ihren Arbeits- oder Tarifvertrag genau an! Möglicherweise gibt es dort abweichende Regelungen. Ansonsten müssen Sie die Übertragung Ihres Urlaubs schriftlich begründen. Die arbeitsvertraglichen Bestimmungen gehen den gesetzlichen auf alle Fälle voraus.

Den Urlaub können Sie dann auch höchstens bis zum 31. März des Folgejahres übertragen. Haben Sie ihn bis dahin nicht genommen, dann verfällt er automatisch. Aber beachten Sie auch hierbei, ob es abweichende vertragliche Regelungen gibt. Manche Arbeitgeber lassen ausnahmsweise eine längere Übertragungszeit zu.

Der Urlaubsanspruch bis Ende März verfällt auch dann, wenn ein Arbeitnehmer seine freien Tage auf Grund einer Krankheit nicht nehmen konnte. Hat es der Arbeitgeber zu vertreten, dass Sie den Urlaub zum Beispiel aus dringenden betrieblichen Gründen nicht verbrauchen konnten, dürfen Sie auch noch später in Urlaub gehen. Sie dürfen den Urlaub allerdings nicht nehmen, wenn Sie nicht arbeitsfähig sind. Haben Sie also noch Resturlaub und liegen gerade krank im Bett, dann darf Ihr Chef nicht von Ihnen verlangen, den restlichen Urlaub zu nehmen. Selbst wenn Sie das ganze Jahr bettlägrig wären, bliebe Ihr Urlaubsanspruch weiter bestehen. Erkranken Sie im Urlaub, bekommen Sie die Urlaubstage, an denen Sie krank waren, gutgeschrieben.

Ausgeschlossen ist, dass der Arbeitgeber den Resturlaub ausbezahlt. Eine so genannte Abgeltung ist nicht möglich, weil der Arbeitnehmer sich in seinem Urlaub erholen soll. Deswegen ist es auch verboten, während des Urlaubs einer anderen Erwerbstätigkeit nachzugehen. Der Erholungszweck wäre sonst nicht mehr gewährleistet. Eine Abgeltung darf ausnahmsweise nur dann stattfinden, wenn der Arbeitnehmer den Betrieb verlässt, weil er gekündigt hat.

II. Ehe und Familie

1. Getrenntleben

Beispiel: Wer zieht aus dem gemeinsamen Haus aus?

Sabine und Rolf Richter sind seit zehn Jahren verheiratet. Sie haben einen gemeinsamen Sohn, den neunjährigen Tim. Seit etwa einem Jahr verstehen sich die Eheleute nicht mehr. Rolf wirft Sabine vor, sie sei „zickig“ und würde sich weder für ihn noch für gemeinsame Familienaktivitäten interessieren. Sabine fühlt sich von Rolf zu wenig unterstützt. Ihr Beruf als Lektorin, der Haushalt, das Kind laugen sie aus, sie wirft ihm vor, dass er alles ihr überlässt. Sie wünscht sich mehr Beachtung und würde gerne wieder öfter an sich selbst denken. Beide entwickeln sich in verschiedene Richtungen. Eines Tages entdeckt Sabine, dass Rolf ein Verhältnis mit ihrer besten Freundin Ute hat. Am liebsten würde sie sich sofort scheiden lassen. Noch am selben Abend verlangt Sabine, dass Rolf aus dem gemeinsamen Haus auszieht. Rolf hält zwar an der Ehe nicht fest, möchte aber auch auf keinen Fall die Wohnung verlassen.

Damit beginnt jede Scheidung: die Trennung

Im Regelfall kann eine Ehe erst geschieden werden, wenn die Ehegatten schon ein Jahr getrennt leben. Aber selbst wenn für die Eheleute noch nicht definitiv feststeht, ob sie sich überhaupt scheiden lassen wollen, hat jeder von ihnen das Recht, getrennt zu leben, und zwar unabhängig davon, ob der andere dies möchte oder nicht. Hierzu muss auch keiner der Ehegatten aus der gemeinsamen Wohnung ausziehen, denn grundsätzlich haben beide Eheleute das Recht, die Ehewohnung zu nutzen.

Eine Ausnahme gibt es dann, wenn einer der beiden Ehepartner den anderen bedroht, beschimpft oder gar körperlich angreift. Der oder die Geschädigte ist in solchen Fällen berechtigt, bei Gericht den Antrag mit dem Ziel zu stellen, dass der andere Ehegatte die Wohnung verlassen muss.

Getrenntleben in der gemeinsamen Wohnung – geht das?

Sabine und Rolf können das Trennungsjahr auch im gemeinsamen Haus „durchziehen“. Es ist nicht erforderlich, dass sich einer von beiden eine neue Wohnung sucht. Allerdings darf dann zwischen ihnen keine „häusliche Gemeinschaft“ mehr bestehen.

Dies bedeutet, dass die Räume in dem Haus so aufgeteilt werden sollten, dass jeder seinen eigenen Schlafbereich und möglichst sogar auch seinen Wohnbereich erhält. Für Küche und Bad müssten Nutzungsregelungen getroffen werden.

Sabine und Rolf müssen sich also darauf einigen, wer wann Küche und Bad benutzt. Darüber hinaus darf Sabine Rolfs Wäsche nicht mehr waschen und bügeln, seinen Bereich nicht mehr putzen, es sei denn, er lässt die Räumlichkeiten so verwahrlosen, dass es ihr unzumutbar ist, nicht einzugreifen. Sie darf auch für ihn keine Einkäufe mehr mit erledigen und weder für ihn kochen noch mit ihm gemeinsam essen.

WISO rät: So lange Sie noch einigermaßen vernünftig miteinander reden können, sollten Sie eine schriftliche Vereinbarung über die Aufteilung der Ehewohnung abschließen. Vergessen Sie auch nicht, das Dokument mit einem Datum zu versehen. In einem späteren Scheidungsprozess kann dies die Beweisführung erheblich erleichtern.

Sollte eine Einigung über die Aufteilung der Räume nicht möglich sein, so kann diese auch mit gerichtlicher Hilfe erzwungen werden.

Die Geliebte in der Ehewohnung

Auch wenn die Ehepartner getrennt leben, dürfen Sie nicht einfach tun und lassen, was Sie wollen. Nicht zu akzeptieren braucht Sabine beispielsweise, dass sich Rolf mit seiner Geliebten in der gemeinsamen Ehewohnung aufhält. Gegen die Besuche des neuen Partners können sich Ehegatten mit gerichtlicher Hilfe wehren. Eine Klage auf Unterlassung kann gegen den Ehepartner, aber auch gegen den Dritten, also gegen die Geliebte oder den Geliebten, gerichtet werden.

Arbeitet die Geliebte mit dem Ehemann zusammen, so kann die Ehefrau hierauf jedoch nur dann Einfluss nehmen, wenn diese Zusammenarbeit in Geschäftsräumen stattfindet, die auch räumlich mit dem während der Ehe genutzten Wohnbereich zusammenhängen und etwa die Ehefrau in der gemeinsamen Firma lange Jahre mitgearbeitet hat.

Finanzielle Änderungen

Falls Sie Ihre Finanzen in der Vergangenheit immer gemeinsam verwaltet haben, dann ist die Trennung oder Scheidung ein dringender Anlass, dies zu ändern.

Bei einem **Konto**, das **allein auf den Namen eines Ehepartners** lautet, für das der andere jedoch Kontovollmacht besitzt, sollten Sie diese Vollmacht unbedingt gegenüber der Bank widerrufen. Ein formloses Schreiben genügt und kann so aussehen:

Widerrufung der Kontovollmacht

Kontonummer: 720670

Sehr geehrte Damen und Herren,

hiermit teile ich Ihnen mit, dass ich von meinem Ehepartner Rolf Richter seit 1.6.2002 getrennt lebe. Ich widerrufe die ihm erteilte Kontovollmacht in Bezug auf das o.g. Konto mit sofortiger Wirkung.

Gleichzeitig bitte ich Sie, die ihm erteilte Scheckkarte mit sofortiger Wirkung einzuziehen.

Sabine Richter

Aufgepasst bei **gemeinsamen Konten**, bei denen also beide Ehepartner als Kontoinhaber eingetragen sind! Sollte einer der Ehegatten von diesem Gemeinschaftskonto Geld abheben, so kann der andere verlangen, dass dieser Betrag zumindest zur Hälfte wieder zurückgezahlt wird.

Kopieren Sie die **Sparbücher** und lassen Sie gegebenenfalls einen Sperrvermerk eintragen. Die Bank darf sonst Auszahlungen an jeden vornehmen, der das Sparbuch vorlegt.

Auch bei **sonstigem Sparvermögen** wie Wertpapieren, Bausparverträgen sowie Lebensversicherungsverträgen sollten Sie darauf achten, dass Sie sie sorgfältig aufbewahren und eventuell kopieren. Die Unterlagen könnten außerdem für die Berechnung eventuell zu zahlenden Getrenntlebensunterhaltes von Bedeutung sein.

Haben Sie gemeinsame **Kredite** aufgenommen, dann können Sie diese während der Trennungszeit weiterlaufen lassen und im Rahmen der Unterhaltsberechnung verrechnen. Bis zur endgültigen Scheidung sollten Sie sich aber einigen, wer den Kredit dann weiterzahlen soll.

Im Falle der Trennung und Scheidung müssen Sie auch Ihre **Versicherungen** neu regeln. Viele Versicherungen, die Sie gemeinsam abgeschlossen haben, können Sie so jetzt nicht mehr weiterführen. Sollten zwischenzeitlich Kontoverbindungen geändert worden sein, so sollten Sie dringend kontrollieren, dass die Versicherungsprämien weiterhin rechtzeitig gezahlt werden, um den Versicherungsschutz nicht zu gefährden. Informieren Sie gleichzeitig die Versicherung über Ihre neue Anschrift.

Checkliste

Lebensversicherung

☐ Bezugsberechtigung prüfen, das heißt klären, wer als Begünstigter für die Zahlung im Todesfall eingetragen ist, und eine eventuelle Änderung gegenüber dem Versicherungsunternehmen schriftlich vornehmen und sich bestätigen lassen.

☐ Das Gleiche gilt für eine im Rahmen der betrieblichen Altersversorgung abgeschlossene Direktversicherung oder Pensionszusage.

Hausratversicherung

☐ Versicherungsschutz für die Zeit ab Auszug aus der bisherigen Ehewohnung klären; Übergangszeit beachten und ebenfalls Versicherungsschutz für die bisherige Ehewohnung klären, wenn der Partner der Hausratversicherung ausgezogen ist; rechtzeitig für neuen Versicherungsschutz sorgen.

☐ Hausratswert überprüfen – vielleicht ändert sich dadurch die Prämie.

☐ Zur Vermeidung von Doppelversicherungen bei gemeinschaftlicher Wohnung mit dem neuen Partner klären, ob dieser bereits eine Hausratversicherung hat.

Rechtsschutzversicherung

☐ Je nach Vertragsgestaltung Mitversicherung von Ehepartnern und Kindern klären.

☐ Ende der Mitversicherung auf Grund der Vertragsbedingungen prüfen. Spätestens mit Scheidung tritt das Ende der Mitversicherung ein.

Haftpflichtversicherung

☐ Je nach Vertragsgestaltung Mitversicherung von Ehepartnern und Kindern oder Singleversicherungen prüfen und eventuell neuen Vertrag abschließen.

Gebäudeversicherung

☐ Dies nur für den Fall, dass der Versicherungsnehmer der Gebäudeversicherung nicht auch der Gebäudeeigentümer ist. In diesem Fall Sicherstellung weiterer Deckung durch Übertragung der Versicherungsnehmerstellung auf den Gebäudeeigentümer und Prämienzahlung durch diesen sicherstellen oder anderweitige Vereinbarung treffen.

Gesetzliche Krankenversicherung

☐ Familienversicherung gilt bis Rechtskraft der Scheidung.

☐ Möglichkeit der freiwilligen Weiterversicherung der bisher kostenfrei mitversicherten Personen innerhalb von drei Monaten ab Rechtskraft der Scheidung. Wichtig: Nach Ablauf dieser drei Monate besteht kein Anspruch auf Übernahme in die gesetzliche Krankenversicherung mehr.

- ☐ Anmeldung eventuell neugeborener Kinder spätestens zwei Monate nach Geburt verhindert die Ablehnung der Übernahme in die gesetzliche Krankenversicherung, Risikozuschläge und Wartezeiten des Versicherers, wenn der Elternteil selbst bereits mindestens drei Monate versichert war. Bei kürzerer Versicherungsdauer des Elternteils Rücksprache mit der Versicherung erforderlich.
- ☐ Ärzte von dem Anschriftenwechsel unterrichten.

Private Krankenversicherung

- ☐ Die eigenen Versicherungsverträge der Eltern und Kinder laufen unberührt von der Trennung weiter; zu klären ist lediglich die Frage, wer die Versicherungsprämien zahlt.
- ☐ Ärzte von dem Anschriftenwechsel informieren.

Sorgerecht und Umgangsrecht während der Trennungszeit

In der Regel haben die Eltern in Bezug auf ihre ehelichen Kinder das gemeinsame **Sorgerecht**. Beide sind also gemeinsam für die Erziehung sowie das körperliche und seelische Wohl ihrer Kinder verantwortlich. Dies ändert sich auch nicht dadurch, dass einer von den beiden Elternteilen die gemeinsame Wohnung verlässt. Zieht also Rolf doch noch aus dem gemeinsamen Haus aus, so ist er dennoch nach wie vor an den wesentlichen Entscheidungen, die Tim betreffen, beteiligt.

Das **Umgangsrecht** ist das Recht der Eltern, mit ihren Kindern Umgang zu haben, das heißt, sie regelmäßig zu treffen und etwas mit ihnen zu unternehmen. Der Umgang sollte im Interesse des Kindes sehr großzügig gehandhabt werden. Näher gehen wir darauf im Kapitel Umgangsrecht ein.

Zwischenzeitlich mal versöhnt – Trennungsjahr ade?

Es kommt häufig vor: Paare trennen sich und sind wild entschlossen, sich scheiden zu lassen. Im Wirrwarr der Gefühle kommt man vielleicht wieder zusammen, merkt aber nach zwei, drei Wochen, dass man die Scheidungsabsicht doch lieber beibehalten will. Die Frage ist jetzt: Beginnt das Trennungsjahr wieder von vorne?

Voraussetzung für eine Scheidung ist im Regelfall, dass die Eheleute mindestens ein Jahr getrennt gelebt haben. Für die Beurteilung der Frage, ob es sich bei dem Wiederzusammenleben der Eheleute lediglich um einen gescheiterten Versöhnungsversuch handelt, der das Trennungsjahr nicht unterbricht, oder um eine tatsächliche Versöhnung mit der Folge, dass das Trennungsjahr neu zu laufen beginnt, kommt es im Wesentlichen auf die Dauer des einzelnen Versöhnungsversuchs an.

Unproblematisch ist eine Dauer von zwei bis drei Wochen. Auch ein Zusammenleben über eine kürzere Zeit, in der konkreten Situation etwa zwei bis drei Monate, unterbricht grundsätzlich das Trennungsjahr nicht. Ein über drei Monate hinausgehendes Zusammenleben könnte jedoch als eine Versöhnung ausgelegt werden mit der Folge, dass das Trennungsjahr neu zu laufen beginnt.

Werden im Laufe des Trennungsjahres mehrere Versuche unternommen, die jeweils deutlich unter der Dreimonatsfrist liegen, so wird im Regelfall davon auszugehen sein, dass auch diese mehrfachen Versuche das Trennungsjahr nicht unterbrochen haben.

2. Scheidung

Beispiel: Ich lass mich nicht scheiden!

Marianne Herrmann will die Scheidung einreichen. Doch ihr Mann meint, er stimme der Scheidung garantiert nicht zu. Er liebe seine Frau immer noch, und das Ganze würde sich bestimmt wieder einrenken. Marianne sieht das anders. Sie hat mittlerweile einen neuen Freund und möchte mit diesem zusammenziehen.

Voraussetzungen für die Scheidung

Irgendwann ist es so weit: Die Ehe soll geschieden werden. Das macht in der Regel ein Familienrichter beim Familiengericht. Das Familiengericht ist beim Amtsgericht angesiedelt. Der Richter muss jetzt prüfen, ob sämtliche Scheidungsvoraussetzungen vorliegen:

- **Scheitern der Ehe**
  Dies ist dann der Fall, wenn die Lebensgemeinschaft der Ehegatten nicht mehr besteht und nicht mehr erwartet werden kann, dass die Ehegatten sie wiederherstellen werden.
- **Trennungsjahr**
  Um zu verhindern, dass Ehen nur wegen vorübergehender Streitigkeiten oder aus einer Laune heraus übereilt geschieden werden, hat der Gesetzgeber festgelegt, dass dieses Getrenntleben mindestens ein Jahr gedauert haben muss. Die Ehepartner müssen somit zumindest diese Zeit abwarten, bevor sie geschieden werden können. Außerdem muss eine negative Zukunftsprognose bestehen, das heißt, es darf nicht zu erwarten sein, dass die Ehe je wiederhergestellt wird.
  Nur unter ganz engen Voraussetzungen ist es möglich, die Scheidung zu verhindern, obwohl das Trennungsjahr abgelaufen ist. Dies ist die so genannte und seltene Härtefallklausel. Sie gibt es in zwei Varianten: wenn das Kindeswohl gebietet, eine Ehescheidung nicht auszusprechen, oder wenn es für den nicht scheidungs-

willigen Ehegatten eine besondere Härte darstellte, wenn die Ehescheidung stattfände.

Umgekehrt ist es unter ebenso engen Voraussetzungen möglich, eine Ehescheidung vor Ablauf des Trennungsjahres zu erreichen. Auch hier muss ein Härtefall vorliegen, also die Fortsetzung der Ehe für den scheidungswilligen Ehepartner eine unzumutbare Härte darstellen. Nachgewiesene körperliche Misshandlungen sind keinem Ehepartner zuzumuten.

Ohne Antrag keine Scheidung

Eine Ehescheidung findet nur auf Antrag zumindest eines Ehegatten statt. Für den Scheidungsantrag ist allerdings vorgeschrieben, dass er von einem zugelassenen Rechtsanwalt auf Grund einer Vollmacht des von ihm vertretenen Ehegatten gestellt wird. Ohne zumindest einen Rechtsanwalt ist eine Ehescheidung demnach nicht möglich.

Wie läuft die Verhandlung ab?

Einem Scheidungsurteil geht immer eine mündliche Verhandlung vor dem Familiengericht voraus, zu der beide Ehepartner und ihre Rechtsanwälte geladen werden. Vor einem solchen Termin sind die Eheleute häufig nervös, weil sie „vor Gericht“ erscheinen müssen. Aber keine Angst: Der Termin ist nicht öffentlich. Neugierige Nachbarn bekommen keinen Einblick in Ihre privaten Eheprobleme oder finanziellen Verhältnisse. In den meisten Familiengerichten sitzt der Richter auch nicht erhöht, weitab von den Eheleuten, sondern auf der gleichen Ebene wie Sie und die Anwälte.

Das Gericht ordnet in der Regel das Erscheinen beider Eheleute an.

WISO rät: Zu einem Verhandlungstermin sollten Sie immer erscheinen. Das unentschuldigte Fernbleiben trotz Ladung des Gerichts kann vom Richter beispielsweise durch die Verhängung eines Ordnungsgeldes geahndet werden. Sie sollten deshalb nicht leichtfertig die Anordnung des Gerichts missachten. Haben Sie nachgewiesene Terminschwierigkeiten, sind die Gerichte bereit, den Termin auch zu verlegen.

Über den Verlauf des Verhandlungstermins wird Protokoll geführt. Das geschieht in der Regel, indem der Richter die wesentlichen Dinge auf ein Tonband diktiert, das später im Schreibdienst des Gerichtes getippt und den Beteiligten mit dem Urteil zugesandt wird.

Der Richter hört dann die Eheleute zur Trennungsdauer und zum Scheitern ihrer Ehe an. Er beschränkt sich jedoch im Regelfall darauf, die Eheleute zu fragen, ob sie ihre Ehe für gescheitert halten oder noch eine Chance für die Fortsetzung der ehelichen Gemeinschaft sehen. Details aus der Ehe oder die Gründe für ihr Scheitern spielen dabei für ihn keine Rolle.

Sind noch Folgesachen, wie beispielsweise Fragen zum Kindes- oder Ehegattenunterhalt, durch einen Antrag bei dem Familienrichter zu behandeln, wird er auch diese mit den Beteiligten erörtern. Eine möglicherweise zustande gekommene Einigung kann zu Protokoll genommen werden und ist ebenso bindend wie ein Urteil oder eine notarielle Urkunde.

Am Ende steht dann das Scheidungsurteil. Der Familienrichter verkündet es im Normalfall gleich im Verhandlungstermin.

Ist noch keine Ehescheidung möglich, wird der Richter gegebenenfalls den Eheleuten aufgeben, noch notwendige Tatsachen vorzutragen, Unterlagen vorzulegen oder Anträge zu stellen. Meist wird dann ein neuer Termin bestimmt, an dem die Ehescheidung ausgesprochen werden kann, wenn die Voraussetzungen vorliegen.

Das Urteil und seine Rechtskraft

Das Scheidungsurteil wird per Post zugestellt. Ab dem Datum, an dem beiden Eheleuten das Urteil zugegangen ist, haben sie einen Monat lang die Möglichkeit, Rechtsmittel gegen das Scheidungsurteil einzulegen, um das Urteil vor einem höheren Gericht überprüfen zu lassen. Läuft die Frist ab, ohne dass einer der Beteiligten Rechtsmittel einlegt, wird das Urteil rechtskräftig. Erst dann sind die Eheleute wirksam geschieden.

Um diese Frist abzukürzen, wird häufig bereits in der mündlichen Verhandlung nach Verkündung des Urteils auf die Einlegung von Rechtsmitteln verzichtet. Dies kann jedoch wieder nur durch einen Anwalt geschehen.

WISO rät: Überlegen Sie sich nach der Verkündung des Urteils gut, ob Sie auf Rechtsmittel verzichten. Auf diese Weise sparen Sie zwar einen Monat Wartezeit, bis das Urteil rechtskräftig ist. Der Verzicht ist allerdings endgültig. Alles, was in dem Verfahren mitentschieden wurde, lässt sich dann nicht mehr ändern.

3. Zugewinnausgleich

Beispiel: Streit ums Haus

Doris und Michael Jansen lassen sich scheiden. Doris möchte, dass Michael sie ausbezahlt. Sie will die Hälfte des Hauses, das Michael während der Ehe von seinen Eltern geschenkt bekommen hat. Das Haus falle in den Zugewinn. Michael denkt gar nicht daran, sie auszubezahlen. Seiner Meinung nach haben die Eltern ihm das Haus geschenkt. Dafür müsse er keinen Zugewinn bezahlen, auch wenn die Schenkung während der Ehe erfolgte.

Mit der Scheidung müssen sich die Eheleute auch darüber einigen, was mit dem Vermögen passieren soll. Das ist neben den emotionalen Belastungen, die eine Schei-

dung mit sich bringt, und dem Unterhalt einer der Hauptstreitpunkte einer Scheidung. Die meisten glauben, dass sie nach der Scheidung ihr ganzes Vermögen teilen müssen. Doch ganz so einfach ist das nicht – zum Glück. Wäre dies der Fall, dann würde das zu bisweilen sehr ungerechten Ergebnissen führen.

Was ist die Zugewinngemeinschaft?

Fast alle Eheleute leben nach der Hochzeit automatisch im Güterstand der so genannten Zugewinngemeinschaft. Nur derjenige, der durch einen Ehevertrag diesen Güterstand ausdrücklich ausschließt, wählt damit einen anderen Güterstand wie die Gütergemeinschaft, die Gütertrennung oder die modifizierte Zugewinngemeinschaft.

Bei der Zugewinngemeinschaft behält jeder der Eheleute das Vermögen, das er auch mit in die Ehe gebracht hat. Bringt also Doris ein erkleckliches Vermögen mit in die Ehe, dann muss sie das nach der Scheidung nicht mit Michael teilen. Auch wenn Michael vor der Hochzeit einige wertvolle Antiquitäten besessen hat, gehören diese nach der Scheidung immer noch ihm.

Trotzdem glauben immer noch viele Paare, dass es mit der Eheschließung kein eigenes, sondern nur noch gemeinsames Vermögen gibt. Das ist aber nicht richtig. Denn nur das, was die Eheleute während der Ehe an Vermögen hinzugewonnen haben, wird geteilt. Derjenige, der mehr hinzugewonnen hat, muss dem anderen von dieser Differenz die Hälfte abgeben.

Wie wird der Zugewinn berechnet?

Der Zugewinn ist die Differenz zwischen Anfangsvermögen und Endvermögen der Eheleute. Um den Zugewinn zu berechnen, müssen die Eheleute also feststellen, wie hoch sowohl Anfangs- als auch Endvermögen sind.

Anfangsvermögen ist das Vermögen, das der Ehegatte am Tag der standesamtlichen Trauung hatte.
Endvermögen ist das Vermögen, das der Ehegatte am Tag der Zustellung des Scheidungsantrages hat.

Bei der Ermittlung beider Vermögen errechnet man den Saldo aller Aktiva und Passiva. Das heißt, Sie rechnen alle Vermögenswerte zusammen und ziehen davon die Schulden ab. Weder das Anfangs- noch das Endvermögen können dabei geringer als null sein. Es gibt keinen so genannten „negativen Zugewinnausgleich".

Derjenige, der nach der Eheschließung ein höheres Vermögen erwirtschaftet hat, muss nach der Scheidung an den anderen die Hälfte der Differenz des jeweiligen Vermögenszuwachses zahlen.

Beispiel: Doris hat 200.000 Euro mit in die Ehe gebracht. Am Ende der Ehe hat sie 300.000 Euro. Sie hat also einen Zugewinn von 100.000 Euro erlangt.
Michael hatte kein Anfangsvermögen. Als die Ehe auseinander geht, hat er insgesamt ebenfalls 300.000 Euro. Sein Zugewinn beträgt demnach 300.000 Euro. Demzufolge hat er 200.000 Euro mehr als Doris hinzugewonnen. Davon muss er die Hälfte, also 100.000 Euro abgeben.

Was gehört überhaupt zum Vermögen?

Zum Vermögen gehört das Geld, das Sie auf dem Giro- oder dem Tagesgeldkonto haben, Aktien oder festverzinsliche Wertpapiere, Lebensversicherungen und Bausparverträge. Auch alle Wertgegenstände, Immobilien, Forderungen gegen Dritte und Unternehmensanteile gehören dazu.

Vermögen im Sinne des Zugewinns sind demnach alle objektiv bewertbaren Sachen und Rechte, auch Forderungen und alle „rechtlich geschützten Positionen mit wirtschaftlichem Wert".

Dagegen gehören Gegenstände aus dem Hausrat nicht zum Zugewinn. Der Hausrat wird getrennt vom Vermögen aufgeteilt – etwas weniger streng, eher nach billigem Ermessen. Beim Zugewinnausgleich aber geht es nur um das Vermögen.

So berechnen Sie das Anfangsvermögen

Stichtag für die Berechnung des Anfangsvermögens ist der Tag der standesamtlichen Trauung. Addieren Sie alle Vermögenswerte und ziehen davon die Schulden ab. Dieser Saldo stellt Ihr Anfangsvermögen dar.

Achtung: Das Anfangsvermögen kann nie unter null liegen. Selbst wenn ein Ehepartner bei der Eheschließung Schulden hatte, wird sein Anfangsvermögen auf null angesetzt.

Beispiel: Angenommen, Michael hatte bei der Heirat 20.000 Euro Schulden und Doris ein Vermögen von null, dann wird Michael ebenfalls so behandelt, als ob er ein Vermögen von null hätte. Im Falle einer Scheidung wirkt sich das für Doris nachteilig aus. Haben nämlich beide bei der Scheidung ein Endvermögen von 100.000 Euro, dann bekommt Doris keinen Zugewinnausgleich, obwohl Michael genau genommen viel mehr hinzugewonnen hat.

Das Anfangsvermögen und die Inflation

Bei der Berechnung des Anfangsvermögens müssen Sie in jedem Fall darauf achten, dass das Vermögen im Laufe der Jahre einen Wertverlust durchgemacht hat. 20.000

Euro waren vor zehn Jahren mehr wert als heute! Das bedeutet, dass Sie den Verlust der Kaufkraft seit Beginn der Eheschließung herausrechnen müssen. Denn die Wertsteigerung allein anhand der Zahlen ist eine unechte Wertsteigerung, wenn man sie nicht um den Index bereinigt.

Beispiel: Die Ehefrau hatte bei der Hochzeit ein Vermögen von 50.000 Euro. Nach 20 Jahren Ehe würde dieser Betrag mit etwa 50 Prozent aufgezinst werden, so dass ein Anfangsvermögen von 75.000 Euro zugrunde gelegt wird. Die Aufzinsung wird nach den Lebenshaltungskosten-Indizes des Statistischen Bundesamtes berechnet. Die Formel dazu sieht so aus:

Indexierung des Anfangsvermögens

$$\text{Anfangsvermögen} \times \frac{\text{Lebenshaltungskosten-Index zum Zeitpunkt des Antrags auf Scheidung}}{\text{Lebenshaltungskosten-Index zu Beginn der Ehe}}$$

Unterließe man diese Aufzinsung, dann entstünden bei der Ermittlung des Zugewinns Scheingewinne, weil die nominalen Geldbeträge des Anfangsvermögens von früher heute weniger wert sind, aber den hohen Beträgen des Endvermögens von heute gegenübergestellt werden. Die Differenz und somit der Zugewinn würden zu hoch ausfallen.

Gehören auch Schenkungen und Erbschaften zum Anfangsvermögen?

Schenkungen von Dritten während der Ehe zählen oft zum „Anfangsvermögen“ und fallen demnach nicht in den Zugewinn. Der Grund: Es soll nur der Zugewinn ausgeglichen werden, der auf der Entwicklung des eigenen Vermögens der Eheleute beruht. Werden solche Schenkungen aber zum Anfangsvermögen gezählt, dann müssen sie im Rahmen des Zugewinnausgleichs nicht geteilt werden.

Doch Vorsicht: Das gilt nur für Schenkungen, die an einen der Eheleute alleine gemacht werden. Will der Dritte den Eheleuten etwas gemeinsam schenken, dann fällt das selbstverständlich nicht ins Anfangsvermögen und muss demzufolge im Rahmen des Zugewinnausgleichs berücksichtigt werden.

Bekommt also Michael während der Ehe von seinen wohlhabenden Eltern ein Haus geschenkt und haben die Eltern Wert darauf gelegt, dass nur er das Haus bekommen soll, dann darf bei der Scheidung das Haus auch nicht in die Berechnung des Zugewinns einfließen. Es darf als Anfangsvermögen gerechnet werden und ist damit nicht ausgleichspflichtig.

WISO rät: Achten Sie bei Schenkungen, die nur an einen Ehepartner gehen sollen, darauf, dass Sie darüber eine schriftliche Vereinbarung treffen. Der Schenker legt am besten schriftlich fest, wen er beschenken will. Sie vermeiden dann im Falle einer Scheidung Streit darüber, ob die Schenkung zum Zugewinn zählt oder nicht.

Auch Erbschaften, die ein Ehegatte während der Ehe erhält, werden dem Anfangsvermögen zugerechnet und fallen nicht in den Zugewinn.

Aber: Als Anfangsvermögen wird nicht der komplette Erbschaftsbetrag gerechnet. Vielmehr werden vom Betrag die Erbschaftsteuer und eventuell zu zahlende Vermächtnisse abgezogen.

So berechnen Sie das Endvermögen

Zum Endvermögen zählt das Vermögen, das die Ehepartner zum Zeitpunkt der Ehescheidung haben. Das Endvermögen wird – genau wie das Anfangsvermögen – berechnet, indem man alle Vermögenspositionen zusammenrechnet und die Schulden davon wieder abzieht.

Stichtag für die Berechnung des Vermögens ist der Tag der Zustellung des Ehescheidungsantrags an den Ex-Partner. Das ist wichtig, denn es kommt nicht auf den Tag der Trennung an.

Was gehört zum Zugewinn?

Nicht selten geraten Eheleute bei der Scheidung in Streit darüber, was zum Zugewinn gehört und was nicht. Klarheit schafft die folgende Übersicht:

- **Hausrat** – kein Zugewinn.
- **Einbauküche** – meist Zugewinn (Rechtsprechung urteilt aber nicht einheitlich).
- **Auto** – in den allermeisten Fällen Zugewinn, es sei denn, der Pkw wird nur für den Haushalt und für private Zwecke genutzt.
- **Schmuck** – Zugewinn.
- **Schadenersatzansprüche** – Zugewinn.
- **Lebensversicherung** – in der Regel Zugewinn.
- **Abfindungsforderungen** aus gekündigtem Arbeitsvertrag – kein Zugewinn.
- **Abfindung Witwenrente** – kein Zugewinn.
- **Steuererstattungen** oder **Steuerschulden** – Zugewinn.
- **Nießbrauch** oder ein **Wohnrecht** – Zugewinn.

Wann muss der Ex-Partner zahlen?

Der Zugewinnausgleichsbetrag, den der vermögendere Partner an den anderen zu zahlen hat, ist in der Regel mit der Rechtskraft der Ehescheidung fällig. Von diesem Zeitpunkt an ist der Geldbetrag auch zu verzinsen. Doch was tun, wenn Sie bereits während der Trennungszeit merken, dass Ihr Partner Vermögen beiseite schafft, um die Höhe seines Endvermögens und damit Ihren Zugewinnausgleichsanspruch zu verringern?

WISO rät: Wenn Sie schon während der Trennung Klarheit über den Zugewinnausgleich haben wollen, können Sie ihn frühzeitig beim Notar festlegen lassen. Haben Sie Angst, dass Ihr Ex-Partner Vermögen verschleiert oder vermindert, dann können Sie den Zugewinn schon vor der Scheidung beim Familiengericht einklagen. In solchen Fällen tragen Sie aber selbst die Beweislast.

Voraussetzung dafür ist, dass die Eheleute drei Jahre getrennt voneinander leben oder es für einen Ehegatten unzumutbar ist, am Güterstand festzuhalten, weil zu befürchten ist, dass er den auszuzahlenden Betrag nie bekommen wird. Es darf aber nicht nur eine geringe Gefahr bestehen, sondern es muss eine erhebliche Gefährdung der Ausgleichsforderung bestehen. Außerdem müssen hierfür konkrete Anhaltspunkte vorliegen.

Wann verjährt der Anspruch auf Zugewinnausgleich?

Haben Sie einen Anspruch auf Zugewinnausgleich, dann verjährt dieser drei Jahre nach der Rechtskraft des Scheidungsurteils. Diese Verjährung wird erst durch Zustellung einer Klage unterbrochen. Dies bedeutet, dass spätestens binnen drei Jahren nach Rechtskraft der Scheidung der Zugewinnausgleichsbetrag eingeklagt werden muss, um sich diese Ansprüche zu sichern. Andernfalls müssen Sie damit rechnen, dass Sie Ihre Forderung nicht mehr erfolgreich durchsetzen können.

Haben die Eheleute einen Auskunftsanspruch?

Vertrauen ist zwar gut, Kontrolle gerade in Scheidungsverfahren in jedem Falle aber besser. Deshalb hat jeder der Partner gegenüber dem anderen einen Auskunftsanspruch. Sie können also von Ihrem Partner verlangen, dass er Ihnen mitteilt, wie hoch sein Vermögen zum Zeitpunkt des Scheidungsantrags ist. Einen Auskunftsanspruch über die Höhe des Anfangsvermögens gibt es dagegen nicht. Die Auskunftspflicht bezieht sich auch nicht auf Hausratsgegenstände, für die besondere Auseinandersetzungsregeln gelten.

WISO rät: Erheben Sie bei Gericht eine Auskunftsklage, wenn sich Ihr Ex-Partner weigert, vollständige Angaben über sein Vermögen zu machen. Er muss dann eine umfassende Aufstellung abgeben. Tut er das nicht, muss er mit Ordnungsgeld oder Ordnungshaft rechnen. Haben Sie Zweifel an der Richtigkeit seiner Angaben, können Sie von Ihm die Abgabe einer eidesstattlichen Erklärung verlangen.

Wichtig ist, dass die Auskunft „in sich geordnet" und für den anderen nachvollziehbar zusammengestellt ist.

Beispielsrechnung für den Zugewinnausgleich

Im Beispielsfall von Doris und Michael muss bei der Scheidung der Zugewinn ausgerechnet werden. Eine solche Berechnung kann folgendermaßen aussehen. Sie ist hier bewusst einfach gehalten, um das Prinzip zu verdeutlichen.

	Doris	Michael
Anfangsvermögen	**100.000 Euro**	**0 Euro**
Endvermögen bei Scheidungsantrag	— Einfamilienhaus Sparguthaben und Versicherungen **250.000 Euro**	— Einfamilienhaus Sparguthaben und Versicherungen **272.000 Euro**
Zugewinn	150.000 Euro	272.000 Euro
Differenz		122.000 Euro
Ausgleichspflicht		61.000 Euro

Hier, in dieser Beispielsrechnung, muss Michael an Doris 61.000 Euro Zugewinnausgleich zahlen.

4. Unterhalt

Beispiel: Wenn der Ex-Partner nicht zahlen will

Sabine Richter will von ihrem Mann Rolf Unterhalt, und zwar für sich und für ihren Sohn Tim. Schließlich war Rolf immer der Hauptverdiener in der Ehe, und von Anfang an hat er den Lebensunterhalt für die Familie bestritten. Doch Rolf sieht das anders: Seiner Meinung nach muss er für Sabine nicht zahlen. Tim ist immerhin schon neun Jahre, und Sabine könne wieder Vollzeit arbeiten gehen.

Kindesunterhalt

Eltern müssen ihren Kindern gegenüber Unterhalt leisten. Der Elternteil, der die Kinder betreut, bei dem sie wohnen und essen, erbringt den Unterhalt sozusagen in „naturaler Form". Der andere Elternteil muss seiner Unterhaltsverpflichtung nachkommen, indem er monatlich einen bestimmten Barbetrag zahlt.

In unserem Ausgangsfall muss Rolf Richter also auf jeden Fall für seinen neunjährigen Sohn Tim zahlen. Ob seine Frau wieder arbeiten kann oder nicht, ist für den Kindesunterhalt ohne Belang.

Wie viel der geschiedene Partner für seine Kinder zahlen muss, hängt vom so genannten bereinigten Nettoeinkommen ab. Um das zu ermitteln, müssen die gesamten Einkünfte des Unterhaltsschuldners addiert werden. Entscheidend ist demnach nicht, was jeden Monat auf dem Gehaltsstreifen steht. Vielmehr werden auch das Urlaubs- und Weihnachtsgeld, Zulagen, Prämien, Überstundenvergütung und Mieteinnahmen dazugerechnet. Andererseits kann der Unterhaltsverpflichtete sein Einkommen auch mindern. Abzugsfähig sind auf jeden Fall Steuern, Sozialabgaben und berufsbedingte Aufwendungen.

Wichtig: Das bereinigte Nettoeinkommen ist nicht etwa identisch mit dem steuerlichen Nettoeinkommen. So gibt es steuerliche Abschreibungsmöglichkeiten, die unterhaltsrechtlich nicht anerkannt werden. Andererseits können im Unterhaltsrecht Beträge abgezogen werden, die steuerlich nicht absetzbar sind.

Ist das bereinigte Nettoeinkommen ermittelt, lassen sich die Unterhaltssätze für den Kindesunterhalt nach der Düsseldorfer Tabelle ermitteln (Anlage). Die Tabelle geht von einem unterhaltspflichtigen Partner und zwei Kindern aus. Bei einer geringeren oder größeren Zahl Unterhaltsberechtigter sind daher Abschläge oder Zuschläge auf die Tabellenbeträge vorzunehmen. Eheliche und nichteheliche Kinder werden gleich behandelt, da beide dieselben finanziellen Ansprüche haben.

Anrechnung von Kindergeld

Wer Kinder hat, bekommt Kindergeld. Für die ersten drei Kinder zahlt der Staat 154 Euro, für das vierte Kind 179 Euro. In der Regel wird dieses Kindergeld bis zum 18. Lebensjahr, und wenn sich das Kind noch in der Schul- oder Berufsausbildung befindet bis zum 27. Geburtstag gezahlt. Weil es während der Grundwehrzeit und des Zivildienstes kein Kindergeld gibt, verlängert sich die Zahlung um die entsprechende Zeit. Das Kindergeld fällt vollständig weg, wenn das Kind ein eigenes Einkommen von 7.188 Euro jährlich hat.

Bei getrennt lebenden Eltern bekommt derjenige das Kindergeld, bei dem der Nachwuchs wohnt. Weil das Kindergeld aber eigentlich beiden Eltern zusteht, muss dieses mit dem Unterhalt verrechnet werden. Wie viel Kindergeld auf den Unterhalt angerechnet wird, ist je nach Gehaltsgruppe unterschiedlich.

Welche Berufsausbildung müssen Eltern finanzieren?

Eltern müssen ihren Kindern „eine den Fähigkeiten und Neigungen entsprechende Berufsausbildung" finanzieren. Die Ausbildung muss vom Kind zügig und innerhalb der angemessenen und üblichen Dauer angegangen und auch beendet werden. Dabei haben die Eltern das Recht, die Ausbildung zu kontrollieren. Sie können verlangen, dass ihnen Ausbildungsscheine, Zeugnisse und sonstige Nachweise vorgelegt werden. Sobald die Ausbildung beendet ist, ist das Kind in der Regel verpflichtet, jede berufsfremde Tätigkeit anzunehmen, und zwar auch dann, wenn es ihm nicht gelingt, im erlernten Beruf etwas zu finden. Selbst wenn der angebotene Job unter seinem Ausbildungsniveau liegt, muss das Kind der Tätigkeit nachgehen. Auf die Ausbildung kommt es also nicht an.

Immer wieder stellt sich auch die Frage, inwieweit die Eltern eine zweite Berufsausbildung ihres Sprösslings finanzieren müssen. Hier kommt es auf den bisherigen beruflichen Werdegang an und darauf, inwieweit eine Zweitausbildung Sinn macht.

Beispiel: Die Tochter hat eine Lehre als Bankkauffrau mit guten Erfolgen abgeschlossen. Jetzt möchte sie noch Betriebswirtschaft studieren. Bei einem entsprechend guten Abschluss der Banklehre kann sie das Betriebswirtschaftsstudium auf Kosten der Eltern aufnehmen.

Unterhaltstitel vom Jugendamt

Nicht immer sind die Eheleute bei einer Scheidung völlig zerstritten. Es gibt durchaus Väter und Mütter, die ohne Wenn und Aber den Unterhalt für ihre Kinder zahlen. Die Praxis zeigt aber: Die gute Zahlungsmoral hält oft nicht allzu lange an – vor allem

wenn neue Lebenspartner ins Spiel kommen. Wer hier auf Nummer sicher gehen will, sollte in guten Zeiten vorzubeugen.

Die Festsetzung und Beurkundung von Unterhaltszahlungen muss nicht zwangsläufig mit dem Gang vors Gericht verbunden sein. Einfacher und kostengünstiger geht das auch beim Jugendamt. Wenn beide Elternteile mit den Modalitäten einverstanden sind, können sie den Unterhaltsanspruch für ihre gemeinsamen Kinder dort direkt beurkunden lassen. Mit dieser Beurkundung hat der Unterhaltsberechtigte dann einen Titel in der Tasche, der genauso viel wert ist wie ein Gerichtsurteil. Das heißt, wenn die vereinbarten monatlichen Zahlungen ausbleiben, kann aus diesem Titel direkt zwangsvollstreckt werden, ohne dass noch mal ein Prozess geführt werden muss. Sie können sich so also eine langwierige Klage vor Gericht ersparen. Voraussetzung für diese kostengünstige Variante ist allerdings, dass beide Elternteile einverstanden sind. Denn erzwingen kann man seinen Titel durch das Jugendamt nicht.

WISO rät: Je früher Sie die Unterhaltsansprüche Ihrer Kinder regeln, umso besser, denn die Erfahrung zeigt: Je länger eine Trennung zurückliegt, umso schwieriger wird es, sich mit dem Ex-Partner gütlich zu einigen.

Alternativ zum Jugendamt können Sie den Unterhaltsanspruch natürlich auch von einem Notar beurkunden lassen. Allerdings fallen dann auch Gebühren an.

Ehegattenunterhalt

Wenn es um den Ex-Partner geht, streiten sich die einst Vermählten oft bis aufs Messer. Denn während so mancher mit Hängen und Würgen gerade noch bereit ist, für sein Kind zu zahlen, wird beim Unterhalt für den Verflossenen oft jahrelang über das „ob überhaupt" und „wie viel" gestritten.

Sind die Eheleute erst einmal voneinander geschieden, geht das Gesetz eigentlich davon aus, dass jeder für sich selbst verantwortlich ist. Will daher ein geschiedener Ehepartner vom anderen Unterhalt, müssen dafür besondere Gründe vorliegen. Was sich wie eine Ausnahme anhört, ist in der Praxis allerdings fast zur Regel geworden. Der Gesetzgeber hat eine Fülle von Gründen geschaffen, die zum nachehelichen Unterhalt führen:

- Der Ex-Partner betreut gemeinsame Kinder.
- Der Ex-Partner ist arbeitslos.
- Der Ex-Partner macht eine Ausbildung, Fortbildung oder Umschulung.
- Der Ex-Partner kann nicht arbeiten, weil er zu alt ist.
- Der Ex-Partner kann nicht arbeiten, weil er krank ist.
- Der Ex-Partner kann seinen Lebensstil nicht fortführen.
- Andere schwerwiegende Gründe.

Immer wieder gibt es Streit darum, ab wann der Unterhaltsberechtigte wieder einer

Berufstätigkeit nachgehen kann. Die Beantwortung dieser Frage ist letztlich immer vom Einzelfall abhängig. Die Gerichte haben allerdings folgende Faustregeln aufgestellt:

- Ist ein Kind jünger als acht Jahre, ist dem betreuenden Elternteil eine Erwerbstätigkeit nicht zuzumuten.
- Ist das Kind zwischen acht und elf Jahren alt, kann unter Umständen eine Teilzeittätigkeit in Betracht kommen. Es kommt aber immer auf den Einzelfall an. Entscheidend ist hier beispielsweise, ob das Kind den ganzen Vormittag über betreut ist (Schule, Hort, Großeltern).
- Ist das Kind zwischen elf und 15 Jahren alt, ist in der Regel eine Halbtagstätigkeit zumutbar.
- Ab dem 16. Lebensjahr kann meist Vollzeit gearbeitet werden.
- Bei mehreren Kindern kommt in der Regel keine Erwerbspflicht in Betracht, wenn das jüngste Kind noch nicht zehn Jahre ist.
- Ist ein Kind beispielsweise wegen einer Behinderung besonders zuwendungsbedürftig, gelten andere, vom Einzelfall abhängige Grundsätze.

Ehen von kurzer Dauer

Manche Paare sind fast schneller wieder geschieden, als sie verheiratet waren. Bei solchen Ehen, die nur von sehr kurzer Dauer waren, besteht oft gar kein Anspruch auf Ehegattenunterhalt. Als kurz gilt eine Ehe dann, wenn sie nicht länger als maximal zwei bis drei Jahre andauerte. Entscheidend ist dabei der Zeitpunkt der Eheschließung bis zur Antragstellung des Scheidungsantrags. Zeiten des vorehelichen Zusammenlebens zählen nicht.

Ausnahmsweise muss der Ehegatte aber trotzdem Unterhalt zahlen. Das ist beispielsweise dann der Fall, wenn aus der Ehe gemeinsame Kinder hervorgegangen sind und diese beim Unterhaltsberechtigten leben. Manche Gerichte sprechen den Ehegattenunterhalt aber dann nicht in voller Höhe zu, sondern kürzen ihn, um so beiden Partnern gerecht zu werden.

Höhe des Ehegattenunterhalts

Wie viel Unterhalt ein Ehepartner von dem anderen verlangen kann, hängt von der Einkommenssituation der Eheleute während der Ehe ab. Entscheidend ist also, in welchen wirtschaftlichen Verhältnissen das Paar bis zur Scheidung lebte. Wie beim Kindesunterhalt wird auch beim Ehegattenunterhalt das unterhaltsrelevante Einkommen während der Ehe ermittelt. Muss der Unterhaltspflichtige Kindesunterhalt bezahlen, wird dieser Betrag zudem vom Einkommen abgezogen.

Ist das unterhaltsrelevante Einkommen ermittelt, ist von dem Grundsatz auszugehen, dass jeder Partner die Hälfte aller zur Verfügung stehenden finanziellen Mittel bekommen soll. Derjenige, der einer Erwerbstätigkeit nachgeht, erhält allerdings einen Bonus als Erwerbsanreiz. Von dem unterhaltsrelevanten Einkommen wird deshalb 1/7 (in manchen Gerichtsbezirken auch 1/5 beziehungsweise 1/10) abgezogen. Der verbleibende Rest wird geteilt. De facto führt das dazu, dass der Ehepartner eines geschiedenen erwerbstätigen Unterhaltspflichtigen einen Anspruch auf 3/7 des Einkommens hat.

Vorsicht: Die Berechnung des Ehegattenunterhalts ist selbst für den Juristen kompliziert. Es spielen eine Fülle von Faktoren eine Rolle und selbst verschiedene Gericht kommen nicht immer zum selben Ergebnis. Deshalb muss der genaue Betrag individuell vom Fachmann ausgerechnet werden.

Vorsorgeunterhalt

Der Vorsorgeunterhalt soll demjenigen, der nach der Scheidung nicht oder nur wenig erwerbstätig ist, die zukünftige Altersversorgung sichern. In der Praxis kann dieser Anspruch nur bei einkommensstärkeren Unterhaltsschuldnern geltend gemacht werden. Bei weniger gut Verdienenden reicht das Gehalt neben Kindesunterhalt und dem normalen Ehegattenunterhalt meistens nicht aus.

Wichtig: Der Unterhaltsberechtigte ist verpflichtet, den Vorsorgeunterhalt auch tatsächlich für die Altersvorsorge zu nutzen. Der Unterhaltsberechtigte darf das Geld nicht zweckwidrig verwenden, also beispielsweise Schulden damit tilgen. Hält er sich nicht daran, verliert er den Anspruch.

Krankenunterhalt

Ist ein Ehepartner während der Ehe nicht oder nur geringfügig berufstätig, ist er in der Regel beim Hauptverdiener mitkrankenversichert. Selbst während der Trennungszeit gibt es meistens keine Probleme, weil sich daran erst einmal nichts ändert. Nach der Scheidung aber sieht die Situation anders aus. Eine Mitversicherung scheidet normalerweise aus. Der geschiedene Partner muss sich nun selbst um seinen Versicherungsschutz kümmern. Er kann aber von seinem Ex-Partner verlangen, dass dieser ihn mitversichert. Er hat sozusagen einen Anspruch auf Krankenversicherung. Dies gilt im Übrigen nicht nur für die gesetzliche, sondern auch für die private Krankenversicherung.

Die Kosten für die Krankenversicherung muss der Unterhaltsverpflichtete zahlen. Allerdings kann er – wie beim Vorsorgeunterhalt auch – die Kosten für die Krankenversicherung bei der Ermittlung seines unterhaltsrelevanten Einkommens abziehen. Dadurch verringert sich dann der restliche Ehegattenunterhalt. Entsprechendes gilt für die Pflegeversicherung.

WISO rät: Als unterhaltsberechtigter Ex-Partner sollten Sie unbedingt innerhalb von drei Monaten nach der Scheidung bei der bisherigen gesetzlichen Krankenversicherung des anderen Ehegatten den Krankenversicherungsschutz beantragen.

Selbstbehalt

Bei aller finanzieller Verantwortung für den getrennten Partner und den Nachwuchs: Auch dem Unterhaltspflichtigen muss noch genügend Geld zum Leben übrig bleiben. Deshalb gibt es den so genannten notwendigen Eigenbedarf. Er besagt, wie viel Geld dem Unterhaltspflichtigen nach Abzug aller Unterhaltszahlungen monatlich noch zur Verfügung stehen muss. Je nachdem, wem gegenüber eine Unterhaltspflicht besteht, darf der Unterhaltsschuldner verschiedene Beträge für sich behalten (siehe Anlage).

Der Selbstbehalt kann sich dann verringern, wenn der Unterhaltsverpflichtete keine Mietkosten hat. Umgekehrt kann sich der notwendige Eigenbedarf aber auch erhöhen, wenn der Unterhaltsschuldner eine besonders hohe Miete zahlen muss. Kann er beispielsweise glaubhaft machen, dass er in einem Ballungsgebiet keine preiswertere Wohnung findet, kann er mehr Geld für sich behalten.

Mangelfälle – wenn der Unterhalt nicht ausreicht

Zieht man den Selbstbehalt vom unterhaltsrelevanten Einkommen ab und reicht der restliche Betrag nicht aus, um allen Unterhaltsverpflichtungen nachzukommen, liegt ein Mangelfall vor. Das verbleibende Einkommen wird dann unter den Unterhaltsberechtigten verteilt. Gibt es vorrangige Unterhaltsgläubiger (zum Beispiel Kinder aus erster Ehe gegenüber der Frau aus der zweiten Ehe), werden deren Ansprüche zuerst – und zwar wenn möglich in vollem Umfang – befriedigt. Der Rest wird an die anderen Unterhaltsberechtigten – im Rahmen einer zuvor erfolgten komplizierten Berechnung – anteilsmäßig ausgezahlt. Liegt der Unterhalt unter dem Sozialhilfesatz, wird dieser vom Jugendamt oder vom Sozialamt entsprechend ergänzt.

Reicht das Gehalt des geschiedenen Ehegatten nicht aus, um seinem Ex-Partner und den Kindern in vollem Umfang Unterhalt zu zahlen, hat er die Pflicht, alles nur Erdenkliche zu tun, um der Unterhaltsverpflichtung nachkommen zu können. Er muss sich also um einen besseren Job kümmern und notfalls auch seinen Arbeitsplatz wechseln. Diese gesteigerte Erwerbspflicht tritt allerdings nur dann ein, wenn der Mindestsatz der Düsseldorfer Tabelle nicht erreicht wird.

Der Unterhaltsverpflichtete verschweigt die Vermögensverhältnisse

Oft wissen die Unterhaltsberechtigten gar nicht, was der andere verdient und welches Vermögen er hat. Deshalb haben sie gegenüber diesem einen Auskunftsanspruch. Arbeitnehmer sind dadurch verpflichtet, die letzten zwölf Monatsverdienstabrechnungen vorzulegen, aus denen sämtliche Einkünfte und gesetzlichen Abzüge für Steuern und Sozialversicherungsbeiträge ablesbar sind.

Bei Selbstständigen geht der Auskunftsanspruch etwas weiter. Sie müssen Gewinn- und Verlustrechnung, Bilanzen, Abschreibungsverzeichnisse, Einkommenssteuer- und gegebenenfalls Umsatzsteuererklärungen sowie den dazu ergangenen Steuerbescheid vorlegen. Da Selbstständige sowohl die Erzielung von Einkünften als auch den Anfall von Ausgaben ihres Einkommens letztlich steuern können, reicht es nicht wie bei abhängig Beschäftigten aus, wenn sie einen nur auf die vergangenen zwölf Monate bezogenen Nachweis vorlegen. In vielen Fällen wäre es nämlich dann so, dass die Geschäfte in der Vergangenheit stets gut liefen, genau zur Trennung und Scheidung aber plötzlich ein erheblicher Umsatzrückgang festzustellen wäre. Um hier Manipulationen auszuschließen, wird bei Selbstständigen in der Regel das durchschnittliche Einkommen der letzten drei Jahre betrachtet. In Ausnahmefällen kann der Nachweis aber auch von den vergangenen fünf Jahren verlangt werden, und zwar beispielsweise dann, wenn eine Bilanz der letzten drei Jahre völlig aus dem Rahmen fällt.

Kommt der Unterhaltsschuldner seiner Verpflichtung nicht nach, können übrigens auch die Gerichte Auskünfte bei Arbeitgebern, Sozialleistungsträgern und Versicherungen einholen, um „abgetauchte" Unterhaltszahler und ihre Einkünfte ausfindig zu machen. Geht es um den Kindesunterhalt, sind außerdem auch die Finanzämter den Gerichten gegenüber auskunftspflichtig.

Unterhaltsvorschuss und Sozialhilfe

Ein Gerichtsverfahren kann im schlimmsten Fall Jahre dauern. Damit die Unterhaltsberechtigten während dieser Zeit nicht auf dem Trockenen sitzen, springt das Jugendamt beim Kindesunterhalt ein. Es zahlt den Mindestsatz für Kinder bis zum 12. Lebensjahr, und zwar längstens für die Dauer von sechs Jahren. Nach Ablauf dieser Zeit wird der Kindesunterhalt genau wie der Ehegattenunterhalt in Höhe des Sozialhilfesatzes vom Sozialamt übernommen. Gerade alleinerziehende Mütter finden sich jedoch häufig mit der schlechten Zahlungsmoral der unterhaltspflichtigen Väter ab – aus Resignation und aus Scham vor dem Gang zum Sozialamt. Dabei sind Unterhaltszahlungen für die gemeinsamen Kinder keine milde Gabe des Verflossenen, sondern einklagbare Ansprüche.

WISO rät: Sozialhilfe in Anspruch zu nehmen, ist keine Schande, sondern Ihr gutes Recht. Warten Sie nicht allzu lange ab, bis Sie den Antrag beim Sozialamt stellen, sonst verlieren Sie Geld. Unterhaltsanspruch besteht nämlich rückwirkend nur für einen Monat vor Antragstellung.

Säumige Unterhaltsschuldner sollten aber aufpassen: Der Staat kann den gezahlten Vorschuss vom Unterhaltspflichtigen wieder zurückfordern.

Vorsicht: Die Verletzung der Unterhaltspflicht ist auch ein Straftatbestand. Wer sich der gesetzlichen Unterhaltspflicht entzieht, muss mit einer Geldstrafe oder sogar mit einer Freiheitsstrafe bis zu drei Jahren rechnen. Eine Verurteilung droht außerdem nicht nur Berufstätigen, die nicht oder zu wenig zahlen. Auch wer arbeitslos ist und sich nicht um eine neue Beschäftigung bemüht, indem er sich beispielsweise beim Arbeitsamt als arbeitssuchend meldet oder Stellenangebote ablehnt, riskiert ein Strafverfahren.

Neue Partner – neue Unterhaltsregeln?

Viele Geschiedene wagen es ein zweites Mal: Sie heiraten wieder und bekommen mit dem neuen Partner weitere Kinder. Das wirkt sich nicht selten auf den Unterhalt der Erstfamilie aus. Wenn der Unterhaltsberechtigte wieder heiratet, muss sein Ex-Partner nicht mehr für ihn zahlen. Der Unterhalt für die Kinder dagegen entfällt nicht.

In vielen Fällen ist der Sachverhalt aber weit komplizierter: Die persönlichen Verhältnisse des Ex-Partners sind nicht so klar zu durchschauen. Der Unterhaltsberechtigte lebt zwar vermutlich wieder mit einem neuen Lebensgefährten zusammen, heiratet diesen jedoch nicht – oft um den Ehegattenunterhalt aus erster Ehe zu „sichern“. In diesen Fällen kann sich jedoch der Unterhalt verringern oder ganz wegfallen, wenn sich das „eheähnliche Verhältnis“ gefestigt hat und mindestens zwei bis drei Jahre andauert. Wer als Unterhaltsschuldner deshalb weniger zahlen möchte, sollte sich aber darüber im Klaren sein, dass er hier Detailarbeit zu leisten hat.

WISO rät: Der einfach „ins Blaue“ hinein erhobene Vorwurf, Ihr Ex-Partner lebe wieder mit jemandem zusammen, reicht nicht. Sie müssen dem Gericht Einzelheiten vortragen und diese vor allem auch nachweisen können. Gelingt Ihnen das nicht, verlieren Sie einen Prozess und müssen zudem noch die Kosten dafür tragen.

Heiratet der Unterhaltsverpflichtete wieder und bekommt er weitere Kinder, kann sich das auf den Unterhalt der Erstfamilie auswirken. Grundsätzlich muss der Unterhalt zwar an alle Unterhaltsberechtigten in voller Höhe bezahlt werden. In der Praxis reicht das Einkommen jedoch oft nicht für alle Unterhaltsgläubiger aus. Es stellt sich dann die Frage, wer von den Unterhaltsberechtigten gleichberechtigt nebeneinander steht und wer erst nachrangig Unterhalt bekommt. Die Rangfolge ist juristisch gesehen häufig kompliziert, im Folgenden aber einige Grundsätze.

Minderjährige Kinder und volljährige, im Haushalt eines Elternteils lebende Schüler sind dabei immer gleichgestellt, und zwar unabhängig davon, ob das Kind aus erster oder aus zweiter Ehe ist. Auch nichteheliche Kinder werden genauso behandelt. Demzufolge gilt nicht etwa der Grundsatz „Wer zuerst kommt, mahlt zuerst". Bekommt ein Unterhaltsverpflichteter demnach weitere Kinder, kann sich das auf den Unterhalt der Erstfamilie auswirken, wenn nicht genug Geld vorhanden ist, um den vollen Unterhaltssatz an alle zu zahlen. Die Kinder aus erster Ehe bekommen dann häufig weniger Unterhalt, weil ja auch das neue Kind einen Unterhaltsbedarf hat.

Was die Ehefrauen betrifft, so gilt: In der Regel sind die Unterhaltsansprüche der zweiten Ehefrau gegenüber denen der Ehefrau aus erster Ehe nachrangig. Dies gilt jedenfalls dann, wenn die erste Frau einen Ehegattenunterhaltsanspruch wegen Kinderbetreuung hat, die erste Ehe lange gedauert hat (15 Jahre) oder wenn die zweite Ehefrau bei einer Scheidung selbst keine Unterhaltsansprüche hätte. Die Gerichte argumentieren damit, dass sich die zweite Ehefrau ja wissentlich auf die Situation eingelassen hat und deshalb zurückstehen muss.

Auch das kommt vor: Der unterhaltsverpflichtete Exgatte heiratet wieder – und zwar einen sehr vermögenden Partner. Doch wie wirkt sich das auf den Unterhalt aus? In der Regel kommt es ausschließlich darauf an, wie viel der Unterhaltsverpflichtete selbst verdient. Auch wenn der Exmann also eine steinreiche Frau heiratet, wirkt sich das auf den Unterhalt seiner ersten Frau oder der Kinder nicht aus.

5. Streit um die Kinder

Beispiel: Gemeinsames Sorgerecht – der Normalfall?

Lutz und Marianne wollen sich scheiden lassen. Entscheidungen, die die Kinder betreffen, möchten sie aber nach wie vor gemeinsam treffen. Doch die Freundin von Marianne meint, sie müssten sich schon entscheiden, wer das Sorgerecht will. Lutz ist der Auffassung, es wäre auch kein Problem, ein gemeinsames Sorgerecht zu beantragen.

Beide Elternteile sollen mitentscheiden

Früher gab es noch erbitterte Kämpfe im Scheidungsverfahren: Wer bekommt das Sorgerecht für das Kind? Eigentlich zu Recht – denn die Rechte desjenigen, der das Sorgerecht nicht bekommen hat, sind geringer als die Rechte desjenigen, der es hat.

Doch mit der Gesetzesreform vom 1.7.1998 hat sich das grundlegend verändert: Über das Sorgerecht muss im Verfahren nicht mehr entschieden werden. Es bleibt nach der Scheidung in der Regel bei beiden Eltern. Für das Kind bedeutet das, dass Vater und Mutter bei wichtigen Fragen, die es betreffen, weiterhin gemeinsam entscheiden dürfen und auch müssen.

Natürlich können die Eltern im Scheidungsverfahren auch beantragen, dass das Sorgerecht nur einem von beiden zugesprochen wird. Da das eigentlich der Ausnahmefall ist, müssen für solch einen Antrag gewichtige Gründe vorliegen. Beispiele:

- Den Eltern ist es in der Praxis gar nicht möglich, das Sorgerecht gemeinsam auszuüben, etwa weil ein Elternteil dauerhaft im Ausland lebt.
- Die Eltern sind nicht in der Lage, bei Entscheidungen über das Kind zu kooperieren. Da das aber bei vielen Paaren der Fall ist, wenn sie sich scheiden lassen, müssen hier schon erhebliche Konflikte vorliegen.
- Die Übertragung des Sorgerechts auf ein Elternteil entspricht dem Wohl des Kindes.
- Grundsätzlich steht immer das Wohl des Kindes im Vordergrund. Beantragt also die Mutter oder der Vater für sich alleine das Sorgerecht, dann wird die Entscheidung ausschließlich im Interesse des Kindes gefällt. Die Rechtsprechung hat einige Kriterien hierzu entwickelt:
- Zu welchem Elternteil hat das Kind die meisten Bindungen? Dem Kind sollen möglichst viele Bindungen, also auch zu Großeltern oder Freunden, erhalten bleiben.
- Welcher Elternteil hat die höhere Bindungstoleranz? Wer hat die größere Fähigkeit, den Kontakt des Kindes zum anderen Elternteil zu gewährleisten?
- Wille oder Vorschlag der Kinder. Dabei achten die Gerichte genau darauf, dass die Entscheidung des Kindes nicht durch einen Elternteil beeinflusst wurde.
- Gemeinsamer Vorschlag der Eltern.
- Welcher Elternteil hat die größeren Erziehungsfähigkeiten? Elternteile, die psychisch krank, gewalttätig oder drogensüchtig sind, sind nicht erziehungsfähig.
- Welcher Elternteil kann das Kind am besten fördern?
- Wer hat die besseren Betreuungsmöglichkeiten? Die zeitweise Betreuung durch Tagesmütter wird dabei nicht als negativ angesehen.
- Bei wem kann das Kind seine Lebensumstände am besten weiterführen?

Wichtig: Geschwister sollten grundsätzlich nie voneinander getrennt werden. Es sei denn, dass alle Geschwister eine Trennung voneinander wollen.

Darf das Kind auch selbst entscheiden?

Der Richter hat auch die Möglichkeit, das Kind zu befragen, bei welchem Elternteil es lieber bleiben will. Manchmal lässt er die Befragung durch einen psychologisch geschulten Sachverständigen vornehmen. Vorab machen sich die Gerichte jedoch oft bereits einen persönlichen Eindruck von dem Kind, indem sie es in dessen gewohnter Umgebung besuchen und es im Umgang mit den Eltern beobachten.

Zwar hat das Gericht auch eine eigene Sachkompetenz. Lässt der Richter aber ein Gutachten machen, wird er sich in der Regel an diesem orientieren, obwohl er nicht daran gebunden ist.

WISO rät: Ein derartiges Gutachten sollten Sie Ihrem Kind unbedingt ersparen, denn es kann erhebliche Gewissenskonflikte gegenüber den Eltern in ihm hervorrufen. Die Kinder können nur sehr schwer damit umgehen, sich quasi für ein Elternteil entscheiden zu müssen.

Ein Gutachten wird meist bei Kindern im Alter zwischen vier und 14 Jahren eingeholt.

Ältere Kinder können ihren Willen in der Regel auch ohne Gutachten kundtun, bei jüngeren Kindern beurteilt der Richter eher die Umstände bei den Eltern.

Jugendamt

Neben dem Kind wird auch das Jugendamt angehört. Das Jugendamt hat in dem Sorgerechtsverfahren eine eigenständige Stellung. Das Gericht soll auf Grund des vom Jugendamt zu fertigenden Berichts in der Lage sein, sich ein Bild vom sozialen Umfeld des Kindes zu verschaffen. Die Mitarbeiter des Jugendamts werden das Kind daher in der Regel zu Hause besuchen. Darüber hinaus soll das Jugendamt eine Empfehlung aussprechen.

Es empfiehlt sich, sofort nach der Trennung in Problemfällen das Jugendamt zu unterrichten, weil in diesem Stadium des Verfahrens noch am ehesten die Möglichkeit besteht, eine Eskalation zu vermeiden.

Sorgerecht – was ist das überhaupt?

Das Sorgerecht unterscheidet sich in die Personensorge und die Vermögenssorge.

Bei der Personensorge geht es um sämtliche Angelegenheiten, die nicht das Vermögen des Kindes betreffen, sondern sein persönliches, körperliches und geistiges Wohl, zum Beispiel:

- Pflege
- Erziehung
- Beaufsichtigung
- Aufenthaltsbestimmung
- Bestimmung des Umgangs mit Dritten
- gesetzliche Vertretung

Bei der Vermögenssorge geht es um das Vermögen des Kindes. Die Eltern müssen sein Vermögen, sein Eigentum und eventuell daraus resultierende Einnahmen in seinem Interesse verwalten. Sie haben hierbei folgende Verpflichtungen:

- Die Eltern dürfen das Vermögen des Kindes nicht verschenken. Tun sie es dennoch, dann ist eine solche Schenkung grundsätzlich unwirksam.
- Sie müssen das Geld des Kindes mündelsicher anlegen, das heißt, sie müssen es nach den Grundsätzen einer wirtschaftlichen Vermögensverwaltung anlegen. Unsichere Börsenspekulationen sind also für die Eltern tabu.
- Falls das Kind Vermögen erbt, sind die Eltern verpflichtet, ein Vermögensverzeichnis zu errichten und vor Gericht dessen Richtigkeit zu versichern.
- Nur wenn die finanzielle Situation der Familie angegriffen ist, dürfen die Eltern das Vermögen des Kindes für den Unterhalt der Familie verwenden. Grundsätzlich darf aber das Vermögen des Kindes nicht angetastet werden.

Das Familiengericht kann das Sorgerecht auch aufteilen und einzelne Punkte auf den anderen Elternteil übertragen, wenn das dem Wohl des Kindes entspricht. Teile der elterlichen Sorge können sozusagen aus der gesamten elterlichen Sorge „herausgeschnitten" werden. Der Richter kann beispielsweise das Aufenthaltsbestimmungsrecht einem der Elternteile übertragen, es im Übrigen aber bei der gemeinsamen elterlichen Sorge belassen. Dies bedeutet, dass zum Beispiel die Mutter entscheiden kann, bei wem sich das Kind aufhält, und die übrigen Fragen der elterlichen Sorge, wie die Vermögenssorge oder der Schulbesuch, gemeinsam entschieden werden.

Welche Entscheidungen müssen Eltern gemeinsam treffen?

Heute sind die Eltern grundsätzlich berechtigt und verpflichtet, das Sorgerecht über das eheliche Kind gemeinsam und völlig gleichberechtigt auszuüben. Das bedeutet, dass die Eltern alle Entscheidungen, die das Kind betreffen, zusammen entscheiden müssen und dürfen. Solche Entscheidungen sind:

- Sie vertreten das Kind gemeinsam,
- Wahl des Kindergartens oder der Schule,
- religiöse Erziehung,
- Ausbildungsgang,
- ärztliche Eingriffe wie Operationen.

WISO rät: Um Streit bei der gemeinsamen Ausübung des Sorgerechts zu vermeiden, können Sie eine Sorgevereinbarung mit Ihrem Partner treffen. Darin können Sie die wesentlichen Punkte regeln. Rat und Hilfe finden Sie bei den Familienberatungsstellen und den Jugendämtern. Vereinbaren Sie mit Ihrem Partner Aufgabenteilung. So kann

ein Elternteil allein mit der mutmaßlichen Zustimmung des anderen handeln. In der Regel ermächtigen sich die Eltern hierbei gegenseitig.

Wichtig: In Notfällen kann auch ein Elternteil eine wichtige Entscheidung alleine treffen. Hat Ihr Kind zum Beispiel einen Unfall und muss sofort operiert werden, und ist der andere Elternteil nicht erreichbar, dann können Sie die Einwilligung hierüber auch alleine erteilen.

Umgangsrecht

Auch wenn durch das gemeinsame Sorgerecht vieles entschärft wurde: Über das Umgangsrecht streiten Eltern mindestens genauso gern, denn normalerweise wird das Kind auch bei einem gemeinsamen Sorgerecht bei einem der Eheleute bleiben. Der andere Elternteil hat dann das Recht, seine Kinder regelmäßig zu sehen – das Umgangsrecht. Dabei kommt es bei den Eltern zu Konflikten um Fragen wie: Wann kommt das Kind zu mir, wann zu dir? Wie teilen wir die Ferien auf? Darf die neue Partnerin bei den Besuchen dabei sein usw.

Grundsätzlich gilt die Regel: Je großzügiger das Umgangsrecht gehandhabt wird, desto eher handeln die Eltern im Interesse der Kinder.

Was viele nicht wissen: Auch den Großeltern oder anderen, dem Kind nahe stehenden Personen, wie etwa Geschwistern oder Stiefeltern, kann ein Umgangsrecht eingeräumt werden. Diese Regelung gibt es seit der Änderung des Kindschaftsrechts am 1.7.1998.

Wie oft darf ich mein Kind sehen?

Auf die Frage, wie lange und oft die Eltern ihr Kind sehen dürfen, gibt es keine allgemein geltende Regel. Entscheidend ist dabei unter anderem das Alter des Kindes sowie seine persönlichen Bedürfnisse. In der Regel geht man von einem 14-tägigen Besuchsrecht aus.

Hier ein unverbindliches Beispiel für ein Kind zwischen sechs und 14 Jahren:

- jedes zweite Wochenende,
- jeweils der zweite Weihnachts-, Oster- und Pfingsttag,
- zwei bis drei Wochen in den Sommerferien und
- zudem jeweils die Hälfte der restlichen Ferien.

Bei jüngeren Kindern kommt oft nur ein Besuchstag alle zwei Wochen in Frage, bei Kindergartenkindern nur ein stundenweiser Besuch ohne Übernachtung. Dies sind jedoch nur ganz grobe Anhaltspunkte. Hat der Vater sich beispielsweise während der Ehe besonders intensiv um die Kinder gekümmert, dann wird er in der Regel auch eine enge Beziehung zum Kind haben. Dann sollte im Interesse des Kindes eine großzügi-

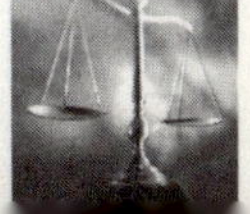

gere Regelung getroffen werden. Je vertrauter das Kind im Umgang mit dem anderen Elternteil ist, umso länger kann der Besuch dauern. Je kleiner die Kinder sind, umso kleiner sollten die Besuchsabstände sein und umso kürzer dafür die Besuche.

Schwierig wird es immer dann, wenn die Eltern sehr weit auseinander wohnen, etwa die Mutter mit dem Kind in Hamburg, der Vater in München. Hier wäre es sinnvoll, den Besuch etwa alle sechs bis acht Wochen und in großen Ferienblöcken durchzuführen, um das Kind nicht allzu sehr zu belasten.

In den Ferien sollten die Eltern dem Kind ermöglichen, jeweils die Hälfte beim anderen Elternteil zu verbringen. Bei mehreren Kindern ist zum Beispiel auch darauf Rücksicht zu nehmen, ob sie den Elternteil besser gemeinsam besuchen oder jedes Kind einzeln. Müssen Besuche ausfallen, weil das Kind krank geworden ist, so sollte es den Besuch auf alle Fälle nachholen dürfen.

Wie sollte der Besuch ablaufen?

Wie der Besuch der Kinder im Einzelnen gestaltet wird, hängt von den Gesamtumständen ab. Problematisch kann es sein, wenn beim Besuch des Kindes beim Vater immer die neue Lebensgefährtin dabei ist. Gerade wenn Kinder sehr unter der Scheidung leiden, sollte man hier sehr vorsichtig sein. Die Mutter kann dann darauf bestehen, dass bei den ersten Besuchen der Vater mit dem Kind alleine ist.

WISO rät: Denken Sie bei jeder Umgangsregelung daran: Das Wohl des Kindes muss im Vordergrund stehen. Jede Ausgestaltung im Detail muss sich also danach richten, was für die Kinder am besten ist. Das Scheitern einer Ehe ist für die Kinder ein schwerer Einschnitt, den sie sich nicht ausgesucht haben. Stellen Sie deshalb, wenn es um Ihre Kinder geht, eigene Interessen hintan!

Wichtig ist auch, dass die Besuche regelmäßig stattfinden und dass auf Pünktlichkeit geachtet wird. Die Eltern sollten zugesagte Termine immer einhalten und dem Kind nicht kurz vorher absagen. Ob das Kind zu den Besuchen gebracht wird oder ob der andere das Kind abholt, hängt von den persönlichen Umständen ab. Für die Kinder kann es allerdings günstig sein, wenn der Elternteil, bei dem sie leben, sie zu den Besuchen bringt. Das vermittelt ihnen das Gefühl, dass der Elternteil die Besuche unterstützt und akzeptiert und voll hinter dem Kind steht.

WISO rät: Können Sie sich nicht einigen, wie der Umgang mit dem Kind ablaufen soll, dann können Sie bei Gericht einen Antrag auf eine bestimmte Umgangsrechtsregelung stellen. In eine solche Regelung kann ein Zwangsgeld mit aufgenommen werden. Diesen Antrag können Sie auch über Ihren Rechtsanwalt stellen lassen.
Eine solche Vereinbarung muss durch das Gericht protokolliert und genehmigt werden. Eine lediglich notarielle Vereinbarung über die Wahrnehmung des Umgangsrechts ist nicht vollstreckbar!

Bei einer Vereinbarung sind immer folgende Gesichtspunkte maßgebend:

- die Belastbarkeit des Kindes
- die bisherige Intensität der Beziehung zum Umgangsberechtigten
- die Entfernung zwischen den Wohnorten
- sonstige Interessen und Bindungen des Kindes und der Eltern
- der Kindeswille
- das Alter des Kindes
- Entwicklungs- und Gesundheitszustand

Falls eine Umgangsregelung eines Gerichts besteht, kann diese jederzeit abgeändert werden. Voraussetzung ist, dass neue Umstände vorliegen und eine Abänderung zum Wohle des Kindes erforderlich ist.

Ausschluss des Umgangsrechts

Grundsätzlich hat jeder Elternteil das Recht und auch die Pflicht auf Umgang mit seinem Kind. Das Recht auf Umgang kann dem ausziehenden Elternteil nur dann genommen werden, wenn durch sein Verhalten oder die Umstände im Rahmen des Besuches den Kindern körperlich oder psychisch Schaden zugefügt wird. Gerade dann, wenn Kinder nach einem Besuch jedes Mal verstört zurückkehren, sollte man die Gründe dafür herausfinden. Das können Fälle sein, in denen der Verdacht des sexuellen Missbrauchs besteht, wenn der umgangsberechtigte Elternteil das Kind bedroht oder erhebliche Alkoholprobleme hat.

Im Regelfall wird es jedoch so sein, dass der Elternteil, bei dem die Kinder geblieben sind, den Umgang mit dem ausziehenden Elternteil nicht verhindern kann.

Verweigerung des Umgangs- und Besuchsrechts

Eine Scheidung ist sowohl für die Eltern als auch für die Kinder nicht einfach. Häufig haben sich die Paare gegenseitig so sehr verletzt, dass sie sich auf jede erdenkliche Art schaden wollen. Die schlechteste Möglichkeit ist die, die Kinder als Waffe gegen den Ex-Partner zu instrumentalisieren. Leider kommt es häufig vor, dass einem Elternteil der Umgang des Kindes mit dem anderen gar nicht gefällt. Ob aus Eifersucht oder weil man dem anderen schaden will – nicht selten versuchen die Eltern, das Umgangsrecht zu boykottieren.

WISO rät: Versuchen Sie immer, Ihrem Kind alle Besuchs- und Umgangstermine zu ermöglichen. Reden Sie vor Ihrem Kind nie schlecht von Ihrem Ex-Partner. Versuchen Sie nicht, dem Kind ein schlechtes Gewissen einzureden, wenn es den Ex-Partner besucht, indem Sie ihm sagen, dass Sie jetzt traurig seien. Das Kind hat ein anderes Verhältnis zu Ihrem Ex-Partner als Sie! Es liebt beide Elternteile und sollte durch eine Scheidung nicht zwischen zwei Stühle gestellt oder instrumentalisiert werden.

Falls Ihr Ex-Partner Ihnen den Umgang mit Ihrem Kind verweigern will, stehen Sie nicht schutzlos da. Theoretisch gibt es die Möglichkeit, die Umgangsvereinbarung durchzusetzen, indem man das Familiengericht einschaltet. Das erlässt dann einen Beschluss, in dem der Elternteil, der das Kind dem anderen vorenthält, verpflichtet wird, die Vereinbarung einzuhalten. Tut er das nicht, kann das Familiengericht Zwangsmittel androhen. Verhindert ein Elternteil danach weiterhin den Umgang mit dem anderen, können Zwangsgeld oder Zwangshaft verhängt werden. In der Praxis wird aber gerade die Zwangshaft äußerst zurückhaltend eingesetzt. Der Grund: Das Abführen eines Elternteils kann ein Kind sehr stark traumatisieren. Außerdem kann eine umfassende Betreuung gefährdet sein, wenn ein Elternteil im Gefängnis sitzt.

Es gibt auch die Möglichkeit des Gerichts, dem Elternteil das Sorgerecht zu entziehen, der das Umgangsrecht des anderen ständig boykottiert. Bevor jedoch irgendeine Zwangsmaßnahme getroffen wird, lädt das Gericht beide Elternteile zu einem Vermittlungsversuch ein. Nach der Gesetzesänderung im Jahr 1998 ist gemäß § 33 Abs. 2 Satz 1 FGG das Abholen des Kindes durch die Polizei absolut tabu. Früher waren solche Aktionen erlaubt, heute steht hier das seelische Befinden des Kindes im Vordergrund. Ausnahmen gibt es allerdings auch hier: Wenn zu befürchten ist, dass dem Kind Gewalt angetan wird, dann darf es auch weiterhin durch die Polizei abgeholt werden.

In diesem Zusammenhang gibt es auch einen strafrechtlichen Aspekt: Derjenige, der das Umgangsrecht des Kindes mit dem anderen Elternteil vereitelt, kann sich unter Umständen wegen Kindesentziehung nach § 235 StGB strafbar machen!

Die finanzielle Seite des Umgangsrechts

Die Wahrnehmung des Unterhalts kostet Geld. Je nachdem, wie weit das Kind vom Umgangsberechtigten entfernt wohnt, können erhebliche Fahrtkosten anfallen, die Urlaube müssen bezahlt werden, außerdem Essen, Kleidung, Besuche in Kinos, Restaurants, Schwimmbädern, Freizeitparks und möglicherweise ein komplettes zweites Kinderzimmer. Das Kind soll die Besuche schließlich genießen.

Auch wenn diese Kosten noch so hoch sind: Sie können sie bei der Berechnung des Unterhalts nicht vom Einkommen abziehen! Eine Ausnahme gibt es nur dann, wenn das Kind wegzieht und Sie jetzt erhebliche Fahrtkosten haben. Auch dann können Sie aber nur die Mehrkosten in Form von Benzinkosten oder einer Zugfahrkarte absetzen; eine Kilometerpauschale kann nicht geltend gemacht werden.

Außerdem können Sie auch nicht wegen dieser hohen Kosten den Unterhalt kürzen. Das gilt selbst dann, wenn das Kind regelmäßig eine wesentlich längere Zeit mit Ihnen verbringt, als eigentlich vereinbart war. Doch auch hier gibt es eine Ausnahme, und zwar wenn der Umgangsberechtigte finanziell so klamm ist, dass er das Umgangsrecht nicht mehr wahrnehmen kann.

Wohnt das Kind hingegen mehrere Monate beim Umgangsberechtigten, dann kann er mit dem anderen Elternteil vereinbaren, dass der Kindesunterhalt für diese Zeit gekürzt wird.

Literatur:
Umfassende Informationen rund um das Thema Trennung und Scheidung finden Sie auch im „WISO Scheidungsberater“ (ISBN 3-8323-0834-1), der zum Preis von 15,90 Euro im Buchhandel erhältlich ist.

6. Ehevertrag

Beispiel: Ehevertrag – immer sinnvoll?

Andreas und Carolin kennen einander seit fünf Jahren und beschließen, jetzt endlich einmal zu heiraten. Carolin ist Lehrerin, Andreas studiert BWL, um später einmal die väterliche Vermögensverwaltung zu übernehmen. Andreas' Mutter sieht der Heirat mit gemischten Gefühlen entgegen. Schließlich wird Andreas einmal ein sehr großes Vermögen erben; die väterliche Vermögensverwaltung tut nichts anderes, als dieses zu verwalten. Sie will verhindern, dass Carolin sich nach kurzer Ehe mit der Hälfte der Erbschaft davonmacht. Das Vermögen soll in der Familie bleiben. Sie drängt Andreas, mit Carolin einen Ehevertrag abzuschließen: Carolin soll im Falle einer Scheidung auf Unterhalt und Zugewinnausgleich verzichten. Außerdem soll sie mit ihm vereinbaren, dass im Falle des Todes das Vermögen gleich auf die bis dahin eventuell existierenden Kinder übergeht. Carolin ist schockiert. Sie liebt Andreas und hatte es noch nie auf sein Vermögen abgesehen. Außerdem findet sie es ungeheuerlich, dass sich Andreas' Mutter schon vor der Ehe in ihre Angelegenheiten einmischt. Mit einem solchen Vertrag stünde sie völlig schutzlos da. Schließlich würde sie für die Kinder ihren Beruf aufgeben und wäre an der Schaffung eigenen Vermögens gehindert. Sie findet, dass sie dann im Falle des Scheiterns der Ehe auch einen Anspruch auf Unterhalt hätte. Schließlich stellt sie Andreas vor die Wahl: Entweder er heiratet sie ohne Ehevertrag oder gar nicht. Andreas steht nun zwischen zwei Stühlen. Schließlich wendet er sich an einen Rechtsanwalt, um sich beraten zu lassen, ob er bei seinen Vermögensverhältnissen eine Ehe ohne Vertrag riskieren kann.

Der Begriff des Ehevertrags

Das Gesetz definiert den Ehevertrag als den Vertrag, durch den Ehegatten „ihre güterrechtlichen Verhältnisse“ regeln. Mit güterrechtlichen Verhältnissen sind Vermögensbeziehungen der Eheleute untereinander gemeint. Das können entweder die so

genannte Zugewinngemeinschaft, die Gütertrennung oder die Gütergemeinschaft sein. Doch ganz gleich, für welchen Güterstand sich die Eheleute entscheiden: Einen solchen Ehevertrag können die Eheleute entweder vor der Eheschließung oder aber auch während der Ehe vereinbaren.

Der Ehevertrag hat jedoch im Laufe der Jahre auch noch einen anderen, ergänzenden Inhalt erfahren. Heute setzt man mit dem Ehevertrag oft auch die so genannte Scheidungsfolgevereinbarung gleich. Das bedeutet, dass viele Eheleute ihre Trennung oder Scheidung bereits vorab mit einem Vertrag regeln.

Für wen kommt ein Ehevertrag in Betracht?

Für über 90 Prozent aller Ehen gilt die Zugewinngemeinschaft. So nennt sich der gesetzliche Güterstand, in dem die Eheleute leben, wenn sie nicht ausdrücklich etwas anderes vereinbart haben. Dieser Güterstand tritt dann automatisch bei der Hochzeit in Kraft.

Für die Mehrzahl aller Ehepaare ist ein Ehevertrag und damit eine von der Zugewinngemeinschaft abweichende Vereinbarung nicht notwendig und auch nicht unbedingt sinnvoll. Gerade Frauen, die nach der klassischen Rollenverteilung für einige Jahre ihren Beruf aufgeben und sich um die gemeinsamen Kinder kümmern, sind mit einem Ehevertrag oft schlecht beraten, es sei denn, es wird auf eine andere Weise für einen Ausgleich gesorgt. Denn für diese lohnt sich gerade der Zugewinnausgleich besonders, da er den Zeiten der Kindererziehung Rechnung trägt.

Beim Güterstand der Zugewinngemeinschaft behält nämlich jeder Ehepartner das, was er mit in die Ehe gebracht hat. Im Falle der Scheidung wird nur das geteilt, was einer der Eheleute während der Ehe mehr hinzugewonnen hat. Und in den meisten Beziehungen ist das auch gerecht. Schließlich hält in vielen Fällen die Frau dem Mann durch die Betreuung der Kinder den Rücken frei, damit dieser sich um den Unterhalt für die Familie kümmern kann. All das, was er im Laufe der Ehe finanziell erwirtschaftet, muss dann auch als Leistung der Frau angesehen werden. Also wird am Ende der Ehe ausgerechnet, was beide während der Ehe an Vermögen angesammelt haben. Hat einer von beiden mehr dazugewonnen als der andere, wird das geteilt.

WISO rät: Besondere Vorsicht sollten Sie walten lassen, wenn Sie Ihr Ehegatte zu einem Ehevertrag überreden will, obwohl Sie sich in der Ehe vorwiegend um Kinder und Haushalt kümmern wollen. Im Falle einer Scheidung können Sie zum Sozialfall werden, wenn Sie durch einen Vertrag Gütertrennung und insbesondere den Ausschluss von Zugewinnausgleich oder Unterhalt vereinbaren.

Im eingangs erwähnten Beispielsfall sind Carolins Bedenken gerechtfertigt. Durch einen solchen Vertrag könnte sie bei einer Beendigung der Ehe ins finanzielle Abseits geraten. Abgesehen davon sind Verträge, in denen eine Frau auf Unterhalt verzichtet, später aber dann Kinder bekommt, meist unwirksam. Kümmert sie sich um die Kinder, wird man ihr Unterhalt nicht verweigern können.

Andreas' Bedenken, Carolin könnte mit der Erbschaft „durchbrennen“, sind zum größten Teil unbegründet. Andreas' Erbschaft fließt nicht in den Zugewinn, sodass Carolin davon im Falle einer Scheidung nicht profitieren könnte. Allerdings fallen erwirtschaftete Zinsen und Gewinne der Erbschaft sehr wohl in den Zugewinn. Anstatt eines Zugewinnausgleichs könnte Andreas Carolin beispielsweise eine Abfindung anbieten oder eine so genannte modifizierte Zugewinngemeinschaft vereinbaren, bei der die Erträge aus der Erbschaft unberücksichtigt bleiben. Damit wäre allen Parteien gedient.

Ein Ehevertrag kann dann sinnvoll sein, wenn es sich um unabhängige Ehepartner handelt, die mit dem Vertrag einen bestimmten Zweck erfüllen wollen. Hier einige Beispiele für sinnvolle und nicht sinnvolle Konstellationen:

- **Schuldenregelung**

Der künftige Ehemann hat Schulden. Die Ehefrau befürchtet, für diese Schulden mit eigenem Vermögen haften zu müssen, wenn nicht Gütertrennung vereinbart wird.
In diesen Fällen ist es nicht notwendig, einen Ehevertrag zu schließen. Es gilt auch ohne Ehevertrag das Prinzip der getrennten Vermögensmassen. Niemand muss mit eigenem Vermögen für die Schulden des anderen haften, es sei denn, er hat den Kreditvertrag mitunterschrieben oder eine Bürgschaft für den Partner übernommen.

- **Selbstständigkeit**

Der Mann ist selbstständiger Kaufmann, die Frau Beamtin. Beide haben Angst, dass riskante Geschäfte den Ehemann finanziell ruinieren könnten. Hier empfiehlt sich ein Ehevertrag, in dem beide Gütertrennung vereinbaren. Das Vermögen und das Einkommen der Ehefrau können helfen, die gesamte Familie wirtschaftlich zu sichern.

- **Unternehmer**

Der zukünftige Ehemann aus dem obigen Fall hat ein Unternehmen und erwartet, dass dessen Wert im Laufe der Ehe erheblich zunehmen wird. Er hat Angst, dass er dann im Falle einer Scheidung das Unternehmen verkaufen muss, um seiner Frau den Zugewinnausgleich auszubezahlen. Auch hier kann vertraglich ein modifizierter Zugewinnausgleich vereinbart werden, damit das Unternehmen aus den Zugewinnberechnungen herausgehalten wird.

- **Erbschaft**

Die Ehefrau wird im Laufe der Ehe Immobilienvermögen erben. Zwar fallen Erbschaften nicht in den Zugewinn, allerdings könnte der Ehemann von der Wertsteigerung der Objekte und somit von der Vermögensmehrung profitieren. Hier können die Eheleute den so genannten modifizierten Zugewinnausgleich vereinbaren. Das heißt, sie vereinbaren, dass im Falle einer Scheidung zwar ein Zugewinnausgleich stattfinden soll. Allerdings soll die Wertsteigerung aus den ererbten Immobilien dabei nicht berücksichtigt werden.

Ob es in Ihrem individuellen Fall sinnvoll ist, einen Ehevertrag zu schließen, sollten Sie mit einem Anwalt klären. Verändert sich im Laufe der Jahre die Lebenssituation, dann sollten Eheleute jedenfalls den Ehevertrag unbedingt den neuen Gegebenheiten anpassen. Im Laufe einer Ehe können sich immer wieder neue Rahmenbedingungen ergeben, und oft würde man einen bestimmten Vertrag zehn Jahre später nicht mehr so unterschreiben.

Beispiel: Als Till und Nadja heiraten, sind sie beide Karrieremenschen. Sie sehen die Ehe nicht als „Versorgungsinstitut“ und vereinbaren in einem Ehevertrag Gütertrennung und den Verzicht auf Unterhalt im Falle einer Scheidung. Sie wollen finanziell weiterhin selbstständig sein und auf eigenen Beinen stehen. Auch Kinder wollen sie nicht. Zehn Jahre später sieht alles ganz anders aus: Nadja ist schwanger geworden. Beide sind überglücklich und freuen sich auf die Geburt der Zwillinge. Für die nächsten Jahre will Nadja ihren Beruf an den Nagel hängen und nur noch für die Kinder da sein.

Jetzt ist auf alle Fälle der Zeitpunkt gekommen, den Ehevertrag abzuändern. Die Vorzeichen stimmen nicht mehr. Würde die Ehe irgendwann scheitern, stünde Nadja ohne finanzielle Absicherung da. Tills Vermögen hätte sich stetig gemehrt, während Nadjas Vermögen zusammengeschrumpft wäre. Je nach Ausgestaltung könnte ein Unterhaltsverzicht sogar sittenwidrig sein. Für die beiden wäre es besser, sie würden den Ehevertrag wieder aufheben und zum Güterstand der Zugewinngemeinschaft zurückkehren.

Von Zeit zu Zeit sollten Ehepartner also doch einmal in die Schublade schauen und den Ehevertrag auf seine Aktualität hin prüfen. Eine Änderung ist in der Regel allerdings nur möglich, wenn der andere Partner zustimmt. Schließlich handelt es sich um einen Vertrag, an den beide Seiten zunächst einmal gebunden sind.

WISO rät: Nehmen Sie bei Abschluss des Ehevertrags eine Abänderungsklausel mit auf. Damit gewährleisten Sie, dass Sie den Ehevertrag ändern können, wenn eine Änderung Ihrer Lebenssituation eintritt.

Scheidungsvereinbarungen

Einen Ehevertrag können Sie zu jeder Zeit abschließen: vor der Ehe, während der Ehe oder auch, wenn Sie sich schon getrennt haben. Meist regeln die Eheleute vorab schon wesentliche Punkte, die die Scheidung betreffen.

Auch Scheidungsvereinbarungen sind Eheverträge. Es handelt sich aber um Eheverträge, die eventuelle Folgen einer Scheidung regeln sollen. Eine solche Vereinbarung bietet sich immer dann an, wenn Sie die Scheidungsfolgen einvernehmlich und nicht streitig vor Gericht verhandeln wollen – das spart Zeit und Geld.

Die Eheleute können aber auch Trennungsregeln vertraglich aushandeln, wenn sie sich noch nicht sicher sind, ob die Scheidung durchgeführt werden soll oder nicht.

Darüber hinaus sollte die Trennungsregelung dann geschlossen werden, wenn die Eheleute sich gerade getrennt haben und noch das Trennungsjahr abwarten müssen. In diesen Fällen könnten sich beispielsweise die nachstehenden Gesichtspunkte als regelungsbedürftig herausstellen:

- elterliche Sorge für die gemeinsamen Kinder
- Umgangsrecht
- Regelung zur Erteilung der Auskunft, um Kindes- und Ehegattenunterhaltsansprüche zu errechnen
- Regelung der Verbindlichkeiten
- Regelung der Bankangelegenheiten
- Höhe von Kindes- und Ehegattenunterhaltsansprüchen
- Vorsorgeunterhalt
- Zuteilung der Ehewohnung
- Neuregelung von Nutzung und Verwaltung des Wohnungseigentums oder eines Hauses
- Hausratnutzung oder -verteilung
- Zugewinnausgleich (auch für Vergangenheit und Zukunft)
- Prozesskostenvorschussanspruch
- erbrechtliche Fragen
- Kontenklärung (Versorgungsausgleich)
- steuerliche Fragen
- Regelung über die Verpflichtung zur Erteilung weiterer Auskünfte über Einkommensverhältnisse
- versicherungsrechtliche Fragen

Im Anhang finden Sie mehrere Muster eines Ehevertrags. Beachten Sie dabei aber, dass ein solches Muster nie eine individuelle Regelung ersetzen kann. Die jeweiligen Situationen in einer Ehe sind zu unterschiedlich, als dass sie über einen Mustervertrag abgedeckt werden könnten.

Jede Regelung, die Sie als Scheidungsvereinbarung treffen, muss am Schluss „wasserdicht“ sein, das heißt, sie muss präventiv alles so vorsorglich und so gut regeln, dass der Inhalt der Regelung nicht mehr angreifbar ist.

WISO rät: Lassen Sie die Scheidungsvereinbarung von einem Notar beurkunden und legen Sie diese Urkunde spätestens beim Scheidungstermin dem Familiengericht vor. Die Scheidung kann dann schnell und kostengünstig abgewickelt werden.

Darüber hinaus laufen Scheidungen in der Regel wesentlich friedlicher ab, wenn beide Ehepartner die Scheidungsfolgen gemeinsam und einvernehmlich geregelt haben. Die Auseinandersetzung vor Gericht über die Scheidungsfolgen ist nicht nur extrem teuer, sie verschärft auch das gesamte Verhandlungsklima.

Formelles

Zwar können Sie einen Ehevertrag formlos errichten. Der Gesetzgeber hat aber zwingend eine notarielle Beurkundung vorgesehen, wenn der Vertrag
- güterrechtliche Vereinbarungen (beispielsweise Gütertrennung) oder
- Regelungen zum Versorgungsausgleich

enthält.

Wichtig: Weil diese Punkte in der Praxis fast immer Gegenstand eines Ehevertrags sind, kommen Sie in der Regel um den Gang zu einem Notar nicht herum. Diese notarielle Beurkundung kostet Geld. Die Höhe der Notargebühren hängt von der Höhe des Vermögens beider Ehegatten zum Zeitpunkt der Beurkundung ab.

WISO rät: Gerade wenn Ihr Partner Sie zu einem Ehevertrag drängen will, sollten Sie den Vertrag noch einmal von einem Fachmann prüfen lassen. Am besten gehen Sie zu einem Anwalt, mit dem Ihr Gatte nichts zu tun hat und der ausschließlich Ihre eigenen Interessen vertritt. Zwar fallen auch hier noch einmal Gebühren an, diese sind im Extremfall aber nur ein Bruchteil dessen, was Ihnen durch das unüberlegte Unterzeichnen eines Ehevertrags verloren gehen kann.

7. Eingetragene Lebenspartnerschaften

Beispiel: Auch Schwule können „heiraten"

Rainer Winter und Achim Stadler sind seit vier Jahren ein Paar. Jetzt wollen sie den Schritt wagen und ihre Beziehung auch amtlich eintragen lassen. Sie haben gehört, dass auch Schwule heiraten können, und möchten nun gerne wissen, wie das eigentlich genau geht.

Lebenspartnerschaftsgesetz

Am 1. August 2001 ist in Deutschland das „Lebenspartnerschaftsgesetz" in Kraft getreten. Homosexuelle können seitdem ihre Partnerschaft offiziell eintragen lassen. Sie haben nun ähnliche Rechte wie heterosexuelle Paare.

Schwule und Lesben können den Bund des Lebens eingehen, wenn beide unverheiratet und volljährig sind. Wer „heiraten" möchte, der muss die Partnerschaft offiziell registrieren lassen. Dafür müssen die Partner bei gleichzeitiger Anwesenheit der zuständigen Behörde gegenüber persönlich ihr „Ja-Wort" geben. Welche Behörde zuständig ist, hängt vom jeweiligen Bundesland ab, in dem die Lebenspartnerschaft geschlossen wird. Eine endgültige Regelung ist allerdings noch nicht in allen Bundesländern getroffen.

WISO rät: Wer die Partnerschaft eintragen lassen möchte, sollte bei der jeweiligen Stadt- oder Gemeindeverwaltung nachfragen, vor welcher Behörde er die Partnerschaft eintragen lassen kann.

Erklärung über den Vermögensstand

Bei Eingehung der Lebenspartnerschaft muss das Paar eine Erklärung über den künftigen Vermögensstand abgeben. Damit wird geregelt, was in Zukunft mit dem Vermögen der Lebenspartner passiert. Das Paar kann dabei entweder den gesetzlich vorgesehenen Vermögensstand der Ausgleichsgemeinschaft wählen oder vor einem Notar einen Lebenspartnerschaftsvertrag abschließen, in dem es eine abweichende Regelung trifft. Die Ausgleichsgemeinschaft entspricht der eherechtlichen Zugewinngemeinschaft. Jeder Partner behält das Vermögen, das er mit in die Partnerschaft bringt. Auch das, was die Lebenspartner während der Ehe an Vermögen erwirtschaften, gehört jedem allein. Dabei verwaltet jeder Partner sein Vermögen selbst. Natürlich können aber beide ein gemeinsames Konto führen oder sich gegenseitig Kontovollmacht erteilen. Scheitert die Lebenspartnerschaft, wird der Überschuss, den die Lebenspartner während ihrer Ehe erwirtschaftet haben, ausgeglichen. Grob vereinfacht wird bei der Aufhebung also zusammengerechnet, was jeder Partner während der Ehe an Vermögen und Schulden erwirtschaftet hat. Bleibt etwas übrig, bekommt jeder vom Überschuss wertmäßig die Hälfte.

Der gemeinsame Name

Paare, die sich für eine eingetragene Lebenspartnerschaft entscheiden, können einen gemeinsamen Namen – den so genannten Lebenspartnerschaftsnamen – bestimmen. Derjenige, der seinen Namen aufgibt, kann seinen Namen aber dem „Ehenamen" voranstellen oder auch hinzufügen.

Achtung: Da der Gesetzgeber nur von einem gemeinsamen Familiennamen ausgeht, ist es nicht möglich, dass beide einen doppelten Nachnamen tragen.

Hat einer der Partner im Übrigen mehrere Nachnamen, so kann der neue Nachname nicht beliebig vorangestellt oder hinzugefügt werden, da der Gesetzgeber Dreifachnamen generell vermeiden will.

Wer zum Zeitpunkt der Registrierung schon mehrere Nachnamen trägt und seinen Namen beibehalten möchte, kann sich deshalb nur für einen der beiden Namen entscheiden.

Trennung

Scheitert die eingetragene Lebenspartnerschaft und trennen sich die Partner, hat dies rechtliche Konsequenzen: Wer bekommt von wem Unterhalt, wer darf in der Wohnung bleiben und was passiert mit dem Hausrat?

Unterhalt während der Trennung

Trennt sich das Paar, so kann ein Partner vom anderen Unterhalt verlangen. Doch Vorsicht: Der nichterwerbstätige Partner kann darauf verwiesen werden, sich eine Arbeit zu suchen und so für sich selbst zu sorgen. Er muss dann auch nachweisen, dass er sich wirklich um einen Job bemüht – es sei denn, es wäre ihm nicht zuzumuten, arbeiten zu gehen. Das ist beispielsweise der Fall, wenn er auf Grund seines Alters keine reale Beschäftigungschance hat oder es sein Gesundheitszustand nicht zulässt.

Selbst wenn ein Lebenspartner Anspruch auf Trennungsunterhalt hat, kann dieser „versagt, herabgesetzt oder zeitlich begrenzt" werden, wenn die Inanspruchnahme seines Partners ungerecht erscheint. Wie bei der konventionellen Ehe ist auch hier insbesondere der Fall denkbar, dass die Partnerschaft nur von sehr kurzer Dauer war.

Wie hoch der Unterhalt ist, richtet sich nach den Lebensverhältnissen sowie den Erwerbs- und Vermögensverhältnissen während der Ehe. Vermutlich werden die Gerichte auch hier Parallelen zur traditionellen Ehe ziehen. Allerdings gibt es dazu auf Grund der kurzen Dauer der eingetragenen Partnerschaft noch keine verlässlichen Angaben. Im Streitfall muss hier das Familiengericht im Einzelfall entscheiden.

Wer bekommt die Wohnung während der Trennung?

Beim Streit um die Wohnung kann das Familiengericht einem Partner die Wohnung zuweisen. Insbesondere dann, wenn es darum geht, „eine schwere Härte zu vermeiden", wird das Gericht dem Antrag eines Partners folgen. Der Vermieter muss in einem solchen Fall der Anweisung des Familiengerichts folgen. Das Hauptproblem in diesem Zusammenhang ist die Frage, wann eine schwere Härte vorliegt.

Pauschal lässt sich das nur schwer sagen. Auch hier ist der Einzelfall entscheidend. Die Zuweisung der gemeinsamen Wohnung an einen Lebenspartner muss dabei jedenfalls dringend erforderlich sein, um eine unerträgliche Belastung von ihm abzuwenden. Ist ein Lebenspartner zum Beispiel aus gesundheitlichen Gründen auf die gemeinsame Wohnung angewiesen, weil sie im Erdgeschoss liegt, wird das Gericht aller Wahrscheinlichkeit dem kranken Partner die Wohnung zuweisen. Falls der andere Partner Eigentümer der Wohnung ist, erhält er in der Regel eine Ausgleichszahlung für die Benutzung der Wohnung.

Wer bekommt den Hausrat während der Trennung?

Leben die Partner getrennt, kann in der Regel jeder von ihnen die ihm gehörenden Haushaltsgegenstände von dem anderen herausverlangen. Derjenige, der die Waschmaschine, den Trockner oder den Staubsauger mit in die Lebenspartnerschaft gebracht hat, darf diese also beim Auszug auch wieder mitnehmen.

Etwas anderes gilt nur, wenn der andere Partner die Haushaltsgegenstände zur Führung seines Haushalts unbedingt benötigt und es ungerecht wäre, dass sie der Partner ihm wegnimmt und nicht zum Gebrauch überlässt.

Haushaltsgegenstände, die den Lebenspartnern gemeinsam gehören, werden zwischen ihnen nach Gerechtigkeitsgesichtspunkten verteilt, wobei das Gericht für die Benutzung auch hier eine angemessene Vergütung festsetzen kann.

Schwierigkeiten bereitet häufig die Frage, was überhaupt zum Hausrat gehört. Gegenstände, die nur den individuellen Bedürfnissen oder den persönlichen Interessen eines Partners dienen, wie beispielsweise Bekleidung, Schmuck oder Familienandenken, werden von den Gerichten meistens nicht zum Hausrat gezählt und demnach auch nicht unter den Partnern aufgeteilt. Sie verbleiben also bei dem Partner, der sie auch nutzt beziehungsweise dem sie gehören. Gleiches gilt im Übrigen für Sachen, die der Berufsausübung dienen, wie Arbeitskleidung und Werkzeuge.

Das gemeinsame Auto wird meist dem Hausrat zugeordnet, wenn es überwiegend für private Zwecke der Lebenspartnerschaft genutzt wird und von beiden Partnern dazu auch bestimmt worden war. Benutzt einer der Partner das Auto überwiegend für berufliche Zwecke, fällt es nicht in den Hausrat. Der Partner, der es nutzt, bekommt es auch während der Trennungszeit und muss dem anderen für die Nutzung eine bestimmte Vergütung zahlen.

Das gemeinsame Haustier wird häufig dem Partner zugewiesen, der in der gemeinsamen Wohnung bleibt. So kann das Tier weiterhin in seiner vertrauten Umgebung leben. Gleichzeitig kann dem anderen Lebenspartner aber ein stundenweises „Umgangsrecht“ eingeräumt werden.

Können sich die Partner nicht einigen, wer welche Haushaltsgegenstände bekommt, können sie schon während der Trennung beim Familiengericht beantragen, dass die Benutzung der einzelnen Gegenstände geregelt wird.

Wenn die Partnerschaft in die Brüche geht

Homosexuelle, die ihre Lebenspartnerschaft aufheben möchten, können beim Familiengericht ein Aufhebungsurteil erwirken. Schwule und Lesben müssen für die Aufhebung der Ehe nicht nachweisen, dass sie bereits ein Jahr getrennt gelebt haben.

Voraussetzung für die Aufhebung der Lebenspartnerschaft ist allerdings, dass das Paar eine Erklärung vor dem Notar abgegeben hat, dass es die Partnerschaft aufheben

will. Je nachdem, ob beide Partner das einverständlich tun oder nur einer das will, sind die zeitlichen Voraussetzungen verschieden.

Beide wollen die Aufhebung

Sind sich die Partner über die Aufhebung der Ehe einig, müssen sie die entsprechende Erklärung persönlich vor einem Notar abgeben, der diese beurkundet. Gründe für die Aufhebung müssen nicht angegeben werden.

Zwölf Monate nach Abgabe dieser Erklärung können die Partner dann vor dem Familiengericht einen Antrag auf Aufhebung der Lebenspartnerschaft stellen. Die Erklärung muss nicht genau diesen Wortlaut haben. Die beiden Lebenspartner müssen sie auch nicht zu gleicher Zeit beim Notar und auch nicht mit wortgleichem Inhalt abgeben. Entscheidend ist, dass beide Erklärungen keinen Zweifel daran lassen, dass sie die Lebenspartnerschaft nicht fortsetzen wollen.

Achtung: Das Datum der Erklärung sollten Sie sich besonders gut einprägen, denn erst zwölf Monate nach Ablauf der Beurkundung beider Erklärungen kann die Partnerschaft vor Gericht aufgehoben werden. Diese Regelung entspricht dem Trennungsjahr bei einer konventionellen Ehe.

Widerruft einer der Lebenspartner seine Erklärung, kann die Lebenspartnerschaft erst nach Ablauf einer Frist von 36 Monaten aufgehoben werden.

Nur einer will die Aufhebung

Will nur einer der Partner die Ehe beenden, muss auch dieser vor einem Notar eine persönliche Erklärung abgeben, die beurkundet wird. Gründe für die Aufhebung muss er nicht angeben. Die Erklärung muss dann dem anderen Lebenspartner durch den Gerichtsvollzieher zugestellt werden. Dieser fertigt eine Urkunde über die Zustellung an. Das Datum dieser Urkunde ist wichtig: Erst ab diesem Datum beginnt die Frist von 36 Monaten zu laufen, nach deren Ablauf die Lebenspartnerschaft aufgehoben werden kann.

Ausnahmsweise kann die Lebenspartnerschaft auch unverzüglich aufgehoben werden, ohne dass eine Frist von zwölf oder 36 Monaten nach einer vorherigen notariellen Beurkundung vergangen ist. Der Partner, der sich trennen möchte, muss dann aber vor Gericht besondere Gründe vortragen. Die Fortsetzung der Lebenspartnerschaft mit dem anderen Partner darf ihm nicht mehr zuzumuten sein und diese Gründe müssen in der Person des anderen Lebenspartners liegen. Wann diese „Härtefälle“ vorliegen, wird wohl nach Kriterien aus dem traditionellen Eherecht zu beurteilen sein. Es müssen besondere Umstände vorliegen, an die strenge Anforderungen zu stellen sind. Die bloße Ablehnung des Partners oder der Ehe stellen noch keine unzumutbare Härte dar. Eine unzumutbare Härte liegt zum Beispiel vor, wenn der Antragsteller massiven Gewalttätigkeiten seines Partners ausgesetzt ist.

Zuständig ist das Familiengericht, in dessen Bezirk sich der letzte gemeinsame Wohnsitz der beiden Lebenspartner befand oder – im Falle eines einseitigen Antrags auf Aufhebung – wo der andere Lebenspartner seinen Wohnsitz hat.

Unterhalt nach Aufhebung der Lebenspartnerschaft

Wird die Lebenspartnerschaft aufgehoben, kann ein Partner vom anderen Unterhalt verlangen. Das gilt allerdings nur, wenn von ihm die Aufnahme eines Jobs insbesondere wegen seines Alters oder wegen einer Krankheit nicht erwartet werden kann. Besteht ein Unterhaltsanspruch, berechnet sich dieser nach den „partnerschaftlichen Verhältnissen". Die Gerichte werden bei ihren Entscheidungen wohl die komplizierten Berechnungsmethoden aus dem konventionellen Ehescheidungsrecht zu Grunde legen. Entscheidend sind danach zunächst die Lebens-, Erwerbs- und Vermögensverhältnisse während der Ehe.

Anders als beim Trennungsunterhalt ist es zulässig, auf den nachpartnerschaftlichen Unterhaltsanspruch zu verzichten. Dies sollten Sie in jedem Fall schriftlich festhalten. Wird die Partnerschaft dann aufgehoben, sind die Partner finanziell nicht mehr füreinander verantwortlich.

Geht der unterhaltsberechtigte Partner im Übrigen eine neue Lebenspartnerschaft ein, erlischt der Unterhaltsanspruch gegenüber dem vorherigen Lebenspartner.

Bei mehreren Unterhaltsberechtigten gehen Kinder und geschiedene Ehepartner dem Lebenspartner vor. Selbst wenn der Partner zeitlich nach der Aufhebung der Lebenspartnerschaft eine herkömmliche Ehe eingegangen ist, die dann geschieden wird, geht der daraus entstandene Geschiedenenunterhalt dann vor!

Aufhebung der Partnerschaft: Wer bekommt die Wohnung?

Genau wie während der Trennung kann auch nach der Aufhebung der Partnerschaft die Wohnung einem der Partner zugewiesen werden.

WISO rät: Die Wohnungszuweisung durch das Familiengericht sollte beantragt werden, wenn der Vermieter den Mietvertrag nicht auf einen der Lebenspartner „umschreiben" will. Nur so erreicht der ausziehende Lebenspartner seine Entlassung aus dem Mietvertrag. Sonst haftet er nämlich auch noch nach seinem Auszug für alle mietvertraglichen Verpflichtungen, wie die Zahlung der Miete, die Durchführung von Schönheitsreparaturen usw.

Wer bekommt den Hausrat nach der Aufhebung?

Ist der Hausrat bis zur Aufhebung der Lebenspartnerschaft noch nicht endgültig verteilt, kann mit der Aufhebungsentscheidung durch das Familiengericht der Hausrat nach der Hausratsverordnung endgültig geteilt werden. Wie schon bei der vorläufigen Aufteilung während der Trennung kommt es auch bei der endgültigen Verteilung der Haushaltsgegenstände auf die Gesamtsituation im Einzelfall an. Entscheidend ist vor allem, wer die Gegenstände dringender braucht. Dabei muss dann geklärt werden, wie viel für diese Gegenstände zu zahlen ist.

Wer bekommt was vom Vermögen?

Scheitert die eingetragene Partnerschaft, wird das Vermögen verteilt. In welcher Form das passiert, hängt von dem Vermögensstand ab, den die Partner bei Schließung der Partnerschaft vereinbart haben.

Hat das Paar den Vermögensstand der Ausgleichsgemeinschaft vereinbart, dann verbleibt das Vermögen, das die Partner mit in die Ehe gebracht haben, auch nach Aufhebung der Partnerschaft jedem Einzelnen. Derjenige, der während der Partnerschaft mehr erwirtschaftet hat, muss allerdings dem anderen von diesem Überschuss abgeben. Dafür wird für beide Partner zunächst eine Bilanz erstellt, bei der sich ihr jeweiliges Anfangs- und Endvermögen gegenüberstehen. Dann wird der Überschuss hälftig geteilt.

Wichtig: Erbschaften oder Schenkungen, die ein Partner während der Lebenspartnerschaft erhalten hat, bleiben unberücksichtigt und werden nicht mit ausgeglichen.

Achtung: Der Ausgleichsanspruch verjährt in der Regel innerhalb von drei Jahren nach Zustellung des Antrags auf Aufhebung der Lebenspartnerschaft. Der Anspruch auf Ausgleichszahlungen muss also innerhalb von drei Jahren gestellt werden. Sonst sehen Sie keinen Cent mehr.

Bei der modifizierten Ausgleichsgemeinschaft, bei der die Vermögenswerte bei der Aufhebung vom Ausgleich ausgeschlossen sind, hängt die Aufteilung von der vertraglichen Vereinbarung der Partner ab. Im Übrigen wird das Vermögen nach den Regeln der Ausgleichsgemeinschaft verteilt.

Bei der Vermögenstrennung ändert sich an den Vermögensverhältnissen der Partner durch die Aufhebung nichts. Jeder behält sein Vermögen, keiner schuldet dem anderen einen Ausgleich.

Eingetragene Lebenspartnerschaft und Kinder

In homosexuellen Beziehungen kommt es immer wieder vor: Ein Partner hat bereits aus einer früheren Beziehung Kinder. Leben Schwule oder Lesben dann jahrelang in einer Ehe zusammen, stellt sich die Frage, welche Rechte der Lebenspartner hat.

Hat ein Partner für ein Kind das alleinige Sorgerecht, kann er dem anderen Partner erlauben, in täglichen Dingen für das Kind mitzuentscheiden. Stehen schwerwiegendere Entscheidungen an, muss das Kind also beispielsweise dringend operiert werden, darf der nicht Sorgeberechtigte auch dann entscheiden, wenn der andere in diesem Moment unerreichbar ist. Er muss aber den allein sorgeberechtigten Partner unverzüglich informieren.

In vielen Fällen steht das Sorgerecht heute aber den beiden geschiedenen leiblichen Eltern gemeinsam zu. Die Rechte des Lebenspartners müssen dann privatschriftlich geregelt werden.

WISO rät: Hat der Lebenspartner nach seiner Scheidung mit dem ehemaligen Ehepartner das gemeinsame Sorgerecht für seine Kinder, empfiehlt es sich, dem Lebenspartner Handlungsvollmacht zu erteilen. Diese muss aber in jedem Fall von beiden Sorgeberechtigten unterschrieben sein. Eine notarielle Beglaubigung einer solchen Erklärung erleichtert die Anerkennung einer solchen Vereinbarung.

Nach Aufhebung der Lebenspartnerschaft steht auch dem Partner, der nicht Elternteil ist, ein Umgangsrecht mit dem Kind zu, das bei dem sorgeberechtigten Partner verbleibt. Das gilt aber nur, wenn der Lebenspartner, der nicht Elternteil ist, längere Zeit in häuslicher Gemeinschaft mit dem Kind gelebt hat.

Erbrechtliche Fragen

Haben die Partner kein Testament gemacht, gilt die so genannte gesetzliche Erbfolge. Stirbt ein Lebenspartner, wird der andere Erbe. Wie viel der Lebenspartner erbt, hängt davon ab, welche Verwandten der Verstorbene hinterlässt. Hat der verstorbene Lebenspartner keinerlei Verwandte, erhält der Lebenspartner die gesamte Erbschaft.

Hinterlässt der Verstorbene Kinder – oder falls diese nicht mehr leben, Enkelkinder –, erbt der Lebenspartner zu einem Viertel. Haben die Lebenspartner den Vermögensstand der Ausgleichsgemeinschaft vereinbart, wird dieser Anteil um ein Viertel erhöht. Der Lebenspartner erbt dann also die Hälfte, die andere Hälfte müssen sich die restlichen Nachkommen teilen.

Hat der Verstorbene Eltern und/oder Geschwister, erbt der Lebenspartner die Hälfte. Haben die Lebenspartner Ausgleichsgemeinschaft vereinbart, wird dieser Anteil um ein Viertel erhöht, der Lebenspartner erbt dann also drei Viertel des Nachlasses. Das Gleiche gilt, wenn nur noch die Großeltern des verstorbenen Lebenspartners leben.

Hat der Verstorbene seinen Lebenspartner testamentarisch enterbt und steht ihm auch kein Vermächtnis zu, erhält er trotzdem seinen Pflichtteil. Das bedeutet:

- 1/2, wenn keine Verwandten da sind;
- 1/8, wenn Kinder oder Enkelkinder leben;
- 1/4, wenn Eltern oder Geschwister oder nur noch die Großeltern leben.

Wichtig: Der Lebenspartner erbt nur, solange die Lebenspartnerschaft dauert. Ist diese bereits beim Tod des einen Lebenspartners aufgehoben oder gescheitert, erbt er nur, soweit er testamentarisch bedacht wurde. Als gescheitert gilt die Lebensgemeinschaft, wenn der verstorbene Partner die Aufhebung der Partnerschaft entweder selbst beantragt oder dieser zugestimmt hat.

WISO rät: Im Fall der Trennung von Ihrem Partner sollten Sie unbedingt vorhandene testamentarische und erbvertragliche Regelungen überprüfen. Überlegen Sie sich, ob Sie an getroffenen Bestimmungen festhalten wollen. Wer das bereits vorhandene gemeinsame Testament oder den Erbvertrag einseitig ändern will, sollte schnellstmöglich einen Fachmann aufsuchen, um sich beraten zu lassen.

Wer vermeiden will, dass der Ehepartner etwas erbt, sollte unter Umständen ein Testament mit dem gewünschten Inhalt verfassen. Wer sich einseitig von einem gemeinschaftlichen Testament lösen will, muss zum Notar gehen.

Vergessen Sie auch nicht die Lebensversicherungen! Sieht die Lebensversicherung ein automatisches Bezugsrecht für den anderen Lebenspartner vor, erlischt dieses nämlich im Todesfall nicht durch die Aufhebung der Lebenspartnerschaft. Es empfiehlt sich, bei der Versicherung nachzufragen, inwieweit der Vertrag geändert werden kann.

Lebenspartner werden steuerlich derzeit noch wie Unverheiratete eingestuft. Insbesondere im Hinblick auf steuerliche Konsequenzen im Erbrecht ist daher anzuraten, sich bei der Erstellung eines Testaments genau beraten zu lassen, um aus einem gut gemeinten Erbe nicht eine steuerrechtliche Katastrophe werden zu lassen.

Weitere Informationen zum Thema eingetragene Partnerschaften erhalten Sie beim

Lesben- und Schwulenverband in Deutschland (LSVD)
Katzbachstraße 5
10965 Berlin
Tel.: 030/789 54 763
Fax: 030/4400 8241
www.lsvd.de
e-Mail: recht@lsvd.de

III. Vererben und Verschenken

1. Testament

Beispiel: Das Testament sorgt für gerechte Verhältnisse

Käthe Wohlfeil ist Witwe und hat zwei erwachsene Kinder. Als ihr mit zunehmendem Alter die alltäglichen Aufgaben immer schwerer fallen, bittet sie ihre älteste Tochter Sandra, bei ihr wohnen zu dürfen. Doch diese wiegelt ab: Käthe wäre es bestimmt viel zu laut in ihrer Familie mit den drei kleinen Kindern, das Zimmer würde zur Nordseite liegen und wäre deshalb immer kalt, und außerdem überlege sie, ob sie das Zimmer nicht lieber einem Au-pair-Mädchen gebe. Ihre Mutter könne doch Essen auf Rädern bestellen. Käthe ist tief enttäuscht, weil sie in der Vergangenheit alles für ihre Kinder getan und, wenn Not am Mann war, auf ihre Enkel aufgepasst hat.

Bei ihrer jüngeren Tochter Karin hat sie mehr Glück. Die Studentin erklärt sich bereit, ihre Wohnung in der Stadt aufzugeben und zurück zu ihrer Mutter zu ziehen. Sie pflegt Käthe zwischen ihren Vorlesungen aufopfernd, kocht, putzt, kauft ein und unternimmt jedes Wochenende einen Ausflug mit ihr.

Eines Tages fragt Käthes guter Freund Heinrich, ob sie denn ein Testament gemacht hat. Als Käthe das verneint, macht er sie darauf aufmerksam, dass im Falle ihres Todes die beiden Töchter zu gleichen Teilen erben. Das will Käthe auf keinen Fall. Sie will, dass die älteste Tochter Sandra keinen Cent bekommt, Karin dagegen alles. Doch leider weiß sie nicht, wie man ein Testament aufsetzt und was drinstehen muss.

Ein Testament – wofür?

Seid ihr noch gut miteinander oder habt ihr schon geerbt? An dieser Weisheit ist wahrlich was dran. Streitigkeiten über das Erbe haben schon so manche Familienbeziehungen zerstört und auch die allerbesten Freundschaften sind daran zerbrochen. Dabei ließe sich der Krach um den Nachlass oft vermeiden, wenn der Erblasser schon zu Lebzeiten in einem Testament oder in einem Erbvertrag bestimmt hätte, wer nach seinem Tod das oft mühsam erwirtschaftete Hab und Gut erhalten soll.

In einem Testament können Sie in der Regel völlig frei bestimmen, wer was erben soll. Sie können einen oder mehrere Erben auswählen und auch festlegen, wer von den Auserkorenen wie viel vom Nachlass erhalten soll. Unbenommen bleibt es Ihnen aber auch, eine wohltätige Organisation oder die Kirche zum Erben einzusetzen.

Für den Fall, dass der von Ihnen als Erbe Eingesetzte vor Ihnen versterben sollte, können Sie auch einen Ersatzerben bestimmen. Insbesondere in den Fällen, in denen ein Familienbetrieb erhalten werden soll, verfügen die Erblasser häufig, dass die Teilung des Nachlasses für eine bestimmte Zeit auszuschließen ist. Dem Inhalt des Testaments sind also kaum Grenzen gesetzt. Nur eins ist undenkbar, auch wenn so mancher Erblasser das einfach nicht glauben will: das geliebte Haustier zum Erben einzusetzen. Das lässt die deutsche Rechtsordnung nicht zu. Möglich ist aber, einer bestimmten vertrauensvollen Person einen bestimmten Geldbetrag mit der Auflage zu hinterlassen, das Geld für die Pflege des Tieres einzusetzen.

Enterben – „Du siehst keinen Cent!"

Im Testament kann man seine Angehörigen selbstverständlich auch enterben. Doch das bedeutet nicht unbedingt, dass der Betroffene gar nichts mehr erhält. Handelt es sich um nahe Angehörige, so haben diese häufig einen so genannten Pflichtteilsanspruch.

Pflichtteilsberechtigt sind beispielsweise der Ehegatte, die Kinder – wenn diese nicht mehr leben, die Enkel – sowie die Eltern des Erblassers. Die Eltern sind aber nur pflichtteilsberechtigt, sofern keine Kinder oder Enkelkinder vorhanden sind. Seitdem das Lebenspartnerschaftsgesetz im Jahr 2001 in Kraft trat, sind auch gleichgeschlechtliche Partner einer eingetragenen Lebenspartnerschaft pflichtteilsberechtigt.

Wie hoch ist der Pflichtteil?

Der Pflichtteilsberechtigte hat Anspruch auf die Hälfte von dem, was ihm per Gesetz zustehen würde, wenn es gar kein Testament gäbe.

Im Beispielsfall kann Käthe theoretisch bestimmen, dass die ältere Tochter Sandra komplett enterbt wird, Karin dagegen als Alleinerbin eingesetzt werden soll. Im Todesfall steht Sandra als Tochter von Käthe ihr Pflichtteil zu. Würde Käthe sterben, ohne ein Testament zu hinterlassen, dann würden Sandra und Karin jeweils 50 Prozent des Nachlasses erben. Enterbt Käthe ihre Tochter Sandra, dann bekommt diese als Pflichtteil die Hälfte des gesetzlichen Erbteils, also nur 25 Prozent. Der gesamte Rest ginge dann an die geliebte Tochter Karin.

Aufgepasst: Der Pflichtteilsberechtigte hat nur einen Geldanspruch gegen den oder die Erben. Bestimmte Nachlassgegenstände kann er nicht herausverlangen. Wurde die Tochter von ihrer Mutter enterbt, so kann sie beispielsweise nicht die Goldbrosche der Mutter als Andenken fordern, auch wenn diese nur einen Bruchteil des Nachlasses wert ist.

Der Pflichtteilsberechtigte muss seinen Anspruch außerdem innerhalb von drei Jahren ab Kenntnis des Erbfalls geltend machen. Ist er wegen der Höhe des Vermögens unsicher, so gibt ihm das Gesetz einen Auskunftsanspruch gegen die Erben. Wenn die

Vermögensverhältnisse komplizierter sind, kann er auch verlangen, dass ein Gutachter den Nachlasswert bestimmt.

Der Gesetzgeber hat Vorsorge dagegen getroffen, dass ein Erblasser nicht auf die Idee kommt, sein Vermögen schon zu Lebzeiten durch Schenkungen zu schmälern, um den Pflichtteil möglichst klein zu halten. Ganz gleich, ob solche Schenkungen einer erbberechtigten Person, wie der Tochter, oder einer nicht erbberechtigten Person, etwa einem Freund, zugekommen sind, so wird bei der Berechnung des Pflichtteils angenommen, dass diese Schenkungen nicht erfolgt sind. Der Pflichtteilsberechtigte erhält nach dem Gesetz einen so genannten „Pflichtteilsergänzungsanspruch". Der Erbe muss sich also auch das anrechnen lassen, was bereits verschenkt ist. Verschenkt der Erblasser also beispielsweise zwei Jahre vor seinem Tod dem geliebten Sohn ein Haus im Wert von 200.000 Euro und dem anderen, enterbten Sohn nichts, wird zum Zeitpunkt des Versterbens das Haus so behandelt, als ob es noch dem Vater gehört hätte. Der enterbte Sohn bekommt dafür seinen Pflichtteil, also immerhin 50.000 Euro.

Allerdings gibt es zwei Ausnahmen, bei denen der Pflichtteilsergänzungsanspruch entfällt: bei so genannten „Anstandsschenkungen". Hierunter sind nicht nur kleine Geschenke etwa zum Geburtstag, zu Weihnachten oder zur Taufe zu verstehen. Gleiches gilt für Schenkungen, die bereits länger als zehn Jahre vor dem Tod des Erblassers erfolgten.

Wann geht auch der Pflichtteilsberechtigte leer aus?

Es gibt einige wenige Fälle, in denen Pflichtteilsberechtigte gar nichts mehr erhalten, und zwar etwa dann, wenn sich der Pflichtteilsberechtigte als „erbunwürdig" erwiesen hat. Dabei muss sich der Enterbte allerdings schon zu Lebzeiten viel zuschulden kommen lassen haben. Ein versuchter Mord am Erblasser wäre sicher ein Grund. Allein die Tatsache, dass Sandra ihre Mutter nicht pflegen wollte, reicht hierfür in der Regel aber nicht aus.

WISO rät: Wenn Sie nicht wollen, dass Ihre Erben nach Ihrem Tod in Schwierigkeiten kommen, so sollten Sie diese gegen die Geldansprüche von Pflichtteilsberechtigten mit einer Lebensversicherung oder mit Barvermögen absichern. Insbesondere dann, wenn Immobilien da sind, führt das ansonsten häufig dazu, dass der Erbe das Haus verkaufen muss, um den Pflichtteilsberechtigten auszuzahlen.

Wer erbt, wenn es kein Testament gibt?

Wer kein Testament verfasst hat, für den bestimmt das Gesetz, wer erbt. Je nachdem, welche Verwandten hinterlassen werden, erben diese zu festgelegten Teilen. Leben die Eheleute beispielsweise im gesetzlichen Güterstand der Zugewinngemeinschaft, was die Regel ist, erbt der überlebende Ehegatte des Verstorbenen die Hälfte des Nachlas-

ses. Die andere Hälfte müssen sich die Kinder teilen. Ist ein Kind bereits verstorben, erben dessen Kinder, also die Enkel des Erblassers, diesen Teil. Entferntere Verwandte, wie Eltern oder Geschwister des Erblassers, gehen leer aus.

Beispiel: Adriana Winter verstirbt im Alter von 60 Jahren. Sie hinterlässt ihren Mann Paul und den Sohn Thorsten. Tochter Daniela ist bereits verstorben, hinterlässt aber selbst zwei Kinder, Sabine und Michael.

In diesem Fall erbt Ehemann Paul die Hälfte des Nachlasses. Die andere Hälfte würden eigentlich Thorsten und Daniela erben, also Thorsten ein Viertel und Daniela ein Viertel. Weil Daniela aber schon verstorben ist, geht ihr Viertel auf Sabine und Michael über. Diese erben dann jeweils ein Achtel.

Hat der Erblasser keine Kinder, sieht die Sache anders aus. Dann erbt der Ehegatte in der Regel drei Viertel des Nachlasses. Das restliche Viertel erben die Eltern des Verstorbenen. Lebt ein Elternteil nicht mehr, geht sein Anteil auf die Geschwister des Erblassers, oder wenn diese auch schon verstorben sind, auf die Nichten und Neffen des Erblassers über.

Beispiel: Adriana Winter verstirbt und hinterlässt ihren Mann und keine Kinder. Ihr Vater und ihr Bruder leben noch. Hier erbt der Ehemann drei Viertel des Nachlasses. Das restliche Viertel müssten sich eigentlich die Eltern von Adriana Winter teilen. Ihre Mutter müsste also ein Achtel erben und der Vater ebensoviel. Weil die Mutter schon tot ist, geht deren Achtel auf den Bruder von Adriana Winter über.

Und was ist, wenn weder Eltern und Geschwister noch Neffen und Nichten mehr leben? Dann können die so genannten Erben der dritten Ordnung zum Zuge kommen. Das sind die Großeltern des Erblassers sowie seine Tanten und Onkel.

WISO rät: Nichteheliche Lebensgefährten sind von der gesetzlichen Erbfolge ausgeschlossen und damit nicht erbberechtigt. Das heißt, auch wenn Sie und Ihr Partner schon seit vielen Jahren ohne Trauschein zusammenleben, gehen Sie leer aus, wenn Ihr Partner stirbt. Das gilt übrigens auch für Geschiedene. Sorgen Sie deshalb frühzeitig mit einem Testament vor, wenn Sie mit Ihrem Partner nicht verheiratet sind und möchten, dass er Ihr Vermögen erbt!

Wenn keine auch noch so entfernten Verwandten zu ermitteln sind und kein Testament vorhanden ist, fällt der Nachlass übrigens dem Staat zu.

Die gesetzliche Erbfolge ist gerade bei komplexeren Sachverhalten gar nicht so leicht zu ermitteln. Denken Sie deshalb darüber nach, wer erben würde, wenn Ihnen jetzt etwas zustieße. Wenn Sie sich dabei unsicher sind, sollten Sie sich auf jeden Fall von einem Rechtsanwalt aufklären lassen. Überlegen Sie dann in Ruhe, ob Sie mit der vom Gesetz vorgesehenen Erbfolge zufrieden wären. Wenn nicht, sollten Sie ein Testament errichten oder einen Erbvertrag abschließen.

Wie errichte ich ein Testament?

Sie haben grundsätzlich zwei Möglichkeiten, ein Testament zu errichten: Sie können Ihren letzten Willen privatschriftlich verfassen oder das Testament mit Hilfe eines Fachmanns erstellen.

Das privatschriftliche Testament:

- Entscheiden Sie sich für ein privatschriftliches Testament, müssen Sie es vom Anfang bis zum Ende handschriftlich verfassen und danach unterschreiben. Ein Testament, das mit der Schreibmaschine oder dem Computer verfasst wurde, ist unwirksam! Das Gesetz kennt da kein Pardon.
- Ebenso wenig möglich ist es, einen anderen das Testament handschriftlich schreiben zu lassen und es nur selbst zu unterschreiben. Wer nicht mehr in der Lage ist, ein Testament selbst zu schreiben, kann das Testament beim Notar erstellen lassen. Gleiches gilt übrigens auch für Minderjährige ab dem 16. Lebensjahr.
- Sollten Sie hinter die Unterschrift nochmals einen Zusatz setzen, müssen Sie auch darunter noch einmal unterschreiben, sonst ist der Zusatz ungültig.
- Wichtig ist auch, die Zeit und den Ort der Niederschrift festzuhalten, denn ein neues Testament hebt ein älteres ganz oder teilweise auf. Fehlt auf dem einen oder anderen das Datum, wissen die Erben später nicht mehr, welches das gültige ist. Das gibt dann meistens Streit.
- Ganz wichtig: Treffen Sie im Testament klare Anweisungen, wer was erbt! Benennen Sie die Erben am besten mit Vor- und Zunamen sowie Geburtsdatum, wenn es Verwechslungen geben könnte. So lassen sich Missverständnisse von vornherein ausschließen.
- Auch was die Aufbewahrung des Testaments betrifft, sollten Sie sich Gedanken machen. Sie können es zwar an jedem beliebigen Ort aufbewahren, also auch in der Schreibtischschublade. Besser ist aber, einen sicheren Platz zu wählen. Außerdem sollte eine Person Ihres Vertrauens darüber informiert werden, wo sich das Testament befindet. Weil es leider immer wieder vorkommt, dass ein im Testament nicht bedachter Verwandter das Testament beiseite schafft, können Sie es auch beim Nachlassgericht hinterlegen. Sie sorgen so dafür, dass Fälschungen und Unterschlagungen ausgeschlossen sind. Im Todesfall werden die Erben dann vom Gericht benachrichtigt.

Beispiel für ein gültiges privatschriftliches Testament:

Mein letzter Wille

Hiermit setze ich, Käthe Wohlfeil, meine Tochter Karin Wohlfeil als Erbin meines Nachlasses ein. Meine Tochter Sandra Hofmann soll nichts erhalten.

Frankfurt, den 02.09.2002
Käthe Wohlfeil

Das Testament beim Fachmann:

Wer sich beim Verfassen eines privatschriftlichen Testaments unsicher ist, sollte das Testament lieber bei einem Notar errichten. Es kann Ihnen zwar auch ein Anwalt behilflich sein. Bei ihm ist die Errichtung des Testaments in der Regel aber wesentlich teurer.

Ihren letzten Willen können Sie entweder mündlich Ihrem Notar gegenüber äußern. Dieser hält das Gewünschte dann schriftlich fest. Sie können das Testament aber auch selbst verfassen und es dem Notar nur übergeben. Das notarielle Testament wird immer amtlich verwahrt und nach dem Tod des Erblassers eröffnet. Die Gebühr für ein notarielles Testament richtet sich nach dem Wert des hinterlassenen Vermögens.

Notargebühren für die Testamentserrichtung

Bei einem Nachlasswert bis Euro	Gebühr in Euro	Bei einem Nachlasswert bis Euro	Gebühr in Euro
1.000	10	60.000	147
2.000	18	70.000	162
4.000	34	90.000	192
8.000	48	100.000	207
11.000	54	200.000	357
17.000	66	300.000	507
20.000	72	400.000	657
29.000	90	500.000	807
38.000	108	800.000	1.257
44.000	120	1.000.000	1.557
50.000	132	1.500.000	2.307

Diese Gebühren verdoppeln sich, wenn ein gemeinschaftliches Testament oder ein Erbvertrag beurkundet werden. Außerdem fällt für die amtliche Verwahrung des Testaments noch einmal ein Viertel dieser Gebühr an.

Lassen Sie sich durch die Gebühren nicht abschrecken. In vielen Fällen lohnt sich die Ausgabe. Gut gemeinte, aber unklar verfasste Testamente können zum Streit unter Erben führen. Gerichtsprozesse als oft unvermeidbare Folge kosten dann ein Vielfaches.

Vermächtnisse

In Ihrem Testament können Sie nicht nur Erben einsetzen, sondern auch so genannte Vermächtnisnehmer. Diesen Personen können Sie einzelne Gegenstände Ihres Vermögens, wie zum Beispiel eine antike Wanduhr oder einen bestimmten Geldbetrag, zukommen lassen. Der Vermächtnisnehmer hat dann nach ihrem Tod einen Anspruch gegen die Erbengemeinschaft auf diese Sache. Diesen Anspruch kann er notfalls mit gerichtlicher Hilfe durchsetzen. Entscheidender Unterschied zwischen einem Erben und einem Vermächtnisnehmer ist, dass der Erbe zur Erbengemeinschaft gehört. Bei der Verwaltung oder der Erbauseinandersetzung kann der Erbe alle Dinge mitbestimmen. Der Vermächtnisnehmer kann das bezüglich des gesamten Nachlasses nicht. Er hat eben nur den Anspruch darauf, dass die Erbengemeinschaft ihm den einzelnen Gegenstand herausgibt.

Beispiel: Hermann Will hinterlässt zwei Söhne. Diese setzt er als Erben seines gesamten Nachlasses ein. Sein Freund Udo Würfel, mit dem er jahrelang in einer Musikband spielte, soll als Vermächtnisnehmer seine Gitarre bekommen.

Mit dem Erbvertrag Vorsorge treffen

In manchen Fällen bietet sich ein Testament nicht an. Sinnvoller kann dann ein Erbvertrag sein. Auch damit kann das Erbe nämlich verbindlich geregelt werden.

Mit dem Erbvertrag können Sie zum Beispiel dafür sorgen, dass gewisse Bedingungen, die Sie an ein Erbe knüpfen möchten, auch erfüllt werden. Einer der am häufigsten auftretenden Fälle ist der, dass eines von mehreren Kindern die Eltern oder einen Elternteil pflegt und deshalb vom Erbe später auch einmal mehr bekommen soll als die restlichen Geschwister. Würde der Erblasser die Bevorzugung dieses Kindes nur still und heimlich in einem Testament vorsehen, wäre der Krach im Erbfall häufig geradezu vorprogrammiert. An die Mühe und Pflege denkt nach dem Erbfall oft keiner mehr. Außerdem kann der Erblasser bestimmen, dass der Erbe den Kindern des Erblassers eine angemessene Ausbildung finanziert, die auch näher bestimmt werden kann.

Auch für Käthe Wohlfeil käme im Beispielsfall ein Erbvertrag in Betracht. Sie

könnte mit Karin einen Vertrag abschließen, in dem steht, dass diese für die Pflege ihrer Mutter einen bestimmten Anteil am Erbe erhalten soll.

WISO rät: Den Vertrag müssen Sie immer bei einem Notar abschließen. Ganz wichtig: Die Eltern sollten sich auf jeden Fall ein Rücktrittsrecht vorbehalten, für den Fall, dass das zur Pflege verpflichtete Kind seine Aufgaben nicht erfüllt.

Der Erbvertrag ist im Übrigen auch die ideale Regelung für nichteheliche Lebensgemeinschaften, denn diese sind vom Gesetz in erbrechtlicher Hinsicht oft besonders benachteiligt, zumal sie kein gemeinschaftliches Testament machen können. Die bestmögliche Versorgung des Überlebenden ist dadurch sichergestellt.

Erblasser und Erbe können außerdem einen Erbverzichtsvertrag abschließen. Auch dieser muss vom Notar beurkundet werden. Der Verzichtende kann dabei entweder auf sein gesamtes Erbe oder auf seinen Pflichtteil sowie auf sein Erbe mit Ausnahme des Pflichtteils verzichten. Darüber hinaus kann er zugunsten eines Dritten auf sein Erbe verzichten. Ein solcher Vertrag wird meistens gegen eine Abfindung geschlossen.

Was muss ich tun, wenn ich Erbe geworden bin?

Wer nach dem Tod eines lieben Verwandten in dessen Haus oder Wohnung ein Testament findet, muss dies umgehend dem Nachlassgericht übergeben. Diese Pflicht besteht selbst dann, wenn der Fündige denkt, das Testament sei ungültig, oder wenn mehrere potenzielle Testamente vorhanden sind. Er muss demnach alles, was möglicherweise als erbrechtliche Anordnung in Frage kommt oder helfen kann, das Testament auszulegen, dem Gericht herausgeben. Selbst Tagebuchaufzeichnungen gehören dazu. Wer das unterlässt, kann sich schadenersatzpflichtig machen und außerdem wegen Urkundenunterdrückung bestraft werden.

Hat der Erblasser kein privatschriftliches, sondern ein notarielles Testament hinterlassen, wird eine Abschrift davon je nach Bundesland üblicherweise beim Nachlassgericht oder beim Notar aufbewahrt. Die Erben werden dann darüber informiert, ob sie Erbe geworden sind oder nicht, indem sie eine Ausfertigung des Testaments zugeschickt bekommen.

Gerade dann, wenn nur ein handschriftliches und kein notarielles Testament vorliegt, brauchen die Erben häufig einen Erbschein. Mit diesem Schein können sie nachweisen, dass sie Erbe und damit Rechtsnachfolger des Verstorbenen geworden sind. Insbesondere wenn das Grundbuchamt die Umschreibung eines Grundstücks vornehmen soll, geht ohne den Erbschein nichts. Den Erbschein können Sie beim Nachlassgericht beantragen. Die Kosten dafür hängen von der Höhe des hinterlassenen Vermögens ab. Bei einem Nachlasswert von beispielsweise 100.000 Euro kostet der Erbschein 207 Euro.

Was tun, wenn der Verstorbene nur Schulden hinterlässt?

Immer wieder kommt es auch vor, dass der Erblasser nur Schulden hinterlässt. In einem solchen Fall sollten die Erben aufpassen, denn der Erbe erbt nicht nur Vermögen, sondern auch die Schulden des Verstorbenen. Das Fatale daran: Der Erbe haftet nicht etwa nur mit dem, was der Erblasser hinterlassen hat. Er muss vielmehr mit seinem gesamten privaten Vermögen für etwaige Schulden geradestehen.

Der Erbe hat aber in einem solchen Fall die Möglichkeit, das Erbe auszuschlagen. Die Ausschlagung muss gegenüber dem Nachlassgericht erfolgen. Die Erben können die Ausschlagung dabei entweder direkt beim Nachlassgericht erklären oder diese bei einem Notar abgeben, der die Ausschlagung dann weiterleitet. Innerhalb einer Frist von sechs Wochen muss die Erklärung allerdings beim Nachlassgericht sein.

Doch nicht immer ist es einfach, sich in der Kürze der Zeit einen Überblick über die Vermögensverhältnisse des Erblassers zu machen. Da steht noch der Steuerbescheid aus, man hat mal von Konten in der Schweiz gehört, und sonstige Unterlagen findet man nicht rechtzeitig zusammen. Die Suche nach dem, was da ist, ist also nicht immer einfach. Wenn ein notarielles Testament existiert, wird nicht nur das Nachlassgericht, sondern auch die Bank des Verstorbenen informiert. Diese meldet dann das Guthaben des Erblassers am Todestag dem Finanzamt. Aber der Erbe muss trotzdem alle Unterlagen und Schreiben, die er in der Wohnung des Verstobenen findet, durchforsten und entsprechende Adressaten anschreiben. Dabei muss er selbst einem Verdacht nachgehen, wenn er etwa vermutet, dass ein Konto in der Schweiz besteht oder irgendwo Grundstücke des Erblassers vorhanden sein könnten.

Wer vor Ablauf der Ausschlagfrist von sechs Wochen trotzdem nicht rechtzeitig ermitteln kann, ob sich der Nachlass in den schwarzen oder in den roten Zahlen befindet, der kann allerdings vorbeugen.

WISO rät: Beantragen Sie beim Nachlassgericht die so genannte Nachlassverwaltung. So sind Sie in Fällen, in denen die Vermögenssituation des Verstorbenen unklar ist, auf der sicheren Seite. Sie haften dann auf jeden Fall nur mit dem Vermögen des Erblassers, nicht aber mit Ihrem persönlichen Privatvermögen.

2. Testament für Eheleute – das Berliner Testament

Beispiel: Den finanziellen Status quo absichern

Patricia und Jürgen Heinemann sind seit zehn Jahren verheiratet und haben zwei kleine Kinder. Jürgen arbeitet als Buchhalter bei einem Automobilkonzern, Patricia hat wegen der Kinder ihren Beruf aufgegeben und versorgt die Familie. Die Heinemanns leben in dem Haus von Jürgen, das er schon lange vor der Ehe auf seinen Namen hatte und das er von seinen Eltern geerbt hat. Patricia hat immer mehr Angst davor, ohne finanzielle Absicherung da zu stehen, wenn Jürgen etwas passiert, denn im Falle seines Todes würde sie vom Gesetz her die Hälfte erben, die andere Hälfte die Kinder. Sie glaubt zwar nicht, dass die Kinder sie später aus dem Haus werfen würden, aber schließlich kann man ja nie wissen, was passiert, wenn diese mal verheiratet sind. Patricia hat durch ihre Tätigkeit als Hausfrau keine großartige Rente zu erwarten und ihr Mann hat auch nur wenig Bargeld gespart. Würde ihm etwas passieren, könnte sie die Kinder nicht ausbezahlen. Sie müssten also das Haus verkaufen und sie würde auf der Straße sitzen. Jürgen und Patricia wollen jetzt mit einem Testament vorsorgen. Ihre Kinder sollen das Haus erst erben, wenn keiner von beiden mehr lebt.

Berliner Testament – was ist das überhaupt?

Viele Eheleute machen sich darüber Gedanken: Was wird aus dem anderen werden, wenn einer von beiden stirbt? Von den emotionalen Problemen mal ganz abgesehen, kann ein Todesfall auch ganz erhebliche finanzielle Folgen nach sich ziehen. Was die meisten nicht bedenken: Der Ehegatte erbt nicht automatisch das Vermögen des anderen. Sind Kinder da, dann erben diese die Hälfte des Vermögens. Und gerade dann, wenn man den Aufbau der gemeinsamen Altersversorgung schon genau ausklügeln musste, um im Alter finanziell gut da zu stehen, kann sich durch den Tod eines Ehepartners eine finanzielle Lücke auftun, wenn man plötzlich einen großen Teil an die Kinder abgeben muss.

Das Berliner Testament ist dabei die gängigste Art, sich gegenseitig abzusichern. Es ist ein gemeinschaftliches Testament, bei dem sich die Ehegatten gegenseitig zu Erben einsetzen. Gleichzeitig vereinbaren die Eheleute, dass erst nach dem Tod des letztversterbenden Ehegatten das Erbe auf einen Dritten übergehen soll – meist sind das dann die Kinder. Damit soll gewährleistet werden, dass der überlebende Ehegatte auch nach dem Tod des anderen das gesamte Vermögen zur Verfügung hat.

Wie errichte ich ein Berliner Testament?

Wer sichergehen will, der kann das Testament bei einem Notar errichten lassen. Die Kosten für den Notar sind abhängig vom Nachlasswert. Wie viel Sie bezahlen müssen, bestimmt sich also danach, was Sie zu vererben haben. In der auf Seite 92 abgedruckten Tabelle können Sie die Gebühren nachlesen. Aber aufgepasst: Beim Berliner Testament fallen die doppelten Gebühren an, weil es sich im Prinzip um zwei Testamente handelt.

Wer das Testament ohne Notar machen will, der kann so vorgehen: Einer der Ehegatten schreibt das Testament eigenhändig, das heißt handschriftlich, und der andere unterzeichnet es mit ihm, und zwar immer vollständig, also mit Vor- und Nachnamen. Dabei soll er – ebenfalls handschriftlich – angeben, zu welcher Zeit und an welchem Ort er seine Unterschrift beigefügt hat.

Beachten Sie unbedingt die Formvorschriften! Das Testament muss vollständig, also von Anfang bis Ende handschriftlich geschrieben sein. Im Testament sollte nichts verbessert oder gestrichen werden, weil die Gefahr sonst zu groß wird, dass später jemand behauptet, an dem Testament sei herummanipuliert worden. Wer an seinem Testament etwas verbessern will, sollte es zur Sicherheit immer komplett neu schreiben.

Beispiel für ein Berliner Testament:

Gemeinschaftliches Testament

Wir, die Eheleute Patricia und Jürgen Heinemann, setzen uns gegenseitig zu Erben unseres gesamten gemeinsamen Nachlasses ein. Erben des Letztversterbenden sollen unsere gemeinsamen Kinder Isabel und Meike zu gleichen Teilen sein.

Frankfurt, den 01.09.2002

Jürgen Heinemann

Ich stimme dem Testament in vollem Umfang zu.
Frankfurt, den 01.09.2002

Patricia Heinemann

Was tun, wenn einer nicht mehr will?

Ein Berliner Testament ist in der Regel bindend. Der Grund ist einleuchtend: Ich vererbe dir alles, also vererbst du mir auch alles. Und hinterher bekommen die den Rest, die wir übergangen haben – salopp ausgedrückt. Der eine macht das Testament mit dem Inhalt also nur, weil es auch sein Partner tut. Da diese getroffenen Verfügungen demnach meistens wechselseitig sind, kann man sie auch nicht so einfach ändern. Das ist nur durch einen notariell beurkundeten Widerruf möglich. Dabei wird das Original dieser Widerrufserklärung oder eine Kopie davon dem anderen Ehegatten förmlich durch einen Gerichtsvollzieher zugestellt.

Nach dem Tode eines Ehepartners geht eigentlich gar nichts mehr – eine Änderung ist dann ausgeschlossen! Nur wenn der Überlebende sein Erbe ausschlägt, dann ist er nicht mehr an das gemeinsame Testament gebunden. Seinen eigenen Pflichtteil bekommt er aber trotzdem. Außerdem erhält er seinen Zugewinnausgleich.

Eine Bindung entfällt nach dem Tode des ersten Ehegatten auch dann, wenn derjenige, der nach dem Tod beider Ehegatten erben soll, auf sein Erbe verzichtet. Der überlebende Ehegatte kann dann ein neues Testament verfassen. Auch wenn dem Schlusserbe das Erbe entzogen wird, etwa weil er eine Straftat gegen die Erblasser begangen oder sie misshandelt hat, kann das Testament geändert werden.

Wenn Sie sich scheiden lassen, wird das Berliner Testament übrigens automatisch ungültig.

Neue Ehe – erbt der neue Ehegatte mit?

Viele Ehepartner denken nicht nur daran, wer nach ihrem Tode das Vermögen bekommen soll. Sie beschäftigen sich auch damit, ob der Überlebende vielleicht wieder heiratet und neue Kinder in die Welt setzt. Das Problem: Dann gibt es einen weiteren pflichtteilsberechtigten Ehegatten und eventuell neue pflichtteilsberechtigte Kinder – und die mindern das Erbe der eigenen Kinder.

WISO rät: Wenn Sie wollen, dass Ihr eigenes Vermögen nach Ihrem Tode „in der Familie“ bleibt, dann nehmen Sie eine Wiederverheiratungsklausel in das Testament auf. Eine solche Klausel bestimmt, dass die Kinder aus erster Ehe im Zeitpunkt einer Wiederverheiratung ihren Anteil ausgezahlt bekommen. Sie werden mit der neuen Heirat des überlebenden Elternteils Erben des zuerst Verstorbenen.

Der Überlebende ist dann nicht mehr an das gemeinsame Testament gebunden – er kann in einem neuen Testament bestimmen, wer nach seinem Tod erben soll. Die Kinder aus erster Ehe darf er aber nicht übergehen, denn die haben ja weiterhin noch ihren Pflichtteilsanspruch gegen den überlebenden Elternteil.

Beispiel: Miriam hat viel Geld mit in die Ehe gebracht. Jetzt hat sie Angst, dass Manfred nach ihrem Tode wieder heiraten könnte und ihre beiden Kinder sich ihr Erbe dann mit der neuen Frau und neuen Geschwistern teilen müssten. Sie drängt deshalb darauf, dass in das Testament eine Wiederverheiratungsklausel aufgenommen wird. Als Miriam stirbt, hinterlässt sie ein Vermögen von 500.000 Euro, das laut Testament Manfred erbt. Ein paar Jahre später heiratet Manfred die 20 Jahre jüngere Silke, die von ihm schwanger ist. Miriams Kinder können jetzt ihren Anteil am Erbe ihrer Mutter herausverlangen, zusammen also 250.000 Euro.

Wenn Manfred stirbt, dann müssen sich Miriams Kinder sein Erbe mit Silke und dem Kind teilen.

Was soll der Ehegatte können dürfen?

Viele Ehepaare haben davor Angst: Da machen sie sich gegenseitig zu Erben ihres Vermögens, übergehen quasi die Kinder, und dann verschleudert der Überlebende das mühsam angesparte Erbe, bis für die Kinder nichts mehr übrig ist. Je nachdem, wie viel Geld da ist und wie Sie Ihr Testament gestalten wollen, gibt es verschiedene Möglichkeiten, die Kinder vor der Verschwendungssucht des Überlebenden zu schützen:

1. Wollen Sie, dass der länger Lebende nach dem Tod des Partners unbeschränkt über den Nachlass verfügen darf, so können Sie ihn zum **Vollerben** machen. Die Kinder dürfen ihm dann in nichts hineinreden, selbst wenn er den gesamten Immobilienbesitz verkaufen will.
2. Wollen Sie den Nachlass unbedingt für Ihre Kinder zusammenhalten, dann machen Sie den anderen nur zum **Vorerben.** Weil er dadurch nur beschränkte Verfügungsmacht über den Nachlass hat, darf er das Haus nicht verkaufen und auch nicht mit Schulden belasten.
3. Die dritte Variante macht den überlebenden Partner zum so genannten **befreiten Vorerben**. Als solcher darf er das Haus verkaufen oder mit einer Grundschuld belasten. Verschenken darf er die Gegenstände aus dem Nachlass allerdings nicht.

Und wenn die Kinder da nicht mitmachen?

Das Berliner Testament ist zwar weit verbreitet. Das ändert aber nichts daran, dass den Kindern in jedem Fall der **Pflichtteil** zusteht, und zwar schon dann, wenn der erste der Eltern stirbt. Diesen können sie also beim Tod des Erstversterbenden einfordern – auch wenn ein Berliner Testament existiert.

WISO rät: Nehmen Sie eine Verwirkungsklausel in das Berliner Testament auf. Eine solche Klausel besagt, dass das Kind auch beim Tod des Letztversterbenden nur den Pflichtteil bekommt, wenn es auch beim Tod des Ersten schon seinen Pflichtteil verlangt. In den meisten Fällen schreckt eine solche Klausel die Kinder ab, den Pflichtteil geltend zu machen, denn damit verzichten sie ja auf die Hälfte der Erbschaft.

Eine Pflichtteilsklausel sieht so aus:
„Wer nach dem Tod des Erstversterbenden den Pflichtteil verlangt, erhält auch nach dem Tod des Letztversterbenden nur den Pflichtteil.“

Beispiel:, wie sich die Verwirkungsklausel auswirkt: Jürgen und Patricia haben eine Verwirkungsklausel in das Testament aufgenommen. Nach Patricias Tod akzeptiert Tochter Meike nicht, dass der Vater alles erben soll. Sie hat Angst, dass der Vater das Geld durchbringt, zudem hat er schon eine neue Freundin. Sie verlangt sofort ihren Pflichtteil. Patricias Vermögen belief sich auf 500.000 Euro. Der Pflichtteil beträgt die Hälfte des gesetzlichen Erbteils. Ehemann Jürgen bekäme laut Gesetz die Hälfte, also 250.000 Euro. Die beiden Kinder müssten sich die andere Hälfte teilen. Der gesetzliche Erbteil wäre für Meike daher 125.000 Euro, der Pflichtteil die Hälfte, also 62.500 Euro.

Angenommen, Jürgen stirbt zehn Jahre später und hinterlässt ebenfalls ein Vermögen von 500.000 Euro. Wenn Jürgen nicht noch einmal heiraten würde und keine neuen Kinder hätte, dann würde sie das Geld mit ihrer Schwester erben, also 250.000 Euro bekommen. Wegen der Verwirkungsklausel steht ihr aber nur der Pflichtteil zu, also 125.000 Euro.

3. Testamentsvollstreckung

Beispiel: Die eifersüchtigen Kinder

Linda und Martin Leibfried beschließen, ein gemeinsames Testament zu machen, in dem sie ihre drei Kinder zu Erben ihres Vermögens einsetzen. Die beiden gehen zum Notar, verfassen mit ihm ein ausgeklügeltes Testament, in dem sie der jüngsten Tochter das Einfamilienhaus vererben, dem ältesten Sohn das Aktien- und Barvermögen und dem mittleren Sohn einige Antiquitäten sowie das Auto. Außerdem soll die minderjährige Enkelin 20.000 Euro als Vermächtnis erhalten.

Die Verteilung des Erbes ist bewusst ungleichmäßig gehalten, weil der mittlere Sohn bereits ein Einfamilienhaus von Linda und Martin finanziert bekam.

Wieder zu Hause, wird ihnen dann doch mulmig. Sie fürchten die Reaktion des schon immer zur Eifersucht neigenden mittleren Sohnes, wenn er als einziger weniger erbt als die anderen. Sie malen sich aus, wie er nach ihrem Tod auch die Aktien und das Barvermögen an sich nehmen könnte oder selbst in das Haus einzieht. Auf alle Fälle haben sie Angst davor, dass es einen langen Rechtsstreit geben könnte.

Zusätzliche Sicherheit durch Testamentsvollstrecker

Das Testament ist gemacht, der letzte Wille festgehalten. Jetzt ist alles geregelt, nichts kann mehr schief gehen. Das denken zumindest viele zukünftige Erblasser. Doch wer garantiert eigentlich, dass der letzte Wille auch im Interesse des Verstorbenen befolgt wird?

Gerade dann, wenn der Erblasser befürchtet, dass es nach seinem Tod Streit unter den Erben geben könnte, empfiehlt es sich, jemanden als Testamentsvollstrecker einzusetzen. Der Erblasser kann so sicherstellen, dass seine Vorstellungen über die Nachlassverteilung überwacht werden. Darüber hinaus macht die Einsetzung eines Testamentsvollstreckers auch dann Sinn, wenn die Verteilung des Nachlasses wegen der Minderjährigkeit eines Miterbens noch hinausgeschoben werden soll. Durch den Einsatz eines Testamentsvollstreckers könnten Linda und Martin sichergehen, dass das Testament auch eingehalten wird und jeder das bekommt, was sie ihm zugedacht haben. Außerdem kann der Verwalter das Geld der minderjährigen Enkelin so lange verwalten, bis diese volljährig ist, falls ihnen vorher etwas zustoßen würde.

Wer kommt als Testamentsvollstrecker in Betracht?

Der Erblasser kann jede volljährige Person zum Testamentsvollstrecker bestimmen. Der Job muss also nicht unbedingt von einem der Erben übernommen werden – das ist meistens sogar besser so, denn in solchen Fällen ist der Streit oft vorprogrammiert. Die übrigen Miterben fühlen sich benachteiligt und misstrauen dem bevorzugten Erben.

So kann beispielsweise der Onkel oder ein guter Freund, zu dem man das Vertrauen hat, er werde auf die Einhaltung des Testaments achten, mit dieser Aufgabe betraut werden. Es spricht viel für eine neutrale Person. Wer ganz sicher gehen möchte, kann auch eine so genannte juristische Person, beispielsweise eine Bank oder Sparkasse, für dieses Amt wählen, denn sie kann den Nachlass kompetent und umfassend und vor allem ohne Verzögerungen betreuen, das Erbe sicher im Sinne des Erblassers verwalten und es an die Erben verteilen. Andere Möglichkeit: die Benennung eines Rechtsanwalts, eines Steuerberaters oder Notars als Testamentsvollstrecker.

Wichtig: Im privaten Testament muss der Testamentsvollstrecker handschriftlich benannt werden. Wie auch das Testament selbst, müssen zukünftige Erblasser die Person im Testament bestimmen. Der Erblasser muss also mit der ausgewählten Person vorher keinen Vertrag abschließen.

Beispiele für die Bestimmung eines Testamentsvollstreckers:

- Zum Testamentsvollstrecker benenne ich meinen Freund Tom Krämer. Er hat die Aufgabe, den Nachlass abzuwickeln, das heißt insbesondere die Nachlassverbindlichkeiten zu regeln und das Erbe an die Erben zu verteilen. Tom Krämer soll für das Amt 4.000 Euro aus dem Nachlass erhalten. Sollte Tom Krämer sterben oder sein Amt niederlegen, bestelle ich meine Tante Ines Gerhard als Testamentsvollstreckerin. Sie soll die gleiche Vergütung bekommen.
- Zum Testamentsvollstrecker benenne ich meinen Freund Tom Krämer. Er hat die Aufgabe, den Erbanspruch meiner Enkelin Anne durchzusetzen und ihr Erbe bis zur Vollendung ihres 18. Lebensjahres zu verwalten.

WISO rät: Teilen Sie Ihrem Bekannten, Freund oder Rechtsanwalt frühzeitig Ihre Absicht mit, ihn als Testamentsvollstrecker einzusetzen, denn sonst kann es sein, dass der Testamentsvollstrecker sein Amt im Todesfall ablehnt. Der Ernannte ist nämlich nicht verpflichtet, das Amt anzunehmen. Nennen Sie schon im Testament für diesen Fall eine Ersatzperson oder bestimmen Sie, dass das Nachlassgericht einen Testamentsvollstrecker auswählt.

Annehmen oder ablehnen?

Die ernannte Person sollte sich gut überlegen, ob sie das Amt annehmen möchte. Dabei sollte sie über Folgendes nachdenken:

- Sind ausreichende Fachkenntnisse und genügend Zeit dafür da?
- Können Rechnungslegungen, Abrechnungen der gesamten Amtstätigkeit am Ende des Amtes, Aufbewahrungen der Unterlagen und Auseinandersetzungen mit den Erben so belastend werden, dass man das Amt lieber ablehnen sollte?
- Ist die Vergütungsfrage geregelt?

Wer das Amt ablehnen will, muss dies gegenüber dem Nachlassgericht erklären. Das ist das Amtsgericht, in dessen Bezirk der Verstorbene zuletzt seinen Wohnsitz hatte.

Die Ablehnung erfolgt ohne besondere Form, zum Beispiel durch einen Brief an das Nachlassgericht. Dabei kann der Ernannte das Amt selbst dann ablehnen, wenn er sich zuvor mündlich bereit erklärte, es anzunehmen. Der Ernannte macht sich durch die Ablehnung auch nicht schadenersatzpflichtig. Anders wäre es nur, wenn sich der Ernannte zuvor durch einen Vertrag gegenüber dem Erblasser oder den Erben zur Annahme des Amtes verpflichtet hätte.

Nimmt der Auserkorene das Amt an, stellt das Nachlassgericht ein so genanntes „Testamentsvollstrecker-Zeugnis" aus. Damit kann man seine Berechtigung bei Behörden, Banken und Ämtern nachweisen.

Welche Pflichten hat der Testamentsvollstrecker?

Er muss zunächst für die Erben ein Inventarverzeichnis erstellen. Darin muss er auflisten, was zum Nachlass gehört und ob der Erblasser verschuldet war.

Dann muss er dafür sorgen, dass der letzte Wille ausgeführt wird. Er muss also die Gläubiger ausbezahlen. Er darf auch Prozesse im Zusammenhang mit dem Nachlass führen, falls dies erforderlich sein sollte. Außerdem darf er im Rahmen der Verwaltung des Nachlasses Verträge abschließen. Allerdings sollte er sich dabei besser mit den Erben absprechen und deren Einwilligung holen.

Bei verschuldeten Fehlern, durch die der Nachlass und die Erben geschädigt werden, können die Erben den Testamentsvollstrecker auf Schadenersatz in Anspruch nehmen. Bei groben Fehlern kann ihn auch das Nachlassgericht entlassen.

Was kostet der Testamentsvollstrecker?

Der Erblasser sollte im Testament bestimmen, was der zukünftige Testamentsvollstrecker für sein Amt bekommen soll. Denn die Testamentsvollstreckung ist eine anspruchsvolle und arbeitsintensive Aufgabe, die niemand umsonst übernehmen wird. Der Erblasser kann eine Vergütung zwar auch ganz ausschließen, allerdings muss er das ausdrücklich im Testament erwähnen. Bei Banken und Sparkassen, Steuerberatern, Notaren oder Rechtsanwälten läuft man Gefahr, dass diese das Amt ablehnen, wenn eine Vergütung generell ausgeschlossen ist. Hat der Erblasser nichts im Testament bestimmt, so sieht das Gesetz vor, dass der Testamentsvollstrecker eine „angemessene" Vergütung aus dem Nachlass bekommt. Dafür gibt es zwar keine verbindlichen Sätze, in der Praxis gibt es jedoch bestimmte Werte, an denen man sich grob orientieren kann.

Vergütungswerte:

Für 10.000 Euro Nachlass:	4 Prozent
Bis 50.000 Euro Nachlass:	3 Prozent
Bis zu 500.000 Euro Nachlass:	2 Prozent
Darüber hinaus:	1 Prozent

4. Erbschaftsteuer

Beispiel: Der Staat schlägt zu!

Sabine Will kann es noch immer nicht verschmerzen: Ihre Großmutter war zwar schon 85, aber trotzdem hat sie mit ihrem Tod nicht gerechnet. Sie hatte immer ein gutes Verhältnis zu ihr, und fast jeden Sonntag tranken die beiden nachmittags eine Tasse Kaffee zusammen. Die Großmutter hat ihr alles hinterlassen, was sie besaß. Das war zwar kein Vermögen, aber alles in allem kamen doch 71.200 Euro zusammen. Genau dieser Betrag fehlte Susanne noch, um sich eine kleine Wohnung zu kaufen, ohne diese durch einen Kredit finanzieren zu müssen. Umso überraschter ist sie, als sie erfährt, dass sie Erbschaftsteuer zahlen soll.

Verwandtschaftsgrad bestimmt die Steuerhöhe

Im Erbfall schlägt häufig auch das Finanzamt zu und verlangt Erbschaftsteuer. Wie viel der Erbe an den Fiskus abgeben muss, hängt dabei sowohl von der Höhe der Erbschaft als auch vom Verwandtschaftsverhältnis zum Erblasser ab. Außerdem wird die Erbschaftsteuer erst fällig, wenn gewisse Freibeträge überschritten sind.

So gehören zur Steuerklasse I, in der prozentual am wenigsten Erbschaftsteuer zu zahlen ist, der Ehegatte des Erblassers, seine Kinder und Stiefkinder, Enkel und Urenkel sowie Eltern und Großeltern.

Zur Erbschaftsteuerklasse II gehören die Geschwister des Erblassers, Neffen und Nichten, Stiefeltern, Schwiegerkinder sowie geschiedene Ehegatten.

Zur Steuerklasse III, in der am meisten Steuern zu zahlen sind, gehören alle Erben, die nicht in die anderen Steuerklassen fallen.

Erbschaftsteuer müssen die Erben allerdings nur dann bezahlen, wenn der Nachlass höher ist als der persönliche Freibetrag.

Der Verwandschaftsgrad bestimmt den Freibetrag:

- Ehegatten haben einen Freibetrag von 307.000 Euro und zusätzlich einen so genannten Versorgungsfreibetrag in Höhe von 256.000 Euro. (Letzterer wird gekürzt, wenn eine Hinterbliebenenrente oder -pension besteht. Einen weiteren Freibetrag hat der Ehepartner, der in Zugewinngemeinschaft lebte, und zwar in Höhe der Hälfte des Zugewinns.
- Die Kinder und Stiefkinder haben einen Freibetrag von je 205.000 Euro. Weiter gilt, gestaffelt nach Alter, ein zusätzlicher Versorgungsbeitrag, der gekürzt wird, wenn dem Kind eine Hinterbliebenenrente oder -pension zusteht.
- Enkel haben in der Regel einen Freibetrag von 51.200 Euro. Leben aber deren Eltern, also die Kinder des Erblassers, beim Eintritt des Erbfalles nicht mehr, so steht auch den Enkeln ein Freibetrag von 205.000 Euro zu.
- Personen der Steuerklasse II, also Eltern, Neffen oder Schwiegerkinder des Erblassers, haben einen Freibetrag von 10.300 Euro.
- Erben der Steuerklasse III steht ein Freibetrag in Höhe von 5.200 Euro zu.
- Für Hausrat gibt es noch einmal extra Freibeträge, nämlich in Höhe von 41.000 Euro für Erben der Steuerklasse I und in Höhe von 10.300 Euro für Erben der Steuerklasse II und III.

Erbschaftsteuersätze

Zu versteuernder Nachlass in Euro	Steuerklasse I	Steuerklasse II	Steuerklasse III
bis 52.000	7%	12%	17%
bis 256.000	11%	17%	23%
bis 512.000	15%	22%	29%
bis 5.113.000	19%	27%	35%
bis 12.783.000	23%	32%	41%
bis 25.565.000	27%	37%	47%
über 25.565.000	30%	40%	50%

Beispiel: In unserem Beispielsfall gehört Sabine Will als Enkeltochter der Steuerklasse I an. Sie hat einen Freibetrag von 51.200 Euro. Für die restlichen 20.000 Euro, die ihr die Großmutter vererbt hat, muss sie 7 Prozent Erbschaftsteuer zahlen.

Hinterlässt der Erblasser Grundbesitz, zählt nicht etwa der wahre Wert des Grundstücks. Vielmehr wird der Wert nach dem so genannten Ertragswertverfahren bemessen. Das Finanzamt ermittelt den Wert des Hauses und des Grundstücks danach, welchen Ertrag (Miete) es abwirft oder abwerfen würde, falls es vermietet wäre. Dabei werden bebaute Grundstücke mit dem 12,5fachen der im Durchschnitt der letzten drei Jahre erzielten Kaltmiete (ohne Betriebskosten) bewertet. Ist die Immobilie nicht vermietet, dann wird die ortsübliche Miete als Maßstab herangezogen und mit 12,5 multipliziert.

Beispiel: Ein Haus bringt eine Nettomiete von 10.000 Euro im Jahr. Dieser Betrag wird mit 12,5 multipliziert. Es ergibt sich ein Wert von 125.000 Euro. Dieser Wert ist maßgeblich für die Erbschaftsteuer.

Zu beachten ist, dass der Staat je nach Alter des Hauses Abschläge machen kann. Umgekehrt sind Zuschläge von 20 Prozent möglich, beispielsweise dann, wenn es sich um ein Mehrparteienhaus handelt. Außerdem liegt der Mindestwert bei 80 Prozent des Wertes von Grund und Boden. Das kann ausnahmsweise dazu führen, dass trotz niedrigen Ertragswertes am Ende doch mehr für die Berechnung der Erbschaftsteuer anfällt, was insbesondere in noblen Randgebieten von Großstädten der Fall ist, wo Grund und Boden sehr teuer sind.

Das Berliner Testament aus steuerlicher Sicht

So beliebt das Berliner Testament auch sein mag – aus steuerlicher Sicht kann es ganz schön ungünstig sein. Das Problem ist nämlich, dass es zwei Erbfälle gibt: den ersten vom Übergang des Vermögens auf den überlebenden Ehegatten und den zweiten, wenn dann schließlich die Kinder erben. Beide Male bekommt das Finanzamt etwas ab, wenn die Steuerfreibeträge überschritten werden.

WISO rät: Bei größeren Vermögen kann es sich lohnen, wenn man die Kinder nach dem Tod des Erstversterbenden sofort zu Erben macht. Dann gibt es nur einen Erbfall und das Finanzamt kassiert auch nur einmal.

Die meisten Eheleute scheuen diese Möglichkeit, weil das eigene Erbe ja dann um den Anteil der Kinder geschmälert wird. Wenn man es aber richtig macht, kann man den Kindern eine Menge Steuern sparen und trotzdem abgesichert sein.

Eine Möglichkeit ist die Einräumung eines so genannten **Nießbrauchrechts**. Wollen die Ehegatten das gemeinsame Haus beispielsweise gleich an die Kinder vererben, so kann dem überlebenden Partner ein Nießbrauchrecht eingeräumt werden. Dann ist sichergestellt, dass er bis an den Rest seines Lebens in seinem Haus wohnen kann. Ein solches Nießbrauchrecht wird nämlich ins Grundbuch eingetragen und besteht auch dann weiter, wenn die Kinder das Haus verkaufen sollten.

Eine andere Möglichkeit der Absicherung kann ein **Vermächtnis** sein. Dabei geht das Erbe nach dem Tod des ersten Ehegatten auf die Kinder über, und der überlebende Ehegatte bekommt ein Vermächtnis zugewandt. Der Ehegatte hat damit einen Geldanspruch gegen die Kinder. Die Kinder müssen diesen dann an den Überlebenden einmalig auszahlen oder können Ratenzahlung vereinbaren, um dessen Versorgung zu gewährleisten.

Das hat im Übrigen den Vorteil, dass der Nachlasswert um die Höhe des Vermächtnisses gemindert wird und sich so der Betrag der Erbschaftsteuer vermindert.

5. Erbengemeinschaften

Beispiel: Die zerstrittenen Geschwister

Mathias und seine beiden Brüder Gerd und Volker hatten nie ein besonders gutes Verhältnis zueinander. Untereinander herrschte immer Eifersucht, alle drei sind zu unterschiedlich, als dass sie miteinander klarkämen. Die Situation verschärft sich, als die Eltern der ungleichen Brüder sterben und kein Testament hinterlassen. Da die gesetzliche Erbfolge eintritt, werden alle drei zu Erben. Allerdings sind die Vermögensverhältnisse der Eltern immer außerordentlich verzwickt gewesen. Da gibt es ein Einfamilienhaus, das Gerd gern für seine Kinder hätte, in dem aber auch Mathias weiterwohnen möchte. Das Geschäft der Eltern, ein Juwelierladen, läuft zwar mit einem Geschäftsführer ganz gut, aber Volker würde es gerne veräußern, Gerd und Mathias wollen dies auf keinen Fall. Volker hätte gerne den Oldtimer, aber die Brüder streiten sich über den Wert. Weil die Aktien gerade schlecht stehen, können sie das Wertpapierpaket nicht komplett verkaufen, sich aber auch nicht einigen, wer es weiterhin verwalten soll. Mathias ist mit den Nerven schließlich komplett am Ende. Der Tod seiner Eltern ist schlimm genug, jetzt fehlt ihm die Kraft, sich mit seinen Brüdern weiter zu streiten. Er will raus aus der Erbengemeinschaft. Aber wie?

Erbengemeinschaft – was ist das?

Hinterlässt jemand mehrere Erben, dann entsteht automatisch eine so genannte Erbengemeinschaft. Trauer und Streit geben sich da oft die Hand. Der eine Erbe will das hinterlassene Haus verkaufen, der andere will es lieber vermieten, und der Dritte würde es am liebsten selbst behalten. Und weil die Erbengemeinschaft eine Zwangsgemeinschaft ist, kann sich ihr niemand so schnell entziehen. Das hinterlassene Vermögen gehört erst einmal allen gemeinsam. Niemand kann über das Erbe alleine verfügen, und zwar so lange nicht, bis das Erbe auseinandergesetzt ist. Die Erbauseinandersetzung kann aber erst erfolgen, wenn alle Nachlassverbindlichkeiten, wie Kosten der Bestattung oder Schulden des Erblassers, bezahlt sind. Erst dann kann es also an die Teilung gehen.

Kann ich aus der Erbengemeinschaft aussteigen?

Eine Möglichkeit, sich ihr zu entziehen, besteht darin, die Erbschaft auszuschlagen. Wer nicht ausschlägt und das Erbe annimmt, erbt den Nachlass zusammen mit den anderen Erben.

Wer eine Erbschaft ausschlagen möchte, hat dafür sechs Wochen Zeit. Tut er das nicht, gilt die Erbschaft als angenommen. Die sechswöchige Frist beginnt nicht etwa mit dem Tod des Erblassers, sondern erst dann, wenn der Erbe von seiner Erbschaft erfahren hat. Die Erbschaft wird durch Erklärung gegenüber dem Nachlassgericht ausgeschlagen. Das ist das Amtsgericht, in dessen örtlichem Einzugsbereich der Erblasser seinen Wohnsitz hatte. Die Erklärung kann entweder auf der Geschäftsstelle abgegeben werden oder in öffentlicher beglaubigter Form, also durch notarielle Erklärung, die man innerhalb der genannten Frist dem Nachlassgericht zukommen lassen muss.

Eine weitere Möglichkeit: Sie können Ihren Erbanteil an einen Außenstehenden verkaufen. Der Käufer tritt dann an die Stelle des Erben in die Erbengemeinschaft. Er übernimmt aber auch anteilig eine Grundschuld an dem Grundstück oder eventuelle Schulden des Erblassers. Wichtig: Den Miterben steht ein Vorkaufsrecht zum gleichen Preis zu. Sie können somit die Übertragung an einen Außenstehenden verhindern, indem sie dieses Recht selbst geltend machen. Dadurch wird sogar ein bereits geschlossener Kaufvertrag mit dem Außenstehenden unwirksam.

Die Miterben können das Vorkaufsrecht innerhalb von zwei Monaten ausüben. Die Frist zur Ausübung des Rechts beginnt zu laufen, sobald die Miterben von demjenigen, der seinen Erbteil verkaufen möchte, über den Inhalt des abgeschlossenen Vertrags informiert wurden. Der Erbe, der seinen Erbteil verkaufen will, ist zu dieser Mitteilung gesetzlich verpflichtet. Benachrichtigt er die anderen über den Verkauf nicht, bleibt das Vorkaufsrecht bestehen. Der mit dem Außenstehenden abgeschlossene Vertrag kann damit auch über den Fristablauf hinaus noch zu Fall gebracht werden.

Üben die oder der Miterbe sein Vorkaufsrecht gegenüber dem Käufer aus, ist dieser verpflichtet, den erworbenen Miterbenanteil wieder auf die Miterben zurückzuübertragen. Hat er den Kaufpreis bereits bezahlt, müssen ihm die Miterben den Kaufpreis einschließlich der Kosten der Rückübertragung erstatten.

Wie wird das Erbe geteilt?

Noch relativ einfach gestaltet sich die Erbauseinandersetzung, wenn es um Bargeld geht. Das Vermögen wird dann unter den Miterben geteilt. Hierfür müssen Sie nicht zu einem Notar und einen notariellen Vertrag abschließen. Zu Beweiszwecken sollten Sie die Teilung aber in jedem Fall schriftlich festhalten.

Schwieriger wird es schon, wenn Wohnungen, Häuser oder Grundstücke vererbt werden. Immer wieder gibt es dann Streit darüber, wie mit den Immobilien verfahren werden soll und ob einer vielleicht mehr bekommt als der andere.

WISO rät: Schließen Sie mit Ihren Miterben einen Auseinandersetzungsvertrag. Ein im Erbrecht fachkundiger Anwalt kann Sie dabei beraten und diesen Vertrag vorbereiten. In ihm wird genau festgelegt, wer Eigentümer der Immobilie werden soll und in welcher Höhe die Miterben ihren Anteil verkaufen, also den anderen Erben ausbezahlen. Danach muss der Vertrag noch von einem Notar beurkundet werden.

In vielen Fällen scheitert ein Auseinandersetzungsvertrag aber daran, dass sich die Erben über die Höhe der Ausgleichszahlung nicht einigen können. Häufiger Streitpunkt: Ein Nachkomme hat schon zu Lebzeiten des Erblassers Zuwendungen, wie beispielsweise einen Bauplatz oder ein paar tausend Euro Startkapital für den Kauf einer Eigentumswohnung, erhalten. Deshalb soll er jetzt, wo der Erbfall eingetreten ist, nach Auffassung der Miterben etwas weniger als die anderen bekommen. In solchen Fällen gilt Folgendes: In der Regel sind Zuwendungen der Eltern, wie Bauplätze oder Geld, die zur Lebensausstattung gehören, beim Erbe zu berücksichtigen. Das heißt, derjenige, der schon etwas erhalten hat, bekommt vom Nachlass weniger. Die Miterben haben sozusagen einen Ausgleichsanspruch. Etwas anderes gilt nur, wenn der Erblasser zu Lebzeiten abweichende Regelungen getroffen hat, also zum Beispiel bestimmt hat, dass der Bauplatz im Erbfalle gerade nicht zu einem Ausgleichsanspruch führen soll.

Streitigkeiten gibt es häufig auch dann, wenn einer der Nachkommen den Erblasser bis zu seinem Tod gepflegt hat und für diese Pflege nach dem Tod einen Ausgleich von den Miterben bezahlt haben möchte. Das ist in aller Regel möglich, wenn es sich nicht nur um eine vorübergehende Pflege handelte und der Erbe auf Grund dessen, dass er den Erblasser gepflegt hat, nicht oder nur teilweise erwerbstätig war. Wer für die Pflege des Erblassers im Erbfall einen Ausgleichsanspruch gerichtlich geltend machen will, sollte sich aber darüber im Klaren sein, dass derartige Prozesse besonders unangenehm sind. Oft liegt die Pflege schon länger zurück und es ist schwer aufzuklären, ob derjenige, der die Pflege tatsächlich übernommen hat, wirklich nur auf Grund dessen nicht erwerbstätig war.

Wenn sich keine Einigung darüber erzielen lässt, wie das Erbe geteilt werden soll, kann jeder Erbe vor Gericht die Miterben auf die Zustimmung eines von ihm vorgelegten Auseinandersetzungsvertrages verklagen. Der Kläger muss diesen Abwicklungsplan allerdings rechtlich unanfechtbar vorlegen. Ohne anwaltliche Hilfe ist das kaum machbar. Nicht zuletzt dadurch ist das Verfahren recht teuer.

Vermittlungsverfahren

Besser kann es da sein, ein so genanntes Vermittlungsverfahren zu beantragen. Hier kann jeder Erbe das Nachlassgericht einschalten. Das ist das Amtsgericht, bei dem die Testamentseröffnung stattgefunden hat. Im Wege des Verfahrens wird dann versucht, die Interessen der einzelnen Erben irgendwie zu vereinbaren. So wird Hilfestellung gegeben, wenn es um die richtige Schätzung eines Grundstückswerts geht, und es wird

ein so genannter Auseinandersetzungsplan erarbeitet. Wenn alle Erben am Ende des Verfahrens dem Vorschlag des Gerichts folgen, wird der Auseinandersetzungsplan rechtskräftig. Er hat die gleiche Wirkung wie ein Urteil, aus ihm kann also auch die Zwangsvollstreckung betrieben werden.
Die Kosten des Verfahrens muss die Erbengemeinschaft zahlen. Kommt auch hier keine Einigung zustande, muss der Antragsteller die Kosten des Verfahrens alleine tragen.

Wichtig: Das Nachlassgericht darf also nur vermitteln, nicht entscheiden. Es kann nur Auseinandersetzungsvorschläge machen. Der Widerspruch eines Erben lässt das Vermittlungsverfahren scheitern. Bleibt einer der Miterben dem gerichtlichen Termin einfach fern, so folgt das Gericht dem Vorschlag der Erschienenen. Dem Säumigen wird deren Auseinandersetzungsplan dann sozusagen aufgezwungen, wenn er nicht fristgerecht einen neuen Termin beantragt hat und dort auch erscheint.

Teilungsversteigerung

Wem das alles zu viel ist, der kann das Erbe auch versteigern lassen. Jeder Erbe hat das Recht, unabhängig von der Zustimmung der anderen die Versteigerung beim Amtsgericht zu beantragen. Der Verkehrswert der Immobilie wird dann geschätzt. Im Versteigerungstermin dürfen auch die Erben mitbieten. Das Mindestangebot beträgt 50 Prozent des Wertes. Nachteil: Bei einer Versteigerung wird in der Regel nicht der volle Verkehrswert des Hauses erzielt. Außerdem dauert das Verfahren oft ein bis zwei Jahre und verursacht Kosten.

WISO rät: Versuchen Sie eine Immobilie immer auf dem freien Markt zu verkaufen. Das bringt mehr Geld ein. Auf Antrag eines Miterben kann das Verfahren sechs Monate ausgesetzt werden – Zeit, um sich vielleicht doch noch zu einigen.

Weitere Informationen

Mehr zu diesem Thema finden Sie in dem WISO-Ratgeber Erben und Vererben (ISBN 3-7064-0847-3), erhältlich für 15,90 Euro in jeder Buchhandlung.

Auskünfte und fachkundige Anwälte, die auf Erbrecht spezialisiert sind, gibt es bei:

- Deutsche Gesellschaft für Erbrechtskunde e.V.,
  Simrockallee 27, 53173 Bonn,
  Tel.: 0228/935 57 21, Fax: 0228/935 57 99; www.erbfall.de.
- Deutsche Vereinigung für Erbrecht und Vermögensnachfolge
  Hauptstraße 18, 74918 Angelbachtal,
  Tel.:07265/91 34 14, Fax: 07265/91 34 34; dvev@erbrecht.de.

6. Schenkung

Beispiel: Die undankbaren Kinder

Klara Walter ist seit zehn Jahren Witwe und hat einen erwachsenen Sohn, der schon längst eine eigene Familie hat. Finanziell geht es ihr nicht schlecht. Sie lebt im eigenen Häuschen mietfrei, ihre Rente reicht aus, um im Alter gut über die Runden zu kommen. Eines Tages merkt sie, dass ihr die Verrichtung alltäglicher Besorgungen und Tätigkeiten nicht mehr so leicht fällt. Sie bittet ihren Sohn Walter zu sich. Sie möchte ihm gerne ihr Häuschen schenken, vorausgesetzt, dass er sie im Gegenzug versorgt. Das Schlimmste wäre für sie, wenn sie in ein Altersheim müsste. Die beiden machen einen Vertrag, in dem sie als Auflage ihre Pflege mit aufnehmen lässt. Kurze Zeit später zieht Walter mit Frau und drei Kindern in ihr Häuschen ein. Anfangs klappt das Zusammenleben gut, doch nach und nach verstärken sich die Spannungen. Walters Familie breitet sich in dem Haus aus, und Klara muss ein kleines Zimmer beziehen, weil ihre beiden Enkel jeweils ein eigenes großes Zimmer haben wollen. Walters Frau eröffnet Klara schließlich, dass ihr das jetzt alles zu viel werde. Sie könne sich neben den Kindern und ihrem Beruf nicht auch noch um Klara, die mittlerweile bettlägerig geworden ist, kümmern und sie pflegen. Dass ihr Zustand so schnell so schlecht würde, damit hätte sie nicht rechnen können. Klara müsse in ein Heim, sie hätte schon eines organisiert. Für Klara bricht eine Welt zusammen. Das Heim kostet sie jeden Monat mehr als ihre gesamte Rente, und außerdem wollte sie doch gerade das vermeiden. Mittlerweile bereut sie, dass sie ihr Haus verschenkt hat.

Verschenken – warum?

Zu Lebzeiten etwas verschenken – dafür kann es etliche Gründe geben. Viele Eltern halten es zum Beispiel für wenig sinnvoll, ihr Vermögen oder wenigstens einen Teil davon erst nach dem Tod ihren Kindern zukommen zu lassen. Denn gerade wenn die Kinder nach dem Abschluss der Ausbildung oder nach ihrer Familiengründung Geld für die eigenen vier Wände benötigen, sind sie häufig auf die finanzielle Unterstützung der Eltern angewiesen. Mit Schenkungen zu Lebzeiten können darüber hinaus später anfallende Erbschaftsteuern gespart werden.

Schenkungssteuer

Wie viel Schenkungssteuer gezahlt werden muss, richtet sich nicht nur nach der Höhe des verschenkten Vermögens, sondern auch nach der Steuerklasse des Beschenkten. Diese wiederum ist abhängig von dem Verwandtschaftsgrad. Je enger das verwandtschaftliche Verhältnis zwischen Schenker und Beschenkten ist, desto günstiger ist seine Steuerklasse und desto höher ist auch sein Freibetrag. Für die Schenkungssteuer gelten

exakt die gleichen Sätze wie bei der Erbschaftsteuer (siehe oben unter „4. Erbschaftsteuer“).

Bei der Schenkung gelten zwar die gleichen Freibeträge wie beim Erben, allerdings kann man die Freibeträge bei der Schenkung alle zehn Jahre neu nutzen, und dadurch lassen sich Steuern sparen.

Beispiel: Der Vater vererbt seinem Kind Vermögen in Höhe von insgesamt 400.000 Euro. Das Kind hat nach der Tabelle einen Freibetrag von 205.000 Euro. Die restlichen 195.000 Euro muss es mit elf Prozent versteuern. Beim Tod des Vaters müssen also 21.450 Euro an den Fiskus abgeführt werden.

Anders wäre es, wenn der Vater seinem Sohn schon mindestens zehn Jahre vor seinem Tod Vermögen in Höhe von 200.000 Euro geschenkt hätte. Diese Schenkung wäre steuerfrei gewesen, da sie innerhalb des Freibetrages liegt. Würde der Vater dann sterben, verblieben wiederum nur 200.000 Euro, die ebenfalls steuerfrei wären. Der Sohn würde dann keinen Pfennig an den Fiskus zahlen müssen. Unterm Strich eine Steuerersparnis von 21.450 Euro.

Jede Schenkung, die weniger als zehn Jahre vor dem Erbfall liegt, wird dem Nachlass zugerechnet und bei der Berechnung der Erbschaftsteuer berücksichtigt. Hätte der Vater also in unserem Beispiel die ersten 200.000 Euro acht Jahre vor seinem Tod an den Sohn verschenkt, wäre die Schenkung zwar erst einmal steuerfrei gewesen. Das Geld würde dann aber im Erbfall zu dem Erbe dazugerechnet werden. Der Sohn müsste somit beim Tod des Vaters die 200.000 Euro nachversteuern. Es gingen dann ebenfalls 21.450 Euro an den Staat.

Wie zählen Immobilien für die Schenkungssteuer?

Immobilien, Grundstücke und Häuser werden nicht nach dem Verkaufswert bewertet, also nach dem Preis, den Sie auf dem Markt erzielen könnten. Das heißt, Immobilien zählen für die Schenkungssteuer anders als Bargeld. Früher schlugen sie mit einem so genannten Einheitswert zu Buche. Heute wird der Wert nach dem so genannten Ertragswertverfahren berechnet. Dabei kommt es darauf an, welchen Ertrag das Grundstück an Miete abwirft oder abwerfen würde, wenn es vermietet wäre. Bebaute Grundstücke werden dann mit der 12,5fachen Jahresmiete multipliziert. Die Summe, die zwar nicht mehr so niedrig ist wie der frühere Einheitswert, liegt dennoch unter dem Verkehrswert, also dem eigentlichen Wert der Immobilie.

Je nach Alter des Hauses gibt es außerdem noch mögliche Abschläge. Beim Alter des Hauses ist der Zeitpunkt der Bezugsfertigkeit maßgeblich. Pro vollem Kalenderjahr werden von der nach dem Ertragswertverfahren ermittelten Summe 0,5 Prozent abgezogen, höchstens aber 25 Prozent.

Wichtig: In vielen Fällen kommt bei der Schenkungssteuer außerdem die 80-Prozent-Regel zur Anwendung. Das heißt, der Wert der Immobilie muss mindestens 80 Prozent dessen betragen, was das Grundstück ohne Bebauung wert wäre. Das gilt selbst dann, wenn der Ertragswert der Immobilie zu einem niedrigeren Ergebnis kommt.

Die Schenkung – so funktioniert sie

Schenkungen können in der Regel ganz unbürokratisch und formfrei vorgenommen werden. Bestes Beispiel: Niemand würde auf die Idee kommen, dem Geburtstagskind einen Vertrag vorzulegen, bevor er das schön verpackte Geschenk übergibt. Anders ist es jedoch, wenn es sich um ein Grundstück handelt, das verschenkt werden soll. Diese Schenkung bedarf der notariellen Beurkundung. Gleiches gilt, wenn jemand eine Schenkung verspricht.

Wem also für die Zukunft eine Zuwendung versprochen wird, der sollte diese notariell beurkunden lassen, ansonsten hat er auf die Zuwendung keinen Anspruch.

WISO rät: Auch wenn viele Schenkungen formfrei wirksam sind: Gerade bei wertvollen Geschenken kommt es unter den lieben Verwandten erst nach dem Tod des Schenkers oft genug zu Neid und Missgunst. Eine genaue Auflistung, wer was wann zu Lebzeiten geschenkt bekam, kann da schnell Klarheit schaffen. Am besten ist, man hält schriftlich fest, ob andere in der Erbfolge einen Erbausgleich erhalten sollen und ob die Geschenke zu Lebzeiten vom Pflichtteil abgezogen werden sollen.

Vorsicht: Geschenkt ist geschenkt?

Ganz so ist es zwar nicht, aber trotzdem: Die Schenkung wieder rückgängig zu machen, das kommt nur in Ausnahmefällen in Betracht. Bei grobem Undank, wie es das Gesetz nennt, kann der Schenker sich das Geschenkte wieder zurückholen. Aber das ist gar nicht so einfach. Es müssen schon schwere Verfehlungen des Beschenkten vorliegen. Das ist beispielsweise dann der Fall, wenn der Beschenkte den Wohltäter körperlich misshandelt hat. Allein der Umstand, dass eine Ehe geschieden ist, reicht dafür in der Regel nicht aus. Unendlich viel Zeit für den Widerruf hat man aber nicht: Spätestens ein Jahr nach Eintritt des Widerrufsgrundes muss die Schenkung widerrufen werden. Ein weiterer Grund, bei dem der Schenker das Verschenkte wieder zurückholen darf, ist, wenn er selbst nicht mehr für seinen eigenen Lebensunterhalt oder den Unterhalt der von ihm abhängigen Personen aufkommen kann. Das ist insbesondere dann der Fall, wenn ältere Menschen in ein Altersheim kommen und die Kosten von der normalen Rente nicht finanziert werden können. Liegt die Schenkung allerdings schon mehr als zehn Jahre zurück, geht nichts mehr. Der Beschenkte darf die Zuwendung behalten. In beschränkten Fällen kann der Schenker außerdem wegen der Nichteinhaltung einer Auflage das Geschenk zurückfordern.

Das wäre für Klara eine Möglichkeit, ihr Häuschen wieder zurückzuholen. Immerhin hat sie es unter der Auflage verschenkt, dass ihr Sohn und die Schwiegertochter sie im Alter pflegen. Jetzt, wo sie ins Altersheim abgeschoben wurde, hat sie gute Chancen, ihr Geschenk wieder zurückzufordern. Gleiches gilt, wenn sie die Heimkosten nicht durch ihre Rente bezahlen kann. Auch in diesem Fall könnte sich das Sozialamt, das in Vorlage treten würde, das Haus wieder zurückholen, um es zu kapitalisieren.

Besser vorbeugen

Es gibt verschiedene Varianten, wie der Schenker sich absichern kann. Diese sind natürlich von Fall zu Fall verschieden. An eine Absicherung sollte aber jeder Schenker denken. Sinnvoll ist es, die Schenkung mit einer Auflage zu verbinden. Außerdem besteht die Möglichkeit, die Kinder zu verpflichten, beim Verkauf des Elternhauses eine feste Summe oder eine Rente zu zahlen. Auch die Einräumung eines lebenslangen Wohnrechts ist nützlich, wenn ein Haus übertragen wird. Der Schenker kann auch unter Vorbehalt schenken und beispielsweise vereinbaren, dass der Beschenkte ihn bis zu seinem Tod pflegen muss.

WISO rät: Wer wirklich eine größere Geldsumme oder gar Immobilien verschenken will, sollte immer den Rat eines Fachmannes hinzuziehen. Der Schenker kann dann sichergehen, dass er nicht über seine eigene Großzügigkeit stolpert.

Geschenk – nein danke!

Nicht immer freut sich der Beschenkte über die Zuwendung des Wohltäters. Das kann ganz verschiedene Gründe haben. Nehmen wir einmal an, der großzügige Onkel würde seiner Nichte ein schönes Armband kaufen, diese will es aber nicht, weil sie weiß, dass der Onkel unendliche Dankbarkeit erwartet.

Natürlich ist niemand dazu verpflichtet, gegen seinen Willen ein Geschenk anzunehmen. Auch wenn der Schenker bereits vollendete Tatsachen geschaffen hat, ist er zur Zurücknahme des Geschenks verpflichtet. Aber: Äußert sich der Beschenkte nicht und widerspricht er auch nicht der Schenkung, dann gilt das als Einverständnis. Er muss das Geschenk dann behalten.

Haftung für Geschenke – gibt es so etwas?

Ja! Der Schenker übernimmt für das, was er verschenkt, auch die Haftung. Wer also beispielsweise ein defektes Elektrogerät verschenkt und das wusste beziehungsweise hätte leicht erkennen können, muss für den Schaden aufkommen, der bei dem Beschenkten entsteht, wenn das Gerät explodiert. Die Haftung des Schenkers beschränkt sich dabei aber auf Vorsatz und grobe Fahrlässigkeit.

IV. Verträge und Verbraucherschutz

1. Mietverträge

Beispiel: Der teure Wohnungswechsel

Wolfgang Zondler schwebt im siebten Himmel. Er hat die Frau seines Lebens kennen gelernt. Als die beiden nach einigen Monaten immer noch schwer verliebt sind, beschließen sie, zusammenzuziehen. Zwar ist Wolfgangs Wohnung wunderschön und auch Kerstin lebt nicht gerade in schlechten Verhältnissen, aber die beiden wollen mindestens vier Zimmer mit 120 qm. Zu zweit können sie sich das leisten. Und wenn einmal Kinder kommen, haben sie auch gleich vorgesorgt. Durch viel Glück geraten sie an eine absolute Traumwohnung in guter Lage und greifen sofort zu, bevor sie ihnen jemand anderer wegschnappt. Doch sie haben ein Problem: Sie haben ihre eigenen Wohnungen noch nicht gekündigt, und die Kündigungsfrist beträgt drei Monate. Ein Freund der beiden weiß Rat. Wolfgang und Kerstin müssten nur drei Nachmieter finden, dann wäre der Vermieter verpflichtet, sie vorzeitig aus dem Vertrag zu entlassen. Gesagt, getan. Bereits nach einer Anzeige in der Tageszeitung sind sie fündig geworden und präsentieren ihrem Vermieter drei potenzielle Nachmieter. Doch weder Kerstins noch Wolfgangs Nachmieter spielen mit. Sie bestehen auf die Einhaltung der Kündigungsfrist von drei Monaten. Für die beiden Verliebten heißt das: Zu der stattlichen Miete für die neue Wohnung müssen sie jetzt auch noch drei Monate lang Miete für ihre alten Wohnungen zahlen. Ein teurer Spaß.

Wie schließe ich einen Mietvertrag ab?

Nach langer und schwieriger Suche betreten Sie endlich Ihre Traumwohnung oder Ihr Traumhaus und wollen eigentlich schnell einziehen. Doch davor stehen in der Regel die bohrenden Fragen des zukünftigen Vermieters. Die Vertragspartner wollen sich verständlicherweise kennen lernen, manche Eigentümer fragen ihren neuen Mietern manchmal Löcher in den Bauch: „Rauchen Sie? Trinken Sie gerne einen über den Durst? Sind Sie vorbestraft? Wo arbeiten Sie? Wie viel verdienen Sie? Sind Sie verheiratet oder geschieden?“ Dabei gilt: Der Vermieter darf dem Neumieter vor dem Einzug zwar Fragen stellen, diese müssen Sie als neuer Mieter aber nicht alle beantworten.

Vorweg sei festgehalten: Kein Wohnungssuchender muss ungefragt persönliche An-

gaben machen. Es gibt nur eine Ausnahme: Der Mieter ist verpflichtet, den Vermieter von sich aus zu unterrichten, wenn er die Miete nur mit Hilfe des Sozialamts aufbringen kann (AG Frankfurt/Main, WM 89, 620).

Wo die Wahrheit zählt

Der gesamte Bereich Vermieterfragen ist übrigens im neuen Mietrecht nicht geregelt worden. So gilt auch weiterhin, wie in vielen anderen Bereichen auch, das bisher gesprochene Recht der Gerichte. Der Vermieter darf Sie fragen, bei welcher Firma Sie derzeit beschäftigt sind, und er darf auch verlangen, dass Sie eine Gehalts- oder Rentenbescheinigung vorlegen. Wenn der Vermieter bei den Vertragsverhandlungen eine Selbstauskunft über Arbeitsverhältnis und Einkommen einholt, muss die Antwort der Wahrheit entsprechen (AG Bonn, WM 92, 597). Wer dabei die Unwahrheit sagt, setzt sich der Gefahr aus, dass der Vermieter den Mietvertrag später erfolgreich anfechten kann. Wenn ein Arbeitsloser einfach seinen letzten Arbeitsplatz angibt und der Vermieter davon vor der Wohnungsübergabe erfährt, darf er die Wohnung an einen anderen vermieten (LG Köln, WM 84, 297).

Wer entgegen der Wahrheit behauptet, mit einem künftigen Mitbewohner verheiratet zu sein, muss mit der Kündigung rechnen (LG Landau, WM 86, 133; LG Hannover, WM 83, 142). Außerdem müssen Sie ehrlich beantworten, wer und wie viele Personen in die Wohnung einziehen.

Wer seinen Vermieter bei Einzug belogen hat, muss allerdings nicht ewig wegen einer Kündigung zittern. Ein Mieter, der angegeben hatte, gegen ihn seien in den letzten fünf Jahren keine Räumungsklagen eingeleitet worden, durfte nicht mehr gekündigt werden. Die Unwahrheit kam erst zwei Jahre später heraus. Da er die Miete die ganze Zeit über pünktlich bezahlt hatte, ließ das Landgericht Wuppertal eine Kündigung nicht mehr zu (AZ: 16 S 149/98). So urteilte auch das Landgericht Essen: Wenn ein Mieter eingezogen ist und seine Miete vertragsgemäß zahlt, darf der Vermieter wegen einer Falschauskunft nicht kündigen (WM 84, 299).

Wer auf Wohnungssuche geht, sollte sich vorher eingehend über das Mietrecht informieren. Denn wer sich auskennt, hat bessere Verhandlungsgrundlagen. Haben Sie zum Beispiel einen Zeitmietvertrag (siehe dazu mehr weiter unten) erst einmal unterschrieben, kann die schönste Wohnung zum Gefängnis werden.

WISO rät: Generell gilt: Bevor Sie einen Maklervertrag oder einen Mietvertrag unterschreiben, prüfen Sie erst einmal in Ruhe die Vertragsbedingungen. Lesen Sie auch das Kleingedruckte. Holen Sie sich in Zweifelsfällen kompetenten Rat!

Am Beginn des Mietverhältnisses steht der Mietvertrag. In diesem Vertrag wird festgelegt:

- dass und ab wann der Vermieter dem Mieter die Wohnung/ein Haus überlässt,
- dass der Mieter die Wohnung/das Haus nur im Rahmen der im Vertrag festgelegten Bedingungen nutzt,
- dass ein bestimmter Betrag (Miete) vereinbart wird, der vom Mieter an den Vermieter zu zahlen ist.

Mietverträge sind zunächst vom Gesetz nicht an eine schriftliche Form gebunden. Es empfiehlt sich aber, einen Mietvertrag immer schriftlich zu fixieren, um Missverständnisse gleich zu Beginn auszuräumen. Für beide Vertragsparteien bietet sich an, den Mietvertrag gemeinsam aufzustellen und dann abzuschließen.

Es gibt aber auch Fälle, in denen die Schriftform vom Gesetzgeber vorgegeben wird. Ein schriftlicher Mietvertrag ist zum Beispiel dann vorgeschrieben, wenn ein so genannter Zeitmietvertrag von mehr als einem Jahr geschlossen wird. Bei Zeitmietverträgen wird die Vermietung für einen von vornherein festgelegten Zeitraum vereinbart. Es gibt zwei Varianten:

Variante A: In dem einen Fall kann der Mieter bis zwei Monate vor Beendigung des Mietverhältnisses eine Fortsetzung des Vertrags verlangen. Dem kann der Vermieter nur dann widersprechen, wenn er ein eng definiertes, berechtigtes Interesse für die Beendigung des Mietverhältnisses nachweist. Es muss also ein Kündigungsgrund, etwa Eigenbedarf, vorhanden sein.

Variante B: Seit 1983 ist es aber auch möglich, solche zeitlich befristeten Verträge ohne Kündigungsschutz abzuschließen. In diesem Fall enden der Vertrag und das Mietverhältnis auf jeden Fall zu dem im Vertrag vereinbarten Termin.

Vorsicht: Auch wenn einem Mieter ein lebenslanges Wohnrecht eingeräumt wird, muss das schriftlich erfolgen, da die Juristen dies für einen Mietvertrag auf Zeit halten.

Das Wichtigste zum Mietvertrag

Achten Sie bei Namen und Anschrift der Vertragsparteien (Mieter und Vermieter) darauf, dass alle Namen aufgeführt werden! Bei einer Inhabergemeinschaft – zum Beispiel bei Ehepaaren – sollten alle Namen genannt sein. Bei einer Erbengemeinschaft sollte man die Namen aller Mitglieder der Gemeinschaft festhalten und auch den Vertreter der Erbengemeinschaft anführen, soweit es einen solchen gibt. Sind die Angaben unvollständig oder gar falsch, kann es sein, dass eine eventuelle Klage abgewiesen wird, weil ein Formfehler vorliegt. Es ist zudem empfehlenswert, nicht nur den Namen des Mieters zu notieren, sondern auch das Geburtsdatum und die Nummer des Personalausweises. Dies schon allein deshalb, um den Mieter bei einem plötzlichen Auszug

ohne Ankündigung über das Einwohnermeldeamt eindeutig identifizieren zu können.

Ein besonderes Problem stellen Wohngemeinschaften dar. Hier muss ganz klar geregelt werden, dass die einzelnen Mitglieder der Wohngemeinschaft bei Auszug nicht automatisch aus den Verpflichtungen des Vertrags entlassen werden. Gleichzeitig sollte eindeutig geregelt sein, dass der Vermieter bei Auszug eines Mitglieds nicht verpflichtet ist, einen Nachmieter aufzunehmen oder gar zu finden.

WISO rät: Am einfachsten ist es, ein Mitglied der Wohngemeinschaft zum Mieter zu erklären und diesem das Recht einzuräumen, nach Absprache mit dem Vermieter unterzuvermieten.

Wichtig ist auch die Bezeichnung der Wohnung, die eindeutig sein muss (zum Beispiel: Wohnung im Haus in der Maximilianstraße 6 im dritten Stock, links). Im Normalfall geht man davon aus, dass bei einem Einfamilienhaus der Garten mitvermietet wird – nicht aber bei einem Mehrfamilienhaus. Sicherheitshalber sollte man dann aber je nach Vereinbarung in den Mietvertrag aufnehmen, dass die Gartennutzung ausgeschlossen ist oder zum Mietvertrag gehört.

Die vereinbarte Miete zuzüglich der zu zahlenden Neben- und Betriebskosten ist ein „Muss“ im Vertrag. Auf diese Punkte gehen wir weiter hinten noch näher ein.

Ebenfalls nicht fehlen dürfen der Beginn des Mietverhältnisses und die Mietdauer. Bei der Mietdauer gibt es zwei Varianten: auf unbestimmte Zeit und auf bestimmte Zeit.

Mit den Unterschriften der Vertragsparteien erhält der Mietvertrag letztlich seine Gültigkeit. Wird der Vertrag einseitig bei einem Makler unterzeichnet und leitet dieser den Mietvertrag an den Vermieter weiter, ist der Vertrag aber noch nicht gültig. Erst wenn der Vertrag in einer angemessenen Frist mit den Unterschriften des Vermieters beim Mieter eintrifft, wird er wirksam.

Aber Achtung: Es gibt so genannte Mustermietverträge, die man im Buchhandel oder in Bürobedarfsgeschäften kaufen kann. Wenn diese Vordrucke auch den Eindruck amtlicher Formulare erwecken, so sei dennoch klar gesagt, dass es keine gesetzlich vorgeschriebene Vertragsvorlage gibt. Manchmal sind gerade diese Vordrucke mit einseitigen nachteiligen Klauseln gespickt. Es gilt also auch bei den Vordrucken, diese genau – auch das Kleingedruckte – zu lesen und zu besprechen, eventuell Streichungen oder Ergänzungen vorzunehmen.

WISO rät: Achten Sie vor allem darauf, dass alle Punkte ausgefüllt werden. Mustermietverträge enthalten nämlich oft Teile, in denen das Zutreffende angekreuzt werden muss. Wird hier ein „Kreuzchen“ vergessen, so gelten unter Umständen gesetzliche Regelungen, die zu Ihrem Nachteil sein können.

Im Normalfall können nur Personen nach Vollendung des 18. Lebensjahres einen Mietvertrag abschließen. Es gibt allerdings einige Ausnahmen, zum Beispiel, wenn ein

auswärts Studierender einen festen Geldbetrag zur freien Verfügung von seinen Erziehungsberechtigten erhält.

Neu: kein einfacher Zeitmietvertrag mehr

Das neue Mietrecht greift auch hier ein: Bei zunehmender Mobilität steigt gleichzeitig das Bedürfnis von Mietern und Vermietern, Zeitmietverträge, also Mietverträge, die eine bestimmte Dauer haben, abzuschließen. Die Mietrechtsreform sieht nur noch einen so genannten „echten" Zeitmietvertrag vor, bei dem sich die Parteien ohne Wenn und Aber auf die im Gesetz genannten Befristungsgründe und das definitive Ende des Vertrags einstellen können. Der bisherige einfache Zeitmietvertrag, dessen Verlängerung der Mieter verlangen konnte, entfällt. Ein Mietverhältnis auf bestimmte Zeit kann nur eingegangen werden, wenn der Vermieter bei Vertragsschluss mitteilt, dass er die Wohnung nach Ablauf der Mietzeit selbst nutzen, abreißen oder grundlegend verändern beziehungsweise instand setzen oder als Dienstwohnung vermieten will. Entfällt der Grund, kann der Mieter die Fortsetzung des Mietverhältnisses auf unbestimmte Zeit verlangen.

Vorsicht: Bestehende Zeitmietverträge aus der Zeit vor dem 1.9.2001 gelten weiter, es gilt das alte Recht. Hier hat also der Mieter das Recht, zwei Monate vor Ablauf des Zeitmietvertrags schriftlich die Fortsetzung zu verlangen.

Bei Ablauf neu abgeschlossener Zeitmietverträge hingegen hat der Vermieter somit eine hohe Gewähr dafür, den vermieteten Wohnraum nach Ablauf der vereinbarten Mietzeit tatsächlich zurückzuerhalten.

Ein echter Zeitmietvertrag wird außerdem anders als bisher auch über einen längeren Zeitraum als fünf Jahre abgeschlossen. Für den Mieter hat dies den Vorteil, dass er, je länger der Zeitmietvertrag befristet ist, desto längeren Bestandsschutz für sein Mietverhältnis hat. Ist bei Vertragsschluss absehbar, dass auf längere Sicht keine räumliche Veränderung erforderlich sein wird, wird eine lange Vertragslaufzeit ohne die Möglichkeit der ordentlichen Kündigung durch den Vermieter gerade auch in seinem Interesse liegen. Damit kein Streit über den Eintritt des Befristungsgrundes und damit das Ende der Mietzeit entsteht, soll der Mieter einen entsprechenden Auskunftsanspruch erhalten.

Das Märchen von den drei Nachmietern

Weit verbreitet ist das Märchen, dass es in jedem Fall genüge, drei Nachmieter zu stellen, und schon sei das Mietverhältnis beendet. Das ist falsch! Auf eine Nachmieterstellung gibt es nur Anspruch, wenn sie ausdrücklich im Vertrag fixiert ist. Da sich viele Vermieter darauf nicht einlassen, ist die Nachmieterstellung oft generell nicht erlaubt.

Es bleiben nur wenige Härtefälle, die Gerichte als außerordentlichen Grund für eine Nachmieterstellung seitens des Mieters akzeptieren. Kein Ausnahmefall liegt vor, wenn der Mieter nur in eine ihm günstig erscheinende andere Wohnung ziehen will, wenn er sich eigenen Wohnraum gekauft hat und ihn beziehen kann oder wenn er näher an die Arbeitsstelle ziehen möchte. Das außerordentliche Kündigungsrecht mit Nachmieterstellung hat der Mieter nur

- bei einem beruflich bedingten Ortswechsel,
- bei der Geburt eines Kindes,
- bei einer Heirat,
- bei einer sehr schweren Krankheit (Umzug ins Pflege- oder Altersheim) oder
- bei unberechtigter Verweigerung der Untervermietung.

Der Mieter darf in diesen Fällen ausnahmsweise *einen* Nachmieter benennen, weil es nach Ansicht der Gerichte für ihn unzumutbar wäre, noch längere Zeit an den Mietvertrag gebunden zu sein. Das Vertragsverhältnis endet aber nur, wenn der angegebene Nachmieter auch geeignet ist. Das wichtigste Charakteristikum ist die Zahlungsfähigkeit der vorgeschlagenen Person. Allerdings darf der Vermieter auch seinerseits keine erheblich gesteigerte Miete verlangen, sondern kann höchstens im Rahmen der allgemeinen Mietpreissteigerungen anheben.

Ist der Nachmieter geeignet, *muss* der Vermieter nicht unbedingt einen Mietvertrag mit ihm abschließen. Allerdings ist der Mieter ab dem Zeitpunkt, zu dem der Nachmieter bereit ist, in die Wohnung einzuziehen, von seinen Verpflichtungen aus dem Mietvertrag frei, muss also auch nach einer bis zu dreimonatigen Überlegensfrist keine Miete mehr bezahlen.

Urteile über zulässige „Außerordentliche Kündigungsgründe“:

- Beruflich bedingter Ortswechsel:
  LG Hamburg, AZ: 16S 23/87
  AG Bergheim, AZ: 22C 14/88
- Geburt eines Kindes:
  LG Oldenburg, AZ: 13S 1450/94
  LG Landshut, AZ: 13S 1760/94
  LG Köln, AZ: 1 S 261/88
- Heirat:
  LG Hannover, AZ: 3 S 126/87
- Schwere Krankheit:
  OLG Karlsruhe, AZ: 3 Re-Miet 2/81
- Unberechtigte Verweigerung der Untermiete:
  LG Berlin, AZ: 64S 259/96
  LG Landshut AZ: 12 S 2011/94

Zankapfel Mietnebenkosten

Sieht ein Mietvertrag vor, dass der Mieter Nebenkosten monatlich im Voraus zu zahlen hat, enthält er aber keine Angabe darüber, welche Nebenkosten vom Mieter zu tragen sind, und ist der im Vertragsformular für die Auflistung der vom Mieter zu tragenden Nebenkosten vorgesehene Leerraum von den Parteien durchgestrichen, so hat der Vermieter die vom Mieter gezahlten Vorauszahlungen zu erstatten. Eine Umdeutung in eine Nebenkostenpauschale oder eine Bruttokaltmiete ist nicht möglich, hat das Oberlandesgericht Dresden (AZ 23 U 403/00) entschieden.

Nebenkosten müssen also normalerweise im Einzelfall und gesondert vereinbart werden, und zwar unter Benennung der Nebenkostenpositionen. Was aber tun gegen die falsche Nebenkostenabrechnung?

Viele Mieter ärgern sich über ihre ständig steigende Nebenkostenabrechnung. Inzwischen sind diese Kosten längst zur „zweiten Miete" geworden. Dabei könnte die Abrechnung der Nebenkosten, auch Betriebskosten genannt, eigentlich recht einfach sein. Nur die gesetzlich erlaubten Betriebskosten dürfen abgerechnet werden, und dies sind zumeist durch Rechnungen belegbare durchlaufende Posten, die der Vermieter auslegt und die später vom Mieter zu bezahlen sind. Was viele außerdem nicht wissen: Nebenkosten sind, bis auf die Heizung, überhaupt nur dann zu zahlen, wenn sie schriftlich vereinbart wurden, sonst sind sie automatisch mit der Miete beglichen. Wenn man im Mietvertrag Nebenkostenzahlungen vereinbart hat, so nennt man das Nettomiete. Aber auch mit Nettomietvertrag dürfen nicht alle möglichen Kosten auf der Nebenkostenabrechnung stehen. Für Mieter und Vermieter ist die Hauptfrage bei Streitigkeiten: Was sind eigentlich Mietnebenkosten und was nicht? Als Antwort auf diese Frage hat der Gesetzgeber eine Reihe von verschiedenen Nebenkostenarten festgelegt.

Der schnelle Check: die gesetzlich erlaubten Nebenkosten

Betriebskosten sind regelmäßig wiederkehrende Kosten, die im Zusammenhang mit dem Haus oder dem Grundstück stehen, in und auf dem sich die vermietete Wohnung befindet. Hierzu gehören zum Beispiel:

- ☐ die Kosten der Wasserversorgung inklusive Wassergeld sowie Kosten für Wasseruhr, Wasseraufbereitung und Wasserhebeanlage;
- ☐ die Kosten der Entwässerung: städtische Kanalgebühren für die Benutzung einer öffentlichen Entwässerungsanlage (Achtung: Abflussverstopfungen sind nie Betriebskosten);
- ☐ private Abwasserkosten, wie etwa Abfuhr und Reinigung der eigenen Sicker- oder Klärgrube;
- ☐ Kosten der Warmwasserbereitung;
- ☐ Heizkosten;

- Kosten verbundener Heizungs- und Warmwasserversorgungsanlagen;
- Schornsteinreinigung und Immissionsmessungen;
- Kehrgebühren.

Außerdem gehören dazu weitere Betriebskosten am Haus, wie etwa

- Fahrstuhlkosten mit Betriebsstrom, Bedienung, Überwachung, Pflege, TÜV, Reinigung, aber nicht Reparaturkosten;
- Beleuchtung: Strom für Innen- und Außenbeleuchtung, wie etwa Zugänge, Treppen, Keller, Bodenräume, Waschküche. Aufgepasst: Bei Garagenhof oder Tiefgarage sind nur die Garagenmieter zahlungspflichtig;
- Hausreinigung und Ungezieferbekämpfung;
- Gartenpflege, auch Vorgarten. Achtung: Nicht umlagefähig ist die Neuanlage von Gärten oder die Anschaffung von Gartengeräten;
- Hauswaschmaschine;
- Antenne oder Kabelfernsehen, Kosten des Betriebs einer Gemeinschaftsantennenanlage ohne Reparaturen;
- Verteileranlage für Breitbandkabelnetz;
- Müllabfuhr und Straßenreinigung;
- Hauswart;
- Sach- und Haftpflichtversicherung;
- öffentliche Lasten wie Grundsteuer;
- sonstige Betriebskosten, wie etwa Schwimmbad, Sauna oder andere Gemeinschaftseinrichtungen.

Grundsätzlich sind die Betriebskosten zuerst vom Vermieter zu tragen, denn er ist in vielen Fällen der Ansprechpartner für die Dienstleister. Er kann diese Posten aber natürlich in seine Mietkalkulation mit einbeziehen, zum Beispiel in einer Warm-Inklusive-Miete. Das hat zur Folge, dass diese Kosten – bis auf die Heizkosten – nicht gesondert abgerechnet werden.

Sind die Wohnungen frei finanziert, kann aber auch vereinbart werden, dass der Mieter die Betriebskosten zusätzlich zur Miete entrichtet. Dann zahlt er häufig einen monatlichen Abschlag. Diese Abschläge werden am Ende einer Abrechnungsperiode, also im Normalfall nach einem Jahr am Ende der Heizperiode, abgerechnet. Werden die Betriebskosten neben der Miete per Abschlagszahlung und Verrechnung abgerechnet, muss dies im Mietvertrag ausdrücklich vereinbart sein.

Wie diese Klausel im Mietvertrag aussehen muss, ist juristisch nicht klar definiert. Das Oberlandesgericht Hamm hält es jedoch für ausreichend, wenn im Mietvertrag festgeschrieben wird, dass neben der Miete „die Kosten für Betriebskosten gemäß der II. Berechnungsverordnung, Anlage 3 zu § 27 Absatz 1“ zu zahlen sind. An dieser Gesetzesstelle sind alle Betriebskostenarten aufgeführt, die rechtlich zulässig sind. Nach Meinung dieses Gerichts müssen also die Betriebskosten nicht einzeln aufgeführt wer-

den. An dieser Stelle sei aber darauf hingewiesen, dass andere Gerichte nicht immer dieser Auffassung folgen.

WISO rät: Um hier von vornherein Streit aus dem Weg zu gehen, empfiehlt es sich, die Betriebskosten in einer Anlage des Mietvertrags aufzuführen. Dabei ist aber darauf zu achten, dass alle Betriebskosten aufgelistet werden, da eine spätere Änderung dieser Liste nicht einseitig möglich ist.

So vermeiden Sie Nachforderungen

Eine Möglichkeit für Mieter, allen Nachforderungen aus dem Weg zu gehen, ist die Vereinbarung von Pauschalen. Bei fest vereinbarten Pauschalen kann der Vermieter ihm entstehende höhere Nebenkosten später nicht mehr nachberechnen. Betragen die Betriebskosten zum Beispiel im Jahr 3.000 Euro und es wurde eine monatliche Pauschale von 200 Euro vereinbart, muss der Vermieter den Rest von 600 Euro selbst tragen. Im umgekehrten Fall hat allerdings der Mieter auch keinen Anspruch auf Rückzahlungen.

Zu Beginn dieses Kapitels haben wir die verschiedenen Betriebskostenarten bereits aufgeführt. Die anderen Kostenarten wollen wir hier noch einmal kurz erläutern:

Aufzüge

Zu den Kosten für den Aufzug gehören die Kosten für den Strom, für eine eventuell notwendige Aufsichtsperson, für regelmäßige Kontrollen und Wartungsarbeiten sowie für die Reinigung des Fahrstuhls. Reparaturkosten gehören nicht zu den Betriebskosten und werden auch nicht hierüber abgerechnet. Personen, die den Aufzug nicht nutzen, weil sie beispielsweise im Parterre wohnen, können – müssen aber nicht – von den Betriebskosten für die Aufzüge entbunden werden. Eventuell nutzen sie den Aufzug bis in den Keller oder zum Dachboden.

Beleuchtung

Hierzu gehören die Kosten, die die Beleuchtung der gemeinschaftlich genutzten Räume verursacht, etwa das Treppenhaus, die Außenbeleuchtung, der Keller usw. Dies beinhaltet Strom, aber auch Glühbirnen.

Entwässerung

Hierunter sind die Kosten zu verstehen, die die kommunale Kanalisation verursacht. Auch so genannte Oberflächenversiegelungsabgaben gehören dazu. Über diese Kosten erhält der Eigentümer einen jährlichen Abgabenbescheid. Muss für das Haus eine eigene Klär- oder Sickergrube unterhalten werden – zum Beispiel, weil das Gebäude nicht an die öffentliche Kanalisation angeschlossen ist –, können hier die Kosten für Abfuhr und Reinigung geltend gemacht werden.

Gartenpflege

Besitzt das Haus eine eigene Grünanlage, einen Garten oder Vorgarten oder einen Kinderspielplatz, die dem Mieter zugänglich sind, so kann der Vermieter die Kosten für die Pflege dieser Einrichtungen geltend machen. Zu diesen Kosten gehören auch (obwohl es keine regelmäßig auftretenden Kosten sind) die Neuanlage eines Rasens sowie die Neupflanzung von Blumen und/oder Sträuchern und Bäumen. Auch der Sandaustausch in einem Sandkasten für Kinder kann in diesem Zusammenhang zur Abrechnung gebracht werden. Achtung: Ist die Gartenpflege Bestandteil des Hausmeisterdienstvertrages, darf sie nicht noch einmal gesondert in Rechnung gestellt werden.

Grundsteuer

Die Grundsteuer wird von der Kommune erhoben und kann voll als Betriebskosten an den Mieter weitergegeben werden.

Hausreinigung

Hiermit sind die Kosten gemeint, die entstehen, um die von den Mietern gemeinsam genutzten Räume, Treppenhäuser und Wege zu reinigen. Wird für diese Aufgabe eine Putzfrau beschäftigt, gehört nicht nur der Lohn, sondern auch Steuern, Krankenversicherung, Rentenversicherung, Solidaritätsbeitrag, Berufsgenossenschaftsbeitrag sowie das Weihnachts- und Urlaubsgeld dazu. Es kann natürlich auch vereinbart werden, dass die entsprechenden Arbeiten von den Mietern selbst durchgeführt werden.

Hauswart

Wird ein Hauswart beschäftigt, so können diese Kosten umgelegt werden. Dabei ist allerdings zu beachten, dass der Hauswart, der auch kleinere Reparaturarbeiten oder andere Aufgaben aus dem Kostenbereich des Vermieters übernimmt, entsprechend seinem Arbeitsaufwand für den Vermieter weniger den Mietern in Rechnung gestellt wird. Wird eine Wach- und Schließgesellschaft beauftragt, können diese Kosten nicht geltend gemacht werden.

Müllabfuhr

Hierbei sind die von den Entsorgungsunternehmen in Rechnung gestellten Kosten gemeint. Diese Beträge werden von den Unternehmen oft direkt mit dem Eigentümer abgerechnet.

Sach- und Haftpflichtversicherungen

Hier können folgende Policen umgelegt werden:

- Versicherung gegen Feuer-, Sturm- und Wasserschäden
- Glasversicherung
- Haftpflichtversicherung für das Gebäude
- sonstige Haftpflichtversicherungen (zum Beispiel für Aufzüge oder Öltanks).

Schornsteinreinigung

Die Kehrgebühren können neuerdings auch mit der Heizkostenabrechnung berechnet werden. Grundsätzlich gehören auch die Kosten der Immissionsmessung in die Heizkostenabrechnung.

Straßenreinigung

Hierbei handelt es sich um Kosten, die von der Kommune in Rechnung gestellt werden.

TV-Versorgung

Wird eine Gemeinschaftsantenne montiert, so können die Betriebskosten sowie die Kosten für Strom und Wartung in Anrechnung gebracht werden. Besitzt das Haus einen Kabelanschluss, können auch die monatlichen Grundgebühren abgerechnet werden.

Ungezieferbekämpfung

Hierunter sind die Kosten für Schädlingsbekämpfung anzusetzen.

Warmwasserkosten

Diese Kosten werden im Zusammenhang mit der Heizkostenabrechnung noch näher betrachtet.

Gemeinschaftswaschmaschinen

Stellt der Vermieter Gemeinschaftswaschmaschinen zur Verfügung, kann er die hier anfallenden Kosten für Wartung, Reinigung und Strom in Anrechnung bringen. Sind Münzautomaten aufgestellt worden und kann der Vermieter nachweisen, dass die hierdurch erzielten Einnahmen nicht die oben genannten Kosten decken, kann er den Fehlbetrag in der Betriebskostenabrechnung ansetzen.

Neben den oben aufgeführten Betriebskosten sind noch weitere Posten auf der Abrechnung erlaubt. Zum Beispiel, wenn zum Haus ein Fitnessraum, eine Sauna oder ein Schwimmbad gehören und diese von den Mietern genutzt werden können. In diesem Fall können die anfallenden laufenden Kosten umgelegt werden.

Achtung: Voraussetzung hierfür ist aber, dass diese Betriebskosten auf jeden Fall im Mietvertrag – oder einem zum Mietvertrag gehörenden Anhang – detailliert aufgeführt werden.

Der schnelle Check Ihrer Heizkosten

- [ ] Sind die Messwerte der Ablese richtig?
- [ ] Stimmt der Zeitraum der Abrechnung?
- [ ] Sind die einzelnen Positionen deutlich aufgeschlüsselt worden?
- [ ] Ist geschätzt worden? Dann gelten besondere Kriterien!
- [ ] Sind bei der Ölheizung Anfangs- und Restbestand angegeben? Ist er zu niedrig?
- [ ] Stimmen die Werte mit der letzten Abrechnung überein?
- [ ] Sind die Betriebsstromkosten nicht höher als sieben Prozent der Brennstoffkosten?
- [ ] Sind die Wartungskosten höher als fünf Prozent der Brennstoffkosten?
- [ ] Sind meine Vorauszahlungen berücksichtigt worden?
- [ ] Sind Reparaturkosten aufgeführt?
- [ ] Sind die Lieferwerte plausibel? Passen die Literangaben in den Tank?
- [ ] Wie hoch sind die Heiznebenkosten? Bei Mietshäusern über 500 Quadratmeter und einem Ölpreis von circa 0,30 Euro/Liter dürfen die Heiznebenkosten nicht mehr als 15 Prozent der Brennstoffkosten ausmachen!

Verwaltungskosten

Unter Verwaltungskosten versteht man die Kosten, die für das Personal und die Einrichtungen entstehen, die man zur Verwaltung der Mietobjekte benötigt.

Handelt es sich um frei finanzierte Wohnungen oder Altbauten, sind die Verwaltungskosten grundsätzlich nicht wie Nebenkosten abrechenbar. Eine entsprechende Klausel im Mietvertrag kann vom Mieter angefochten werden.

WISO rät: Die Chancen, dass der Mieter Recht bekommt und eventuell schon gezahlte Beträge zurückfordern kann, sind sehr hoch. Die Verjährungsfrist für solche Zahlungen beträgt vier Jahre.

Verwechseln Sie den Hausverwalter nicht mit dem Hausmeister oder Hauswart. Im Gegensatz zum Hausverwalter können die Kosten für den Hausmeister auf die Mietnebenkosten abgewälzt werden. Der Verwalter übernimmt wirklich nur die rein verwaltungstechnischen Aufgaben.

Neues Mietrecht: Regelungen zu den Betriebskosten

Die Betriebskosten machen heute angesichts hoher Energiepreise sowie ständig steigender öffentlicher Steuern und Abgaben einen immer größeren Anteil an der Gesamtmiete aus (so genannte Zweite Miete). Damit kommt ihnen eine wichtige praktische Bedeutung zu. Der Bereich der Betriebskosten ist deshalb auch äußerst streitträchtig. Gleichwohl war er bisher nur unzureichend gesetzlich geregelt. Mit dem neuen Gesetz erfolgte eine weitgehende Regelung, die im Wesentlichen auf den von der Rechtsprechung entwickelten Grundsätzen beruht. Dabei wird zunächst das Ziel verfolgt, die in der Praxis erkennbare Tendenz zur Nettomiete, das heißt, die Vereinbarung einer Grundmiete nebst Betriebskostenvorauszahlung und -abrechnung, zu fördern. Diese hat für den Mieter den Vorzug größerer Transparenz und Abrechnungsgerechtigkeit. Daneben verringert sie das Streitpotenzial und führt tendenziell zur Energieeinsparung.

Außerdem soll der Vermieter vorbehaltlich einer anderweitigen vertraglichen Vereinbarung ausdrücklich verpflichtet sein, nach Verbrauch oder Verursachung erfasste Betriebskosten entsprechend verbrauchsabhängig abzurechnen. Dies erhöht hoffentlich nicht nur die Abrechnungsgerechtigkeit, sondern bedeutet für den Mieter auch einen erheblichen Anreiz zu energiebewussterem Verhalten und zur Energieeinsparung. Dass der Vermieter Betriebskosten, soweit die Parteien nichts anderes vereinbart haben, *spätestens zwölf Monate nach dem Ende der Abrechnungsperiode abzurechnen hat,* entspricht der bisherigen Rechtsprechung, wird jedoch *nunmehr ausdrücklich gesetzlich festgeschrieben.* Neu ist dagegen die der Neubaumietenverordnung entnommene Bestimmung, dass – wiederum soweit die Parteien nichts anderes vereinbart haben – der Vermieter im Falle nicht fristgerechter Abrechnung den Anspruch auf Nachzahlung von Betriebskosten gegen den Mieter verliert. Dies dient der Abrechnungssicherheit für den Mieter und vermeidet Streit.

Mängel: Wie mindere ich die Miete richtig?

Bei Belästigungen und Lärm fragen sich viele Mieter: Was ist überhaupt ein Mangel und was nicht? Ein Mietmangel liegt immer dann vor, wenn die Wohnung nicht mehr im ordnungsgemäßen Zustand ist: Die Heizung bleibt ohne Heizleistung, das Warmwasser fällt aus, die Fenster sind völlig undicht. Auch Lärm kann ein Mietmangel sein. Bei einem Mangel der Mietsache hat der Mieter unter anderem das Recht zur Minderung der Miete. Eine vermietete Wohnung oder ein Haus ist nach der gesetzlichen Definition mangelhaft, wenn es zurzeit der Überlassung an den Mieter mit einem Fehler behaftet ist, der die so genannte „Tauglichkeit zu dem vertragsgemäßen Gebrauch“ aufhebt oder mindert. Der Jurist definiert den Begriff „Fehler“ entsprechend dem Fehler beim Kauf als ein „nachteiliges Abweichen des tatsächlichen Zustandes von dem vertraglich geschuldeten Zustand".

Der Fehler muss weiter eine gewisse Erheblichkeit haben, also nicht nur eine Bagatelle sein. Bei Kleinigkeiten wie einer defekten Birne im Flur darf die Miete nicht gekürzt werden. Keine Kürzung gibt es auch, wenn der Mangel schon bei Abschluss des Mietvertrags bekannt war, also gerade das Nichtvorliegen einer eher unerheblichen Eigenschaft vom Vermieter zugesichert worden ist. Eine Minderung kommt ferner nur für die Zeit in Betracht, während der der Mangel wirklich besteht. Ist die Miete bereits im Voraus bezahlt, darf der Mieter die Minderung natürlich bei der folgenden Zahlung berücksichtigen, auch wenn zu diesem Zeitpunkt der Mangel wieder abgestellt ist (BGH ZMR 1985, 403; LG Hannover WM 1986, 311).

Nur wenn die Gebrauchstauglichkeit des Mietobjekts erheblich beeinträchtigt ist, kann also die Miete gekürzt werden. Kein Recht zur Minderung bestand in einem vom Amtsgericht Hamburg entschiedenen Fall, in dem die über der fraglichen Wohnung wohnenden Nachbarn regelmäßig ihr Bettzeug und andere Heimtextilien ausschüttelten und lüfteten. Das Gericht befand, die dabei freigesetzte Menge an Staub sei nicht geeignet, die unteren Mieter zu belästigen (43a C 370/99, Urteil v. 6.9.1999).

Achtung: Kein Minderungsanspruch gilt, wenn sich der Mieter trotz Mangel wochenlang nicht rührt.

Nach Auffassung des Bundesgerichtshofs ist eine Klausel in einem Formularvertrag ungültig, wonach der Vermieter zwar eine Vorauszahlung verlangen, gleichzeitig aber eine Aufrechnung bei Minderungsansprüchen ausschließen kann. Dies stellt einen Verstoß gegen das AGB-Gesetz dar, da das grundsätzlich bestehende Minderungsrecht des Mieters unzulässig eingeschränkt wird (BGH, VIII ARZ 3/94). Grundsätzlich muss den Vermieter kein Verschulden an dem entstandenen Mangel treffen, um das Mietminderungsrecht des Mieters zu begründen.

Zusammenfassend noch einmal die Mängel, die der Mieter unter anderem geltend machen kann:

- eine nicht ausreichende Versorgung mit Wärme;
- Umstände, die das Bewohnen der Mietsache teilweise erschweren oder unmöglich machen;
- Belästigungen durch Dritte;
- Fehlen von zugesagten Räumen;
- Differenzen zwischen der Wohnfläche, die im Mietvertrag vereinbart ist, und dem tatsächlichen Wohnraum;
- übermäßiger Lärm.

Gerade bei Lärmbelästigung stellt sich die Frage, inwieweit der Vermieter hierfür haftbar ist. Nehmen wir an, es wird in der Nachbarschaft gebaut, was natürlich zu Lärmbelästigungen führt. Wie bereits erwähnt, muss der Vermieter den entstandenen Mangel nicht verschuldet haben. Dies bedeutet, dass der Mieter auch in diesem Fall berechtigt ist, eine Mietminderung durchzusetzen. Der Vermieter hat aber die Möglichkeit, sich an den Bauherrn des Neubaus zu wenden und von diesem eine Ausgleichszahlung zu fordern. Hat der Mieter allerdings die Wohnung widerspruchslos angemietet und konnte er zu diesem Zeitpunkt schon erkennen, dass Baumaßnahmen in der Nachbarschaft zu erwarten sind, hat er kein Mietminderungsrecht mehr. Wie hoch die Mietminderung ausfallen darf, wird von den Gerichten sehr unterschiedlich bewertet. Auch hier empfiehlt es sich, zunächst eine einvernehmliche Lösung mit dem Vermieter anzustreben, bevor man sich an die Gerichte wendet.

Was tun, wenn der Mangel eintritt?

In keinem Fall dürfen Sie ohne Ankündigung die Mietzahlung kürzen! Ein Mieter, der so handelt, kann nach zwei Monaten wegen Zahlungsverzug die fristlose Kündigung bekommen. Wie gehen Sie richtig vor, um die Miete formgerecht zu kürzen?

Tritt im Mietobjekt ein Mangel auf, dann muss der Mieter den Vermieter mit einer Mängelanzeige informieren. Dem Vermieter bleibt dann eine Frist, den Mangel abzustellen. Wird der Mangel nicht beseitigt, kann der Mieter mit einer Minderungserklärung die Kaltmiete prozentual mindern.

WISO rät: Erst sollten Sie den Mangel schriftlich anzeigen, dann die Miete entsprechend mindern, in dringenden Fällen sogar selbst aktiv werden. Eine Kündigung droht Ihnen dadurch nicht, ganz im Gegenteil: Wenn der Mangel bei Ihnen Schäden hervorruft, haben Sie sogar Schadenersatzanspruch.

Wenn ein Mangel aufgetreten ist, sollten die Parteien, um Streit zu vermeiden oder im Streitfall zu ihrem Recht zu kommen, Folgendes beachten:

- Der Mieter sollte den Vermieter umgehend über den Mangel informieren.
- Der Mieter sollte zugleich die Beseitigung des Mangels verlangen und ankündigen, dass die Miete künftig unter Vorbehalt der Minderung gezahlt wird.
- Der Vermieter sollte sich gleich über den Umfang des Schadens informieren.
- Der Mieter sollte ihm dazu Gelegenheit geben.
- Die Parteien sollten sich über die Behebung des Mangels einigen (wann sollen die Arbeiten ausgeführt werden und durch wen?).
- Die Parteien können sich über die Höhe der Minderung einigen.

Für den Fall, dass keine gütliche Regelung zu erwarten ist, sollten beide Parteien bedenken: Kann für den Mangel und seine Ursache Beweis geführt werden? Kann der gegenwärtige Zustand dokumentiert werden (Fotos, Zeugen)? Soll das selbstständige Beweisverfahren eingeleitet werden? Wenn die Parteien über die Beseitigung des Mangels, die Minderung und ähnliche Fragen streiten, kommt es für jeden der beiden darauf an, das Gericht zu überzeugen. Das kann nur gelingen, wenn konkret vorgetragen wird, was tatsächlich der Fall ist. Die Gerichte reagieren auf vage, allgemein gehaltene Vorträge in der Regel mit Unverständnis.

Unbedingt notwendig: die Mängelanzeige

Der Mieter muss zwar nicht unbedingt anzeigen, dass er die Miete mindern will, er muss aber auf den Mangel hinweisen, sonst hat er kein Recht zur Minderung. Der Vermieter muss schließlich Kenntnis davon erhalten, damit er die Möglichkeit zur Abstellung des Mangels hat. Kennt der Vermieter den Mangel bereits, muss aber keine Anzeige seitens des Mieters mehr erfolgen (OLG Saarbrücken, WM 1989, 133).

Minderung bei Bauarbeiten – Zahlung unter Vorbehalt

Bei umfangreichen Modernisierungsmaßnahmen und zu erwartenden erheblichen Beeinträchtigungen des Wohnwerts stellt sich immer wieder die Frage, inwieweit die Miete gemindert werden kann. Werden Bauarbeiten angekündigt, sollte der Mieter wegen späterer Mietminderung sofort seinen Vermieter anschreiben und mitteilen, dass er die monatlichen Mietzahlungen wegen baubedingter Mietminderung ab sofort unter Vorbehalt stellt.

Dann sollte er eine Art Bautagebuch führen, worin die Beeinträchtigungen detailliert festgehalten werden. Wenn Berufstätigen das Führen dieses Tagebuchs schwer möglich ist, kann diese Aufgabe vielleicht von jemandem übernommen werden, der tagsüber ohnehin überwiegend zu Hause ist. Die Daten der Beeinträchtigung sollten zumindest das Datum, die Dauer und Art der Störung, die Art der Verschmutzung usw. umfassen (siehe weiter unten). Neben der Beeinträchtigung im oder am Haus oder Nachbarhaus ist auch besonders wichtig, welche Räume der Wohnung wie stark betroffen sind, sodass der Anteil an der gesamten Wohnung ermittelt werden kann. Von Vorteil sind außerdem Unterschriften von Zeugen – die allerdings nicht Mitmieter der eigenen Wohnung oder Ehepartner sein sollten –, welche die Störung und deren Schwere bestätigen können.

Selbstverständlich rechtfertigen nur erhebliche Störungen eine Minderung der Miete. Welche Minderungsquote angemessen ist, kann nur durch eine Rechtsberatung festgestellt werden. Die Minderung kann entweder sofort mit Beginn der Störung erfolgen oder – was vor allem bei häufig wechselnden Störungen angezeigt ist – nach Abschluss der Arbeiten, wenn die Störungen nach den geschilderten Angaben genau benannt werden können. Die genaue Aufschlüsselung der Angaben ist für einen eventuellen gerichtlichen Streit unbedingt notwendig, da der Mieter für den Nachweis der Störung beweispflichtig ist.

Das Recht zur Mietminderung ist keineswegs beim Vermieter zu beantragen, wie es viele Mieter handhaben, sondern kann dem Vermieter nach einer Beratung einfach schriftlich mitgeteilt und dann durch Mietkürzung einseitig realisiert werden. Einer gesonderten Zustimmung des Vermieters bedarf es ausdrücklich nicht.

Wenn die Mietminderung auf Grund des erklärten Vorbehalts erst im Nachhinein in Kraft tritt, rechnet man den aufgelaufenen Betrag einfach gegen die laufenden Mietforderungen auf. Auch dies teilt man dem Vermieter schriftlich so mit, dass er ganz genau weiß, welche abweichenden Zahlungen – oder Nichtzahlungen – aus welchem Grund und in welcher Höhe geleistet werden. Jede Unklarheit sollte dabei tunlichst vermieden werden.

In einer Art Bautagebuch sollten Mieter alle Beeinträchtigungen eintragen, die entstehen. Im Protokoll der Störungen durch Bauarbeiten sollten folgende Angaben nicht fehlen:

- Datum
- tägliche Dauer der Störungen (Beginn und Ende der Arbeiten);
- Art der störenden Baumaßnahme (zum Beispiel Ausschachtungs-, Bohrarbeiten);
- Ort des Baugeschehens (zum Beispiel auf dem Nachbargrundstück);
- Art der Störung (zum Beispiel Hämmern, Bohren usw.);
- Umfang der Störungen (zum Beispiel: „So laut, dass man sein eigenes Wort nicht mehr verstehen konnte“);
- Unterschriften von Zeugen, zum Beispiel Nachbarn (nicht des Mitmieters oder Ehepartners);
- Ausschluss der Mietminderung.

Kennt der Mieter den Mangel bei Vertragsabschluss oder bleibt er ihm infolge grober Fahrlässigkeit unbekannt, kann er deswegen später nur dann die Miete mindern, wenn der Vermieter den Mangel arglistig verschwiegen hat oder der Mieter sich sein Minderungsrecht bereits bei Vertragsschluss vorbehalten hat.

Weitere Gründe für den Ausschluss des Minderungsrechts können zum einen darin liegen, dass der Mieter selbst den Mangel verursacht hat und dieser auch in seine Risikosphäre fällt (LG Göttingen, WM 1986, 308; zum Verschulden beider Parteien LG Hannover, WM 1988, 354).

Des Weiteren verwirkt der Mieter sein Minderungsrecht, wenn er die Miete trotz Kenntnis vom Mangel über einen längeren Zeitraum vorbehaltlos zahlt. Rügt ein Mieter zwar, zieht er aber keine Konsequenzen, so genügt dies nach einem längeren Zeitraum (mindestens drei Monate, LG Berlin, GE 1993, 263) auch, um einen Ausschluss des Minderungsrechts zu begründen (AG Frankfurt, WM 1992, 242; LG Aachen, WM 1992, 243).

WISO rät: Ein Minderungsrecht, das der Mieter über längere Zeit nicht wahrnimmt und das deshalb schon ausgeschlossen ist, kann nach der Rechtsprechung wieder aufleben, wenn der Vermieter die Miete erhöht. In einem solchen Fall kann nicht angenommen werden, dass der Mieter den Mangel auch bei höherem Mietzins hinnimmt. Das Motto: „Wenn er (der Vermieter) schon mehr Geld haben will, dann soll er die Wohnung auch in Schuss halten“ wird von den Gerichten beinahe generell anerkannt (LG Frankfurt, WM 90, 425; LG Hamburg, WM 90, 148; BGH, MDR 61, 683).

Höhe und Dauer der Minderung

Doch um wie viel darf die Miete gekürzt werden? Dazu gibt es unendlich viel Streit, wie Hunderte von Urteilen mit unterschiedlichen Prozentzahlen bei der Minderung beweisen. Ausschlaggebend ist immer die Schwere des Mangels. Oft ist der Vermieter auch bei von ihm nicht verursachten Mängeln zuständig.

Die Höhe der Minderung richtet sich vor allem danach, inwieweit die Mietsache „gebrauchstauglich“ ist. Der Mieter wird in der Regel völlig von der Zahlungspflicht befreit, wenn die Mietsache gänzlich gebrauchsuntauglich ist. Ist ein teilweiser Gebrauch aber möglich, kommt nur eine Minderung der Miete in Betracht (LG Mannheim, MDR 1976, 316). Der exakte Umfang einer Mietminderung lässt sich meist nicht genau als Modellfall berechnen. Letztlich muss jeder Mieter abschätzen, inwieweit die Wohnungsmängel den Wert seiner Wohnung tatsächlich beeinträchtigen.

Die Höhe der Mietminderung berechnet sich nach folgender Formel:

$$\frac{\text{Wert der Mietsache mit Mangel x vereinbarte Miete}}{\text{ortsübliche Miete}} = \text{Minderung}$$

Viele Gerichte wenden diese Formel nicht an, sondern schätzen aus Vereinfachungsgründen. Dies erscheint ohne weiteres zulässig, da schließlich der Faktor „Wert der Mietsache mit Mangel“ üblicherweise nur geschätzt werden kann. Letztlich ist von allen Beteiligten immer die Frage zu stellen: „Wie stark wirkt sich der Mangel auf die Gebrauchstauglichkeit der Wohnung aus?“

WISO rät: Mindern Sie als Mieter nicht um einen Betrag, der zu hoch ist. Ansonsten müssen Sie das zu viel Einbehaltene zurückzahlen. Sie können wegen solcherart entstehender Rückstände aber in der Regel nicht gekündigt werden. Etwas anderes gilt nur, wenn der Mieter bei relativ geringfügigen Mängeln über Monate hinweg größere Summen einbehält (weil er möglicherweise auch zahlungsunfähig ist). Dies ist unzulässig (BVerfG, WM 89, 278; LG Berlin, GE 93, 263; LG Osnabrück, WM 86, 93).

Minderungsgründe von A bis Z

Die nachfolgend genannten Gerichtsurteile bieten nur Anhaltspunkte für die Höhe einer möglichen Minderung. Die Urteile sind jedoch nicht rechtsverbindlich, sondern nur Beispiele. Im Einzelfall ist eine andere Beurteilung durch die Gerichte möglich.

Nicht alle hier erwähnten Urteile sind „richtig". Die Gerichte sind unabhängig und ihre Entscheidungen sind für andere Gerichte in der Regel nicht verbindlich (eine Ausnahme machen die Rechtsentscheide der Oberlandesgerichte und des Bundesgerichtshofs, von denen die anderen Gerichte nicht ohne weiteres abweichen dürfen).

Das bedeutet: Es besteht keine Garantie dafür, dass das im konkreten Fall angerufene Gericht den Fall ebenso entscheiden wird wie das Gericht, dessen Entscheidung hier aufgeführt wird.

- Abwasserstau – aus Toilette und Badewanne tritt übel riechendes Wasser aus, 38 Prozent (AG Groß Gerau, 21 C 1336/78).
- Asbesthaltige Elektro-Nachtspeicheröfen – Gesundheitsgefahr, 50 Prozent (LG Dortmund, 11 S 197/93).
- Badewanne unzumutbar aufgeraut – circa drei Prozent (LG Stuttgart, 13 S 347/86).
- Balkon nicht benutzbar wegen streunender Katzen, die durch Füttern angelockt werden – 15 Prozent (AG Bonn, 5 C 175/85).
- Bauarbeiten im Haus (Dachgeschossausbau) und erhebliche Beeinträchtigungen – 80 Prozent (LG Hamburg, 307 S 135/95).
- Baulärm, Öffnen der Fenster, normale Unterhaltung nicht möglich, Erschütterungen in der Wohnung – 25 Prozent (LG Darmstadt, 39 C 1706/81).
- Betrieb eines Bordells in einem Wohnhaus – 15 Prozent (LG Kassel, WM 1987, 122), 22 Prozent (AG Regensburg, 3 C 1121/90).
- Container – Einwerfen von Glasflaschen auf dem Hof nach 22.00 Uhr beziehungsweise an Sonnabenden, Sonntagen, Feiertagen nach 20.00 Uhr – zehn Prozent (LG Berlin, 64 S 322/94).
- Diskothekenlärm – 30 Prozent (AG Köln, 155 C 5035/77).
- Durchfeuchtung der Außenwände und Rattenbefall im Umfeld – 100 Prozent (AG Potsdam, 26 C 533/93).
- Einrüstung der Fassade – weniger Licht, Lüftungsbeeinträchtigungen – fünf Prozent (LG Berlin, 63 S 439/93).
- Elektrik – Ausfall wegen Kabelbrand (Warmwasser, Licht, Kochgelegenheit) – 100 Prozent (AG Neukölln, 9 C 613/87).
- Fenster – alle undicht und Küchenwand auf Grund eindringender Feuchtigkeit zum Teil schwarz – 20 Prozent (LG Hannover, 11 S 188/ 78).
- Fernsehempfang schlecht – zehn Prozent (AG Schöneberg, GE 1988, 361).
- Feuchtigkeit in der Wohnung (ist nach der Rechtsprechung grundsätzlich ein

Mangel, OLG Celle, WM 1985, 9; LG Berlin, WM 1982, 184); Feuchtigkeitsschäden, Nässe, Tropfwasser an der Decke und feuchter Teppichboden – 50 Prozent (AG Leverkusen, 23 C 471/76).

- Garagentore, nächtlicher Lärm – zehn Prozent (LG Berlin, 64 S 26/86).
- Gestank aus Nachbarwohnung wegen falscher Tierhaltung – zehn Prozent (AG Bergisch Gladbach, 23 C 280/90).
- Hauseingangstür defekt – drei Prozent (AG Neukölln, 14 C 271/87).
- Heizungsausfall während der Wintermonate – 100 Prozent (LG Berlin, 65 S 70/92).
- Isolierglasscheiben, blind und feuchtigkeitsbeschlagen – fünf Prozent (AG Kassel, 802 C 2502/92).
- Keller wird entzogen – zehn Prozent (AG Köln, 218 C 102/81).
- Knackgeräusche der Heizung, laut und ziemlich deutlich – zehn Prozent (LG Hannover, 9 S 211/93).
- Lärm von Kindern während der allgemeinen Ruhezeiten – zehn Prozent (AG Neuss, 36 C 232/88).
- Lärmstörungen aus einem Schallplattengeschäft unter der Wohnung – zehn Prozent (AG Köln, 207 C 164/91).
- Lärm durch Nachbarn – 20 Prozent (AG Kerpen, WM 1987, 272).

  Lärm durch laute Gaststätten oder Diskotheken – zehn bis 20 Prozent (AG Köln, WM 1978, 73; AG Gelsenkirchen, WM 1978, 66; LG Hamburg, WM 1987, 218; LG Köln, WM 1987, 272).

  Lärm von Bauarbeiten – 25 Prozent (LG Darmstadt, WM 1984, 245).

  Lärm von Tanzschule nach 22.00 Uhr – 20 Prozent (AG Köln, -WM 88, 56).
- Mäuse und Kakerlaken monatelang in einer Wohnung – zehn Prozent (AG Bonn, 6 C 277/84; AG Rendsburg, 3 C 551/87).
- Nitratgehalt des Trinkwassers ist überhöht und gesundheitsgefährdend – zehn Prozent (AG Osnabrück, 14 C 33/87).
- Oberlichter der Fenster lassen sich nicht öffnen – zehn Prozent (AG Hagen, 6 C 461/812).
- Prostitution, Belästigungen hierdurch im Haus – 25 Prozent (AG Regensburg, 3 C 1121 + 1146/90).
- Rostiges Leitungswasser – zehn Prozent (AG Spandau, 211 [154] C 3195/79).
- Rost in Trinkwasser ist Mangel (Köln, WM 1987, 123).
- Schimmelpilzbefall in Wohn-, Schlafzimmer und Bad – 20 Prozent (LG Osnabrück, 11 S 277/88).
- Tauben, die im und am Haus nisten – zehn Prozent (LG Berlin, 64 S 84/95).
- Teppichboden mangelhaft wegen Stolpergefahr und optischem Eindruck – 15 Prozent (OLG Celle, 2 U 216/93).
- Einzige Toilette nicht zu benutzen, Minderung von 80 Prozent möglich (LG Berlin, MM 1988, 213).

- Trittschallschutz unzureichend, Schritte aus Nachbarwohnung sind deutlich zu hören – fünf Prozent (LG Hannover, 9 S 211/93).
- Undichte Fenster und dadurch ständige Feuchtigkeit in Wohnung – 50 Prozent (AG Leverkusen, 28 C 215/80).
- Warmwasserboiler fällt aus im Bad – 15 Prozent (AG München, 232 C 37276/90).
- Wohnungsklingel defekt – drei Prozent (AG Neukölln, 14 C 271/87).
- Zugluft im Haus wegen defekter Dichtungen – 20 Prozent (LG Kassel 1 S 274/84).

Bei der Mietminderung ist zu beachten, dass diese nur für den Zeitraum des Bestehens eines Mangels angesetzt werden darf. Beispiel: Ein Schaden wird innerhalb von zwei Wochen abgestellt. Für den Mangel könnten 30 Prozent angerechnet werden. Da die Belästigung aber nur einen halben Monat bestand, kann der Mieter lediglich 15 Prozent der Monatsmiete in Abzug bringen.

Vorsicht: Das Mietminderungsrecht gilt nur für den Zeitraum, in dem der Mangel besteht, und darf nicht nachträglich – also nach Beseitigung des Mangels – angewandt werden. Wird die Miete allerdings – wie allgemein üblich – im Voraus bezahlt, so kann die Kürzung noch im folgenden Zahlungszeitraum geltend gemacht werden.

Zieht der Mieter aus der Wohnung aus, bevor das Mietverhältnis beendet ist, und steht das Mietobjekt dann leer, so kann er trotzdem weiterhin die Mietminderung geltend machen, wenn der bemängelte Schaden nicht beseitigt wurde.

2. Kaufverträge

Beispiel: Der glanzlose Spiegel

Annette Schmidt kauft bei einem Möbelhaus einen großen Spiegel für 300 Euro und hängt diesen in ihr Schlafzimmer. Sie erkennt beim Kauf nicht, dass die Beschichtung des Spiegels nicht in Ordnung ist. Schon nach wenigen Tagen bekommt der Spiegel großflächige Flecken, die sich nicht entfernen lassen. Durch die Flecken kann sich Frau Schmidt in ihrem Spiegel fast nicht mehr sehen. Sie moniert den Fehler beim Händler und möchte einen einwandfreien Spiegel. Der Verkäufer bestreitet, dass der Fehler bereits beim Verkauf vorgelegen habe, und behauptet, Frau Schmidt habe den Spiegel mit einem falschen Reinigungsmittel behandelt.

Der Mangel

Gerade beim Kauf von Waren kommt es häufig vor, dass jemand mit der erworbenen Sache nicht zufrieden ist, wenn sie sich als mangelhaft erweist. Eine Sache wird vom

Gesetz als mangelhaft betrachtet, wenn diese einen Fehler aufweist oder nicht die vom Verkäufer zugesicherte Eigenschaft besitzt. Ob eine Eigenschaft auch tatsächlich vom Verkäufer zugesichert wurde, hängt immer vom Einzelfall ab und ist oft nur schwer zu ermitteln.

Häufig locken Verkaufsprospekte den Kunden ins Geschäft. Der Käufer erwartet dann beim Kauf des Produkts, dass die im Prospekt vorgestellten Eigenschaften auch wirklich vorliegen. Ist dies nicht der Fall, kommt es meist zum Streit. Das seit Beginn diesen Jahres geänderte Gewährleistungsrecht hat die Situation des Käufers erheblich verbessert. Konkrete Werbeaussagen von Händlern und Herstellern sind seit dem 1. Januar 2002 keine bloßen Lippenbekenntnisse mehr. Besitzt das Produkt nicht die Eigenschaft, mit der es beworben wurde, so gilt dies als Sachmangel. Verbraucht etwa das Auto zehn statt der im Prospekt aufgeführten fünf Liter Normalbenzin, stehen dem Fahrzeugkäufer Gewährleistungsrechte zu. Übrigens: Auch eine fehlerhafte, unverständliche oder unbrauchbare Montageanleitung, die dem Produkt beiliegt, gilt als Mangel und führt zur Haftung des Verkäufers.

Dem Käufer stehen folgende Gewährleistungsrechte zu:

- Neulieferung beziehungsweise Nachbesserung
- Minderung (Herabsetzung des Kaufpreises)
- Wandlung (Rückgängigmachung des gesamten Kaufvertrags)
- Schadenersatz, wenn der Verkäufer den Mangel verschuldet hat

Ist die von Ihnen gekaufte Ware mangelhaft, so können Sie vom Verkäufer zunächst verlangen, dass er Ihnen die gleiche Sache noch einmal mangelfrei liefert. Das geht natürlich nur, wenn es sich um ein Produkt handelt, das auch in Massen hergestellt wird. Bei einem antiken Einzelstück können Sie auf dieses Recht verständlicherweise nicht pochen, denn niemand kann etwas verlangen, was unmöglich ist. Sie können vom Verkäufer aber auch eine Nachbesserung verlangen, ihn also dazu auffordern, dass er die mangelhafte Ware repariert.

Für Frau Schmidt im Ausgangsfall bedeutet das, sie kann entweder einen neuen Spiegel verlangen oder den Spiegel auch – falls das möglich wäre – reparieren lassen. Dabei hat der Verkäufer sämtliche Kosten für Transport, Arbeitsleistung und Material zu tragen.

Die Herabsetzung des Kaufpreises oder die Rückgängigmachung des Vertrags kann der Kunde erst verlangen, wenn die Reparatur zweimal gescheitert beziehungsweise nicht zuzumuten ist oder die Ersatzleistung fehlschlägt. Bei ganz geringfügigen Fehlern kann der Käufer die Ware aber nicht zurückgeben und dann sein Geld wieder verlangen. Hier bleibt ihm beim Scheitern der Reparatur nur die Minderung des Kaufpreises.

Unabhängig von den Rechten der Nachbesserung, der Minderung und der Rückgängigmachung des Vertrags bleibt dem Käufer auch ein Schadenersatzanspruch,

wenn der Verkäufer den Fehler am Produkt verschuldet hat und dem Käufer daraus ein Schaden entstanden ist.

Da sich Annette Schmidt kaum noch in ihrem Spiegel sehen kann, liegt kein geringfügiger Fehler vor. Sie könnte also den Kaufvertrag wandeln, falls eine Nachlieferung oder eine Reparatur fehlschlagen.

WISO rät: Lassen Sie sich nicht mit einem Gutschein des Geschäfts abfertigen. Sie haben vielmehr einen Anspruch darauf, sich das Geld in bar auszahlen zu lassen. Ein Gutschein würde Sie dazu zwingen, im gleichen Geschäft Waren zu kaufen. Dies kann Ihnen jedoch nicht zugemutet werden.

Viele Geschäfte weisen ihre Kunden darauf hin, dass reduzierte Ware vom Umtausch ausgeschlossen ist. Insbesondere im Sommer- und Winterschlussverkauf hängen entsprechende Schilder in den Geschäften. Damit muss sich der Käufer nicht zufrieden geben. Ist eine Ware mangelhaft, kann sie immer zurückgegeben oder der Preis gemindert werden. Nur bei „Nichtgefallen“ ist ein Umtausch ausgeschlossen, denn in diesem Fall ist ein Verkäufer – unabhängig davon, ob es sich um ein Sonderangebot gehandelt hat oder nicht – nicht dazu verpflichtet, das Produkt zurückzunehmen. Wenn es ein Geschäft trotzdem tut, dann nur aus Kulanzgründen. Hier muss ein Kunde dann auch den angebotenen Gutschein akzeptieren.

Widerruf von Verträgen

Nur bei bestimmten Vertriebsformen und Vertragsarten hat der Kunde die Möglichkeit, sich durch einen Widerruf vom Vertrag zu lösen. Er kann dies dann ohne Angabe von Gründen innerhalb von zwei Wochen durch eine Widerrufserklärung tun und die Ware zurückgeben. Dieser besondere Verbraucherschutz gilt etwa bei:

- Geschäften an der Haustüre
- Geschäften am Arbeitsplatz
- Geschäften am Telefon
- Geschäften im Internet
- Geschäften, die über Verbraucherkredit finanziert werden
- Teilzahlungsgeschäften
- Ratenlieferungs- und Time-Sharing-Verträgen

Auf dieses Widerrufsrecht muss der Vertragspartner den Kunden vor Abschluss des Vertrags deutlich hinweisen. Tut er dies nicht oder nicht ordnungsgemäß, können Sie den Vertrag bis zu einem halben Jahr nach Abschluss beziehungsweise bei Warenlieferungen bis zu sechs Monate nach Erhalt widerrufen. Diese Frist gilt jetzt einheitlich für alle widerrufbaren Verträge. Im Zweifel sollte sich der Kunde jedoch beraten lassen, etwa bei den Verbraucherzentralen oder bei einem Rechtsanwalt.

Beachten Sie: Sollte sich die Ware verschlechtern, weil Sie von Ihnen benutzt wurde, müssen Sie Ersatz leisten. Also ist es besser, Sie prüfen die Ware bei Erhalt, sehen aber von einer Benutzung ab. Dies gilt vor allem bei Katalogbestellungen.

Der Kauf im elektronischen Geschäftsverkehr

Neu geregelt sind die Informationspflichten bei Verträgen, die über das Internet abgeschlossen werden. Der Unternehmer muss hierbei über die technischen Schritte der Bestellung informieren. Zudem ist er verpflichtet, die Allgemeinen Geschäftsbedingungen abrufbar und speicherbar zu machen. Der Kunde muss Eingabefehler im Bestellformular erkennen und berichtigen können. Ist die Bestellung beim Unternehmer eingegangen, muss der Käufer unverzüglich eine Bestätigung erhalten.

Kommt der Verkäufer diesen Pflichten nicht nach, so beginnt die Widerrufsfrist von zwei Wochen gar nicht erst zu laufen. Die Folge: Der Kunde kann den Vertrag noch bis zu sechs Monate nach Abschluss und bei Warenlieferungen ab Erhalt der Ware widerrufen.

Verjährung und Garantie

Bei der Verjährung hat sich seit Beginn 2002 für den Kunden einiges positiv verändert. Nun verjähren die Ansprüche des Käufers gegen den Verkäufer erst nach zwei Jahren, sofern es sich bei dem Kaufgegenstand um eine bewegliche Sache gehandelt hat. Bislang lag die Verjährungsfrist bei sechs Monaten.

Bei gebrauchter Ware, wie etwa Autos, muss der Händler nun auch zwei Jahre für Mängel aufkommen. Diese Frist kann durch individuelle Vereinbarung oder Allgemeine Geschäftsbedingungen auf ein Jahr reduziert werden. Auch für den Handel zwischen Privatpersonen gilt eine Gewährleistung von zwei Jahren, diese kann aber vertraglich ganz ausgeschlossen werden.

Tritt nun innerhalb der ersten sechs Monate nach dem Kauf ein Produktmangel auf, so muss der Kunde nicht mehr den Beweis erbringen, dass er die Sache mangelhaft erworben hat. Behauptet der Verkäufer, ein einwandfreies Produkt verkauft zu haben, so muss er jetzt diese Behauptung beweisen. Erst nach den ersten sechs Monaten trifft die Beweislast den Käufer. Stellt sich der Mangel beispielsweise erst nach acht Monaten heraus, so muss der Käufer beweisen, dass er eine fehlerhafte Sache erhalten hat.

Im Ausgangsfall muss Annette Schmidt also nicht beweisen, dass der Defekt schon beim Kauf des Spiegels vorgelegen hat. Der Gesetzgeber hat die Beweislast für die ersten sechs Monate nach dem Kauf dem Verkäufer aufgebürdet. Also muss der Händler hier beweisen, dass er Frau Schmidt einen einwandfreien Spiegel verkauft hat.

Hemmung der Verjährung

Der Käufer hat die Möglichkeit, die Verjährungsfrist zu hemmen. Damit wird die Verjährungsfrist praktisch angehalten. Eine bloße Mitteilung an den Verkäufer, dass die gekaufte Ware fehlerhaft ist, reicht aber nicht aus. Hier muss der Käufer schon richtig aktiv werden.

Die Verjährung kann gehemmt werden durch:

- die Einreichung einer Klage vor Gericht,
- einen Mahnbescheid,
- einen Antrag auf ein selbstständiges Beweisverfahren.

Die Verjährung unterbrechen Sie, wenn der Verkäufer den Mangel schriftlich anerkennt. In diesem Fall endet die Verjährungsfrist und beginnt möglicherweise später wieder von neuem – also in vollem Umfang – zu laufen.

Nicht verwechseln sollten Sie eine beispielsweise „Fünfjährige Garantie“, die Ihnen der Verkäufer vollmundig anbietet, mit der zweijährigen Gewährleistungsfrist. Diese ist nämlich vom Gesetzgeber vorgeschrieben und billigt dem Käufer weitere Ansprüche zu als bei den Garantiekarten. Diese Garantien sind eine freiwillige Zusage des Herstellers.

Die Garantie ändert nichts daran, dass der Kunde zwei Jahre lang einen Anspruch auf Wandlung, Minderung und gegebenenfalls Schadenersatz oder kostenlose Nachbesserung beim Verkäufer geltend machen kann. Nach Ablauf der Frist kann sich der Käufer dann an den Hersteller wenden. Dieser ist zwar in der Garantieerklärung zum Austausch defekter Teile verpflichtet. Er übernimmt aber in der Regel nicht die Anfahrtskosten des Käufers, und außerdem hat der Kunde seine Rechte auf Wandelung und Minderung meist auch verloren.

Fristsetzung

Gerade beim Möbelkauf kommt es immer wieder vor, dass der Verkäufer beim Abschluss des Kaufvertrags dem Kunden erzählt, das ausgesuchte Möbelstück werde in vier bis sechs Wochen geliefert. Kann der Verkäufer diese Zusage nicht einhalten, hat der Käufer folgende Rechte:

- Er kann eine Mahnung schreiben, in der er dem Verkäufer eine Frist von einigen Tagen setzt, innerhalb derer geliefert werden soll. Dabei sollte die Mahnung mit Fristsetzung persönlich abgegeben und vom Händler quittiert werden. Möglich ist auch, die Mahnung per Einschreiben mit Rückschein bei der Post aufzugeben. Verstreicht die vom Käufer gesetzte Frist, ohne dass der Händler liefert, kann er den Rücktritt vom Vertrag erklären.
- Außerdem kann der Käufer nach der ersten Mahnung dem Händler seine Mehrkosten in Rechnung stellen. Diese werden dann als „Verzugsschaden“ bezeichnet.

Ist zwischen den Parteien ein fester Liefertermin vereinbart worden, kommt der Verkäufer auch ohne Mahnung in Verzug, wenn er den Termin verstreichen lässt. Der Käufer kann dann sofort die entstehenden Mehrkosten geltend machen.

War im Ausgangsfall der Spiegel im Möbelhaus nicht vorrätig und hat der Verkäufer eine Lieferfrist von drei Wochen angegeben, so muss Annette Schmidt den Händler mahnen und ihm eine Frist zur Lieferung – beispielsweise zehn Tage – setzen.

WISO rät: Überlegen Sie nach Verstreichen der von Ihnen gesetzten Frist genau, ob Sie das Möbelstück überhaupt noch wollen. Haben Sie erst einmal den Rücktritt vom Vertrag ausgesprochen, kann im Anschluss daran nicht wieder die Lieferung der Sache verlangt werden.

Besondere Rechte stehen Ihnen bei Bestellungen zu, die nur zu einem bestimmten Termin benötigt werden, wie etwa eine Geburtstagstorte oder ein Brautkleid. Wer vergeblich auf diese Lieferung wartet, kann gleich Ersatz seines Verzugsschadens – beispielsweise die Mehrkosten eines Ersatzkleides – verlangen, ohne noch eine Mahnung zu versenden.

Richtige Preisangabe

Die neue Preisangaben-Verordnung gibt vor, dass zusätzlich zum Endpreis einer Ware der Preis pro Mengeneinheit auf dem Produkt ausgewiesen sein muss. Dies gilt auch für Werbeangaben. Das heißt, dass der Preis pro Kilogramm oder Liter – bei kleineren Einheiten etwa pro 100 g oder 100 ml – genannt werden muss. Die Angaben müssen gut erkennbar und leicht lesbar auf dem Produkt angebracht sein. Bei Haushaltswaschmitteln beziehungsweise Reinigungsmitteln kann auch der Preis pro Anwendung angegeben werden, wenn sie (wie bei Spülmaschinen-Tabs) einzeln portioniert angeboten werden und die Zahl der Portionen zusätzlich zur Gesamtfüllmenge angegeben ist. Bei Waren, für die das Abtropfgewicht anzugeben ist (etwa bei Konservendosen), bezieht sich der Grundpreis pro Mengeneinheit auf das Abtropfgewicht. Ein paar Ausnahmen für die Preisangaben-Verordnung gibt es allerdings. Die vergleichenden Angaben dürfen fehlen bei:

- kleinen Darreichungsmengen bis zu 10 g oder 10-ml-Getränken, die üblicherweise nur in einer Packungsgröße angeboten werden;
- Kosmetikartikeln, die nur zum Färben oder Verschönern dienen (z. B. Haarfärbemittel, Lippenstifte, Nagellack);
- Parfums und Duftwässern;
- Kau- und Schnupftabak mit weniger als 25 g und bei Artikeln aus Getränke- und Verpflegungsautomaten.

Die Grundpreisangabe entfällt auch, wenn Waren von kleinen Direktvermarktern oder Einzelhändlern angeboten werden oder der Grundpreis mit dem Endpreis identisch ist

(100-g-Tafel Schokolade). Sollten Sie Abweichungen von der Preisangaben-Verordnung entdecken, so können Sie die Industrie- und Handelskammer (IHK) in Ihrer Nähe erreichen. Die IHK finden Sie unter der Internet-Adresse www.ihk.de.

Rat in Sachen Kaufrecht geben auch die Verbraucherzentralen, die Sie in vielen größeren Städten finden. Unter der Internet-Adresse www.verbraucherzentrale-nrw.de sehen Sie, welche Verbraucherzentrale in Ihrer Nähe ist.

3. Bauverträge

Beispiel: Die abgespeckte Baubeschreibung

Kerstin und Wolfgang Zeller haben zwei kleine Kinder und eine schöne Vier-Zimmer-Wohnung in einem Mehrfamilienhaus. Dort fühlen sie sich zwar sehr wohl, allerdings merken sie, dass ihnen die Wohnung zunehmend zu klein wird. Schließlich entdeckt Kerstin ein Grundstück in ihrem Heimatdorf, unweit ihrer Eltern. Weil es an einem schönen Südhang liegt und die Nachbarschaft ihnen sympathisch erscheint, greifen sie zu. Ihr Nachbar baut mit der Firma Bio-Haus, also suchen auch sie nicht lange herum und unterschreiben ebenfalls einen Vertrag für ein schlüsselfertiges Massivhaus. Sie sind begeistert, weil das Angebot so günstig ist und sie mit ihren Finanzen bestens hinkommen. Doch nach Baubeginn gibt es Ärger: Der Bauunternehmer verlangt, dass Kerstin und Wolfgang den Estrich in der Garage selbst bezahlen. Auch für die Rollläden und die Terrassenfliesen will er noch einmal Extra-Geld sehen. Kerstin und Wolfgang sind empört und finden, dass so etwas zu einem Haus dazugehört. Der Bauunternehmer verweist auf die Baubeschreibung. Diese Posten seien darin nicht aufgeführt, also auch nicht im Preis enthalten.

Architektenhaus oder lieber schlüsselfertig?

Wer anfangen will zu bauen, für den stellt sich immer zuerst die grundsätzliche Frage: Mit wem soll ich bauen? Je nachdem, ob Sie schon ein Grundstück besitzen oder sich erst noch eines zulegen müssen, entscheidet sich, welche Art des Bauens für Sie sinnvoll ist. Wer sich für den Hausbau mit Bauträger entscheidet, der kauft Grundstück und Haus im Paket. Für zukünftige Bauherren mit Grundstück ist es sinnvoll, einen Architekten zu beauftragen, der dann auch die Bauleitung übernimmt, oder einen Bauunternehmer oder Generalübernehmer, der ähnlich wie ein Bauträger das Haus zum Komplettpreis schlüsselfertig errichtet.

Der Bauunternehmer ist die richtige Wahl für all jene, die schon ein Grundstück besitzen, aber nicht unbedingt ein exklusives Haus vom Architekten darauf errichten wollen. Der Bauunternehmer liefert schlüsselfertige Häuser aus einer Hand zum Festpreis, die es schon mehrfach gibt und mit denen er schon ausreichend Erfahrung gesammelt hat. Häuser vom Bauunternehmer sind meist besser kalkulierbar, weil in der Regel zum Festpreis keine weiteren, unvorhergesehenen Kosten hinzukommen.

Baubeschreibung und Vertrag – immer genau lesen!

Die Baubeschreibung liegt dem Vertrag zugrunde. Sie ist entscheidend, um die Angebote der Bauunternehmer miteinander vergleichen zu können. In ihr beschreibt der Unternehmer das Haus ausführlich, also beispielsweise Form, Ausstattung oder Größe, welchen Fußbodenbelag das neue Haus haben wird, wie die Qualität der Sanitäranlagen ist, welche Heizung eingebaut oder wie die Garage aussehen wird. Wichtig ist, dass Sie Punkt für Punkt der Leistungsbeschreibung durchgehen. Zu vage sind Formulierungen wie „Arbeiten werden nach üblichem Qualitätsstandard ausgeführt" oder „entsprechen den anerkannten Regeln der Technik".

In der Praxis sind die meisten Baubeschreibungen allerdings weder umfassend noch genau genug. Das führt zu dem Problem, dass Sie als zukünftiger Bauherr die Angebote der verschiedenen Bauunternehmer nur schlecht unterscheiden können. So sind manche Häuser deshalb so vermeintlich preiswert, weil der Unternehmer nur die billigsten Materialien verwendet, und wegen seiner wachsweichen Formulierungen können Sie das dann noch nicht einmal erkennen.

Im Beispielsfall haben sich Kerstin und Wolfgang von dem vermeintlich günstigen Angebot der Baufirma blenden lassen. Um das zu bekommen, was sie wirklich wollen, müssen sie finanziell noch einiges nachlegen, denn selbst wenn die fehlenden Arbeiten ihrer Meinung nach normalerweise zu einem Haus gehören: Der Bauunternehmer hat Recht. Was nicht in der Baubeschreibung steht, muss auch nicht erledigt werden. Das vermeintliche Schnäppchen wird zum Fass ohne Boden.

WISO rät: Wenn Sie einen Bauvertrag abschließen, dann sollten Sie darin absolut alles regeln, bevor Sie anfangen zu bauen. Änderungen sind im Nachhinein oft nur schwer durchzusetzen. Lassen Sie sich vom Unternehmer nicht dazu überreden, doch schon mal anzufangen, denn selbst wenn er den Änderungen zustimmt, sind sie fast immer kostenpflichtig – und das kann teuer werden.

Sie können im Nachhinein allerdings fast immer Eigenleistung vereinbaren, das heißt, Sie dürfen Leistungen aus dem Vertrag wieder herausnehmen, die Sie auch selbst durchführen können. Das geht jedoch auch nur dann, wenn der Bauablauf dadurch nicht gestört wird und dem Unternehmer keine zusätzlichen Kosten entstehen. Typischerweise sind solche Eigenleistungen etwa das Verlegen des Teppichs oder das Tapezieren. Die Vertragsleistung, die Sie in Eigenleistung durchführen wollen, müssen Sie

kündigen. Allerdings ist es auch hier immer besser, die Dinge vor Vertragsabschluss zu regeln, denn über den Wert der Eigenleistung gibt es im Nachhinein immer wieder Streit.

WISO rät: Änderungen durch den Bauunternehmer müssen Sie in der Regel nicht hinnehmen. Eine Ausnahme gilt nur, wenn ein triftiger Grund besteht, etwa eine behördliche Anordnung, und wenn die Änderungen dem Bauherrn zudem zumutbar sind. Daher ganz wichtig: Lassen Sie sich niemals auf Änderungsvorbehalte in Ihrem Bauvertrag ein.

Was tun, wenn das Haus nicht pünktlich fertig wird?

Probleme gibt es immer wieder, wenn das Haus später als geplant fertig wird, denn meistens müssen Sie ja Ihre eigene Wohnung kündigen, wenn Sie eine neue beziehen wollen. Oder Sie müssen die Eigentumswohnung veräußern, um sich das neue Haus überhaupt leisten zu können. Wenn es dann mit dem Umzugstermin nicht klappt, können erhebliche Mehrkosten auf Sie zukommen. Vereinbaren Sie daher immer einen konkreten Fertigstellungstermin. Wenn der Bauträger diesen Termin nicht einhält, sind Sie berechtigt, den Vertrag mit ihm zu kündigen oder von ihm Schadenersatz zu verlangen.

Manchmal kann man aber nicht so genau planen, etwa weil die Baugenehmigung noch fehlt und noch gar nicht klar ist, wann überhaupt mit dem Bau begonnen werden kann. Dann bietet es sich an, den Bauunternehmer auf einen Baubeginn festzulegen, etwa vier Wochen nach Genehmigungserteilung, und dementsprechend den Fertigstellungstermin zu setzen, zum Beispiel sechs Monate später.

Auf dehnbar gehaltene Termine wie „etwa in sechs bis acht Monaten" oder „Ende des Jahres" sollten Sie sich gar nicht einlassen. Finger weg auch vor allzu großzügigen Nachfristen, die dem Bauunternehmer im Vertrag eingeräumt werden sollen. Um dem Bauunternehmer einen zusätzlichen Leistungsanreiz zu schaffen, können Sie mit ihm auch eine Vertragsstrafe vereinbaren, wenn er die Fristen nicht einhält.

VOB – Fluch oder Segen?

Viele Bauunternehmer vereinbaren mit den Bauherren, dass im Vertrag die so genannte Verdingungsordnung für Bauleistungen (VOB) gelten soll. Die VOB gilt also nicht automatisch, sondern nur dann, wenn sie wirksam vereinbart worden ist. Und das ist sie nur dann, wenn im Bauvertrag ausdrücklich auf sie hingewiesen wird und dem Bauinteressenten die Möglichkeit zu deren Kenntnisnahme verschafft wurde. Die VOB ist leider nicht immer verbraucherfreundlicher als das Bürgerliche Gesetzbuch (BGB), das immer dann gilt, wenn nichts vereinbart wurde.

Nachteilig ist zum Beispiel:

- Die Gewährleistungsfrist ist von fünf Jahren (BGB) auf zwei Jahre verkürzt. Ganz wichtig daher: Vereinbaren Sie mit dem Unternehmer unbedingt eine verlängerte Gewährleistungsfrist, zum Beispiel fünf Jahre gemäß BGB.
- Der Hausherr darf die Abnahme nur dann verweigern, wenn ein wesentlicher Mangel vorliegt.
- Fiktive Abnahmeformen sind möglich, das heißt, wenn Sie die Abnahmefrist nicht einhalten oder vorher einfach einziehen, dann gilt Ihr Haus als abgenommen.

Festpreis ist nicht gleich Festpreis

Im Vertrag müssen Sie unbedingt auf das Kleingedruckte achten. Viele Unternehmer befristen nämlich ihre Festpreisgarantie auf beispielsweise vier Monate. Der Bau eines Hauses dauert aber in der Regel wesentlich länger. Problematisch ist auch, wenn während des Hausbaus die Mehrwertsteuer erhöht wird. Eine Erhöhung von nur einem Prozent kann rasch ein Loch in Ihr Budget reißen.

WISO rät: Vereinbaren Sie deshalb unbedingt einen Festpreis bis zur Fertigstellung des Hauses. Nur so werden Sie vor bösen Überraschungen geschützt.

Notarieller Vertrag

Weil beim Erwerb vom Bauträger das Grundstück mitgekauft wird, ist es ein Muss, den Kaufvertrag notariell beurkunden zu lassen. Das heißt, dass der Vertrag vor einem Notar geschlossen wird. Das hat den Sinn, dass der Notar die Parteien noch einmal rechtlich über diesen Vertrag aufklären soll. Er muss Sie jedoch nicht auf alle denkbaren Nachteile hinweisen. Deshalb ist es auf alle Fälle sinnvoll, den Vertrag einige Tage vorher genau durchzulesen, um dem Notar dann gezielte Fragen stellen zu können.

WISO rät: Auf der sicheren Seite sind Sie, wenn Sie den Vertrag sowie die Teilungserklärung und die Baubeschreibung vorher von einem Rechtsanwalt prüfen lassen. Vorteil: Wenn der Rechtsanwalt Sie falsch berät, muss er haften! Lassen Sie sich deshalb das Ergebnis der Anwaltsberatung unbedingt schriftlich geben. Das erleichtert Ihnen im Ernstfall die Beweisführung.

Manche Bauträger könnten Ihnen anbieten, dass der notarielle Vertrag nur einen Teil des Kaufpreises enthalten soll. Sie versuchen Sie damit zu locken, dass Sie damit einen Teil der Grunderwerbssteuer und Notarkosten einsparen. Der Bauträger selbst hat davon steuerliche Vorteile. Aber: Hände weg! Solche Verträge sind ungültig und die Bauträger in höchstem Maße unseriös.

Zahlung des Kaufpreises

Wer mit einem Bauträger baut, der zahlt nicht den gesamten Rechnungsbetrag, wenn das Haus fertig ist. Darauf würde sich auch kein Bauunternehmer einlassen. Der Bauherr zahlt vielmehr in mehreren Raten, je nach Baufortschritt. Üblich ist zum Beispiel eine Abschlagszahlung von 30 Prozent nach Beginn der Erdarbeiten. Danach gibt es drei bis maximal sieben weitere Abschlagszahlungen. Dieser Zahlungsplan richtet sich nach der MaBV, der Makler- und Bauträgerverordnung. Danach ist der Bauträger auch verpflichtet, Ihre Zahlungen nur für Ihr konkretes Bauvorhaben zu verwenden.

WISO rät: Normalerweise werden die Raten erst nach Fertigstellung der einzelnen Bauabschnitte gezahlt. Verlangt der Bauträger die Raten vorab, dann fordern Sie unbedingt eine selbstschuldnerische Bankbürgschaft, die den vollen Festpreis umfasst. Eine Kopie hiervon bekommen Sie dann von Ihrem Notar. Unbedingt aufbewahren! Besser ist es aber, Sie lassen sich gar nicht erst darauf ein. Und vergleichen Sie die Zahlungsforderungen immer mit dem Ratenzahlungsplan.

Die Abschlagszahlungen sehen in der Regel folgendermaßen aus:

30,0 Prozent	nach Beginn der Erdarbeiten
28,0 Prozent	nach Rohbaufertigstellung
17,5 Prozent	nach Fertigstellung der Rohinstallationen einschließlich Innenputz, ausgenommen Beiputzarbeiten
10,5 Prozent	nach Fertigstellung der Schreiner- und Glasarbeiten, ausgenommen Türblätter
10,5 Prozent	nach Bezugsfertigkeit und Zug um Zug gegen Besitzübergabe
3,5 Prozent	nach vollständiger Fertigstellung

Ein großer Schritt: die Abnahme

Mit der Abnahme Ihres Hauses ändert sich für Sie einiges:

- Nach der Abnahme sind Sie zur Zahlung des Kaufpreises verpflichtet.
- Mit der Abnahme beginnt die Gewährleistungsfrist zu laufen. Treten nach der Abnahme Mängel an dem Haus auf, verjähren Ihre Ansprüche nach fünf Jahren; wenn die VOB vereinbart ist, sogar schon nach zwei Jahren.
- Mit der Abnahme des Hauses tritt die Umkehr der Beweislast ein. Dann müssen Sie beweisen, dass ein aufgetretener Mangel vom Bauträger zu vertreten ist.
- Mit der Abnahme des Hauses geht die Gefahr auf Sie über, das heißt, wenn es jetzt durch einen Wasserschaden beschädigt wird, ist das Ihr Problem.

Wenn die VOB vereinbart ist, kann der Bauunternehmer von Ihnen verlangen, dass die Abnahme innerhalb von zwölf Werktagen erfolgt. Die Abnahme dürfen Sie auch nur

bei wesentlichen Mängeln verweigern, etwa weil die Heizung nicht funktioniert. Empfehlenswert ist es, ein so genanntes schriftliches Abnahmeprotokoll zu verfassen. Dabei müssen beide Parteien anwesend sein. Jeden noch so kleinen Mangel sollten Sie in das Protokoll aufnehmen.

WISO rät: In der Praxis wird häufig eine Abnahme nach jedem fertiggestellten Bauabschnitt vorgenommen, weil das der Ratenzahlungsplan so vorsieht. Das ist insofern sinnvoll, als Sie sich vergewissern können, dass alles in Ordnung ist, bevor Sie dem Bauunternehmer das Geld überweisen. Experten empfehlen jedoch, nur eine Abnahme nach Fertigstellung des Hauses vorzunehmen, da nach jeder Abnahme die Gewährleistungsfristen zu laufen beginnen.

Gewährleistungsansprüche

Sie sind immer ein wesentlicher Bestandteil im Bauträgervertrag. Die VOB kann im Bauträgervertrag im Gegensatz zum Vertrag mit dem Bauunternehmer nicht vereinbart werden. Das bedeutet konkret, dass Sie immer eine Gewährleistungsfrist nach BGB von fünf Jahren haben, die auch nicht verkürzt werden kann.

Ansprechpartner bei Baumängeln ist für Sie immer nur der Bauträger. Lassen Sie sich vertraglich unter keinen Umständen darauf ein, dass Sie Gewährleistungsansprüche immer nur gegen die entsprechenden Handwerker geltend machen können. Eine solche Vereinbarung ist unwirksam. Wichtig: Sie haben ein Zurückbehaltungsrecht, wenn sich schon vor vollständiger Bezahlung des Kaufpreises Mängel zeigen.

Bauen mit dem Architekten

Wer auf die Festpreisgarantie verzichtet, der baut gerne auch mit dem Architekten. Dieser entwirft den zukünftigen Bauherren ein Haus nach deren Vorstellungen und Geldbeutel. Bezahlt wird der Architekt nach der HOAI (Honorarordnung für Architekten und Ingenieure), das heißt für Sie konkret: Je teurer Ihr Haus, desto mehr müssen Sie auch für den Architekten zahlen.

Honorarzonen

Zunächst gibt die HOAI bestimmte Bewertungsmerkmale für die Ermittlung der Honorarzone. Im Einzelnen gelten dabei die folgenden Bestimmungen:

Honorarzone I

Gebäude mit sehr geringen Planungsanforderungen, das heißt mit

- sehr geringen Anforderungen an die Einbindung in die Umgebung;
- einem Funktionsbereich;

- sehr geringen gestalterischen Anforderungen;
- keiner oder einfacher technischer Gebäudeausrüstung;
- keinem oder einfachem Ausbau.

Honorarzone II:

Gebäude mit geringen Planungsanforderungen, das heißt mit

- geringen Anforderungen an die Einbindung in die Umgebung;
- wenigen Funktionsbereichen;
- geringen gestalterischen Anforderungen;
- einfachen Konstruktionen;
- geringer technischer Gebäudeausrüstung;
- geringem Ausbau.

Honorarzone III

Gebäude mit durchschnittlichen Planungsanforderungen, das heißt mit

- durchschnittlichen Anforderungen an die Einbindung in die Umgebung;
- mehreren einfachen Funktionsbereichen;
- durchschnittlichen gestalterischen Anforderungen;
- normalen oder gebräuchlichen Konstruktionen;
- durchschnittlicher technischer Gebäudeausrüstung;
- durchschnittlichem normalem Ausbau.

Honorarzone IV

Gebäude mit überdurchschnittlichen Planungsanforderungen, das heißt mit

- überdurchschnittlichen Anforderungen an die Einbindung in die Umgebung;
- mehreren Funktionsbereichen mit vielfältigen Beziehungen;
- überdurchschnittlichen gestalterischen Anforderungen;
- überdurchschnittlichen konstruktiven Anforderungen;
- überdurchschnittlicher technischer Gebäudeausrüstung.

Honorarzone V

Gebäude mit sehr hohen Planungsanforderungen, das heißt mit

- sehr hohen Anforderungen an die Einbindung in die Umgebung;
- einer Vielzahl von Funktionsbereichen mit umfassenden Beziehungen;
- sehr hohen gestalterischen Anforderungen;
- sehr hohen konstruktiven Ansprüchen;
- einer vielfältigen Gebäudeausrüstung mit hohen technischen Ansprüchen;
- umfangreichem, qualitativ hervorragendem Ausbau.

Natürlich lässt sich im Einzelfall darüber streiten, welcher Honorarzone der betreffende Bau zuzurechnen ist, weil die verwendeten Begriffe ziemlich abstrakt sind.

Deshalb sind häufiger vorkommende Gebäudetypen bestimmten Honorarzonen zugeordnet. Diese Zuordnung ist aber nicht bindend. Entscheidend ist letztlich immer

der konkrete Einzelfall. In der Regel kann man aber damit rechnen, dass der private Wohnhausbau der Honorarzone III bei aufwendigerer Ausstattung auch der Honorarzone IV zuzurechnen ist.

Gegen Honorar, meist ein bestimmter Prozentsatz der Gesamtkosten, kann der Architekt auch mit der Bauleitung betraut werden, zum Beispiel die Handwerker beauftragen und kontrollieren, Zwischen- und Endabnahmen durchführen und die Koordinierung des zeitgerechten Ablaufs übernehmen. Je mehr Sie also selbst in die Hand nehmen, desto geringer sind die Kosten für den Architekten.

WISO rät: Nehmen Sie nicht gleich den erstbesten Architekten. Hausbau ist Vertrauenssache, und ein schlecht planender Architekt kann unter Umständen Ihr neues Haus unbezahlbar teuer werden lassen. Am besten lassen Sie sich immer Referenzen nennen oder hören Sie sich in Ihrem Freundes- und Bekanntenkreis um.

So vermeiden Sie Ärger mit dem Architekten

WISO rät:

- Schließen Sie in jedem Fall einen schriftlichen Architektenvertrag, in dem Sie alle Leistungen und auch das Honorar detailliert niederschreiben. Im Streitfall können Sie nur so beweisen, welche Vereinbarungen wirklich getroffen worden sind. Vorsicht vor den Musterverträgen der Bundes- und Länder-Architektenkammern. Diese sind nicht immer fehlerfrei und außerdem Ihren individuellen Bedürfnissen nicht unbedingt angepasst. Zudem enthalten sie Klauseln, die immer wieder mal von deutschen Gerichten gekippt werden.
- Vereinbaren Sie das Architektenhonorar nach Möglichkeit pauschal. Die HOAI gibt Ihnen die Größenordnung vor. So kann der Architekt hinterher nicht unangemessene Nachforderungen stellen, und Sie können besser kalkulieren.
- Verhandeln Sie vorab mit mehreren Architekten, und lassen Sie sich von Ihnen Kostenvoranschläge machen. Die sind in der Regel kostenlos. Der Kostenvoranschlag sollte komplett sein, das heißt, alle Angebote von Handwerkern, Honorare und Gebühren summieren. Die Kostenvoranschläge dienen übrigens auch Ihrer Bank und dem Finanzamt als entscheidende Grundlage.
- Vereinbaren Sie schriftlich einen Kostenrahmen, den der Architekt nicht überschreiten darf. Nur dann haben Sie Anspruch auf Schadenersatz, wenn der Bau plötzlich teurer wird als erwartet.
- Animieren Sie den Architekten zum Sparen. Vereinbaren Sie eine Sparprämie. Unterschreitet der Architekt die voraussichtlichen Kosten, so soll er 20 Prozent der eingesparten Kosten für sich behalten dürfen. Wichtig: Die Einsparung darf nicht mit einer Qualitätseinbuße verbunden sein!

Falls der Architekt schlecht arbeitet und Ihnen dadurch Schäden entstehen, ist er schadenersatzpflichtig. Das ist zum Beispiel dann der Fall, wenn er wegen fehlender eigener Spezialkenntnisse einen Statiker nicht beizieht oder Handwerker auswählt, die nicht die erforderlichen Spezialkenntnisse besitzen. Sie können dann von dem Architekten verlangen, dass er Ihnen einen dadurch entstandenen Schaden ersetzt. Als Schaden gilt auch der so genannte merkantile Minderwert, wenn das Gebäude trotz oder gerade wegen der Nachbesserung einen geringeren Wert hat als ein von Anfang an mangelfreies Gebäude. Übrigens: Ein Anspruch auf Minderung des Architektenhonorars besteht nur bei Planungsfehlern und vor Baubeginn.

Bauen mit dem Generalübernehmer

Auch in diesem Fall haben Sie bereits ein Grundstück, ansonsten erhalten Sie wie beim Bauunternehmer ein Haus zum Festpreis. Wichtig ist hier, dass der Generalübernehmer erst anfangen kann zu bauen, wenn Sie die Voraussetzungen dafür geschaffen haben, das heißt, um solche Dinge wie Baugenehmigung, Grundbucheintrag oder Erschließung des Grundstücks müssen Sie sich schon selbst kümmern. Das regelt der Unternehmer nicht für Sie. Bevor Sie also den Auftrag erteilen, sollten Sie sich völlig abgesichert haben, dass etwa keine Vorkaufsrechte mehr existieren oder Freistellungserklärungen der Banken vorliegen.

Was tun, wenn es trotzdem schief geht?

Ganz gleich, ob Sie mit Bauträger, Architekt, Generalübernehmer oder selbst bauen: Wenn Probleme auftauchen, sollten Sie nicht zögern, professionelle Hilfe in Anspruch zu nehmen. Das kostet zwar Geld, ist aber womöglich billiger als die Kosten, die auf Sie zukommen, wenn die Sache erst einmal vor Gericht landet. Hilfe bekommen Sie beispielsweise von einem Rechtsanwalt, der sich in Bausachen auskennt. Auskünfte erhalten Sie von den Anwaltskammern, den Anwaltsvereinen oder über den Anwaltsuchservice (Adressen siehe Seite 233).

Umfassender ist die Hilfe bei Bauorganisationen. Diese können zusätzlich Sachverständige und Architekten zur Verfügung stellen. Teilweise gibt es hier auch Unterstützung bei der Bauleitung. Gegen einen Betrag von rund einem Prozent der Bausumme wird Ihnen ein Architekt zur Verfügung gestellt, der Ihr Bauvorhaben überwacht.

Literatur:

Besonders empfehlenswert im Zusammenhang mit dem Thema Bauen sind folgende Produkte aus der WISO-Redaktion:

- Michael Hölting: Immobilienfinanzierung. Der realistische Weg zur eigenen Immobilie. Wie groß ist Ihr finanzieller Spielraum? Wie teuer darf die Immobilie sein? Welche Darlehensformen gibt es? Welche steuerlichen und rechtlichen Aspekte gibt es zu beachten? Erschienen im Wirtschaftsverlag Carl Ueberreuter, Preis: 15,90 Euro.
- Ines Gaedtke/Michael Hölting: Immobilienrecht. Was tun bei Ärger mit dem Kreditgeber, dem Architekten, dem Bauträger? Ein informatives Nachschlagewerk für alle, die eine Immobilie besitzen (wollen). Erschienen im Wirtschaftsverlag Carl Ueberreuter, Preis: 15,90 Euro.
- Von der Planung Ihres Traumhauses bis zum konkreten Finanzierungsplan. Mit der WISO-Bookware Bau & Kauf ermitteln Sie alles professionell in Eigenregie, Preis: 44,95 Euro.

4. Handwerkerverträge

Beispiel: Richtig abgerechnet?

Juliane Kohl hat sich ihren Traum erfüllt und ein altes Bauernhäuschen gekauft. Leider ist es total heruntergekommen und muss vollständig saniert und renoviert werden. Weil sie gerne möchte, dass das Haus so authentisch wie möglich wieder hergestellt wird, beauftragt sie einen örtlichen Handwerker, Holzdielen zu verlegen und die Wände zu tapezieren. Laut Kostenvoranschlag war er der günstigste Anbieter. Doch der Ärger geht sofort los: Der Handwerker arbeitet langsam, macht ständig Zigarettenpausen und hat zudem noch zwei Azubis dabei, die sich ebenfalls viel Zeit nehmen. Hinzu kommt, dass er Juliane ständig aufzeigt, welche Arbeiten noch zusätzlich durchgeführt werden müssten. Entnervt erteilt Juliane ihm dazu jedes Mal einen Auftrag, versäumt es aber, die Kosten schriftlich zu fixieren.

Schließlich erhält sie die Rechnung. Der Handwerker hat 60 Stunden abgerechnet, obwohl Juliane überschlägt, dass er maximal 45 Stunden effektiv gearbeitet hat. Auch seine beiden Azubis berechnet er mit 60 Stunden zum Gesellenpreis. Außerdem ist in der Rechnung eine Pkw-Bereitstellungsgebühr enthalten. Juliane ist verärgert und weigert sich, die Rechnung zu begleichen. Zudem ist der Holzboden schlampig verlegt. Zwischen den Dielen sind große Lücken und die Fläche ist uneben. Juliane fragt sich, was sie jetzt unternehmen soll.

Auswahl der Handwerker

Der jährliche Schaden, der durch Pfusch am Bau entsteht, wird auf 7,5 Milliarden Euro geschätzt. Damit machen die Kosten für die Beseitigung der Schäden durchschnittlich 3 Prozent der Bausumme aus. Es bestätigt sich somit das, was man von jedem Bauherrn zu hören bekommt: Ärger mit den Handwerkern ist fast schon normal.

Es stellt sich die Frage, was man tun kann, um diesen Ärger möglichst klein zu halten, und was, wenn es einen schließlich doch erwischt hat. Eine wesentliche Möglichkeit, Ärger mit den Handwerkern zu vermeiden, ist die richtige Auswahl der Fachleute.

WISO rät: Bevor Sie einen Handwerker beauftragen, hören Sie sich im Bekanntenkreis um und nehmen Sie nicht den erstbesten. Falls Sie ein Haus bauen, verlassen Sie sich ruhig auf das Urteil des Architekten oder Bauunternehmers, wenn Sie mit diesen zufrieden sind. Meist haben sie Erfahrungen mit Handwerkern. Achten Sie auf ein gutes Arbeitsklima.

Der Handwerker ist von sich aus nicht berechtigt, den Auftrag an einen anderen Handwerker weiterzugeben. Das bedeutet insbesondere, dass er sich nicht damit herausreden kann, die Arbeit sei von einem „Subunternehmer" ausgeführt worden. Ist die Arbeit mangelhaft ausgeführt, muss er selbst dafür gerade stehen. Er haftet dann für die Fehler des anderen, als wäre er selbst tätig geworden. Juristisch gesehen hat er den Subunternehmer als „Erfüllungsgehilfen" eingesetzt. Der Subunternehmer hat mit Willen und Wissen des Handwerkers Arbeiten geleistet, die dieser nach dem Vertrag hätte selbst erledigen müssen. Daher muss es sich der Handwerker auch anrechnen lassen, wenn der Subunternehmer schuldhaft Schäden beim Auftraggeber verursacht oder eine schlechte Arbeit abliefert. Der Handwerker wird so behandelt, als hätte er die Arbeiten selbst ausgeführt.

Auftragsvergabe

Der Auftrag an den jeweiligen Handwerker wird dadurch vergeben, dass der Bauherr mit diesem einen Vertrag abschließt. Dieser Vertrag ist auch wirksam, wenn er nur mündlich mit dem Handwerker geschlossen wurde. Aber: Gerade bei mündlichen Verträgen kommt es immer wieder zu Problemen.

WISO rät: Fassen Sie alle Verträge schriftlich ab. Sollte es später Schwierigkeiten geben, ist es häufig wichtig nachzuweisen, was genau vereinbart war. Die Leistung des Handwerkers sollte sich nach Art und Umfang unmissverständlich aus dem Vertrag entnehmen lassen. Bei umfangreichen Bauvorhaben kann auch ein angelegtes Leistungsverzeichnis sinnvoll sein. Dieses wird dem Vertrag als Anlage beigefügt. Darin können Sie beispielsweise festlegen, welche Materialien der Handwerker zu verwenden hat. Im Streitfall haben Sie dann etwas in der Hand, was Sie dem Gericht vorlegen können.

Ist dies nicht der Fall, ist der Streit darüber, ob bestimmte Arbeiten noch vom vereinbarten Preis gedeckt sind, vorprogrammiert. Daher sollte der Preis zuvor festgelegt werden.

Führt der Handwerker den Auftrag ohne vorherige schriftliche oder mündliche Vereinbarung aus, so bedeutet das natürlich nicht, dass er keinen Anspruch auf Bezahlung hat. In diesem Fall kann er allerdings nur die „übliche" Bezahlung verlangen. „Üblich" ist ein Preis, der normalerweise für solche Leistungen, die der Handwerker bei Ihnen vor Ort ausführt, bezahlt wird. Im Streitfall kann die örtliche Handwerkskammer oder die Industrie- und Handelskammer nähere Auskünfte dazu geben, was in diesem Gebiet als „übliche Vergütung" gilt.

WISO rät: Haben Sie mit dem Handwerker einen Stundenlohnvertrag abgeschlossen, sollten Sie verlangen, dass der Handwerker Stundenzettel führt. Auf diesen Stundenzetteln trägt der Handwerker täglich die Zeiten ein, zu denen er auf der Baustelle gearbeitet hat. Akzeptieren Sie nur Stundenzettel, die der Handwerker selbst oder ein von ihm Bevollmächtigter abgezeichnet hat. Zeichnen Sie den Stundenzettel des Handwerkers immer gegen und notieren auch Sie sich unabhängig davon die Arbeitszeiten der Handwerker.

Im Fall von Juliane muss sie nur die vom Handwerker und seinen Auszubildenden tatsächlich geleisteten Arbeitsstunden zahlen. Allerdings sollte sie sich die Zeiten der Handwerker ebenfalls notieren, weil eine bloße Behauptung, der Handwerker habe mehr geraucht als gearbeitet, nicht ausreicht, um den Arbeitslohn zu drücken.

Übrigens: Wenn im Vertrag vereinbart wurde, dass die Bestimmungen der so genannten VOB (Verdingungsordnung für Bauleistungen) gelten sollen, darf der Handwerker nur auf Stundenlohnbasis abrechnen, wenn er die gegengezeichneten Stundenzettel vorlegt.

Kostenvoranschlag

Wer einen Handwerker beauftragt, sollte in jedem Fall vorher einen Kostenvoranschlag einholen, und zwar von mehreren Handwerkern. Vergleichen Sie die Angebote miteinander, wählen Sie aber nicht einfach den vermeintlich günstigsten. Viele Handwerker sind nur deshalb preiswert, weil sie manche Positionen in der Kalkulation einfach weglassen; der teurere Handwerker hat möglicherweise alles einkalkuliert, dafür erwarten Sie dann später keine bösen Überraschungen mehr.

Der Kostenvoranschlag ist in aller Regel kostenfrei, es sei denn, Sie haben mit dem Handwerker etwas anderes vereinbart. So verlangen viele Handwerker, insbesondere Autoreparaturwerkstätten, Geld für die Erstellung des Kostenvoranschlags. Lassen Sie dann die Reparatur dort ausführen, werden diese Kosten am Ende vom Rechnungsbe-

trag abgezogen. Die Werkstätten wollen damit sicherstellen, dass der Kunde die Reparatur auch tatsächlich bei Ihnen durchführen lässt.

Ein Kostenvoranschlag kostet außerdem meist auch dann etwas, wenn ein technisch aufwendiges Gerät erst einmal völlig zerlegt werden muss, um den Fehler überhaupt festzustellen. Hier liegt es auf der Hand, dass der Handwerker nicht Stunden umsonst arbeitet, gerade dann nicht, wenn später gar kein Auftrag vergeben wird.

Der Kostenvoranschlag dient in erster Linie der Überschaubarkeit der möglichen Kosten. Zwar garantiert auch der Kostenvoranschlag nicht, dass die Endrechnung nicht doch etwas höher ausfällt als zuvor angenommen. Beliebig hoch darf die Rechnung allerdings nicht sein. Nur eine „unwesentliche" Überschreitung muss der Kunde zahlen. Dabei dürften in der Regel Überschreitungen von maximal bis zu 20 Prozent noch im Rahmen dessen liegen, was der Auftraggeber zu zahlen hat.

Der Auftraggeber kann den Vertrag mit dem Handwerker „kündigen", wenn der Kostenvoranschlag wesentlich überschritten wird. Der Handwerker ist dazu verpflichtet, dem Kunden unverzüglich mitzuteilen, wenn die tatsächlichen anfallenden Kosten wesentlich höher liegen werden als im Kostenvoranschlag geschätzt.

Verzögerungen

Der ganze Ablauf einer Reparatur steht und fällt mit der Zuverlässigkeit der Handwerker. Weil die Dachdecker das Dach aber beispielsweise nicht eindecken können, bevor nicht die Zimmerleute den Dachstuhl gebaut haben, ist es unerlässlich, dass jeder Handwerker seine Termine einhält. Wenn einer zu spät dran ist, wirkt sich das unter Umständen auf alle nachfolgenden Arbeiten aus. Es ist daher wichtig, schon bei der Vertragsgestaltung darauf zu achten, dass der Handwerker ein eigenes Interesse daran hat, seine Termine einzuhalten.

WISO rät: Legen Sie mit dem Handwerker vertraglich ein Datum fest, wann er mit der Arbeit anfangen muss. Falls Sie beispielsweise ein Haus bauen, legen Sie dem Handwerker den Bauzeitenplan vor. Die dort aufgeführten Termine sollten zum Inhalt des Vertrags gemacht werden. Vereinbaren Sie außerdem eine Vertragsstrafe für den Fall, dass er die Termine nicht einhält.

Nur wenn der Handwerker konkret vor Augen hat, was es ihn kostet, wenn er den zugesagten Termin nicht einhält, wird er sich bemühen, ihn einzuhalten.

Wenn der Handwerker pfuscht

Schlecht ausgeführte Handwerkerarbeiten kommen häufiger vor, als man denkt. Viele der Fehler lassen sich gleich an Ort und Stelle wieder beheben, wenn sie rechtzeitig entdeckt werden.

WISO rät: Schauen Sie so oft es geht nach dem Rechten. Mängel können so schon im Entstehen entdeckt und sofort behoben werden. Oft kann der Schaden auch begrenzt werden, indem nicht noch mehr falsch gemacht wird. Nicht zu unterschätzen ist auch ein psychologischer Vorteil: Der Handwerker merkt, dass ihm jemand auf die Finger schaut.

Bei sämtlichen Arbeiten muss der Handwerker eine Gewährleistung dafür übernehmen, dass er mangelfrei gearbeitet hat. Zwei Jahre lang hat er dafür geradezustehen, dass sein Werk in Ordnung ist. Der Handwerker darf diese Frist zwar bis auf ein Jahr verkürzen. Das geht aber nur dann, wenn er dies vertraglich mit Ihnen vereinbart.

Juliane kann in unserem Ausgangsfall vom Handwerker verlangen, dass er die Dielen erst ordentlich verlegt, bevor sie den kompletten Preis bezahlt. Der Handwerker hat das Recht, aber auch die Pflicht, die Dielen nachzubessern. Dabei obliegt es dem Handwerker, ob er die Sache nachbessert oder neu herstellt. Nur wenn er dieser Aufforderung partout nicht nachkommt, könnte Juliane einen anderen Handwerker beauftragen, der diese Arbeit übernimmt. Die Rechnung dafür könnte sie an den ersten Handwerker weiterreichen.

Bei Häusern und anderen Bauwerken wie bei der neu eingebauten Heizung oder dem frisch eingedeckten Dach beträgt die Gewährleistungsfrist übrigens fünf Jahre.

5. Maklerverträge

Beispiel: Der Streit um die Vermittlung

Harald Hübner ist Journalist und arbeitet bei einer kleineren Lokalzeitung in Bayern. Als er das Angebot eines renommierten Magazins in Hamburg bekommt, sagt er sofort zu. In drei Monaten soll er anfangen. Eigentlich kein Problem, denkt er. Doch er merkt schnell, dass es gar nicht so leicht ist, von Süddeutschland aus eine Wohnung zu finden. Er schaltet einen Makler ein, der ihm zwei Wochen später etliche Wohnungen in seiner Preislage präsentiert. Doch nach dem Besichtigungstermin ist Harald enttäuscht. Die Wohnungen sind wesentlich kleiner als die, die er jetzt hat. Der Makler sagt ihm, wenn er etwas Größeres haben wolle, dann müsse er auch mehr bezahlen. Bei einem weiteren Termin präsentiert er Harald wieder einige Wohnungen, die Harald aber noch weniger zusagen. Allmählich gerät er unter Zeitdruck und erinnert sich an eine einigermaßen hübsche Zwei-Zimmer-Wohnung in Eppendorf, die er zuerst angesehen hat. Weil er die Telefonnummer der Eigentümerin noch hat, ruft er sie direkt an und macht mit den Eigentümern einen Vertrag. Einige Monate später bekommt er eine Rechnung des Maklers. Er will seine Courtage sehen. Harald weigert sich aber, zu zahlen. Er hat die Eigentümerin schließlich selbst angerufen und den Vertrag auch ohne Mithilfe des Maklers gemacht. Seiner Meinung nach muss der Makler dann leer ausgehen.

Was macht eigentlich der Makler?

Nicht wenige Wohnungssuchende wenden sich an einen Makler, der ihnen die lästige Arbeit des Suchens und Aussortierens der passenden neuen Bleibe abnehmen soll. Dabei wird der Makler nicht schon dafür bezahlt, dass er überhaupt tätig wird. Vielmehr erhält er erst eine Provision, wenn er eine Wohnung oder ein Haus vermittelt. Diese Provision wird in der Regel vom Käufer oder Mieter gezahlt. Bisweilen wird aber, je nach Marktlage, auch eine Provision für den Verkäufer oder Vermieter einer Wohnung fällig.

Die so genannte Maklercourtage ist dann zu zahlen, wenn der Mieter einen Mietvertrag mit dem Vermieter abschließt beziehungsweise der Käufer einen Kaufvertrag und wenn dieser Vertrag durch die Vermittlung des Maklers zustande gekommen ist. Dabei ist es unerheblich, wie fleißig der Makler gewesen ist oder wie gut der Service war.

Im Beispielsfall muss Harald Hübner die Provision in jedem Fall zahlen. Die Tätigkeit des Maklers war mitursächlich für das Zustandekommen des Mietvertrags. Immerhin hat er die Wohnung für Harald entdeckt und ihn mit der Mieterin bekannt gemacht.

Die maximale Höhe der Provision, die ein Mieter zu zahlen hat, ist durch das Wohnungsvermittlungsgesetz beschränkt. So darf der Makler höchstens eine Provision in Höhe von zwei Monatsmieten zuzüglich Mehrwertsteuer verlangen (Kaltmiete ohne Vorauszahlung für Heiz- und Nebenkosten). Beim Kauf einer Wohnung oder eines Hauses wird eine Courtage zwischen drei und sechs Prozent fällig, je nach Lage der Immobilie. Aber mit ein wenig Verhandlungsgeschick kann man diese in der Regel auch etwas herunterhandeln.

Inzwischen verlangen die Makler teilweise, dass auch der Verkäufer eine Maklerprovision zu zahlen hat. Diese ist in der Regel aber niedriger als die Provision, die der Käufer zu zahlen hat.

WISO rät: Manche Makler verlangen bereits eine Bezahlung, etwa in Form einer Bearbeitungsgebühr, bevor sie überhaupt tätig geworden sind. Mit solchen schwarzen Schafen sollten Sie keine Geschäfte machen.

Wann wird keine Provision fällig?

Der Kunde muss keine Provision zahlen, wenn er zwar einen Vertrag abschließt, aber die Wohnung bereits vorher kannte. Viele Makler lassen sich bei einer Wohnungsbesichtigung bestätigen, dass der Interessent durch ihn zum ersten Mal die Wohnung gesehen hat.

WISO rät: Teilen Sie dem Makler unbedingt mit, wenn Sie die Wohnung, die er Ihnen anbietet, bereits kennen. Sagen Sie ihm, dass Sie diese nicht von ihm vermittelt bekommen möchten. Wenn Sie das versäumen, dann müssen Sie in der Regel die Maklercourtage berappen.

Ist der Makler gleichzeitig auch Verwalter der Wohnung, dann darf er unter keinen Umständen eine Provision verlangen. Verwalter ist dabei jeder, der „auf Grund seiner Tätigkeit zu erkennen gibt, dass er die Interessen des Vermieters wahrnimmt“. Es ist dabei nicht erforderlich, dass ihn der Vermieter förmlich zum Verwalter ernannt oder einen Vertrag mit ihm abgeschlossen hat. Es reicht sogar aus, wenn der Verwalter die Verwaltung für den Vermieter aus reiner Gefälligkeit übernimmt. Untrügliche Zeichen, dass der Makler auch als Verwalter tätig ist, sind:

- Er bearbeitet Kündigungen.
- Er bearbeitet den Abschluss von Mietverträgen.
- Er mahnt rückständige Miete an.
- Er sucht die Mieter selbst aus.

Der Mieter muss außerdem in folgenden Fällen keine Provision zahlen:

- wenn die vermittelte Wohnung eine Sozialwohnung ist;
- wenn durch den Mietvertrag das Mietverhältnis nur verlängert wird;
- wenn der Makler selbst Eigentümer der Wohnung ist.

Pflichten des Maklers

Bietet der Makler eine Wohnung zur Vermietung an, dann muss er sich an gewisse Spielregeln halten. So darf er beispielsweise nicht:

- Wohnräume anbieten, ohne dazu vom Vermieter einen Auftrag zu haben;
- eine Wohnung inserieren, ohne dass sein Name und seine Tätigkeit als Makler in der Annonce stehen;
- eine Wohnung anbieten, ohne dabei die Höhe der Miete und der Nebenkosten zu nennen;
- eine Provision vereinbaren, ohne sie für den Mieter verständlich in Bruchteilen oder Monatsmieten auszudrücken.

Verstößt der Makler gegen diese Regeln, dann kommt zwar trotzdem ein Vertrag zustande und im Zweifel muss der Mieter dann auch eine Provision zahlen. Allerdings hat der Makler eine Ordnungswidrigkeit begangen und muss dafür eine Strafe bis zu 25.000 Euro zahlen.

Zu den Pflichten des Maklers gehört, den Käufer objektiv über Lage, Preis und eventuelle Besonderheiten in Kenntnis zu setzen. Für nachweislich falsche Auskünfte haftet er dem Käufer gegenüber.

WISO rät: Unter den Maklern gibt es viele schwarze Schafe. Erkundigen Sie sich vor Abschluss eines Vertrags beim Ring Deutscher Makler, der Industrie- und Handelskammer oder dem Gewerbeamt über den Makler. Nützlich ist es manchmal auch, sich im Bekanntenkreis umzuhören.

Schließen Sie mit dem Makler immer einen schriftlichen Vertrag ab. So vermeiden Sie Unklarheiten, und das kann im Streitfall sehr wichtig sein.

Kontakt:
Ring Deutscher Makler
Mönkebergstr. 27
20095 Hamburg
Tel.: 040/32 56 48–0
Fax: 040/32 56 48–49
www.rdm.de

6. Bürgschaften

Beispiel: Hilfe ohne Grenzen

Ute Hummel und ihr Freund Peter sind seit etwa zwei Jahren ein Paar. Peter ist Kfz-Mechaniker und in einem großen Autohaus angestellt. Doch er will höher hinaus, sein eigener Herr werden. Er beschließt, eine Werkstatt zu pachten und dort als sein eigener Chef Geld zu verdienen. Doch für Halle, Hebebühnen, Werkzeug und sonstige Maschinen braucht er Geld, und das hat er nicht. Er wendet sich deshalb an seine Bank. Die bewilligt ihm auch gerne einen Kredit, wenn er Sicherheiten liefert. Weil er diese auch nicht hat, möchte die Bank eine Bürgschaft – am besten von seiner Lebensgefährtin Ute. Die hat nichts dagegen, für ihren Freund zu bürgen. Für ihn würde sie die Hand ins Feuer legen. Sie unterschreibt bei der Bank einen Bürgschaftsvertrag über 50.000 Euro. Doch einige Monate später gerät Peter in große finanzielle Schwierigkeiten. Er hat sich mit den Personalkosten übernommen, die Kundschaft bleibt aus oder zahlt nur schleppend und eine Hebebühne wird beschädigt. Peter ist nicht versichert und das reißt ein riesiges Loch in seine Kasse. Schließlich kann er nicht einmal mehr die Raten für den Kredit zahlen. Die Bank verlangt schließlich das Geld von Ute. Doch Ute weigert sich ebenfalls, zu zahlen. Sie hat zwar für Peter gebürgt, aber das heißt ihrer Ansicht nach noch lange nichts. Sie sieht überhaupt nicht

ein, mit ihrem schwer verdienten Geld für etwas zu zahlen, von dem sie noch nicht einmal etwas hatte.

Bürgschaft – was ist das überhaupt?

Die Unterschrift ist schnell geleistet. Eine reine Formsache, meinen viele und unterzeichnen einen der gefährlichsten Verträge: die Bürgschaft. Tritt der Ernstfall dann ein und kann der Kreditnehmer das Darlehen nicht mehr zurückzahlen, dann nimmt die Bank den Bürgen in Anspruch: Dieser haftet dann mit seinem gesamten Einkommen und Vermögen. Er tritt damit an die Stelle des Kreditnehmers – so, als ob er den Kredit selbst aufgenommen hätte. Gerade Ehefrauen und Kinder sitzen dann häufig auf einem Berg von Schulden, von dem sie ein Leben lang nicht mehr herunterkommen. Nach dem Gesetz hat der Bürge dann zwar einen Ausgleichsanspruch gegen den Schuldner. Das heißt, er kann den Kredit, den er nun an die Bank zahlen muss, von dem Schuldner wieder zurückverlangen. Ist bei diesem aber nichts zu holen, besteht der Anspruch nur auf dem Papier.

Auch Ute aus dem Beispielsfall muss jetzt zahlen. Der Bürgschaftsvertrag ist mehr als nur eine reine Gefälligkeit. Die meisten Menschen sind sich nicht darüber im Klaren, dass ein solcher Vertrag knallharte Verpflichtungen mit sich bringt und nicht nur bedeutet, einen Kredit zu befürworten.

WISO rät: Gehen Sie nicht aus familiärer Rücksichtnahme Verbindlichkeiten ein, die Sie aus eigenen Mitteln gar nicht tilgen können. Nehmen Sie sich deshalb viel Zeit und überlegen Sie gründlich, für wen Sie bürgen und welche finanzielle Belastung dabei auf Sie zukommen könnte. Holen Sie gegebenenfalls den fachkundigen Rat eines Rechtsanwalts oder der Verbraucherzentrale ein, die Sie vor Unterzeichnung des Vertrags genau über die Risiken und die Tragweite aufklären.

Manche Bürgschaftsverträge dehnen die Bürgschaftsschuld sehr weit aus. Der Bürge soll dann auch für in der Zukunft entstehende Verbindlichkeiten des Hauptschuldners haften. Hier läuft er Gefahr, auch für ihm unbekannte Verpflichtungen einstehen zu müssen. Andere Bürgschaftsverträge enthalten Klauseln, die vorsehen, dass die Bürgschaftsschuld um anfallende Zinsen, Provisionen, Kosten und Spesen aller Art erhöht wird.

WISO rät: Lesen Sie sich den Bürgschaftsvertrag inklusive Kleingedrucktem genau durch. Geben Sie keine Blankobürgschaft ab. Bestehen Sie darauf, dass der Bürgschaftsvertrag den Zweck der Bürgschaft enthält. Legen Sie einen Höchstbetrag fest, in dem bereits Zinsen und andere Kosten eingerechnet sind, da Sie ansonsten für weitaus mehr haften müssten.

Wissen sollten Sie auch, dass Sie einen Anspruch darauf haben, über den jeweiligen Stand des Kredits informiert zu werden. Allerdings muss Sie die Bank nicht von sich aus aufklären, sondern Sie müssen selbst nachfassen.

Haben Sie den Bürgschaftsvertrag erst einmal unterschrieben, sind Sie in aller Regel auch daran gebunden. Die Anfechtung eines solchen Vertrags auf Grund eines Irrtums über die Leistungsfähigkeit des Schuldners lassen die Gerichte in der Regel nicht gelten. Eine Kündigung des Bürgschaftsvertrags ist nur möglich, wenn diese nicht vertraglich ausgeschlossen ist. Ein solcher Ausschluss ist aber gerade bei Bankbürgschaften regelmäßig gegeben. Ist die Kündigung ausnahmsweise nicht ausgeschlossen, so dient sie in aller Regel nur zur Schadensbegrenzung. Es entspricht nämlich dem Charakter der Bürgschaft als Sicherungsmittel, dass Sie sich als Bürge nicht aus Verpflichtungen für die Vergangenheit lösen können. Die Kündigung wirkt deshalb ausschließlich für die Zukunft. Ein Kündigungsgrund kann beispielsweise in veränderten persönlichen oder rechtlichen Verhältnissen des Hauptschuldners liegen oder in Veränderungen der persönlichen Beziehungen, die Anlass für die Bürgschaftsübernahme waren.

War der Abschluss des Bürgschaftsvertrags sittenwidrig, ist der Vertrag nichtig. Sie müssen als Bürge dann nicht haften. Voraussetzung hierfür ist aber zunächst einmal, dass zwischen der von Ihnen eingegangenen Verpflichtung und Ihrer Leistungsfähigkeit ein auffälliges Missverhältnis besteht. Dies ist dann anzunehmen, wenn Sie bei Vertragsabschluss über kein eigenes Einkommen verfügt haben. Das allein reicht aber noch nicht aus. Es müssen zudem noch andere belastende Umstände vorliegen. Solche Belastungen ergeben sich insbesondere dann, wenn Sie als Bürge bei Vertragsabschluss geschäftlich unerfahren waren, oder auch bei mangelndem eigenen wirtschaftlichen Interesse an der Hauptschuld.

Ebenso beachtet werden die Umstände des Vertragsabschlusses, wie Überrumpelung, familiäre Verpflichtung, sozialer Druck, aus Ehe und Familie erwachsene Abhängigkeiten sowie mangelnde Aufklärung über die Tragweite der Verpflichtung. Letzte Voraussetzung ist, dass der Gläubiger auch Kenntnis von diesen Umständen hatte oder aber sich in grob fahrlässiger Weise dieser Erkenntnis verschlossen hat.

Manche Gerichte gehen auch davon aus, dass ein bürgender Ehegatte dann nicht mehr in Anspruch genommen werden kann, wenn die Eingehung der Verbindlichkeit den Ehegatten finanziell überforderte und wenn die Ehe endgültig gescheitert ist.

Dies sollten Sie noch wissen: Befinden Sie sich auf Grund einer Bürgschaftshaftung in einer perspektivlosen Verschuldenssituation, dann kann Ihnen die seit 1999 gültige Insolvenzordnung die Chance eröffnen, sich aus den Fängen einer sinnlosen Bürgschaft zu befreien. Informieren Sie sich bei einem Rechtsanwalt oder bei einer Verbraucherzentrale, ob diese Möglichkeit für Sie in Betracht kommt.

V. Urlaub und Reisen

1. Reisereklamationen

Beispiel: Bauarbeiten in der Hotelanlage

Sabine und Holger Hebbel sind im Reisefieber. Das ganze Jahr haben sie für ihren großen Jahresurlaub gespart. Ein ruhiges Hotel mit schönem Süßwasserpool, gutes Essen, ein bisschen Land und Leute – so stellen sie sich ihre Ferien vor. Doch als sie im Hotel ankommen, werden sie herb enttäuscht. Eine Baustelle direkt unter ihrem Balkon vermiest den beiden die Ruhe am Pool, die sie so dringend brauchen. Wegen des Lärms können sie sich in der Hotelanlage kaum aufhalten. Als sie wieder zu Hause sind, beschließen sie, einen Teil des Reisepreises vom Veranstalter zurückzufordern. Holger setzt sich fünf Wochen später an seinen Schreibtisch und formuliert einen verärgerten Brief. Noch verärgerter ist er aber, als er zwei Wochen später die Antwort liest. Die Reklamation komme zu spät, außerdem habe er sich am Urlaubsort noch nicht einmal beschwert. So schlimm könne es dann ja nicht gewesen sein. Holger beschließt, die Sache seinem Anwalt zu übertragen.

Richtiges Reklamieren beginnt bereits am Urlaubsort

Gründe für Reklamationen gibt es genug: Kakerlaken im Zimmer, die Baustelle vorm Fenster, falsche Angaben im Reiseprospekt, verschmutzter Swimmingpool, schlechtes Essen. In solchen Fällen können Sie vom Veranstalter einen Teil des Reisepreises zurückverlangen – das ist Ihr gutes Recht. Doch wer hier nicht richtig vorgeht, geht häufig leer aus. Im Anhang finden Sie einige Musterschreiben, an denen Sie sich bei Ihrer Beschwerde orientieren können.

Sabine und Holger Hebbel haben ziemlich viel falsch gemacht. Der Gang zum Anwalt ist für die beiden rausgeschmissenes Geld, denn Sie hätten sofort und noch am Urlaubsort tätig werden und die Reisemängel melden müssen. Hinterher können keine Ansprüche mehr geltend gemacht werden. Die Idee, die dahinter steckt, ist einfach: Dem Veranstalter muss die Möglichkeit gegeben werden, den Mangel zu beseitigen. Deshalb müssen Sie dem Veranstalter die Mängel auch mitteilen. Eine einfache Beschwerde an der Rezeption reicht da nicht aus.

Es ist daher unbedingt erforderlich, dass Sie bereits am Urlaubsort alle Beweise sichern.

So gehen Sie am Urlaubsort richtig vor:

- Wenn Sie Mängel feststellen, müssen Sie diese unverzüglich noch am Urlaubsort reklamieren. Am besten, Sie wenden sich an die Reiseleitung Ihres Veranstalters. Diese ist normalerweise in Ihrem Hotel anzutreffen. Sollte das nicht möglich sein, müssen Sie sich unbedingt mit dem Reiseveranstalter in Deutschland in Verbindung setzen. Im Zeitalter der modernen Kommunikation sollte das kein Problem sein. Fax oder Internet-Anschluss gibt es heutzutage überall.
- Setzen Sie der Reiseleitung eine Frist, innerhalb derer sie den Mangel beseitigen soll. Sie können auch ein Ersatzangebot verlangen, etwa ein anderes Hotel, denn das ist leichter zu besorgen, als beispielsweise eine Baustelle zu beseitigen.
- Wichtig: Sichern Sie unbedingt Beweise. Zum einen, dass Sie den Mangel ordnungsgemäß reklamiert haben, und zum anderen dafür, dass die Mängel auch wirklich existieren. Machen Sie Fotos von den Mängeln und erstellen Sie ein Mängelprotokoll.
- Im Mängelprotokoll sollten alle Mängel ausführlich aufgelistet sein, beispielsweise, dass das Zimmer keine Dusche hat oder im Hotel keine Vollpension angeboten wird. Dieses Protokoll muss vom Reiseleiter anerkannt werden. Aber Vorsicht: Eine einfache Unterschrift oder ein „Zur Kenntnis genommen“ reicht nicht aus. Er muss die Mängel schon ausdrücklich bestätigen. Falls er sich weigert, lassen Sie einige Mitreisende mitunterschreiben, die die Mängel bestätigen können.
- Notieren Sie sich auch die Namen und die Anschriften von eventuellen Zeugen, die die Mängel bestätigen können. Falls es zu einer gerichtlichen Auseinandersetzung kommt, können Sie die Zeugen laden lassen.
- Fahren Sie nie ohne die entsprechende Seite des Katalogs in die Ferien. Nur so können Sie feststellen, dass Ihre Reise auch wirklich dem entspricht, was Sie gebucht haben.

Wieder zu Hause – was tun?

Auch wenn Sie am Urlaubsort richtig reklamiert haben – zu Hause dürfen Sie dann nicht die Hände in den Schoß legen. Jetzt müssen Sie einige wichtige „Spielregeln“ beachten, wenn Sie Geld zurück haben wollen.

Ihre Ansprüche müssen Sie unbedingt innerhalb eines Monats nach dem vertraglich festgelegten Reiseende beim Reiseveranstalter reklamieren. Das haben die Hebbels in unserem Fall versäumt. Wer fünf Wochen nach Reiseende reklamiert, hat leider Pech gehabt. Wichtig: Beanstanden Sie beim Veranstalter, nicht bei Ihrem Reisebüro. Die Adresse des Veranstalters können Sie in der Regel Ihren Reiseunterlagen entnehmen.

Reklamieren Sie grundsätzlich schriftlich und immer per Einschreiben und

Rückschein. Wer das nicht tut, riskiert häufig Streitereien mit dem Reiseveranstalter, wenn dieser behauptet, Ihre Reklamation nie erhalten zu haben.

Benennen Sie die Mängel ganz konkret und machen Sie auch deutlich, was Sie vom Veranstalter erwarten: Preisminderung, komplette Rückzahlung des Preises, Schadenersatz? Auf einen genauen Betrag müssen Sie sich allerdings noch nicht festlegen.

Ihre Ansprüche verjähren nach neuem, seit dem 1.1.2002 geltenden Recht in zwei Jahren, wobei die meisten Veranstalter durch allgemeine Geschäftsbedingungen auf ein Jahr verkürzen. Trotz allem ist die Frist immer noch länger als vor dem 1.1.2002. Die Verjährungsfrist betrug bis dahin immerhin nur sechs Monate. Die Frist beginnt dann zu laufen, wenn der Reiseveranstalter Ihre Ansprüche endgültig zurückgewiesen hat.

Nicht selten versuchen Reiseveranstalter ihre unzufriedenen Kunden auch mit einem Gutschein abzuspeisen. Mit diesem können Sie Ihre Preisminderung erst dann in bare Münze umwandeln, wenn Sie die nächste Reise beim selben Veranstalter buchen. In den meisten Fällen wollen die Kunden aber gerade mit diesem Veranstalter nicht mehr verreisen. Deshalb müssen Sie nach dem Gesetz einen Gutschein auch nicht akzeptieren. Schließlich kann niemand gezwungen werden, noch einmal bei dem Reiseveranstalter zu buchen, mit dem er unzufrieden war.

Vorsicht auch vor Schecks, die nicht auf die von Ihnen gewünschte Summe ausgestellt sind. Wenn Sie diese vorschnell einlösen, kann der Reiseveranstalter Ihnen das als Zustimmung zu einem außergerichtlichen Abfindungsvergleich auslegen. Teilen Sie dem Reiseveranstalter schriftlich mit, dass Sie den Scheck nicht als Vergleichsangebot verstehen, sondern lediglich als Anzahlung. Versäumen Sie das, verlieren Sie Ihre Ansprüche.

Mängel vor Reiseantritt – was tun?

Doch Ärger gibt es nicht nur am Urlaubsort. Oft fangen die Probleme schon an, wenn man noch gar nicht verreist ist. So kann es vorkommen, dass der Veranstalter Ihnen vor Reiseantritt mitteilt, dass sich an der Reise etwas ändern wird, zum Beispiel, dass Sie in einem anderen Hotel wohnen werden, die Flugroute sich geändert hat oder auch, dass vor dem Hotel eine Baustelle ist. Auch hier müssen Sie handeln, doch wie, hängt davon ab, was Sie jetzt noch von Ihrem Urlaub erwarten.

- Prüfen Sie, ob es sich um eine erhebliche Änderung handelt. Bietet Ihnen der Veranstalter statt des ursprünglich gebuchten Hotels ein anderes an, das aber den gleichen Standard hat, müssen Sie das akzeptieren.
- Sind die Änderungen erheblich, teilen Sie dem Reiseveranstalter in einem Brief mit, dass Sie den Urlaub antreten werden, sich aber eventuelle Ansprüche vorbehalten. Versäumen Sie diese Mitteilung, kann der Veranstalter hinterher behaupten, dass Sie von den Beeinträchtigungen gewusst haben und trotzdem gefahren sind. Geld bekommen Sie dann keines zurück.

- Manchmal gibt es auch Änderungen, die Sie auf keinen Fall akzeptieren wollen. Dann haben Sie die Möglichkeit, dem Veranstalter eine Frist zu setzen, bis zu der er die vereinbarte oder wenigstens eine vergleichbare Leistung erbringen soll. Schafft er das nicht, sind Sie berechtigt, selbst Abhilfe zu leisten, also beispielsweise ein anderes Hotel zu suchen. Etwaige Mehrkosten, die dadurch entstehen, muss der Veranstalter Ihnen ersetzen.
- Sie können die Reise auch kündigen. Voraussetzung dafür ist, dass eine ganz gravierende Änderung vorliegt. Das ist zum Beispiel dann der Fall, wenn Sie ein Sporthotel gebucht haben, Ihnen aber nur ein Hotel ohne Sportmöglichkeit angeboten wird.

Kündigung der Reise

Manchmal kann es besser sein, wenn man die Reise gar nicht erst antritt. Zum Beispiel dann, wenn am Urlaubsort Verhältnisse anzutreffen sind, die unzumutbar oder sogar gefährlich sind. Das kann ein Vulkanausbruch sein, eine politische Revolution oder sich häufende Terroranschläge. In solchen Fällen können sowohl Sie als auch der Veranstalter die Reise kündigen.

Beispiele für Kündigungsrecht bei „höherer Gewalt“:

- Algenpest, auch wenn diese von Menschen verschuldet wurde,
- Vulkanausbrüche,
- Revolutionen,
- Kriege,
- Streiks von Hotelpersonal, wenn sie nicht durch den Veranstalter verursacht wurden,
- Anschläge auf Touristenzentren, wenn sie nicht einmalig sind.

WISO rät: Informieren Sie sich schon vor Buchung der Reise, ob Ihr Reiseziel gefährdet ist. Konnten Sie die Gefahr bei der Buchung nämlich erkennen, weil zu diesem Zeitpunkt bereits mehrfach in der Zeitung oder im Fernsehen darüber berichtet wurde, dann gehen Sie leer aus, wenn Sie trotzdem buchen. Anders sieht es aus, wenn Sie die Gefahr kennen, der Veranstalter Ihnen aber erzählt, es sei alles nicht so schlimm und Ihr Urlaubsort sei nicht betroffen. Dann können Sie trotzdem kündigen, denn der falsche Tipp geht zu Lasten des Veranstalters. Voraussetzung ist allerdings, dass Sie diese Aussage auch beweisen können. Am besten also schriftlich geben lassen.

Wichtige Telefonnummern – für Ihre Sicherheit

Wer Zweifel hat, ob das ausgewählte Urlaubsziel sicher genug ist, kann sich an das Auswärtige Amt in Bonn wenden. Unter den Telefonnummern 030/500 00, 1888/170, 0228/170 oder dem Bürgertelefon 01888/174 44 44 können Sie die Warnhinweise abfragen. Wenn das Auswärtige Amt vor einer Reise in Ihr Urlaubsgebiet warnt, sollten Sie auf alle Fälle die Reise kündigen.

Wie viel Geld gibt es zurück?

Da hat man alles richtig gemacht, am Urlaubsort reklamiert, Beweise gesichert und Fristen eingehalten. Und dann macht der Veranstalter Ihnen ein Angebot, und Sie wissen nicht: „Sind diese 10 Prozent in Ordnung oder soll ich auf mehr bestehen?"

Eine erste Orientierung bietet die so genannte „Frankfurter Tabelle". Sie wurde vom Landgericht Frankfurt zusammengestellt und zeigt exemplarisch, wie viel Geld Urlaubern in bestimmten Fällen zugesprochen wurde. Aber: Diese Tabelle ist nicht bindend. Sie dient nur als erster Anhaltspunkt. Letztlich kommt es immer auf den Einzelfall an, denn die Fälle sind teilweise recht kompliziert, und geringe Abweichungen schlagen sich unter Umständen sofort in der Höhe der Minderung nieder.

Die Frankfurter Tabelle (auszugsweise)

Mangel	Minderung in Prozent
Ungeziefer im Hotelzimmer	10–15
verdorbenes Essen	20–30
fehlender Swimmingpool trotz Zusage	10–20
verschmutzter Strand	10–20
Lärm in der Nacht	10–40
Doppelzimmer statt Einzelzimmer	20
zu kleines Zimmer	5–10
fehlendes eigenes Bad/WC trotz Zusage	15–25
fehlender Meerblick trotz Zusage	5–10
fehlende Klimaanlage trotz Zusage	10–20
verschmutztes Geschirr	10–15
Stromausfall	10–20
Ausfall des Fahrstuhls	5–10, je nach Stockwerk
fehlende Reiseleitung	5–30
keine Bademöglichkeit im Meer	10–20
fehlende Strandliegen/Sonnenschirme	10–20

Falls die Reisepreisminderung 50 Prozent des Reisepreises übersteigt, können Sie zusätzlich noch Schadenersatz geltend machen, und zwar wegen so genannter entgangener Urlaubsfreude. Ausreichend ist dabei auch, dass nur einige Reisetage in Höhe von mindestens 50 Prozent in ihrem Wert gemindert sind. In der Regel können Sie dann Pauschalbeträge geltend machen. Die Rechtsprechung gewährt dabei in der Regel zwischen 25 und 50 Euro pro Tag.

Damit Sie den Schadenersatz bekommen, müssen Sie allerdings einige Voraussetzungen erfüllen:

- Die Reise muss entweder vereitelt oder erheblich beeinträchtigt worden sein,
- Sie müssen Ihre Urlaubszeit nutzlos aufgewendet haben,
- ein Minderungsanspruch von mindestens 50 Prozent muss gerechtfertigt sein.

„Prospektchinesisch“

Nicht immer ist alles Gold, was glänzt. Viele Urlauber lassen sich von den eindrucksvollen Katalogen der Reiseveranstalter in höchste Begeisterung versetzen und sind hinterher doppelt enttäuscht, wenn alles ganz anders aussieht. Wenn sie dann reklamieren, folgt sogleich die nächste Enttäuschung, denn möglicherweise liegt gar kein Mangel vor – und sie haben den Prospekt nicht richtig gelesen. Viele Reiseveranstalter benutzen nämlich ein regelrechtes „Prospektchinesisch“. Sie verwenden Begriffe, die gut klingen, aber nur einen schlechten Zustand gut umschreiben. Umso wichtiger ist es daher, dass Sie die Prospektsprache verstehen.

Hier einige Beispiele aus der „Prospektsprache“:

- Spricht der Prospekt von einem „naturbelassenen Strand“, ist das nur die nette Umschreibung für einen ziemlich ungepflegten Strand.
- Die „verkehrgünstige Lage“ lässt darauf schließen, dass Ihr Hotel wahrscheinlich an der Hauptstraße des Urlaubsorts liegt. Straßenlärm rund um die Uhr gönnt Ihnen weder Ruhe noch Erholung.
- Ein „Zimmer mit Meerblick“ muss sich nicht unbedingt am Meer befinden. Es reicht, wenn Sie dorthin „blicken“ können – auch wenn es um die Ecke ist.
- Beim „Zimmer zur Meerseite“ kann durchaus der Blick durch andere Häuser versperrt sein.
- Ein beheizbarer Swimmingpool bedeutet nur, dass er beheizbar ist, nicht, dass er auch beheizt wird.
- Ein Haus mit „familiärer Atmosphäre“ hat in der Regel nicht viel übrig für Service und Komfort.
- „Im Zentrum gelegen“ ist oft eine charmante Beschreibung für ständige Lärmbelästigungen.
- Ein im Prospekt beschriebenes „neu eröffnetes Hotel“ deutet darauf hin, dass gerade die Außenanlagen noch nicht vollständig erstellt sind.

Hilfe für Individualreisende

Die oben genannten Ratschläge gelten immer für Reisende, die eine so genannte Pauschalreise buchen, also über Reisebüro oder auch Internet ein Paket aus Flug, Unterbringung und Verpflegung buchen. Für die so genannten Individualreisenden, also diejenigen, die sich ihr eigenes Päckchen schnüren, gelten andere Gesetze. Wichtigster Unterschied: Ihr Vertragspartner ist immer das Hotel, in dem sie übernachten, oder die Fluggesellschaft, mit der sie fliegen. Mit einem Reiseveranstalter haben sie nichts zu tun.

WISO rät: Achten Sie bei einer Hotelreservierung darauf, eine Bestätigung Ihrer Reservierung zu bekommen. Haben Sie die nicht, können Sie unter Umständen nicht beweisen, dass zwischen Ihnen und dem Hotel ein Vertrag zustande gekommen ist. Das ist immer dann von Bedeutung, wenn Sie im Hotel ankommen und man dort von einem Zimmer für Sie gar nichts weiß. Mit einer Bestätigung gibt es Klarheit und auch kostenlosen Ersatz, wenn das Hotel ausgebucht sein sollte.

Auch wenn Sie nichts unterschreiben – wenn Sie ein Zimmer buchen, schließen Sie einen Vertrag mit dem Hotel ab. Vertragsbestandteil sind meist auch die Allgemeinen Geschäftsbedingungen. Die sind aber nur dann wirksam vereinbart, wenn

- der Hotelier darauf hingewiesen hat
- und Sie von den Bedingungen Kenntnis nehmen konnten.

In der Regel ist das bei schriftlichen Verträgen der Fall, weil die Formulare immer einen solchen Hinweis enthalten.

Meist buchen Sie Ihr Hotel für eine bestimmte Dauer, zum Beispiel für den Zeitraum von einer Woche. Dann können Sie in der Regel das Hotel nicht einfach nach zwei Tagen wieder verlassen. Der Wirt kann Ihnen allerdings auch nicht nach zwei Tagen wieder kündigen. Falls Sie sich also entschließen, doch früher abzureisen, haben Sie trotzdem den vereinbarten Preis zu zahlen. Allerdings muss sich der Hotelwirt seine so genannten ersparten Aufwendungen anrechnen lassen.

Ersparte Aufwendungen sind alle Kosten, die sich der Wirt dadurch erspart, dass Sie abreisen, also zum Beispiel die Kosten für die Mahlzeiten. Diese dürfen Sie ihm von dem Zimmerpreis abziehen, wenn Sie vorzeitig abreisen. Wenn Sie also Vollpension gebucht haben, können Sie mit rund 40 Prozent natürlich wesentlich mehr abziehen als bei einer einfachen Übernachtung, wo Sie nur 10 bis 20 Prozent abziehen können. Eine nicht in Anspruch genommene Übernachtung mit Frühstück führt zu einem Abzug von rund 30 Prozent.

Haftung beim Fliegen

Es gibt nur wenige Reisende, die ganz ohne Angst ein Flugzeug besteigen. Dabei gehört das Flugzeug zu den sichersten Verkehrsmitteln überhaupt. Das häufigste Problem, das beim Fliegen auftreten kann, ist der Verlust des Gepäcks. Bei Problemen auf Ihrer Flugreise gilt für Flüge innerhalb Deutschlands das Bürgerliche Gesetzbuch (BGB) und das Luftverkehrsgesetz. Bei ausländischen Flügen, auch von und nach Deutschland, gilt das Warschauer Abkommen. Danach können Reisende Schadenersatz verlangen, wenn ihr Gepäck abhanden kommt oder sie einen Personenschaden erleiden.

- Falls der Koffer beim Flug abhanden kommt, muss die Fluggesellschaft natürlich haften. Das Gleiche gilt, wenn jemand durch einen Flugunfall verletzt oder sogar getötet wird. Allerdings gibt es auch hier Haftungsbegrenzungen.
- Falls Ihr Flugzeug zu spät abhebt, können Sie Schadenersatz geltend machen – ein wesentlicher Unterschied zum Pauschalreiserecht. Wenn Sie also eine Tagung verpassen, weil der Flieger zu spät abhebt, können Sie die Gebühren von der Fluggesellschaft zurückverlangen.

Haftungsbegrenzungen bei Flugreisen nach dem Luftverkehrsgesetz:

- Bei Flügen innerhalb Deutschlands haften die Fluggesellschaften nur bis zu einem Betrag von 1.636 Euro für das Gepäck.
- Bei internationalen Flügen gilt zurzeit noch die Haftungsbegrenzung des Warschauer Abkommens. Wer sein Gepäck im Ausland verliert, bekommt demnach nur 27,35 Euro pro Kilogramm Gepäck ersetzt.
- Bei Personenschäden auf nationalen Flügen haftet die Fluggesellschaft nur bis zu einem Betrag von 163.616 Euro pro Person. Bei internationalen Flügen liegt die Begrenzung bei nur 27.355 Euro.

Weil diese Beträge völlig unzureichend sind, haben einige Fluggesellschaften ihre Haftungsobergrenzen freiwillig erhöht.

Achtung, sämtliche Beträge werden in Zukunft angehoben:

- Für nationale Flüge gibt es demnächst eine Gesetzesänderung. Danach erhöht sich die Haftung für Gepäck auf 1.700 Euro und die Haftung für Personenschäden auf 600.000 Euro oder einen jährlichen Rentenbetrag von 36.000 Euro.
- Auf internationalen Flügen wird das Warschauer Abkommen demnächst vom Montrealer Abkommen abgelöst. Statt konkreter Beträge wird es dann Sonderziehungsrechte geben. Die genaue Höhe stand bei Redaktionsschluss noch nicht endgültig fest.

2. Reiseversicherung

Beispiel: Die nicht angetretene Reise

Michael und Sonja Helm wollen mit ihren beiden Töchtern Gerrit und Annika mal wieder eine Flugreise in den Süden machen. Dieses Jahr haben sie sich Fuerteventura als Ziel ausgesucht. Die Dame im Reisebüro rät Michael und Sonja, eine Reiserücktrittsversicherung abzuschließen. Sie hätte da ein Sonderangebot von verschiedenen Versicherungen zu einem sensationellen Komplettpreis, damit seien sie rundum abgesichert. Gerade wenn man Kinder habe, könne man ja nie sicher sein, ob man die Reise auch wirklich antreten könne. Die beiden unterschreiben. Eine Woche vor Reiseantritt tritt der Fall der Fälle dann tatsächlich ein. Beide Kinder erkranken an Scharlach. Michael und Sonja stornieren sofort die Reise. Gut, dass wir eine Rücktrittsversicherung haben, denken sie. Doch die Dame im Reisebüro verlangt trotzdem 320 Euro von ihnen. Die Helms ärgern sich, denn davon war nie die Rede.

Versicherungspakete – sind die sinnvoll?

Das ganze Jahr über fiebern zahlreiche vom Alltag Gestresste dem lang ersehnten Urlaub entgegen. Damit nichts schief geht, wollen sie eine Reiseversicherung abschließen, am besten eine, die sie gegen alle nur erdenklichen Risiken schützt. Im Reisebüro werden den Reiselustigen dann meistens so genannte „Rundumpakete" angeboten. Darin enthalten sind die Reiserücktrittsversicherung, die Reisegepäckversicherung, die Reisekrankenversicherung, ja selbst die Reisehaftpflichtversicherung und die Reiseunfallversicherung fehlen nicht. Mit der Police in der Hand fahren die Urlauber erst einmal ganz beruhigt in den Urlaub – bis es zum Schadensfall kommt. Dann bemerken die Reisenden oft, dass die Versicherung entweder keinen Cent bezahlt oder das Rundumpaket überflüssig war.

WISO rät: Komplettpakete, wie sie von Reisebüros häufig angeboten werden, sind in vielen Fällen überflüssig. Schätzen Sie deshalb Ihre einzelnen Risiken gezielt ab und entscheiden Sie dann, welche Versicherung wirklich Sinn macht. Letztlich kommen Sie so genauso gut geschützt wesentlich billiger weg.

Reisegepäckversicherung

Die Reisegepäckversicherung soll den Verlust oder die Beschädigung Ihres Reisegepäcks ersetzen. Für einen relativ hohen Beitrag bietet sie oft aber nur einen minimalen Schutz, denn in einer Vielzahl von Fällen lehnen die Versicherer im Schadensfall die Schadenersatzleistung mit der Begründung ab, der Schaden sei durch grobe

Fahrlässigkeit verursacht worden. So muss beispielsweise derjenige, der seinen Koffer auf dem Gepäckwagen stehen lässt, den Schaden in aller Regel selbst berappen, auch wenn er nur kurz ein weiteres Gepäck vom Gepäckband genommen hat. Auch wer bei einem gestohlenen Auto nicht unverzüglich den Schaden bei der Polizei meldet, geht in der Regel leer aus. Dabei sind nach Ansicht vieler Versicherungen schon drei Stunden nach dem Schadenseintritt zu spät. Sprachliche Barrieren, die es häufig verhindern, dass der Reisende schnell zur Polizei durchdringt, bleiben dabei meist unberücksichtig. Diese Auffassung wird durch viele gerichtliche Entscheidungen bestätigt, da die Gerichte ebenfalls an die Vorsichtsmaßnahmen von Reisenden hohe Anforderungen stellen.

Weiterer Haken: Ganz ausgenommen von der Erstattung sind Bargeld, Schecks und Fahrkarten. Außerdem werden Wertgegenstände, wie zum Beispiel Schmuck, Pelze oder Fotoausrüstungen, in der Regel nur bis maximal zur Hälfte des Schadens übernommen. Hinzu kommt, dass normalerweise nur der Zeitwert des Gepäcks ersetzt wird, es sei denn, es wurde eine Neuwertversicherung abgeschlossen.

Im europäischen Ausland ist das Gepäck auch ohne Reisegepäckversicherung über die Hausratversicherung gegen Einbruchdiebstahl und Raub gesichert. Manche Versicherungen bieten sogar einen weltweiten Schutz an. Bei einem einfachen Diebstahl zahlt die Hausratversicherung allerdings nicht. Und worin liegt der Unterschied?

Bei einem Einbruchdiebstahl stiehlt der Täter eine Sache, die sich in einem abgeschlossenen Raum oder in einem Behältnis befindet. Entwendet der Täter also beispielsweise etwas aus Ihrem Ferienappartement, würde die Hausratversicherung den Schaden übernehmen. Eine Reisegepäckversicherung wäre in diesem Fall überflüssig. Gleiches gilt, wenn Ihr Koffer beispielsweise aus dem Auto entwendet wurde. Allerdings zahlt die Hausratversicherung meistens nur dann, wenn der Wagen auf einem bewachten Parkplatz stand. Ein einfacher Diebstahl würde dagegen dann vorliegen, wenn der Täter Ihren Koffer vom Gepäckband nimmt oder Ihnen Ihre Sonnenbrille aus der Tasche zieht, ohne dass Sie es bemerken.

Und wann liegt Raub vor? Bleiben wir einmal bei dem Fall mit dem Gepäckband. Würde der Täter Sie hier bedrohen oder gar Gewalt gegen Sie ausüben, um den Koffer wegzunehmen, liegt kein einfacher Diebstahl, sondern Raub vor. Konsequenz: Die Hausratversicherung zahlt in der Regel den Schaden.

WISO rät: Überlegen Sie gut, ob Sie wirklich eine Gepäckversicherung abschließen wollen, denn wer als Kunde so vorsichtig ist, wie es die Versicherungsbedingungen verlangen, kann in der Regel kaum noch bestohlen werden. Besser ist es in jedem Fall, teures Gepäck und Wertgegenstände zu Hause zu lassen.

Reiserücktrittsversicherung

Wenn Sie eine Reise nicht antreten können, dann müssen Sie in der Regel Stornogebühren bezahlen. Deren Höhe hängt davon ab, wie lange vor dem Reiseantritt Sie stornieren. Je später die Absage, desto höher die Stornogebühren. Die Reiserücktrittsversicherung übernimmt in einem solchen Fall die Stornogebühren, wenn die Reise aus den im Vertrag genannten Gründen abgesagt wird. Das ist beispielsweise bei Tod, Unfall, unerwarteter Krankheit oder Schwangerschaft der versicherten Person, deren Angehörigen sowie der Mitreisenden der Fall. Vorsicht: Der Versicherungsschutz ist aber ausgeschlossen, wenn das Ereignis schon bei Vertragsabschluss vorhersehbar war. Ebenfalls nicht bezahlt wird, wenn im Reiseland Krieg droht oder bereits ausgebrochen ist.

Der Preis der Versicherung hängt wiederum von der Höhe des Reisepreises ab. Je teurer die Reise, desto teurer die Versicherung.

Fast alle Versicherungen verlangen übrigens einen Eigenanteil, bei Stornierung wegen Krankheit sogar oft in Höhe von 20 Prozent der Stornokosten.

Auch Michael und Sonja haben das nicht bedacht. Sie müssen trotzdem noch 20 Prozent der Stornokosten bezahlen. Allerdings sind sie mit der Versicherung immer noch besser gefahren als ohne. Hätten sie auf die Versicherung verzichtet, hätten sie wesentlich höhere Stornogebühren zahlen müssen.

Wichtig: Bei der Reiserücktrittsversicherung sollte die Versicherungssumme den Reisekosten entsprechen, damit außer dem anfallenden Selbstbehalt keine weiteren Zahlungen geleistet werden müssen. Der Vertrag muss außerdem spätestens zwei Wochen nach Reisebuchung abgeschlossen werden. Und: alle Reiseteilnehmer müssen namentlich im Antrag benannt werden.

Reisekrankenversicherung

Die Reisekrankenversicherung erstattet Kosten, die im Ausland für Medikamente, Heilbehandlungen, Rücktransporte sowie schmerzstillende Zahnbehandlungen entstehen. Sie ist für gesetzlich Versicherte unbedingt empfehlenswert. Der Grund: Gesetzlich Versicherte sind nur dann versichert, wenn zwischen ihrem Reiseland und Deutschland ein so genanntes Sozialversicherungsabkommen besteht. Dieses Abkommen gilt in der Regel für alle Länder innerhalb der EU. Aber selbst in diesen Ländern bleiben Urlauber oft auf ihren Kosten sitzen, wenn der Arzt am Urlaubsort nur gegen Bargeld tätig wird und den Auslandskrankenschein nicht akzeptiert. Denn häufig fällt die Rechnung höher aus als die entsprechende Behandlung auf Auslandskrankenschein. Diese Differenz muss der Patient aus eigener Tasche zahlen. Wer in Nicht-EU-Länder reist beziehungsweise in Länder, mit denen kein Sozialversicherungsabkommen besteht, für den sieht es mit dem Versicherungsschutz ohnehin schlecht aus. In

der Regel zahlt die Versicherung keinen Cent. Außerdem bekommen Sie von Ihrer gesetzlichen Krankenversicherung – auch in EU-Ländern – nur solche Leistungen bezahlt, die in dem Reiseland üblich sind. Verlangen Sie also im Ausland eine Behandlung, die wohl zum deutschen, nicht aber zum dortigen Standard gehört, dann müssen Sie die aus eigener Tasche bezahlen.

WISO rät: Auch wenn Sie privat versichert sind, sollten Sie zusätzlich eine Reisekrankenversicherung abschließen, wenn in Ihren Vertragsbedingungen nicht alle erwähnten Versicherungsleistungen abgedeckt sind. Das gilt insbesondere dann, wenn im Notfall ein Rücktransport nicht von der Versicherung übernommen wird.

Auch wer über die Beihilfe für Beamte Krankenkosten erstattet bekommt, für den kann die Auslandskrankenversicherung sinnvoll sein, weil die Beihilfe nur bedingt die im Ausland anfallenden Kosten übernimmt.

Wer chronisch krank ist und schon vor Reiseantritt mit Behandlungsmaßnahmen im Ausland rechnen muss, der sollte in jedem Fall vor Reiseantritt mit seiner Krankenkasse klären, inwiefern die Kosten übernommen werden können.

Reisekrankenversicherungen gibt es als Tages- und Jahrespolicen. Weniger empfehlenswert sind Tagespolicen, denn sie müssen immer wieder neu abgeschlossen werden. Jahrespolicen gelten dagegen ein Jahr nach Abschluss des Versicherungsvertrages. Pro Reise darf dabei eine vertraglich festgelegte Höchstdauer (meist sechs bis acht Wochen) nicht überschritten werden. Bei vielen Anbietern verlängern sich die Jahrespolicen um ein weiteres Jahr, wenn sie nicht rechtzeitig gekündigt werden.

WISO rät:

- Die Reisekrankenversicherung ist wirklich sinnvoll. Achten Sie bei deren Abschluss aber unbedingt aufs Kleingedruckte. Vermeiden Sie Anbieter, die den Rücktransport im Krankheitsfall nur dann bezahlen, wenn er im Ausland ärztlich angeordnet wurde. Diese Anordnung erhält man nur in den wenigsten Fällen. Die Finger weglassen sollten Urlauber auch von Verträgen, in denen der Rücktransport nur dann übernommen wird, falls er „medizinisch notwendig" ist.
- Enthält der Vertrag eine so genannte Vorleistungsklausel, sollten Sie sich ebenfalls besser für eine andere Police entscheiden.
- Vergleichen Sie die Nachleistungsfrist. Die Versicherungen übernehmen auch die Kosten, wenn die Krankheit über das geplante Ende der Reise andauert und eine Rückreise nicht möglich ist. Die Nachleistungspflicht sollte möglichst lang sein.
- Lassen Sie sich per Fax von Ihrer Versicherung die Kostenübernahme bestätigen, wenn im Ausland eine besonders teure Behandlung ansteht.
- Schließen Sie keine Reisekrankenversicherung ab, wenn der Anbieter eine Selbstbeteiligung verlangt.
- Wer für länger als die vertragliche Höchstreisedauer verreisen will, sollte seinen

Anbieter um Verlängerung der Deckungsdauer bitten oder die Versicherung bei einem anderen Versicherer abschließen.

- Vergleichen Sie die Preise. Jahrespolicen sind schon für 7 Euro, aber auch für ein Vielfaches mehr zu bekommen. Für Familien gibt es bei einigen Anbietern Spezialtarife. Jahresverträge gibt es dann schon für 15 Euro.

Reisehaftpflichtversicherung

Sie ist eine weniger zu empfehlende Police, weil sie eigentlich völlig sinnlos ist. Eine private Haftpflichtversicherung sollte jeder haben. Diese gilt aber in der Regel ohnehin weltweit, so dass sich eine spezielle Reisehaftpflichtversicherung erübrigt.

Reiseunfallversicherung

Von der Reiseunfallversicherung ist ebenfalls eher abzuraten. Empfehlenswerter ist es, bei einem preisgünstigen Anbieter einen Vertrag abzuschließen, der sie in allen Lebenslagen gegen invaliditätsbedingte Einkommensausfälle nach einem Unfall schützt, und nicht nur im Urlaub. Weil die Preisunterschiede hierfür ins Unermessliche steigen, lohnt sich dort ein ganz besonderer Vergleich.

WISO rät: Bevor Sie also alle Ihnen angebotenen Reiseversicherungen abschließen, sollten Sie Ihren Bedarf an Versicherungen genau prüfen und das Risiko abwägen. Lassen Sie sich in Ihrem Reisebüro ausführlich beraten und entscheiden Sie erst, wenn Sie die Vertragsbedingungen genau durchgelesen haben.

VI. Auto und Verkehr

1. Verkehrsunfall

Beispiel: Der unvorsichtige Sportwagenfahrer

Franz Huber fährt mit seinem vier Jahre alten Kombi auf einer Vorfahrtsstraße innerhalb einer geschlossenen Ortschaft. Es ist regnerisch, daher fährt Franz Huber sehr vorsichtig. Plötzlich schießt von rechts ein Sportwagen aus einer Seitenstraße und fährt in die Beifahrerseite des Kombi. Hans Meier, der Fahrer des Sportwagens, steigt sofort aus und sieht sich den Schaden an. Die Stoßstange und die Motorhaube seines Wagens haben beträchtliche Dellen und Lackschäden. Bei Franz Hubers Fahrzeug sind die Beifahrertür und der rechte vordere Kotflügel eingedrückt. Die Tür lässt sich nicht mehr öffnen. Beide Fahrer tauschen die Adressen und Versicherungsangaben aus und verlassen den Unfallort. Doch zu Hause kommen beiden Zweifel: Haben sie wirklich richtig gehandelt?

Schadensregulierung

In etwa fünf bis zehn Prozent der Verkehrsunfälle gibt es nachträglich Streit über die Vorfahrt, und immer wieder passiert das Gleiche: Am Unfallort selbst machen sich die Beteiligten oft keine großen Gedanken. Sie tauschen wie im obigen Fall Adressen und Versicherungsdaten aus und fahren nach Hause. Aber Vorsicht: Hat man vor Ort alles getan, um seine Rechte zu sichern? Und wie sieht es überhaupt mit der Schadensregulierung aus?

WISO rät:

- Bewahren Sie stets eine billige Kamera im Auto auf und machen Sie damit sofort Aufnahmen von der Unfallstelle.
- Fotografieren Sie das Unfallgeschehen möglichst von allen Seiten. Bei Übersichtsaufnahmen sollten Sie später vermessbare Punkte, wie zum Beispiel Kanaldeckel, Straßenleuchten, Verkehrsschilder und Bäume, im Bildausschnitt mit fotografieren. Ergänzen Sie die Fotos durch Skizzen.
- Bei einem geringen Schaden sollten Sie die Unfallposition mit Kreide (im Verbandskasten) markieren und dann zur Seite fahren.
- Notieren Sie sich Name, Adresse und Kennzeichen sowie die Versicherung des Unfallgegners. Lassen Sie sich als Beweis für die Richtigkeit den Ausweis zeigen.
- Auch wenn der Unfall noch so belanglos erscheint, notieren Sie sich die Namen

und Adressen aller Zeugen. Falls sich die Zeugen zuvor entfernt haben, geben Sie eine Zeitungsannonce auf.

- Unterschreiben Sie kein Schuldanerkenntnis, sonst könnte Ihre eigene Haftpflichtversicherung gegen Sie später Regressansprüche geltend machen.
- Gehen Sie bei Schmerzen und Verletzungen immer gleich zum Arzt. Nur so kann eine Verletzung dokumentiert werden, die später zu einem Schmerzensgeldanspruch führt.
- Helfen Sie Verletzten am Unfallort. Wer nicht hilft, kann sich wegen unterlassener Hilfeleistung strafbar machen.
- Wenn sonst niemand am Unfallort anwesend ist, dann warten Sie eine angemessene Zeit (abhängig von Unfallschwere, Tageszeit und Örtlichkeit), und hinterlassen Sie dann Namen und Anschrift am Unfallort. Aber: Der Zettel oder die Visitenkarte unter den Scheibenwischer geklemmt genügt nicht. Sie müssen über die Zulassungsstelle unverzüglich den Halter des Wagens ermitteln und sich mit diesem in Verbindung setzen. Ist dieser nicht erreichbar, müssen Sie sich unmittelbar bei der Polizei melden. Tun Sie das nicht, riskieren Sie eine Strafe wegen unerlaubten Entfernens vom Unfallort.
- Bei hohem Sachschaden oder Verletzten sollten Sie auf jeden Fall die Polizei rufen. Gleiches gilt, wenn Straftaten im Spiel sind, wenn also der Unfallgegner beim Unfall beispielsweise alkoholisiert war. In den genannten Fällen ist die Polizei verpflichtet, an den Unfallort zu kommen.

In jedem Fall sollten Sie Ihren Schaden durch einen von Ihnen gewählten unabhängigen Sachverständigen begutachten lassen. Bei Schäden, die über der Bagatellgrenze von etwa 750 Euro liegen, oder bei der Gefahr des wirtschaftlichen Totalschadens muss die gegnerische Versicherung die Kosten für die Einschaltung eines Gutachters bezahlen. Bei geringeren Schäden genügt meistens ein Kostenvoranschlag, der bei Verschulden des Unfallgegners ebenfalls von dessen Haftpflichtversicherung erstattet wird.

Keine Pflicht zur Reparatur

Fallvariante: Ein Gutachter beziffert in unserem Fall den Schaden am Pkw von Franz Huber mit 2.000 Euro. Franz Huber beschließt, das Geld zwar einzufordern, das Fahrzeug aber nicht reparieren zu lassen. Lieber möchte er den Wagen einem Bastler für 1.000 Euro verkaufen. Die 3.000 Euro will er als Anzahlung für ein neues Auto nutzen. Ein Nachbar rät ihm jedoch, das Fahrzeug lieber in die Werkstatt zu bringen. Seiner Meinung nach zahlt die Versicherung des Unfallgegners nur dann, wenn der Wagen auch repariert wird.

Der Nachbar irrt, denn wer den Wagen nicht reparieren lassen will, weil es sich bei-

spielsweise nur um einen minimalen Blechschaden handelt, der kann auch auf Gutachterbasis abrechnen. Die im Gutachten genannten Reparaturkosten werden dann abzüglich der Mehrwertsteuer erstattet. Eine Pflicht zur Reparatur besteht aber nicht! Franz Huber kann sich das Geld also getrost auszahlen lassen und den Wagen ohne Instandsetzung an einen Bastler verkaufen.

Mietwagen oder Nutzungsausfall

Geschädigte, die den vorübergehenden Ausfall ihres Fahrzeuges in Kauf nehmen und auf einen Mietwagen verzichten, können Nutzungsausfall verlangen. Diesen gibt es für jeden Tag, an dem das Fahrzeug unfallbedingt nicht genutzt werden kann. Dazu gehört vor allem die Zeit, die der Sachverständige braucht, um das Gutachten zu erstellen, sowie die Reparaturdauer. Bei einem Totalschaden kann in der Regel ein Nutzungsausfall von 14 Tagen geltend gemacht werden. Die Höhe des Nutzungsausfalls richtet sich nach dem jeweiligen Fahrzeugtyp. Auskunft über den aktuellen Betrag für den Pkw oder das Kraftrad geben ADAC und Rechtsanwälte. Achtung: Nutzungsausfall wird nur gezahlt, wenn Sie die Möglichkeit gehabt hätten, den Wagen auch zu nutzen. Wurden Sie beispielsweise stationär im Krankenhaus behandelt, hätten Sie den Wagen tatsächlich nicht fahren können. Gleiches gilt für Auslandsreisen. Eine Entschädigung steht Ihnen in diesen Fällen nur dann zu, wenn der Wagen üblicherweise und regelmäßig auch von Familienangehörigen gefahren wird. Rechnen Sie auf Gutachterbasis ab und lassen den Wagen also nicht reparieren, müssen Sie ebenfalls auf Nutzungsausfall verzichten, denn hier konnten Sie Ihren Wagen ja – wenn auch vielleicht mit einem Blechschaden – fahren.

Wurde bei dem Verkehrsunfall nicht Ihr Kraftfahrzeug, sondern Ihr Fahrrad beschädigt, können Sie ebenfalls Nutzungsausfall geltend machen, wenn Sie das Fahrrad zuvor regelmäßig benutzt haben. Je nach Kaufpreis, Art des Rades und seinem Alter werden 2,5 bis sechs Euro pro Tag zugesprochen.

Wertminderung

Unter Umständen können Sie auch eine Wertminderung für Ihr Fahrzeug geltend machen. Mit dieser soll ein Ausgleich dafür geschaffen werden, dass sich das Unfallfahrzeug in der Regel nur zu einem niedrigeren Preis verkaufen lässt als ein vergleichbares unfallfreies Fahrzeug. Der so genannte merkantile Minderwert wird in der Regel von dem Gutachter bestimmt. Fehlt eine solche Angabe, dann sollten Sie unbedingt den Gutachter darauf aufmerksam machen. Bei Fahrzeugen, die älter sind als vier bis fünf Jahre oder bereits mehr als 100.000 Kilometer gefahren wurden, wird in der Regel keine Wertminderung bezahlt.

Unkostenpauschale

Vergessen Sie auch nicht, dass Ihnen eine Unkostenpauschale für Telefon- und Portokosten zusteht. Diese Pauschale beträgt derzeit zwischen 20 und 30 Euro.

Schmerzensgeld geltend machen

Unabhängig davon, ob den Fahrer ein Verschulden trifft, können Sie unter Umständen Schmerzensgeld geltend machen. Die Höhe des Schmerzensgelds bemisst sich nicht nach bestimmten Sätzen. Anhaltspunkte bieten hier Gerichtsurteile zu vergleichbaren Fällen. Eine umfangreiche Zusammenstellung von Gerichtsentscheidungen zur Höhe des Schmerzensgeldes finden Sie in dem ADAC-Handbuch „Schmerzensgeld-Beträge“, das Hinweise auf eine Vielzahl einschlägiger Urteile enthält. Im Übrigen kann Ihnen auch Ihr Rechtsanwalt Anhaltspunkte für die Höhe des Schmerzensgeldes nennen. Bei schwersten Dauerschäden haben Sie unter Umständen einen Anspruch auf eine Schmerzensgeldrente Allerdings rechtfertigen es nur ganz außergewöhnliche Gründe, dem Geschädigten eine Schmerzensgeldrente zuzusprechen. So muss er zum einen anhaltende Schmerzen haben. Darüber hinaus bedarf es der Notwendigkeit wiederholter schmerzhafter, in ihrem Erfolg ungewisser ärztlicher Eingriffe. Letztlich muss die Gefahr bestehen, dass der Verletzte weitere unfallbedingte Spätfolgen erleidet.

Schadenersatz bei beeinträchtigter Haushaltsführung

Sobald sich ein Verletzter nicht mehr um den Haushalt kümmern kann oder zumindest in der Haushaltsführung beeinträchtigt ist, steht ihm ein Schadenersatzanspruch zu. Dabei ist es unerheblich, ob das eine Hausfrau mit mehreren Kindern oder ein Mann mit Singlehaushalt ist. Es kommt nur darauf an, dass die verletzte Person normalerweise den Haushalt führt. Die Haushaltsführung stellt nämlich genauso wie die Fähigkeit, ansonsten erwerbsmäßig zu arbeiten, einen Vermögenswert dar. Ist der Haushaltsführende in dieser Fähigkeit verletzungsbedingt beeinträchtigt, muss ihm der entsprechende Wert der entgangenen Arbeitsleistung von dem Schädiger beziehungsweise dessen Haftpflichtversicherung erstattet werden.

Nehmen wir einmal in unserem Beispielsfall an, dass nicht Franz Huber, sondern seine Ehefrau Elfriede Huber am Steuer des Pkw saß. Der Sportwagen von Hans Meier geriet ins Schleudern und prallte auf das Fahrzeug der zweifachen Mutter. Nun ist ihr Bein schwer gestaucht. Für drei Wochen ist sie kaum bewegungsfähig und kann den Haushalt nur noch eingeschränkt führen, die Kinder nicht mehr richtig betreuen, keine Gartenarbeit verrichten. Dann muss Hans Meier nicht nur Schadenersatz wegen des defekten Pkw und Schmerzensgeld zahlen. Er muss auch den Ausfall oder die Beeinträchtigung im Haushalt erstatten.

Eine Ersatzkraft muss zur Geltendmachung des Haushaltsführungsschadens nicht beschäftigt werden. Auch andere Aufwendungen müssen nicht nachgewiesen werden. Selbst wenn die restlichen Familienmitglieder die Hausarbeiten übernehmen, besteht der Anspruch.

Bei der Höhe des Anspruchs orientiert man sich üblicherweise an dem Bundesangestelltentarif (BAT), der ebenfalls verschiedene qualifizierte Tätigkeiten kennt, beispielsweise die einer einfachen Haushaltshilfe ohne Kinder (BAT VIII) oder die einer Haushaltshilfe mit schulpflichtigen Kindern (BAT VII). Dann wird gefragt, wie viel Stunden die Person im Monat ausfällt oder beeinträchtigt ist. Anhand des BAT-Tarifs und des jeweiligen Zeitbedarfs kann man so den Entschädigungsbetrag errechnen. Fällt also beispielsweise eine Mutter mit schulpflichtigen Kindern 50 Stunden im Monat aus, bekommt sie einen Nettobetrag von rund 1.400 Euro im Monat.

WISO rät: Lassen Sie sich nicht darauf ein, wenn die Versicherung den Verdienst des Lebenspartners als Einwand erhebt. Darauf kommt es bei der Berechnung des Schadens nicht an.

Durchsetzung der Ansprüche

Um Ihre Ansprüche durchsetzen zu können, haben Sie die Möglichkeit, direkt gegen die gegnerische Versicherung vorzugehen. Sie müssen sich also nicht erst an den Fahrer oder den Halter des Wagens halten. Außerdem haben Sie hierbei das Recht, einen Anwalt Ihres Vertrauens einzuschalten. Soweit die Forderung gegen die gegnerische Versicherung berechtigt ist, muss diese auch die Kosten für den Rechtsanwalt übernehmen.

Weitere Ansprüche

In Einzelfällen gibt es noch eine breite Palette von weiteren Ansprüchen. So können Sie unter Umständen Abschleppkosten oder Verdienstausfall geltend machen. Bei Tötung eines Angehörigen können Sie die Beerdigungskosten oder den entzogenen Unterhalt ersetzt bekommen. Holen Sie sich diesbezüglich den Rat Ihres Anwaltes oder fragen Sie beim ADAC nach.

Wenn Halter und Kraftfahrzeugnummer nicht ermittelt werden können

Übrigens: Bei einem Zusammenstoß mit einem Kraftfahrzeug, dessen Nummer und Halter nicht ermittelt werden können, zum Beispiel, weil der Fahrer Fahrerflucht begangen hat, bleiben Sie nicht unbedingt auf Ihren Kosten sitzen. Gleiches gilt für Unfälle, die durch ein Kraftfahrzeug verursacht wurden, das nicht versichert war. Sie können sich an den Verein der Verkehrsopferhilfe wenden. Bei Schäden, die durch ein nicht versichertes Fahrzeug verursacht wurden, bezahlt die Verkehrsopferhilfe in der Regel den erlittenen Personen- und Sachschaden, wenn dieser nicht von anderer Seite ersetzt wird, zum Beispiel auch nicht von der Kaskoversicherung. Wenn das Fahrzeug und dessen Halter nicht ermittelt werden können, gibt es grundsätzlich nur Ersatz für Personenschäden, nicht aber für Sachschäden.

Die Verkehrsopferhilfe e.V. erreichen Sie unter folgender Adresse:

Glockengießerwall 1, 20095 Hamburg
Tel.: 040/301 80-0
Fax: 040/301 80-7070
voh@verkehrsopferhilfe.de
www.verkehrsopferhilfe.de

Beteiligung eines im Ausland zugelassenen Kraftfahrzeugs

Ansprüche aus Haftpflichtschäden, an denen ein im Ausland zugelassenes Kraftfahrzeug beteiligt war, können Sie direkt beim Gesamtverband der deutschen Versicherungswirtschaft geltend machen. Die Schadensmeldung sollte allerdings Namen und Anschriften der am Schadensfall unmittelbar Beteiligten, Ort und Zeit des Schadensfalles, Namen und Anschrift des Versicherers des ausländischen Schädigers, dessen Versicherungsschein-Nummer, das amtliche Kennzeichen des Fahrzeugs des Schädigers und des Geschädigten sowie Name und Anschrift des Versicherungsunternehmens, bei dem der Geschädigte versichert ist, enthalten.

2. Entziehung der Fahrerlaubnis

Beispiel: Der trinkfeste Wirt

Ernst Schlau ist Wirt einer kleinen Kneipe. Er schätzt das gute Verhältnis zu seinen Stammgästen und trinkt mit ihnen auch hin und wieder ein paar Gläser Bier oder einen Schnaps. Er hält sich selbst für „trinkfest". Sein Auto lässt er nur sehr ungern vor der Kneipe stehen, wenn er sich auf den Weg nach Hause macht. Daher ist es schon mehrfach vorgekommen, dass Ernst Schlau angetrunken mit dem Pkw gefahren ist. Er ist der Meinung, trotz Alkoholgenusses immer die Kontrolle über den Wagen ge-

habt zu haben. Bislang hatte Herr Schlau Glück und wurde nicht von der Polizei erwischt. Dann fällt er plötzlich einer Funkstreife auf, als er nachts von seiner Kneipe kommend in Schlangenlinien die Straße entlangfährt. Die Polizisten halten ihn an und stellen erhebliche Beeinträchtigungen im Bewegungsapparat und eine leichte Benommenheit fest. Zudem riecht Herr Schlau stark nach Alkohol. Sie nehmen ihn auf die Wache mit und veranlassen einen Bluttest. Dieser ergibt eine Alkoholkonzentration von 1,3 Promille.

Wann wird der Führerschein entzogen?

Die Entziehung der Fahrerlaubnis wird bei der Begehung einer Verkehrsstraftat verhängt. Sie dient dem Zweck, ungeeignete Kraftfahrer vom Verkehr auszuschließen. Dabei ist ein Fahrer dann „ungeeignet", wenn er durch die Tat bewiesen hat, dass er nicht gewillt und fähig ist (auch charakterlich nicht), den besonderen Gefahren zu begegnen, die sich aus dem Führen von Kraftfahrzeugen für ihn und die Allgemeinheit ergeben. § 69 Abs. 2 Strafgesetzbuch geht von einer „Ungeeignetheit" aus, wenn

... die rechtswidrige Tat in den Fällen des Absatzes 1 ein Vergehen

1. der Gefährdung des Straßenverkehrs (§ 315c StGB),
2. der Trunkenheit im Verkehr (§ 316 StGB),
3. des unerlaubten Entfernens vom Unfallort (§ 142 StGB), obwohl der Täter weiß oder wissen kann, dass bei dem Unfall ein Mensch getötet oder nicht unerheblich verletzt worden oder an fremden Sachen bedeutender Schaden entstanden ist, oder
4. des Vollrausches (§ 323a), der sich auf eine der Taten nach den Nummern 1 bis 3 bezieht ...

ist.

In diesen Fällen wird der Führerschein regelmäßig vom Gericht eingezogen und darf erst nach Ablauf einer Sperre von mindestens sechs Monaten und höchstens fünf Jahren von der Verwaltungsbehörde wieder erteilt werden. Die Wiedererteilung des Führerscheins muss beantragt werden, den Führerschein gibt es also nicht automatisch wieder zurück. In ganz gravierenden Fällen kann eine Sperre auch für immer ausgesprochen werden.

WISO rät: Nach Ablauf der Frist dürfen Sie nicht automatisch wieder fahren. Selbst wenn Sie den Antrag auf Wiedererlangen gestellt haben und die Sperrfrist abgelaufen ist, müssen Sie so lange mit dem Autofahren warten, bis Sie den Führerschein wieder in den Händen halten.

Im obigen Fall hat Ernst Schlau eine Trunkenheitsfahrt begangen. Durch die hohe Blutalkoholkonzentration – Herr Schlau hatte 1,3 Promille – hat er sich als „ungeeignet" zum Führen eines Kraftfahrzeugs erwiesen.

Vorläufige Entziehung der Fahrerlaubnis

Sind dringende Gründe für die Annahme vorhanden, dass die Fahrerlaubnis im Strafverfahren entzogen wird – das wäre im obigen Beispiel auf Grund der Gesamtumstände sicher der Fall –, so ist schon eine vorläufige Entziehung unmittelbar nach Begehung der Tat zulässig, hier also nach der Trunkenheitsfahrt. Das bedeutet, dass die Polizei den Führerschein sofort einbehalten kann und nicht erst einen Richterspruch abwarten muss. Die Sicherheit des Verkehrs verlangt es, dass derjenige, der als ungeeignet gilt, sofort nicht mehr am Straßenverkehr teilnehmen darf. Hier wäre es verfehlt, denjenigen, der offensichtlich zum Fahren des Kraftfahrzeugs ungeeignet ist, erst einmal getrost weiterfahren zu lassen.

WISO rät: Sie können gegen eine vorläufige Entziehung der Fahrerlaubnis Beschwerde einlegen. Allerdings sollten Sie hierfür gewichtige Gründe haben. Daher ist es sinnvoll und wichtig, vorher einen Anwalt zu konsultieren.

Dauer und Umfang der Sperre

Wie lange die Sperre dauert, hängt vom jeweiligen Einzelfall ab. Sie wird beim „Ersttäter“ in der Regel geringer ausfallen als bei einem Fahrer, der bereits mehrere Male aufgefallen ist und dem vielleicht schon einmal der Führerschein entzogen worden war. Dabei hat das Gericht aber die Möglichkeit, einzelne Kraftfahrzeugarten von der Sperre auszunehmen, was beispielsweise dort Sinn macht, wo die berufliche Nutzung des Kraftfahrzeugs abgegrenzt werden kann. Dies erfordert allerdings das Vorliegen bestimmter Umstände.

Wäre Ernst Schlau kein Wirt, sondern zum Beispiel Bauer, so könnte die Sperre für bestimmte landwirtschaftliche Fahrzeuge ausgenommen werden.

Nachschulung

Nachschulungskurse vermitteln Wissen über das Problem „Alkohol und Fahren“. Sie dienen der Selbstkontrolle und Selbstbeobachtung. In Gesprächskreisen diskutieren die Teilnehmer über ihr Trink- und Fahrverhalten. Sie besprechen die Ursachen ihrer Gewohnheiten und deren Folgen. Die Kurse informieren zudem über die Wirkungsweise von Alkohol auf die Fahrer und die Veränderungen am Steuer. Der Teilnehmer muss die Schulungsfähigkeit durch eine vorausgehende Untersuchung nachweisen. Kurse gibt es auch für Täter, die mit zwei Promille und mehr erwischt wurden. Wer regelmäßig an dem Nachschulungskurs, der sich über etwa sechs Doppelstunden erstreckt, teilnimmt und die gestellten Aufgaben erfüllt, erhält eine Bescheinigung.

Nachschulungskurse können dazu beitragen, dass die Sperrfrist abgekürzt wird. Einen entsprechenden Antrag muss der Betroffene unter Vorlage der Teilnahmebestätigung einreichen. Allerdings muss in diesem Fall die Sperre mindestens drei Monate (bei Wiederholungstätern mindestens ein Jahr) gedauert haben. Die Bescheinigung gilt dann als „neue Tatsache“, die bei der Verurteilung noch nicht vorgelegen hat.

WISO rät: Wenn Sie noch vor der Hauptverhandlung genügend Zeit haben, einen Nachschulungskurs zu absolvieren, ziehen Sie eine solche Initiative in Erwägung. In der Regel fließen solche Bemühungen positiv in die Urteilsfindung ein und führen oft zu einer kürzeren Sperrfrist.

Auch die Verwaltungsbehörde kann entziehen

Die Verwaltungsbehörde ist verpflichtet, die Fahrerlaubnis zu entziehen, wenn sich der Inhaber als ungeeignet zum Führen von Kraftfahrzeugen erweist. Das ist dann der Fall, wenn er körperliche, geistige oder charakterliche Mängel aufweist oder wenn er nicht in der Lage ist, ein Fahrzeug im Verkehr sicher zu führen. Gleiches gilt bei Drogenkonsum. Außerdem trifft das dann zu, wenn erhebliche Verstöße gegen Verkehrsvorschriften vorliegen oder wenn zu befürchten ist, dass Verkehrsvorschriften nicht sorgfältig beachtet werden beziehungsweise auf andere Verkehrsteilnehmer nicht ausreichend Rücksicht genommen wird.

Die Verwaltungsbehörde erfährt von solchen „Mängeln“ in der Regel durch die Benachrichtigung anderer Behörden oder von Berichten Angehöriger und Zeugen. Hat die Behörde Kenntnis erlangt, muss sie geeignete Ermittlungen anstellen. Dazu kann die Behörde auch ein Gutachten des Amtsarztes oder des zuständigen Facharztes oder die Beibringung eines Gutachtens einer amtlich anerkannten Begutachtungsstelle für Fahreignung (MPU) verlangen.

WISO rät: So unangenehm es auch sein mag, so ist es doch wichtig, der Aufforderung der Behörde nachzukommen und die geforderten Untersuchungen und Gutachten beizubringen, die allerdings vom Betroffenen im Voraus bezahlt werden müssen. Bringen Sie die geforderten Unterlagen nicht, so kann die Behörde unterstellen, dass die vermuteten Mängel bestehen, und die Fahrerlaubnis entziehen.

Ergeben das oder die Gutachten, dass beispielsweise körperliche Mängel (etwa eine ausgeprägte Sehschwäche, die auch mit Hilfsmitteln wie einer Brille nicht vollständig ausgeglichen werden kann, oder Epilepsie) bestehen, die den Fahrer zum Führen eines Kraftfahrzeuges ungeeignet machen, so muss die Behörde die Fahrerlaubnis entziehen. Ist der Fahrer nicht völlig ungeeignet, weil etwa eine Brille die Sehschwäche ausgleicht, erteilt die Verwaltungsbehörde Auflagen. Dann wird zum Beispiel das Tragen der Brille in den Führerschein eingetragen. Außerdem kann angeordnet werden, dass der Fahrer sich beispielsweise regelmäßig untersuchen lassen muss, eine bestimmte Geschwindigkeit nicht überschreiten darf, einen zusätzlichen Außenspiegel anbringen muss oder

nur bei Tageslicht fahren darf. Wer solche Auflagen nicht beachtet, riskiert die Entziehung der Fahrerlaubnis.

Entscheidet sich die Behörde für die Entziehung der Fahrerlaubnis, ist ein Widerspruch bei der nächsthöheren Behörde zulässig. Hat auch dies keinen Erfolg, so können Sie vor dem Verwaltungsgericht Klage erheben. Das Gleiche gilt für eine Auflage der Behörde.

Wiedererlangung der Fahrerlaubnis

Anders als beim Fahrverbot wird die Fahrerlaubnis nicht automatisch dem Fahrzeugführer zurückgegeben, wenn die Sperrfrist abgelaufen ist. Sie ist mit der Entziehung erloschen. Wer wieder fahren will, muss die Fahrerlaubnis neu beantragen. Dieser Antrag muss bei der für den Wohnsitz des Fahrers zuständigen Führerscheinstelle eingereicht werden. Dabei folgt die Wiedererteilung dem Recht der „Ersterteilung“. Es gibt also keine Sondervorschriften.

WISO rät: Da die Bearbeitung des Antrags häufig längere Zeit in Anspruch nimmt, sollten Sie bereits zwei bis drei Monate vor Ablauf der Sperrfrist tätig werden. Wenn Sie damit rechnen müssen, dass die Führerscheinstelle ein medizinisch-psychologisches Gutachten (MPO) verlangt, so sollten Sie den Antrag mindestens drei Monate vor Ablauf der Sperrfrist stellen.

Vergessen Sie nicht, Ihrem Antrag die notwendigen Unterlagen beizufügen. Verlangt werden ein Lichtbild, ein Sehtest und eine Bescheinigung über die Unterweisung in Sofortmaßnahmen am Unfallort (Erste-Hilfe-Kurs).

Erneute Fahrprüfung und MPU

Nicht immer erfolgt eine Wiedererteilung durch die Führerscheinstelle. Kommt die Behörde bei der Überprüfung des Antrags zu dem Schluss, es gäbe keine Gewähr dafür, dass die für die Entziehung maßgeblichen Gründe nicht mehr fortbestehen, so verlangt die Verwaltungsbehörde sehr häufig ein medizinisch-psychologisches Gutachten, die so genannte MPU. Diese kostet etwa 500 Euro, die der Verkehrssünder selbst tragen muss. Ein Psychologe muss dann nach mehreren Sitzungen mit Ihnen bescheinigen, dass Sie wieder zum Führen des Fahrzeugs geeignet sind. In folgenden Fällen ist die Behörde zur Anordnung der MPU berechtigt:

- bei wiederholten Verkehrszuwiderhandlungen, die unter Alkoholeinfluss begangen wurden
- bei einer einmaligen Verkehrszuwiderhandlung, die unter Alkoholeinfluss begangen wurde, wenn die Blutalkoholkonzentration mindestens 1,6 Promille betragen hat

- bei wiederholten erheblichen Verstößen gegen Verkehrsvorschriften
- bei geistigen und körperlichen Gebrechen
- bei Suchtkrankheiten im Zusammenhang mit Alkohol, Drogen oder Tabletten
- bei dreimaliger erfolgloser Teilnahme an einer Fahrerlaubnisprüfung

WISO rät:

- Wer seinen Führerschein los ist, sollte unbedingt versuchen, die MPU innerhalb von zwei Jahren zu bestehen, ansonsten muss er die Führerscheinprüfung mit allen damit verbundenen Kosten noch einmal neu machen.
- Lassen Sie sich das Gutachten persönlich aushändigen und entbinden Sie den Gutachter nicht von seiner Schweigepflicht. Damit verhindern Sie, dass ein möglicherweise negatives Gutachten in Ihrer Führerscheinakte auftaucht. Da die Durchfallquote für die MPU sehr hoch ist, sollten Sie damit rechnen, dass die Untersuchung zu Ihrem Nachteil ausfällt. Nehmen Sie in diesem Fall den Antrag wieder zurück. Konsultieren Sie jedoch einen Rechtsanwalt, der Sie berät und Ihnen alle Schritte erklärt.
- In jedem Fall sollten Sie sich schon im Vorfeld einer MPU auf diese vorbereiten. Hierzu werden beispielsweise vom Technischen Überwachungsverein und diversen anderen psychologischen Untersuchungsstellen Vorbereitungskurse angeboten.

Ernst Schlau wurde im Ausgangsfall mit einer Alkoholkonzentration von 1,3 Promille erwischt. Damit liegt er ganz knapp unter der kritischen Zone, in der immer ein MPU-Gutachten verlangt wird. In unserem Ausgangsfall ist deshalb davon auszugehen, dass er sich keiner MPU unterziehen muss.

WISO rät: Wenn Sie damit rechnen, dass die Behörde ein medizinisch-psychologisches Gutachten verlangt, so können Sie Ihre Position durch die Vorlage einer Teilnahmebestätigung an einer Nachschulung verbessern. Zwar kann die Bescheinigung in der Regel nicht verhindern, dass die Behörde ein MPU-Gutachten von Ihnen verlangt, doch steigen damit die Chancen, dass Sie den Test bestehen.

Antrag auf Wiedererteilung abgelehnt!

Wenn die Verwaltungsbehörde den Antrag auf Wiedererteilung ablehnt, können Sie gegen den Bescheid Widerspruch einlegen. Die Frist beträgt einen Monat nach Zustellung des Bescheides. Er muss bei der betreffenden Behörde eingelegt werden. Wird der Widerspruch ebenfalls negativ bescheidet, kann dagegen eine Klage beim Verwaltungsgericht eingereicht werden. Auch hier beträgt die Frist einen Monat.

Promillezahl und Fahruntauglichkeit

Auch wer nur mit geringen Mengen von Alkohol im Blut erwischt wird, muss unter Umständen sogar mit der Entziehung der Fahrerlaubnis rechnen. Schon bei einer Blutalkoholkonzentration von 0,3 Promille können den Fahrer Sanktionen wegen einer Straftat treffen, wenn zusätzlich ein alkoholtypisches Verhalten vorliegt, das auf eine Fahruntauglichkeit deutet. Das Fahren in Schlangenlinien oder auch Geschwindigkeitsüberschreitungen werden meist als ein solches Verhalten gewertet. Liegen solche Verhaltensweisen vor, folgt meist ein Bußgeld und auch der Entzug der Fahrerlaubnis. In unserem Fall hätte Ernst Schlau auch mit einer geringen Alkoholkonzentration schlechte Karten gehabt, wäre er trotzdem in Schlangenlinien gefahren.

Bei einer Alkoholkonzentration von 0,5 bis 1,09 Promille bedarf es keinem Vorliegen einer Fahruntauglichkeit, etwa durch das Fahren von Schlangenlinien. Hier muss der Fahrer in jedem Fall mit Sanktionen wegen einer Ordnungswidrigkeit rechnen, die in der Regel aus einem Bußgeld, aus „Punkten“ und einem Fahrverbot von mindestens einem Monat bestehen. Eine Entziehung der Fahrerlaubnis steht dem Fahrer erst dann bevor, wenn er zusätzlich ein alkoholtypisches Verhalten aufweist.

Ab einer Alkoholkonzentration von 1,1 Promille liegt absolute Fahruntauglichkeit vor. Auch ohne ein alkoholtypisches Verhalten wird hier Fahruntauglichkeit angenommen. Es handelt sich somit nicht um eine Ordnungswidrigkeit wie in den ersten beiden Fällen, sondern um eine Straftat. Das Recht sieht für eine solche Straftat bereits bei Ersttätern eine Geldstrafe in der Höhe von mindestens einem Nettomonatsgehalt und die Entziehung der Fahrerlaubnis vor.

Etwas weniger streng sind die Regeln bei Fahrradfahrern und Leichtmofafahrern. Hier ist die absolute Fahruntauglichkeit erst ab 1,6 Promille gegeben, und es liegt eine Straftat vor. Die Fahrerlaubnis kann zwar strafrechtlich nicht entzogen werden, aber: Für die Verwaltungsbehörde können alkoholisierte Fahrradfahrer so genannte „Eignungszweifel“ begründen, sodass diese eine MPU vorlegen müssen. Fällt diese negativ aus, können Sie Ihren Führerschein also doch noch loswerden.

Drogen im Straßenverkehr

Da Drogen und manche Medikamente die Fahrtauglichkeit ähnlich wie Alkohol einschränken, handelt derjenige, der unter Einfluss von Cannabis, Heroin, Morphin, Kokain, Amphetamin sowie Designer-Drogen, wie etwa Ecstasy, ein Fahrzeug führt, ordnungswidrig. Anders wie bei der Trunkenheitsfahrt gibt es hier aber nur eine 0,0-Grenze. Eine Ausnahme besteht, wenn die Stoffe ärztlich verordnet wurden. Aber auch dann muss der Fahrer fahrtauglich sein.

Blutentnahme

Viele Fahrer sträuben sich bei einer Verkehrskontrolle, in den „Pust"-Test einzuwilligen. Verpflichtet werden kann der Fahrer zu diesem Test nicht. Allerdings hat die Polizei bei einer Verweigerung das Recht, den Fahrer einer Blutuntersuchung zu unterziehen. Ähnliches gilt auch, wenn der Verdacht auf Einnahme von Drogen oder bestimmten Medikamenten besteht.

3. Fahrverbot

Beispiel: Der flinke Vertreter

Gerhard Freilich ist Vertreter für Staubsauger. Mehrere Stunden ist er täglich mit seinem Pkw unterwegs, um seine Kunden aufzusuchen oder zum Zentrallager zu fahren. Oft ist es schon vorgekommen, dass es Herr Freilich sehr eilig hat, um seine Termine einzuhalten. Als die Zeit wieder einmal ganz besonders drängt, drückt Gerhard Freilich ordentlich aufs Gas. Auf der kurvenreichen Landstraße ist eine Höchstgeschwindigkeit von 70 km/h ausgewiesen. Außerdem regnet es heftig und die Sicht ist dadurch stark eingeschränkt. Das kümmert den Vertreter aber nicht; er beschleunigt seinen Wagen trotzdem auf 120 km/h. Dabei übersieht er die Blitzanlage, die den Verkehrssünder ertappt. Bereits fünf Monate zuvor ist gegen Gerhard Freilich wegen einer Geschwindigkeitsüberschreitung von 29 km/h in einer geschlossenen Ortschaft eine Geldbuße in Höhe von 60 Euro rechtskräftig verhängt worden. Zudem bekam Herr Freilich drei Punkte in Flensburg. Nun befürchtet er, seinen Führerschein zu verlieren.

Wann wird ein Fahrverbot verhängt?

Der Führerschein bietet für viele grenzenlose Freiheit. Wer sich aber nicht an die Verkehrsregeln hält, kann das wertvolle Papier schnell verlieren.

So werden manche Fehlverhalten im Straßenverkehr mit einem Fahrverbot geahndet. Anders als die Entziehung der Fahrerlaubnis, dient das bloße Fahrverbot als Denkzettel für denjenigen, der eigentlich zum Führen eines Kraftfahrzeugs geeignet ist, sich aber dieses Mal in kleinerem Maße etwas zuschulden kommen ließ.

Ein Fahrverbot wird beispielsweise verhängt, wenn der Fahrer bei Geschwindigkeitsübertretungen, bei Verstößen gegen Vorschriften über den Sicherheitsabstand, beim falschen Überholen oder beim Überfahren einer roten Ampel erwischt wird. Gleiches gilt bei einer Geschwindigkeitsüberschreitung mit einem Pkw von mehr als 30 km/h innerorts und 40 km/h außerorts.

Dauer des Fahrverbots

Fahrverbote dauern zwischen einem und drei Monaten. Nach Ablauf dieser Zeit erhält der Fahrer seinen – ursprünglichen – Führerschein automatisch wieder zurück. Er muss keinen Antrag auf Neuerteilung stellen, wie es bei der „Entziehung der Fahrerlaubnis“ der Fall ist. Der Betroffene muss den Führerschein in amtliche Verwahrung geben, das heißt, er muss dafür den Führerschein bei der den Bußgeldbescheid erlassenden Behörde abgeben.

Von einem Fahrverbot kann abgesehen werden

Ausnahmsweise kann von der Verhängung eines Fahrverbots abgesehen werden. Dies ist dann der Fall, wenn in der Tatausführung oder auch in der Person des Betroffenen zu seinen Gunsten vom gewöhnlichen Fall abweichende Umstände vorliegen. Hat der Fahrer beispielsweise nur leicht fahrlässig gehandelt oder ist etwa bei einem Unfall ein Mitverschulden des Gegners festzustellen, ist nicht immer von einem Regelfall auszugehen. Dies gilt auch, wenn durch das Fahrverbot der Verlust des Arbeitsplatzes droht oder die Existenz eines Freiberuflers bedroht ist.

Im vorliegenden Fall arbeitet Gerhard Freilich als Vertreter. Hier besteht die Gefahr, dass er seinen Arbeitsplatz verliert. Vertreter, die in erster Linie Privatpersonen bedienen, benötigen für ihre Arbeit einen Pkw und einen Führerschein. Ohne Führerschein wäre Herr Freilich nicht in der Lage, seine Tätigkeit auszuführen, was der Arbeitgeber zum Anlass nehmen könnte, ihn zu kündigen. Möglicherweise ist eine solche Regelung sogar im Arbeitsvertrag vorgesehen. Diese Umstände müssten berücksichtigt werden. Allerdings besteht keine Pflicht, in diesen Fällen von einem Fahrverbot Abstand zu nehmen.

Gleiches gilt für so genannte „atypische“ Rotlichtverstöße. Verwechselt der Fahrer etwa die verschiedenen, an einer Kreuzung befindlichen Lichtzeichen, so kann dies berücksichtigt werden. Dieser Verstoß wird auch als „Mitzieh-Effekt“ bezeichnet. Wird trotzdem ein Fahrverbot verhängt, muss in der Begründung deutlich werden, dass die entsprechenden Umstände bekannt waren und die Möglichkeit beurteilt wurde, eine erhöhte Geldbuße anstatt eines Fahrverbots zu verhängen. Wird von einem Fahrverbot dagegen abgesehen, so wird das im betreffenden Tatbestand bestimmte Bußgeld angemessen erhöht. Das bedeutet in der Regel eine Verdopplung.

Wenn sich das Gericht im Fall von Gerhard Freilich dafür entscheidet, von einem Fahrverbot abzusehen, so wird es das Bußgeld wahrscheinlich von 100 auf 200 Euro erhöhen.

Fahrverbot gilt für alle Fahrzeuge

Ist ein Fahrverbot erst einmal ausgesprochen, so gilt es für alle Arten von Kraftfahrzeugen. Zwar gibt es auch Ausnahmen, doch darf der Betroffene in der Regel in dieser Zeit kein Fahrzeug führen. Das bedeutet, dass auch kein Mofa gefahren werden darf, denn auch das ist ein Kraftfahrzeug.

Der Verkehrssünder hat Einfluss auf den Antritt

Für Ersttäter gibt es seit dem 1. März 1998 eine Neuregelung: Ist in den zwei Jahren vor dem Verkehrsverstoß kein Fahrverbot ausgesprochen worden und wird auch bis zur Bußgeldentscheidung kein anderweitiges Fahrverbot verhängt, so bestimmt die Behörde oder das Gericht, dass das Fahrverbot erst nach Ablauf einer Frist von vier Monaten ab Rechtskraft der Entscheidung Gültigkeit hat. Spätestens nach Ablauf von vier Monaten wird für diesen Personenkreis das Fahrverbot wirksam. So kann der Fahrer das Fahrverbot bis zu vier Monaten hinausschieben und es auf einen für ihn günstigen Zeitpunkt, wie etwa den Urlaub, verlegen.

4. Bußgeldkatalog und Verkehrssünderkartei

Beispiel: Der Sonntagsfahrer

Es ist Sonntag, und der strahlend blaue Himmel lädt zu einer Tour im Cabriolet ein. Da hält es auch Harald Brehm nicht mehr im Haus. Gemeinsam mit seinen Kindern und seiner Frau Sandra macht er sich auf den Weg zu einem etwas weiter entfernt gelegenen Vergnügungspark. Harald Brehm ist ein gemütlicher Mensch und fährt auch nicht besonders gerne schnell. Lieber schaut er sich mit seiner Frau vom Auto aus die schöne Gegend an. Bald ist er auf der Autobahn und reiht sich auf der mittleren der drei Fahrbahnen ein. Obwohl die zugelassene Höchstgeschwindigkeit bei 130 km/h liegt, fährt Harald Brehm mit 100 km/h. Die rechte Fahrbahn, auf der sich kein Fahrzeug befindet, ignoriert er dabei. Mehrere Fahrzeuge überholen ihn daher auf der linken Spur. Das stört Harald Brehm nicht; er fährt weiter auf der mittleren Fahrspur. Kritisch wird die Situation, als plötzlich ein Motorradfahrer nach einer lang gezogenen Kurve fast auf den Wagen von Harald Brehm auffährt. Nur durch ein geschicktes Manöver kann der Motorradfahrer, der selbst nicht die Höchstgeschwindigkeit überschritten hat, einen Unfall vermeiden. Als sich der Motorradfahrer nach dem „Fastunfall" wieder gefangen hat, erstattet er Anzeige gegen Harald Brehm.

Bußgeldkatalog und Bußgeldbescheid

Seit dem 1. Januar 2002 gibt es einen neuen Bußgeldkatalog, der die bisher in unterschiedlichen Regelwerken enthaltenen Bestimmungen in einer einzigen Verordnung zusammenfasst. Zudem erfolgte die Umstellung auf die neue Euro-Währung. Die Untergrenze liegt nun bei fünf Euro und die Obergrenze bei 1.000 Euro. Liegen Verstöße gegen die 0,5-Promille-Grenze vor oder ist der Fahrer unter Drogeneinfluss gefahren, so kann allerdings ein Bußgeld von bis zu 1.500 Euro verlangt werden.

Die Behörden dürfen sich außerdem nach einer Reform des Ordnungswidrigkeitengesetzes nicht mehr so viel Zeit lassen, bis sie einen Bußgeldbescheid verschicken. Liegen zwischen der Ausstellung des Bescheides und seiner Zustellung mehr als zwei Wochen, wird die Verjährung erst durch die Zustellung und nicht schon durch die Ausstellung unterbrochen.

Im Bußgeldkatalog sind nicht sämtliche Verstöße, die im Straßenverkehr vorkommen können, enthalten. Doch sind die für die Verkehrssicherheit am wichtigsten und am häufigsten betroffenen Tatbestände erfasst. Dazu gehören etwa Falschparken, Geschwindigkeitsüberschreitung, Rotlichtverstöße, Vorfahrtsverletzungen und Abstandsunterschreitungen. Die für solche Ordnungswidrigkeiten im Katalog festgesetzten Sätze (so genannte Regelsätze) können von den einzelnen Bundesländern nicht geändert werden. Dabei kommt ein solcher Regelsatz dann zur Anwendung, wenn es sich um eine fahrlässige Begehung handelt und gewöhnliche Tatumstände zu Grunde lagen. Bei veränderten Umständen, etwa bei grober Fahrlässigkeit, wird die Geldbuße erhöht. Von gewöhnlichen Tatumständen ist dann auszugehen, wenn normale Verhältnisse vorliegen und die Verkehrssicherheit im konkreten Fall nicht besonders beeinträchtigt wird.

Im vorliegenden Fall hat sich Harald Brehm nicht an das Rechtsfahrgebot gehalten. Obwohl der rechte Fahrstreifen der Autobahn frei war, fuhr er unterhalb der zugelassenen Höchstgeschwindigkeit auf der mittleren Spur. Dabei behinderte er einen Motorradfahrer, der fast mit dem Pkw zusammenstieß und nur durch sein geistesgegenwärtiges Handeln den Unfall verhinderte. Der Bußgeldkatalog sieht in diesem Fall beispielsweise einen Regelsatz von 40 Euro und einen Punkt im Flensburger Verkehrszentralregister vor.

Grundsätzlich ist davon auszugehen, dass sich die Behörde oder das Gericht an die Regelsätze im Bußgeldkatalog halten wird, wenn ein Regelfall unter gewöhnlichen Bedingungen vorliegt. Sobald jedoch Besonderheiten festzustellen sind, können Abweichungen in Betracht kommen. Hat beispielsweise der ordnungswidrig handelnde Fahrer eine langjährige, unbeanstandete Fahrpraxis, handelt es sich um eine neue, noch unbekannte Bestimmung, gegen die verstoßen wurde, oder liegt etwa ein Mitverschulden eines anderen Kraftfahrers vor, so kann der Bescheid milder ausfallen. Im Gegensatz muss ein Mehrfachtäter oder ein völlig uneinsichtiger Fahrer mit einer Erhöhung des Bußgeldes rechnen. Die wirtschaftlichen Verhältnisse, also der Verdienst oder bestehende Schulden, werden hierbei in der Regel nicht berücksichtigt. Nur bei sehr kleinen Verstößen oder bei einer besonders prekären Finanzlage des Fahrsünders kann eine Verringerung des Bußgeldes in Frage kommen. Unter Umständen kann sogar ganz auf die Verhängung eines Bußgeldes verzichtet werden, wenn es sich um einen geringen Verstoß handelt oder eine Behinderung ausgeschlossen ist. Dann kann eine Einstellung des Verfahrens erfolgen. Außerdem kann eine gebührenfreie Verwarnung des Fahrers in Betracht kommen.

Harald Brehm kann nicht auf besondere Milde hoffen. Das Wetter war einwandfrei, und auch der Motorradfahrer hat sich ordnungsgemäß verhalten. Er hat die zugelassene Höchstgeschwindigkeit nicht überschritten.

Ist für einen bestimmten Tatbestand im Bußgeldkatalog kein Regelsatz vorgesehen, so können ihn die Bundesländer nach eigenem, pflichtgemäßen Ermessen festsetzen. Eine Orientierungshilfe stellen dabei die bereits im Bußgeldkatalog geregelten Fälle dar. Die dort ausgewiesenen Bußgelder dürfen in der Regel nicht überschritten werden.

Verwarnungsgeld

Alle Bußgelder unter 40 Euro sind Verwarnungsgelder, die nicht in der Verkehrssünderkartei in Flensburg eingetragen und nicht mit Punkten versehen werden. Ab einer Geldbuße von 40 Euro erfolgt ein Eintrag in Flensburg mit Punkten. Hinzu kommen kann ein Fahrverbot (siehe unter „ Fahrverbot").

Da Harald Brehm mit einem Bußgeld von 40 Euro belegt wird, erhält er einen Eintrag und einen Punkt in Flensburg. Hätte er das Rechtsfahrgebot etwa auf einer Landstraße nicht beachtet und so den Motorradfahrer behindert, wäre Harald Brehm nur mit einem Bußgeld von 20 Euro belegt worden. Es hätte keine Punkte und keinen Eintrag in Flensburg gegeben.

Richtig teuer wird es für den Fahrer, wenn er etwa Abstandsregeln nicht einhält. So sieht der Bußgeldkatalog beispielsweise vor, dass ein Fahrzeugführer, der bei einer Geschwindigkeit von mehr als 130 km/h weniger als ein Zehntel des halben Tachowertes in Metern Abstand hält, 150 Euro zahlen muss und zusätzlich vier Punkte in Flensburg erhält. Wer also mit 150 km/h auf der Autobahn unterwegs ist und zum Vordermann weniger als 7,5 Meter Abstand hält, muss mit einer empfindlichen Strafe rechnen. Aber auch bei geringeren Abstandsverstößen ab 80 km/h muss der Fahrer mit einem Bußgeld von mindestens 40 Euro und einem Punkt rechnen.

Was geschieht bei Verletzung mehrerer Tatbestände?

Verletzt ein Fahrer durch eine Handlung mehrere Tatbestände des Bußgeldkatalogs, die jeweils mehr als 35 Euro vorsehen, so ist immer nur ein einziger Regelsatz, bei unterschiedlichen Regelsätzen der höchste anzuwenden. Dieser kann angemessen erhöht werden, höchstens aber auf 475 Euro. Dabei liegt auch „eine Handlung“ vor, wenn ein enger zeitlicher und räumlicher Zusammenhang zwischen zwei Handlungen vorliegt, also Herr Brehm etwa über eine rote Ampel fährt und im direkten Anschluss daran mit überhöhter Geschwindigkeit weiterfährt.

Sollte für einen der Verstöße ein Regelfahrverbot vorgesehen sein, so wird dieses verhängt. Handelt es sich dagegen bloß um geringfügige Verstöße, für die nur eine Verwarnung vorgesehen ist, werden die Verstöße mit dem höchsten Verwarnungsgeld geahndet.

Bußen für Fußgänger und Radfahrer

Grundsätzlich sind die Regeln des Bußgeldkataloges auch auf nicht motorisierte Verkehrsteilnehmer anwendbar. Enthält der Katalog für Fußgänger und Radfahrer keine besonderen Tatbestände, verringert sich der Regelsatz allerdings um die Hälfte. Radfahrer erhalten bei einem Rotlichtverstoß nur einen Punkt in Flensburg. Seit dem 1. Mai 2000 liegt der Regelsatz für Radfahrer bei zehn Euro. Der Regelsatz für Fußgänger beträgt fünf Euro. Beide Sätze können sich aber unter bestimmten Umständen, etwa wenn eine Behinderung, Gefährdung oder Sachbeschädigung vorliegt, erhöhen. Bei schweren Verstößen, insbesondere Trunkenheit, müssen sowohl Fußgänger als auch Radfahrer nicht mit einer Entziehung der Fahrerlaubnis rechnen. Allerdings könnte die Verwaltungsbehörde, falls sie von einer Trunkenheitsfahrt Kenntnis erlangt, Ermittlungen hinsichtlich der Geeignetheit des Täters anstellen und möglicherweise ein ärztliches Gutachten verlangen.

Verwarnung durch die Polizei

Bei geringeren Verkehrsverstößen kann die Polizei verwarnen. Die Höhe des Verwarnungsgeldes liegt dann zwischen fünf und 35 Euro, entsprechend dem Bußgeldkatalog. Auch gebührenfreie Verwarnungen bei besonders geringen Verstößen sind möglich. Lehnt der Betroffene die Bezahlung des Verwarnungsgeldes ab oder ist der Verstoß nicht geringfügig, so erfolgt eine Anzeige durch die Polizei. Sie kann auch durch Privatpersonen erfolgen. Im Ausgangsfall hatte der Motorradfahrer Harald Brehm angezeigt.

Anzeige

Ein Unfallbeteiligter hat in der Regel keine Möglichkeit, eine polizeiliche Aufnahme des Unfalls zu erzwingen. Dies gilt nicht bei sehr hohen Sachschäden oder bei Personenschäden. Außerdem muss eine Aufnahme des Unfalls durch die Polizei erfolgen, wenn der Verdacht besteht, dass einer der Beteiligten Alkohol im Blut hat.

Der Betroffene muss in jedem Fall nach einer Anzeige Gelegenheit zur Stellungnahme bekommen. Dies geschieht in der Regel in der Übersendung eines Anhörungsbogens oder durch eine Vorladung zur Polizei.

WISO rät: Sie sind nicht verpflichtet, bei der Polizei eine Aussage zu machen oder dort zu erscheinen. Sie können sich beispielsweise durch einen Rechtsanwalt vertreten lassen. Besprechen Sie sich in diesem Fall zuvor mit Ihrem Rechtsanwalt und lassen Sie sich über die weiteren Schritte beraten.

Bei der Polizei müssen allerdings alle Angaben zur Person wahrheitsgemäß gemacht werden. Wer zu einer polizeilichen Vernehmung bereit ist, muss vorher ordnungsgemäß über seine Rechte belehrt werden.

Mögliche Rechtsmittel

Ist der Bußgeldbescheid ergangen, kann dagegen innerhalb von zwei Wochen nach Zustellung Einspruch eingelegt werden. Dies muss schriftlich oder zur Niederschrift bei der den Bescheid erlassenden Behörde geschehen. Sie sollten hierbei genau auf die Rechtsmittelbelehrung achten, die dem Bußgeldbescheid beigefügt ist. Eine Begründung des Einspruchs ist nicht notwendig. Ist der Einspruch rechtzeitig erfolgt, so prüft die Bußgeldbehörde, ob der Bescheid aufrechterhalten oder zurückgenommen wird. Wird der Bescheid nicht zurückgenommen, so geht er an die Staatsanwaltschaft und wird dem zuständigen Gericht vorgelegt. Dieses beraumt regelmäßig die Hauptverhandlung an. Gelegentlich fällt es aber auch eine schriftliche Entscheidung ohne Verhandlung. Dies geht allerdings nur dann, wenn der Betroffene nicht widerspricht.

Ist der Termin zur Hauptverhandlung bestimmt, so muss der Betroffene einer Ladung des Gerichts folgen. Am Ende steht in der Regel ein Urteil oder die Einstellung des Verfahrens. Das Urteil kann anschließend nicht mehr mit einer Berufung angegriffen werden. Bei Geldbußen von mehr als 250 Euro oder einem Fahrverbot gibt es unter Umständen das Rechtsmittel der Rechtsbeschwerde, mit dem nur Verfahrensfehler angegriffen werden können.

Eintragung in das Verkehrszentralregister in Flensburg

Verurteilungen wegen Verkehrsdelikten werden grundsätzlich in das Verkehrszentralregister in Flensburg, die so genannte Verkehrssünderkartei, eingetragen. Dazu gehören:

- alle Maßnahmen der Verwaltungsbehörde, der Führerscheinentzug, die Erteilung der Fahrerlaubnis nach vorangegangener Entziehung oder Versagung der Fahrerlaubnis oder ihre Verlängerung;
- alle rechtskräftigen Verurteilungen in Verkehrsstrafsachen sowie alle Fahrverbote und Entziehungen (auch die vorläufige) der Fahrerlaubnis, Verwarnungen mit Strafvorbehalt, Absehen von Strafe oder Milderung derselben durch das Gericht. Ob die Verurteilung in einer Verhandlung oder in einem Strafbefehl erging, spielt hierbei keine Rolle;
- alle rechtskräftigen Bußgeldbescheide oder Entscheidungen des Amtsrichters (nach Einspruch) wegen Ordnungswidrigkeiten, bei denen die Buße mehr als 40 Euro beträgt;
- Verbote, ein fahrerlaubnisfreies Fahrzeug zu führen, und Verzichte auf die Fahrerlaubnis;
- Entscheidungen ausländischer Gerichte oder Behörden, die einen deutschen Fahrer betreffen;
- Anordnung und Teilnahme an Maßnahmen;
- Fahrerlaubnis auf Probe.

Nicht eingetragen werden dagegen Bußgelder unter 40 Euro, Verstöße gegen Sozial- und Arbeitszeitvorschriften (etwa die Tageslenkzeiten von Lkw-Fahrern) und Beschlüsse über die Einstellung von Strafverfahren, weil die Schuld des Fahrers gering ist.

Die eingetragenen Verstöße werden mit einem bis sieben Punkten bewertet. Mit wie vielen Punkten ein Fahrer rechnen muss, ergibt sich aus dem Bußgeldkatalog.

Löschung von Einträgen

Nach Ablauf einer bestimmten Zeit werden die Einträge wieder aus dem Zentralregister gelöscht. Bei Bußgeldentscheidungen, ohne Rücksicht auf die Höhe des Bußgeldes, beträgt die Tilgungsfrist zwei Jahre. Die Tilgungsfrist für die Teilnahme an einem Aufbauseminar beträgt fünf Jahre. Bei allen übrigen Fällen (insbesondere Alkohol, Drogen und Führerscheinentzug) sind es zehn Jahre. Allerdings darf auch hier bereits nach fünf Jahren nicht mehr ohne weiteres Auskunft gegeben werden. Die Auskunft beschränkt sich ab diesem Zeitpunkt auf Verfahren über die Erteilung und Entziehung der Fahrerlaubnis oder um Verkehrskontrollen.

Die Löschungsfrist beginnt

- bei **Ordnungswidrigkeiten** mit dem Tag der Rechtskraft des Bußgeldbescheids;
- bei **Verkehrsstrafsachen** mit dem Tag des ersten Urteils oder dem Tag der Unterzeichnung des Strafbefehls;
- bei anderen **Verwaltungsentscheidungen** mit dem Tag der Rechtskraft;
- bei **Aufbauseminaren** und verkehrspsychologischen Beratungen mit dem Tag der Ausstellung der Teilnahmebestätigung.

Ist ein Eintrag erst einmal gelöscht oder tilgungsreif, darf er nicht mehr zum Nachteil des Fahrers verwendet werden. Allerdings hemmt ein erneuter Eintrag die Tilgungsfrist von Bußgeldbescheiden. Die Löschung aller Bußgeldbescheide erfolgt erst zusammen mit der letzten Bußgeldeintragung. Verkehrsstrafrechtliche Eintragungen hemmen die Tilgung aller anderen eingetragenen und neu dazukommenden Strafen und Geldbußen. Solange die Strafe eingetragen ist, bleibt auch der Rest bestehen. Dies gilt aber nicht umgekehrt. Ein neu eingetragener Bußgeldbescheid kann eine bereits eingetragene Strafe nicht hemmen. Ist die Erteilung einer neuen Fahrerlaubnis untersagt, beginnt die Tilgungsfrist erst mit der Neuerteilung der Fahrerlaubnis, spätestens nach fünf Jahren.

Beachten Sie aber, dass kein Bußgeldbescheid (außer wegen Überschreitung der 0,5-Promille-Grenze oder wegen Fahrens mit berauschenden Mitteln) länger als fünf Jahre eingetragen bleibt, ganz gleich, ob neue Eintragungen vorhanden sind oder nicht.

Punktestand

Eine gebührenpflichtige und schriftliche Verwarnung erhält der Betroffene ab acht bis maximal 13 Punkten. Er wird auf die Möglichkeit eines Aufbauseminars hingewiesen. Solche Seminare werden von diversen Fahrschulen angeboten. Die Kosten belaufen sich auf etwa 250 Euro und müssen vom Verkehrssünder bezahlt werden. Wird das Seminar absolviert, stellt die Fahrschule eine Teilnahmebescheinigung aus, die zu einem Punkterabatt von vier Punkten führt, falls der Fahrer nicht mehr als acht Punkte hat. Hat er zwischen neun und 13 Punkten, werden ihm zwei Punkte erlassen. Aber: Der Besuch des Aufbauseminars ist nur einmal in fünf Jahren möglich.

Eine gebührenpflichtige, schriftliche Verwarnung erfolgt auch zwischen 14 und 17 Punkten. Außerdem wird die Teilnahme an einem Aufbauseminar für auffällige Kraftfahrer innerhalb einer angemessenen Frist angeordnet. Hat der Betroffene in den vergangenen fünf Jahren bereits ein solches Seminar belegt, so bleibt es bei der Verwarnung. Nimmt der Fahrer nicht an dem Aufbauseminar teil, so wird die Fahrerlaubnis automatisch entzogen. Eine Neuerteilung ist dann erst nach sechs Monaten und positivem MPU-Gutachten möglich. Auch die verkehrspsychologische Beratung wird mit

dem Abzug von zwei Punkten belohnt. Allerdings werden nicht gleichzeitig Punkte addiert und abgezogen. Für die Beratung werden erst zwei Punkte in Ansatz gebracht, wenn der Betroffene mindestens 14 Punkte erreicht und zuvor ein Aufbauseminar besucht hat.

Hat der Betroffene 18 Punkte oder mehr erreicht, so wird ihm die Fahrerlaubnis automatisch entzogen. Er gilt dann als ungeeignet, ein Fahrzeug zu führen. Eine Neuerteilung ist erst nach sechs Monaten und einem positiven MPU-Gutachten möglich.

Erfolgt nach der Überschreitung der 14-Punkte-Grenze oder gar der 18-Punkte-Marke keine Verwarnung, so wird der Fahrer automatisch auf 13 Punkte zurückgesetzt. Wer auf einmal 18 Punkte erhält, wird so gestellt, als ob er 17 Punkte erhalten hätte, damit er die Hilfestellungen des Punktesystems – also Aufbauseminar und verkehrspsychologische Beratung – in Anspruch nehmen kann.

WISO rät: Wer eine Verkehrsrechtsschutzversicherung besitzt und gegen die Einleitung eines Bußgeldverfahrens wegen eines Verkehrsverstoßes oder eines Strafverfahrens vorgehen will, sollte beachten, dass manche Policen bestimmte Verstöße, wie etwa einen Parkverstoß, nicht umfassen oder eine Selbstbeteiligung vereinbart ist.

5. Autoreparatur

Beispiel: Nicht in Auftrag gegebene Reparaturen

Als Alfred Zorn am Abend das Büro verlässt und in seinen Wagen einsteigt, springt der Motor nicht an. Mehrmals dreht er am Zündschloss, doch außer einem Surren passiert nichts. Nach einer halben Stunde versucht er erneut, den Pkw zu starten. Jetzt lässt sich der Wagen „überreden“ und springt an. Trotzdem hat Alfred Zorn Angst, bei nächster Gelegenheit liegen zu bleiben, und fährt zu seiner Werkstatt. Er bittet den Kfz-Meister, nach dem Defekt zu suchen. Dieser stellt fest, dass die Zündkerzen kaputt sind. Alfred Zorn will sie austauschen lassen und den Wagen später abholen. Als er zurückkommt, wundert er sich über die saftige Rechnung.

Die Werkstatt hat außer den Zündkerzen noch die Bremsscheiben erneuert und die Nebelscheinwerfer repariert. Er ist außer sich. Alfred Zorn wollte den Wagen ohnehin verkaufen und lediglich dessen Fahrtüchtigkeit sicherstellen.

Reparaturauftrag

Wer sein Fahrzeug zur Werkstatt bringt und dem Inhaber den Auftrag zur Reparatur gibt, schließt mit diesem einen Werkvertrag ab. Dadurch wird der Werkstattinhaber zur Ausführung der versprochenen Arbeiten, sprich zur Reparatur, und der Fahrzeug-

halter zur Bezahlung des vereinbarten Preises verpflichtet. In vielen Fällen wird der Preis aber gerade nicht ausdrücklich vereinbart. Im Nachhinein entsteht dann oft Streit über die Höhe der Kosten.

Kostenvoranschlag

Damit ein Streit mit der Werkstatt über eine überhöhte Rechnung vermieden wird, sollte der Auftraggeber einen Kostenvoranschlag verlangen. Das gilt insbesondere dann, wenn sich schon im Vorfeld der Reparatur abzeichnet, dass ein größerer Schaden zu beheben ist und es teurer werden kann. Hätte Alfred Zorn im vorliegenden Fall mit dem Kfz-Meister über die genaue Reparatur gesprochen, wäre das Problem wahrscheinlich nicht aufgetreten. Die Kosten wären für ihn überschaubarer gewesen, denn mit einem Kostenvoranschlag hätte er klar eingrenzen können, dass er nur den Austausch der Zündkerzen wünschte und nicht die Erneuerung der Bremsscheiben und der Nebelscheinwerfer.

Ein Kostenvoranschlag gibt dem Auftraggeber eine gewisse Sicherheit, denn die dort genannten – vom Werkstattmeister geschätzten – Kosten dürfen nicht beliebig überschritten werden. Nur eine „unwesentliche" Überschreitung muss sich der Kunde gefallen lassen. Als unwesentlich gilt eine Überschreitung von bis zu zehn Prozent der Kosten, die im Voranschlag genannt sind. Manchmal erkennen die Gerichte in Sonderfällen auch Überschreitungen von bis zu 20 Prozent als „unwesentlich" an.

Der Auftraggeber kann den Vertrag mit der Werkstatt „kündigen", wenn der Kostenvoranschlag wesentlich überschritten wird. Die Werkstatt ist dazu verpflichtet, dem Kunden unverzüglich mitzuteilen, wenn die tatsächlichen Kosten wesentlich höher liegen werden als im Kostenvoranschlag geschätzt. Dies ist in der Regel dann der Fall, wenn zu der in Auftrag gegebenen Reparatur noch unerkannte Mängel am Fahrzeug hinzutreten. Die Werkstatt ist nur dazu berechtigt, solche Schäden am Fahrzeug zu beheben, die auch im Kostenvoranschlag aufgeführt sind.

WISO rät: Um Ärger zu vermeiden, sollten Sie vor jeder Auftragerteilung schriftlich festlegen, was genau repariert werden soll. Hüten Sie sich vor Formulierungen wie „TÜV-fertig" oder „alle notwendigen Arbeiten durchführen".

Legen Sie mit der Werkstatt eine Höchstbetragsgrenze fest, die sie nicht oder nur nach vorheriger Absprache überschreiten darf. Sie können sich dann noch mal mit dem Kfz-Meister oder Inhaber besprechen und möglicherweise den Reparaturauftrag erweitern. Lassen Sie sich aber auch für die zusätzlichen Reparaturen einen Kostenvoranschlag geben.

Kfz-Reparaturbedingungen

Für gewöhnlich verwenden die Kfz-Werkstätten so genannte „Kfz-Reparaturbedingungen“, die vom Zentralverband Deutsches Kraftfahrzeuggewerbe, Bonn, empfohlen werden. Diese gibt es im Zuge des veränderten Schuldrechts und der Neuerungen beim Recht der Allgemeinen Geschäftsbedingungen in einer Neufassung von 01/2002. In den Reparaturbedingungen werden etwa

- die Auftragserteilung,
- die Preisangaben,
- die Fertigstellung,
- die Abnahme,
- die Berechnung,
- das Pfandrecht der Werkstatt,
- Sachmängel und
- die Haftung

geregelt.

WISO rät: Sie sollten sich die Kfz-Reparaturbedingungen unbedingt aushändigen lassen und vor Vergabe des Auftrags gründlich durchlesen. Nur wer die Bedingungen gut kennt, kann hinterher Ärger vermeiden.

Richtige Beratung

Der Kunde ist in der Regel darauf angewiesen, von seiner Autowerkstatt beraten zu werden. Dabei kann er meistens weder den möglichen Defekt einschätzen, noch weiß der Kunde, wie teuer ihn die Reparatur zu stehen kommt. Daher muss er sicher sein, fachmännisch und ordnungsgemäß beraten zu werden. Das bedeutet, dass ihm mitgeteilt wird, welche Ursachen das Problem hat und wie es beseitigt werden kann. Dabei kann es sich zum Beispiel nur um eine einfache Reparatur handeln. Doch muss die Werkstatt den Kunden auch darauf hinweisen, wenn etwa der vollständige Austausch eines Fahrzeugteils notwendig ist oder sich eine Reparatur überhaupt nicht mehr lohnt, weil sie den Wert des Fahrzeugs übersteigen würde.

Hätte im vorliegenden Fall Alfred Zorn einen Kostenvoranschlag über die Reparatur des Motorschadens verlangt und wäre der Fehler nur durch den Ausbau des alten und Einbau eines neuen Motors möglich, müsste dies die Werkstatt prüfen und auch im Kostenvoranschlag angeben.

Die Werkstatt muss auch darauf achten, welche Reparaturen wirtschaftlich sinnvoll sind. Wäre eine Reparatur des Motors möglich und gibt sie dem Kunden trotzdem Bescheid, dass der Fehler nur durch einen Austauschmotor behoben werden kann, so hat

der Kunde Anspruch auf Schadenersatz. Der Grund: Der Werkstattleiter oder Kfz-Meister hat durch eine mangelhafte Beratung seine aus dem Vertrag mit dem Kunden resultierende Beratungspflicht verletzt. Die Werkstatt muss auch immer die wirtschaftlichen Interessen ihres Auftraggebers im Auge behalten. Stellt sich wie hier heraus, dass auch eine günstigere Reparatur möglich gewesen wäre, und kann der Kunde dies beweisen, so muss er nicht mehr bezahlen, als die Reparatur gekostet hätte. Dabei kann er sogar den Austauschmotor behalten, da dieser ihm quasi von der Werkstatt durch die mangelhafte Beratung „aufgedrängt“ wurde. Schließlich wäre er auch mit einer einfachen Reparatur zufrieden gewesen. Damit hat die Werkstatt keinen bereicherungsrechtlichen Anspruch gegen ihren Kunden.

Auch für diesen Fall ist der Kostenvoranschlag besonders wichtig. Aus diesem lässt sich entnehmen, welche Reparaturen die Werkstatt für notwendig und erforderlich hält.

Was tun bei einer „Schlechtreparatur“?

Häufig gibt es den Fall, dass das frisch aus der Werkstatt geholte Fahrzeug immer noch mit Macken behaftet ist. Das sollten Sie in jedem Fall sofort reklamieren. Grundsätzlich muss die Reparaturwerkstatt den Mangel beheben, denn im Vertrag mit dem Kunden hat sich die Werkstatt zur Behebung dieses Mangels verpflichtet. Ist die Reparatur nicht einwandfrei erfolgt, so kann der Kunde Nachbesserung verlangen. Diese Nachbesserung ist für den Kunden kostenfrei.

Die Werkstatt hat aber nicht beliebig viele Nachbesserungsversuche. Wie oft sie nachbessern darf, hängt immer vom Einzelfall ab. Bei kleineren, nicht aufwendigen Reparaturen darf sie nur einmal nachbessern. Bei schwierigen Konstellationen können in Ausnahmefällen auch bis zu drei Nachbesserungsversuche akzeptabel sein.

Bessert die Werkstatt den Mangel in einer vom Kunden gesetzten Frist nicht fachmännisch nach, so kann er den Mangel auch selbst beseitigen und Ersatz der erforderlichen Aufwendungen verlangen. Unter den erforderlichen Aufwendungen sind beispielsweise die Transportkosten des fahruntüchtigen Pkw zu einer anderen Reparaturwerkstatt zu verstehen. Diese wären dem Kunden nicht entstanden, hätte die erste Werkstatt nachgebessert.

Ist die Nacherfüllung fehlgeschlagen, also der Defekt auch nach erneuter Reparatur nicht behoben, oder verweigert die Werkstatt eine Nachbesserung oder ist eine Nachbesserung dem Kunden nicht zumutbar, so kann er vom Vertrag zurücktreten oder die Vergütung der Werkstatt mindern.

In jedem Fall muss die Werkstatt dem Kunden Schadenersatz leisten, falls sie ihre sich aus dem Vertrag ergebenden Pflichten verletzt. Dabei kann der Auftraggeber auch Ersatz für vergebliche Aufwendungen verlangen.

WISO rät: Versuchen Sie sich zunächst immer gütlich zu einigen. Lenkt die Werkstatt nicht ein, gibt es die Möglichkeit, eine Schiedsstelle der Kfz-Innung aufzusuchen. Diese vermittelt dann zwischen Werkstatt und Kunde und entscheidet darüber, ob die Reparatur ordentlich durchgeführt wurde oder nicht. Die Vermittlung ist kostenlos.

Achtung: Diese Möglichkeit besteht aber nur, wenn Sie Ihr Fahrzeug bei einer Werkstatt hatten, die auch ein Innungsbetrieb ist. Das sind in der Regel nur größere Werkstätten.

Verjährung

Die Ansprüche auf Nachbesserung, auf Ersatz der erforderlichen Aufwendungen, der darauf beruht, dass der Kunde den Mangel selbst beseitigt, und auf Schadenersatz verjähren in zwei Jahren ab Abnahme des Fahrzeugs. Der Anspruch auf Rücktritt vom Vertrag oder auf Minderung der Vergütung verjährt in der regelmäßigen Verjährungsfrist von drei Jahren. Ist der Anspruch auf Nachbesserung wegen Verjährung erloschen, ist ein Rücktritt des Kunden unwirksam. Dieser hat dann allerdings immer noch die Möglichkeit, die Vergütung zu mindern.

Die Garantie ist dagegen eine freiwillige Zusage des Herstellers, bei bestimmten Mängeln die Kosten der Reparatur oder den Ersatz des schadhaften Teils zu übernehmen. Sie kann durchaus länger laufen als die Verjährungsfrist. Dies bedeutet, dass alle Mängel und Schäden kostenlos beseitigt werden, die während der Garantiezeit auftreten und nicht dem Käufer zuzurechnen sind. Hat also der Eigentümer eines Wagens das falsche Öl nachgefüllt und ist der Motor daraufhin beschädigt, so fällt das nicht unter die Garantie. Der Schaden beruht vielmehr auf einem Verschulden des Kunden, und dieser muss die Kosten daher auch selbst tragen.

WISO rät: Beachten Sie, dass sich die Garantie häufig auf bestimmte Schäden, Mängel oder Teile des Autos beschränkt. So sind meist typische Verschleißteile von der Garantie ausgenommen.

Vorteil der Garantiehaftung ist, dass der Kunde den Mangel am Pkw nur rügen muss, ohne zu beweisen, dass etwa eine vom Verkäufer zugesicherte Eigenschaft fehlt oder er arglistig getäuscht wurde.

Weitere Informationen

Mehr zum Thema Auto finden Sie in dem WISO-Ratgeber Mein Auto (ISBN 3-8323-0866-0), den Sie zum Preis von 15,90 Euro im Buchhandel erhalten.

VII. Alter und Krankheit

1. Betreutes Wohnen

Beispiel: Die Alternative zum Altersheim

Hanna von Prillwitz hat eigentlich ein wunderschönes Zuhause. Von ihrem Mann hat sie ein Haus mit Garten geerbt, in dem sie sich nach ihren Vorstellungen eingerichtet hat und von ihrer Rente lebt. Doch in letzter Zeit beschleichen die alte Dame immer wieder Ängste. Das Treppensteigen fällt ihr täglich schwerer, die Gartenarbeit muss sie schon von einem jungen Mann aus der Nachbarschaft vornehmen lassen, und ihre alten Freunde sterben ihr nach und nach weg. Sie befürchtet, dass sie sich irgendwann nicht mehr alleine helfen kann und in dem Haus vereinsamt. Der Gedanke an ein Altersheim lässt sie schaudern. Da bringt ihr eine Nachbarin einen Prospekt des Wohnparks „Sonnenruhe“ vorbei. Hanna von Prillwitz studiert ihn ausgiebig und findet das Konzept des betreuten Wohnens ganz interessant. Eine eigene Wohnung innerhalb einer Wohnanlage, in der lauter Gleichgesinnte leben, alle Wohnungen mit Notrufklingel, behindertengerechte Ausstattung der Räume und Waschservice. Doch als sie sich die Verträge genauer ansieht, stutzt sie: Im Grundpreis ist auch eine Pauschale für das tägliche Essen enthalten. Hanna findet sich zwar alt, aber nicht so alt, dass sie nicht noch selbst für ihr Essen sorgen könnte. Außerdem stutzt sie über die Preise: Abgesehen davon, dass eine Eigentumswohnung dort erheblich teurer ist als auf dem normalen Immobilienmarkt, hat sie monatlich erhebliche Nebenkosten. Und dafür soll sie ihr schönes Haus aufgeben?

Was bedeutet „Betreutes Wohnen“?

Wer alt und pflegebedürftig wurde, hatte jahrelang oft nur die Wahl zwischen der eigenen Wohnung und einem herkömmlichen Alters- und Pflegeheim. Seit einiger Zeit wird eine dritte Variante immer beliebter: das betreute Wohnen. Ganz gleich, ob Heimbetreiber, Immobilienhändler oder Wohnungsbaugesellschafter: Die Anbieter haben erkannt, dass Senioren im Alter auch noch nach anderen Wohnformen suchen, um den Lebensabend zu verbringen.

Es gibt keine gesetzliche Definition des Begriffs „Betreutes Wohnen“. Dies hat zur Folge, dass sich ganz unterschiedliche Projekte und Angebote so bezeichnen. Einerseits haben die Interessenten so die Möglichkeit, individuell ein passendes Angebot auszuwählen. Andererseits kann man sich jedoch nicht darauf verlassen, dass alle Anbieter das Gleiche unter betreutem Wohnen verstehen.

Grundversorgung und Wahlleistungen

Das Konzept „Betreutes Wohnen“ oder „Service-Wohnen“ meint aber in der Regel solche Wohnungen, die nicht nur den räumlichen Bedürfnissen älterer Menschen entsprechen, sondern in denen auch eine Grundversorgung gewährleistet ist.

Diese Serviceleistungen werden im Voraus vertraglich festgelegt und müssen jeden Monat pauschal bezahlt werden, unabhängig davon, ob sie tatsächlich genutzt werden oder nicht. Hierzu gehören in der Regel ein Hausmeister, eine regelmäßig erreichbare Ansprechperson und die Möglichkeit, einen Notruf zu installieren.

WISO rät: Prüfen Sie genau, ob Sie die Grundleistungen wirklich alle brauchen. Viele Einrichtungen bieten nämlich erheblichen Service im Rahmen der Grundleistung an, und das kostet Geld. Möglicherweise ist eine Einrichtung mit weniger Grundleistung für weniger Geld die bessere Wahl. Entscheidend ist immer Ihr individueller Fall und Ihre Bedürfnisse.

Auch Hanna von Prillwitz hat richtig daran getan, an dem Vertrag zu zweifeln. Wenn Sie ohnehin vor hat, täglich selbst zu kochen, ist es hinausgeworfenes Geld, dafür täglich noch eine Pauschale zu zahlen. Besser wäre für sie eine Unterkunft, in der die Mahlzeiten bei Bedarf als Wahlleistung hinzugekauft werden können.

Neben der Grundversorgung gibt es nämlich darüber hinaus so genannte Wahlleistungen, die zusätzlich zu den Grundleistungen in Anspruch genommen werden können, falls Bedarf besteht. Darunter können zum Beispiel Mahlzeitendienste, Wohnungsreinigung, Krankenpflege oder Fahrdienste fallen. Die Kosten für diese Leistungen werden nur entsprechend der tatsächlichen Nutzung berechnet. Außerdem besteht keine Verpflichtung, diese Leistungen vom Betreiber der Wohnanlage abzunehmen. Das heißt, es könnte zum Beispiel ein Mahlzeitendienst von außerhalb beauftragt werden, auch wenn im Haus ein Mittagstisch angeboten wird.

Wie sieht die Wohnung aus?

Im Gegensatz zur Wohnform „Alten- oder Altenpflegeheim“ bietet „Betreutes Wohnen“ für jede Wohneinheit eine eigene Haushaltsführung, eine Küche und eigene sanitäre Anlagen. Dabei sind drei Ausprägungen dieser Wohnform zu unterscheiden:

- einzelne Wohnungen, die nachträglich auf altersgerechte Bedürfnisse „umgerüstet“ werden,
- einzelne Wohnungen in Neubauten, die von vornherein altersgerecht gebaut werden, und
- ganze Wohnanlagen, die ausschließlich oder zumindest überwiegend aus altersgerechten Wohnungen bestehen. Einige dieser altersgerechten Wohnanlagen sind räumlich und organisatorisch auch einem Heim angeschlossen („Heimverbundenen-Variante“).

Welche Wohnform zu bevorzugen ist, muss jeder für sich entscheiden. Wohnanlagen haben natürlich den Vorteil, dass in unmittelbarer Nähe „Gleichgesinnte“ leben. Kommunikation und gegenseitige Hilfe sind dementsprechend einfacher.

Bis zu welchem Grad der Hilfebedürftigkeit Bewohner in einer betreuten Wohnung bleiben können oder doch in ein Heim umziehen müssen, ist von Objekt zu Objekt ganz unterschiedlich. Deshalb sollte jeder Interessent möglichst genau regeln, bis zu welchem Grad der Pflegebedürftigkeit die häusliche Pflege garantiert ist.

Welche Angebote gibt es derzeit auf dem Markt?

Je nach Umfang von Grund- und Wahlleistungen lassen sich die Angebote in verschiedene Kategorien unterteilen.

- Zum Beispiel gibt es das Wohnen mit Hausmeisterservice. Diese Wohnungen bieten einen minimalen Umfang an Serviceleistungen an. Ein Hausmeister kümmert sich um die Wartung der technischen Anlagen, um Hausreinigung, Winterdienst und Gartenpflege.
- Eine zweite Kategorie ist beispielsweise das Wohnen mit Betreuungskraft und externen Serviceangeboten. In einer solchen Wohnanlage steht außer dem Hausmeister ein weiterer Ansprechpartner zur Verfügung. Diese Betreuungskraft hilft, benötigte Dienstleistungen zu organisieren, die durch externe Anbieter erbracht werden. Darüber hinaus kümmert sie sich in vielen Anlagen um gemeinsame Veranstaltungen und sorgt so für Kontakte zwischen den Bewohnern.
- Das Wohnen mit Pflegedienst ist eine dritte Variante. Bei diesen Angeboten gibt es direkt im Haus einen eigenen Pflegedienst. Das vermittelt die Sicherheit, dass im Bedarfsfall problemlos pflegerische Hilfe erfolgen kann. Außerdem stehen die Mitarbeiter dieses Dienstes oft rund um die Uhr als Ansprechpersonen zur Verfügung und helfen, wenn Mahlzeiten oder ein Reinigungsdienst benötigt werden.
- Wohnanlagen, die in direkter Nachbarschaft zu einem Alten- oder Pflegeheim des gleichen Trägers liegen, werden als Wohnen im Heimverbund bezeichnet. In der Einrichtung selbst befindet sich oft nur ein Ansprechpartner. Bei Bedarf können jedoch alle Leistungen des benachbarten Heimes, zum Beispiel Mahlzeiten im Speisesaal und Pflege, in Anspruch genommen werden. Einige Anlagen bieten ein Vorbelegungsrecht für einen Platz im benachbarten Heim an.
- Als letzte Möglichkeit gibt es noch das Wohnen mit integrierter Pflege und Versorgung. In diese Kategorie fallen insbesondere Seniorenresidenzen und -stifte sowie einige Altenheime, die ihr Angebot auf die veränderten Wünsche der Senioren abgestimmt haben. Alle diese Einrichtungen bieten in ihrem Haus umfangreiche Möglichkeiten der Versorgung und Pflege an. Zum Standardangebot gehören häufig ein Speisesaal mit mehreren Mahlzeiten, regelmäßige Wohnungsreinigung sowie

Pflege bei Bedarf. Einrichtungen mit solch einer Rundumversorgung zählen rechtlich zu den „Heimen" und unterliegen besonderen gesetzlichen Bestimmungen.

Für wen eignet sich betreutes Wohnen?

Betreutes Wohnen wurde vor einiger Zeit als *die* Alternative für das Seniorenheim propagiert. Inzwischen wird das jedoch differenzierter betrachtet. Je nach Konzept kann betreutes Wohnen zwar ein gewisses Maß an Pflege bieten, jedoch setzen die meisten Angebote – zu Recht – voraus, dass die Mieter oder Eigentümer ihr Leben bis zu einem bestimmten Grad selbstständig regeln und sich selbst versorgen können. Es handelt sich hierbei eben nicht um ein Heim, in dem rund um die Uhr jemand zur Verfügung steht, der bei der Körperpflege oder der Hausarbeit hilft. Hier sorgt der Begriff „Betreutes Wohnen" oft für Verwirrung. Einige Angebote heißen deshalb auch „Wohnen mit Service" oder „Wohnen plus".

Diese Wohnform ist also nicht unbedingt für Menschen geeignet, die schon beim Einzug einen größeren Bedarf an Hilfe und Pflege haben. Gut geeignet ist betreutes Wohnen hingegen für alle, die im Alter auf eine seniorengerechte Wohnung Wert legen und die Gewissheit haben möchten, dass sie sich bei Fragen und der Organisation von Hilfeleistungen an einen festen Ansprechpartner wenden können. Außerdem bieten solche Wohnanlagen einen guten Kontakt zu Gleichgesinnten und können so einer Vereinsamung vorbeugen.

Betreutes Wohnen – und wer bezahlt das?

Nicht immer muss betreutes Wohnen unbezahlbar sein. Rechnen muss man zum einen mit fixen Kosten für die Wohnung und die Grundleistungen. Hinzu kommen dann noch die variablen Ausgaben für Wahlleistungen. Je nach Angebot schwanken die Preise erheblich.

Die monatlichen Pauschalkosten für die Grundleistungen hängen stark vom Umfang der Leistungen ab. Ein kleines Paket aus Hausnotruf und technischer Hilfe in der Wohnung ist schon für ca. 30 bis 40 Euro pro Monat zu haben. Wer auf eine täglich erreichbare Ansprechperson Wert legt, die auch gemeinsame Aktivitäten in der Einrichtung koordiniert, sollte mit einer Grundpauschale von 55 bis 90 Euro rechnen. Für eine weitere Person können leicht 25 bis 50 Euro hinzukommen.

Die meisten Bewohner im betreuten Wohnen müssen die anfallenden Kosten selbst tragen. Wer auf Grund körperlicher oder geistiger Einschränkungen auf Leistungen aus der Pflegeversicherung Anspruch hat, kann diese Leistungen auch im betreuten Wohnen erhalten. Die Wohnung wird dabei als private Wohnung gewertet – was sie schließlich auch ist – und nicht als Pflegeheim. Gleiches gilt für Leistungen der Krankenkassen.

WISO rät: Wenn Sie nur ein geringes Einkommen haben, können Sie einen Anspruch auf einen Wohnberechtigungsschein oder einen Mietzuschuss – das Wohngeld – geltend machen. Beides können Sie beim örtlichen Wohnungsamt beantragen. Es macht betreutes Wohnen auch für Geringverdienende erschwinglich.

Schließlich zahlt auch das Sozialamt, sofern die Voraussetzungen dafür erfüllt sind und keine wesentlich günstigeren Alternativen zur Verfügung stehen, die Versorgung im betreuten Wohnen.

Alternativen zum betreuten Wohnen

Insbesondere Menschen mit mittlerem Einkommen, das knapp über der Bemessungsgrenze für den Wohnberechtigungsschein liegt, finden nur wenige Angebote, die zum Geldbeutel passen. Hier empfiehlt es sich, zunächst zu überlegen, ob sich die Angebote des betreuten Wohnens nicht auch in der alten Wohnung realisieren lassen. Durch einen Umbau der Wohnung – hier hilft die Wohnberatung (Adresse und Telefonnummer siehe unten) – und die Installation eines Hausnotrufs ist oft schon viel gewonnen. Solche Maßnahmen können häufig durch die Pflegekasse bezuschusst werden. Auch viele Serviceleistungen wie Mahlzeiten, Einkaufshilfen oder ein Wäscheservice lassen sich inzwischen problemlos organisieren.

Diese Möglichkeit würde sich eventuell auch für Hanna von Prillwitz anbieten. Sie könnte ihr Haus so umbauen lassen, dass ihr das Treppensteigen erspart bleibt. Sie sollte sich vor allem ausrechnen, ob es nicht günstiger ist, sich sämtliche Wahlleistungen zu Hause selbst einzukaufen, also einen Putz- oder Einkaufsdienst zu organisieren.

Ist vor allem die Ausstattung der alten Wohnung problematisch, kann auch der Umzug in eine andere, nicht betreute, aber altersgerecht gestaltete Wohnung bereits eine große Hilfe sein. Informationen dazu bieten die örtlichen Wohnungs- und Sozialämter (mehr dazu weiter unten).

Darauf sollten Sie unbedingt achten

Bei der Wohnung und der Wohnanlage sollte man darauf achten, dass sie barrierefrei gebaut sind. Das heißt, es gibt keine Treppen und Stufen beziehungsweise sind alternativ flache Rampen und Aufzüge vorhanden. Flure und Türen müssen breit genug sein, damit sich dort auch Personen mit einer Gehhilfe, zum Beispiel einem Rollator, problemlos bewegen und alle Räume der Einrichtung erreichen können. Außerdem sollte Ihre besondere Aufmerksamkeit dem Bad gelten. Vorteilhaft sind vor allem eine bodengleiche Dusche und ausreichend Platz, damit bei Bedarf auch Hilfsmittel eingesetzt werden können.

WISO rät: Prüfen Sie nicht nur ausschließlich die Wohnanlage, sondern auch das Umfeld. Wenigstens Geschäfte für den täglichen Bedarf, Ärzte und Apotheken sollten zu Fuß oder mit regelmäßig verkehrendem, öffentlichen Nahverkehr gut erreichbar sein.

Bei den Serviceleistungen sollten Interessenten vor allem auf die Verteilung der Grundleistungen – die pauschal bezahlt werden müssen – und der Wahlleistungen achten. Sonst werden eventuelle Kosten für Leistungen fällig, die man überhaupt nicht benötigt. Außerdem ist es ratsam, im Vorfeld genau zu klären, was zum Beispiel die „regelmäßige Wohnungsreinigung“ beinhaltet und wie oft diese Leistungen tatsächlich angeboten werden. Von besonderer Bedeutung ist die regelmäßige Ansprechperson. Sie sollte verlässlich an mehreren Tagen in der Woche im Haus sein und die Bewohner bei der Organisation ihres Alltags unterstützen.

Konsequenterweise sollte es für das betreute Wohnen zwei Verträge geben: einen Miet- oder Kaufvertrag für die Wohnung und einen Servicevertrag. Dazu gehören außerdem noch die Hausordnung und ein aktuelles Preisverzeichnis.

Für beide Verträge gilt, dass alle Leistungen und Preise so detailliert wie möglich aufgeführt sein müssen. Preiserhöhungen sollten an die tatsächlich anfallenden Kosten oder zum Beispiel die Rentensteigerung angepasst und nicht an eine willkürliche Festlegung des Betreibers gekoppelt sein. Zu beachten sind auch die Kündigungsfristen für Wohnung und Serviceleistungen. Übrigens: Pflegebedürftigkeit ist kein Grund zur Kündigung seitens des Vermieters.

Checkliste für betreutes Wohnen

Der Umzug ins betreute Wohnen sollte gut überlegt sein. Die folgenden Schritte sollten Sie dabei möglichst berücksichtigen:

- ☐ Klären Sie Ihre persönlichen Wünsche, Bedürfnisse und Möglichkeiten.
  Verschaffen Sie sich eine Marktübersicht und treffen Sie eine Vorauswahl.
  Sprechen Sie mit dem Vermieter, dem Betreuungsträger beziehungsweise mit dem Bauträger.
  Besichtigen Sie die Wohnanlage(n).
- ☐ Nehmen Sie die Verträge mit nach Hause, bevor Sie sie unterschreiben. Wer ganz sicher gehen möchte, sollte alles von einem Anwalt oder einem kompetenten Ansprechpartner überprüfen lassen. Eine individuelle Beratung in Fragen „Betreutes Wohnen“ gibt es zum Beispiel bei zahlreichen Beratungsstellen für ältere Menschen in den Städten und Gemeinden oder auch bei den Verbraucherzentralen.
- ☐ Vereinbaren Sie ein Probewohnen. Nichts gibt so viel Aufschluss über die Eignung der neuen Wohnung als zukünftiges Zuhause wie ein 14-tägiger Test.

Informationen und Hilfe bei Beschwerden

Obwohl das betreute Wohnen in den letzten Jahren sehr bekannt geworden ist, gibt es bisher kaum Anlaufstellen, die sich intensiver damit beschäftigen. Dennoch sind Sie bei Problemen nicht völlig auf sich gestellt. Folgende Stellen können weiterhelfen:

- Mit allen Fragen und Beschwerden rund um die Miete einer betreuten Wohnung kann man sich an den Deutschen Mieterbund wenden. Unter www.mieterbund.de gibt es aktuelle Informationen, telefonisch ist er unter 01805/83 58 35 zu erreichen. Außerdem hat der Mieterbund den Ratgeber „Betreutes Wohnen" herausgebracht. Er kostet 6,54 Euro und kann unter der ISBN 3-932882-95-4 bestellt werden.
- Besonders empfehlenswert ist auch der Ratgeber zu diesem Thema von der Verbraucherzentrale in Nordrhein-Westfalen, Adersstraße 78, 40215 Düsseldorf. Diesen können Sie zum Preis von 4,80 Euro zuzüglich 2 Euro für Porto und Versand telefonisch unter 0180/500 14 33, per Fax unter 0211/3809-235 oder per e-Mail: publikationen@vr-nrw.de beziehen.
  Einige Verbraucherzentralen helfen zudem bei der Vertragsprüfung und Durchsetzung von Ansprüchen aus vertraglichen Vereinbarungen.
- Die örtlichen Sozial- und Wohnungsämter sowie spezielle Beratungsstellen für Senioren und die Wohnberatung bieten Beratung und Informationen rund um das Thema und teilweise auch ausführliche Hinweise auf die Angebote vor Ort.
- Einige bundesweit tätigen Organisationen, zum Beispiel das Kuratorium Deutsche Altershilfe, stellen Ansprechpartner zum Thema betreutes Wohnen zur Verfügung. Adresse: Kuratorium Deutsche Altershilfe, An der Pauluskirche 3, 50677 Köln. Tel.: 0221/93 18 47 0, Fax: 0221/93 18 47 6; info@kda.de; www.kda.de.
- Erfolg auf aktuelle Hinweise verspricht eine Anfrage bei den örtlichen Wohnungs- und Sozialämtern, die zumindest über alle staatlich geförderten Wohnprojekte informieren können. In einigen Bundesländern, zum Beispiel Nordrhein-Westfalen, Baden-Württemberg und Rheinland-Pfalz, gibt es außerdem spezielle Beratungs- und Koordinierungsstellen für Senioren, die Pflege- oder Wohnberatung anbieten. Dort liegen häufig nicht nur die Adressen, sondern auch ausführlichere Informationen über Leistungen und Kosten der Angebote in der Region vor.
- Adressen von Wohnberatungsstellen in ganz Deutschland finden Sie beispielsweise bei der BAG Wohnungsanpassung e. V., Wohnberatungsstelle Stiftung Hospital, Hospitalstraße 35–37, 66606 St. Wendel, Tel.: 06851/890 81 82, Fax: 06851/890 85 55, info@wohnungsanpassung.de, www.wohnungsanpassung.de.

2. Pflegeversicherung

Beispiel: Der versäumte Antrag

Für Olga Dürr und ihren Mann Peter war es immer die große Liebe. Als die beiden vor 40 Jahren heirateten, machte ihnen der große Altersunterschied nichts aus. Peter ist um 20 Jahre älter als seine Frau und mittlerweile 80 Jahre alt. Langsam verschlechtert sich sein gesundheitlicher Zustand immer mehr. Olga, mit gerade mal 60 Jahren noch rüstig, leidet, wenn sie sieht, wie Peter immer mehr abbaut. Sie kümmert sich rührend um ihn, auch als er irgendwann fast nur noch im Bett liegen kann. Sie wäscht und füttert ihn und ist 24 Stunden am Tag für ihn da. Eines Tages wird die körperliche Anstrengung auch für sie zu viel. Das tägliche Waschen ihres Mannes und die damit verbundenen Bewegungen haben ihr Knie beschädigt, sie soll operiert werden. Ihrem Arzt sagt sie, dass eine Operation nicht in Frage kommt, sie müsse schließlich Peter versorgen. Der Arzt erklärt ihr, dass sie Anspruch auf Leistungen aus der Pflegeversicherung ihres Mannes habe. Er wundert sich, dass sie das nicht schon längst in Anspruch genommen hat. Sie solle schleunigst einen Antrag stellen und einen Pflegedienst engagieren. Sogleich kümmert sich Olga um einen ambulanten Pflegedienst und lässt sich ihr Knie operieren. Doch in all der Eile vergisst sie, einen Antrag bei der Pflegekasse zu stellen. Drei Monate später holt sie ihr Versäumnis nach und beantragt Pflegegeld für die Zukunft sowie für die vergangenen zwei Jahre, in denen sie Peter schon gepflegt hat. Zwei Wochen später kommt ein Brief der Pflegekasse. Sie erhält zwar Pflegegeld, allerdings nicht für die Zeit, bevor sie den Antrag gestellt hat. Den Pflegedienst für diesen einen Monat soll sie aus eigener Tasche zahlen.

Ganz wichtig: Antrag stellen

Rund 1,8 Millionen Deutsche erhalten Leistungen aus der Pflegeversicherung. Doch jeder dritte Antrag wird abgelehnt. Auf den Besuch des Arztes, der die Begutachtung des Pflegebedürftigen vornimmt, sollte deshalb jeder gut vorbereitet sein, denn oft ist sein Eindruck nur eine Momentaufnahme. Es entsteht leicht ein falsches Bild von der Pflegebedürftigkeit, so wie sie sich im Alltag darstellt. Viele ältere Menschen beschwichtigen sogar gegenüber dem Arzt ihre Leiden, nur um nicht „schlecht da zu stehen“.

Wer Leistungen aus der Pflegekasse in Anspruch nehmen will, muss zunächst einen Antrag bei der Pflegekasse stellen. Antragsberechtigt ist der Versicherte. Oft ist sein Gesundheitszustand aber so schlecht, dass die Stellung des Antrags nicht mehr möglich ist. Die Pflegekassen akzeptieren dann auch eine Beantragung durch Angehörige.

WISO rät: Warten Sie nicht allzu lange damit ab, einen Antrag auf Pflegegeld zu stellen. Pflegegeld gibt es erst ab dem Zeitpunkt der Antragstellung. Nicht entscheidend ist, ab wann die Pflegebedürftigkeit eingetreten ist.

Auch Olga hat eindeutig zu lange gewartet. Sie hätte schon viel früher Leistungen der Pflegekasse in Anspruch nehmen können und sich damit vielleicht sogar eigene gesundheitliche Blessuren erspart. Die Pflegekasse erstattet die Kosten für die vergangenen Jahre nicht rückwirkend.

Begutachtung des Medizinischen Dienstes

Wird ein Pflegebedürftiger zu Hause gepflegt, kommt ein Gutachter des Medizinischen Dienstes im Regelfall nach vorheriger Ankündigung in seine Wohnung und nimmt dort die Begutachtung vor. Das gilt unabhängig davon, ob es sich um einen Erstantrag handelt oder der Pflegebedürftige schon in eine Pflegestufe eingeteilt wurde und jetzt eine Höhereinstufung erfolgen soll. Weil es von der Einschätzung des Gutachters abhängt, in welche Pflegestufe der Versicherte kommt, sollte auf Folgendes geachtet werden:

- **Pflegepersonen hinzuziehen**
  Wichtig ist, dass die Pflegeperson bei der Begutachtung dabei ist, um ihre Erfahrungen zu schildern. Wenn der Pflegebedürftige bereits durch einen ambulanten Dienst betreut wird, sollte ein Mitarbeiter davon anwesend sein.
- **Vorher Stichpunkte machen**
  Gut ist, wenn sich der Versicherte beziehungsweise die Pflegeperson schon vorher Notizen macht, was alles zur Sprache kommen soll. Fragt der Gutachter nicht nach allen relevanten Punkten, sollten diese von der Pflegeperson angesprochen werden.
- **Pflegetagebuch führen**
  Dieses kann kostenlos bei der Pflegekasse beantragt werden. Wer gegen die Kasse schon gerichtlich vorgeht, bekommt das Pflegetagebuch auch beim Sozialgericht. In das Pflegetagebuch wird dann jeden Tag eingetragen, wie viele Minuten Pflege der Versicherte morgens, mittags, abends und nachts braucht. Dabei wird beispielsweise unterschieden in Körperpflege, Ernährung, Mobilität oder hauswirtschaftliche Versorgung. Das Pflegetagebuch sollte mindestens für einen Zeitraum von zwei bis drei Wochen geführt werden. Die Aufzeichnungen im Pflegetagebuch sind zwar für den Gutachter nicht verbindlich, können aber ohne konkrete Begründung nicht einfach vom Tisch gewischt werden.
- **Medikamente richten**
- **Wichtige Unterlagen bereithalten**
  Dazu gehören Berichte von Ärzten, Pflegediensten und das Pflegetagebuch.

Welche Pflegestufen gibt es?

Je nach Pflegebedürftigkeit kommt der Versicherte in verschiedene Pflegestufen, die auch unterschiedliche Leistungen von der Pflegekasse nach sich ziehen.

Pflegestufe I

Hierzu gehören Pflegebedürftige, die mindestens 90 Minuten Pflege am Tag benötigen. Die Hälfte davon muss in der so genannten Grundpflege liegen. Dazu gehört die Körperpflege wie waschen, duschen, kämmen. Hilfe bei der Ernährung, wie Nahrungsaufnahme oder mundgerechte Zubereitung der Nahrung, Wäsche waschen, einkaufen und kochen gehören nicht zur Grundpflege.

Pflegestufe II

Der Pflegeaufwand muss mindestens 180 Minuten täglich betragen, wobei 120 Minuten davon Grundpflege sein müssen.

Pflegestufe III

Wer mindestens 300 Minuten Pflege am Tag braucht, kommt in die dritte Pflegestufe. Die Grundpflege muss mindestens 240 Minuten ausmachen.

Höhe des Pflegegeldes

Pflegestufe I

Wird der Versicherte ausschließlich von Angehörigen gepflegt, bekommen diese 205 Euro monatlich. Übernimmt der ambulante Dienst die Pflege, kann dieser monatlich 384 Euro mit der Kasse abrechnen.

Pflegestufe II

In der zweiten Pflegestufe bekommen Angehörige 410 Euro monatlich, der ambulante Dienst 921 Euro.

Pflegestufe III

Angehörige haben einen Anspruch auf 665 Euro monatlich, der ambulante Pflegedienst kann 1.432 Euro abrechnen.

Wichtig: Beide Pflegetätigkeiten können natürlich auch kombiniert werden. Übernimmt der Angehörige beispielsweise 50 Prozent der Pflege und der ambulante Pflegedienst die anderen 50 Prozent, bekommt der Angehörige bei einem Patienten der Pflegestufe I 102,50 Euro monatlich, der ambulante Dienst 192 Euro.

Antrag auf Höhereinstufung

Wer denkt, dass sich der Pflegeaufwand mit der Zeit wesentlich erhöht hat, kann einen Antrag auf Höhereinstufung stellen.

WISO rät: Wägen Sie die Erfolgsaussichten gut ab und besprechen Sie die Angelegenheit vorher unbedingt mit dem Hausarzt, denn nicht immer bringt dieser Antrag das gewünschte Ergebnis. Es kann auch durchaus vorkommen, dass der Pflegebedürftige nach der Begutachtung in eine niedrigere Pflegestufe eingeteilt wird.

So können Sie sich wehren

Wer mit der Entscheidung der Pflegekasse nicht einverstanden ist, kann das Gutachten bei der Kasse einsehen. Wer danach trotzdem noch Zweifel an der Richtigkeit des Gutachtens hat, kann innerhalb eines Monats nach der Zustellung des Bescheides von der Pflegekasse Widerspruch einlegen. Dann wird die Angelegenheit nochmals nach Aktenlage überprüft. Eine zweite Begutachtung findet also nicht statt. Durch einen Widerspruch entstehen unabhängig von der Entscheidung keine Kosten. Wird der Widerspruch abgewiesen, bleibt nur noch der Gang zum Sozialgericht. Hier fallen keine Gerichtskosten an, nur der eigene Anwalt muss selbst bezahlt werden.

3. Kurzzeitpflege

Beispiel: Urlaub von der Pflege

Gerhard und Silke Bauer haben drei Kinder. Eines Tages verunglückt ihr Sohn Sven schwer mit seinem Moped, als er die Vorfahrt eines Autos nicht beachtet. Weil er keinen Helm trägt, erleidet er schwerste Hirnverletzungen und kommt nur knapp mit dem Leben davon. Mit dem Tag des Unfalls ändert sich das Leben der Familie radikal: Sven liegt seitdem im Wachkoma und ist ein Pflegefall geworden. Silke nimmt Sven nach dem Krankenhausaufenthalt zu sich und organisiert einen Großteil der Pflege selbst: Sie wäscht und füttert ihn, sie wickelt und wendet ihn und ist den ganzen Tag bei ihm, teilweise auch nachts. Täglich kommt eine Pflegerin vorbei, die Silke eine Stunde hilft und Sven massiert. Nach zwei Jahren sind die Kräfte der Familie aufgezehrt. Sie haben seit dem Unfall keinen Urlaub mehr gehabt, keine Ausflüge, keine spontanen Touren gemacht. Silke ist am Ende ihrer Kräfte. Sie würde gerne einmal mit der Familie für ein oder zwei Wochen verreisen und sich nur um sich selbst und Svens Geschwister kümmern, die ebenfalls schon lange zurückstecken müssen. Aber sie weiß nicht, wer sich so lange um Sven kümmern soll.

Urlaub von der Pflege

Wer Angehörige pflegt, weiß, wie eine solche Arbeit an den Kräften zehrt. Sieben Tage die Woche waschen, füttern, betreuen. Und irgendwann kommt bei fast jedem einmal der Punkt, an dem einfach nichts mehr geht: Die Pflegeperson braucht selbst dringend Erholung, ohne Entlastung ist die Pflege zu Hause auf Dauer nicht mehr möglich. Für diesen Fall gibt es die Kurzzeitpflege. Diese dient der zeitlich befristeten stationären Ganztagsbetreuung pflegebedürftiger Menschen, die ansonsten zu Hause versorgt und gepflegt werden. Die zu pflegende Person wird also vorübergehend in ein Pflegeheim untergebracht bis die sie sonst betreuende Person wieder einsatzfähig ist. Natürlich fällt es den Angehörigen schwer, diesen Schritt zu gehen. Aber: Nur wer sich selbst erholt, hat auf Dauer auch die Kraft, den Angehörigen zu pflegen. Dieser hat sicher wenig davon, wenn seine Pflegeperson irgendwann vor Erschöpfung nicht mehr kann, so dass sich ein sonst vermeidbarer dauerhafter Heimaufenthalt dann nicht mehr umgehen lässt.

Auch Sven könnte für zwei Wochen ein solches Pflegeheim besuchen. Er würde dort fachmännisch gepflegt und betreut werden. Seine Mutter Silke könnte sich mit der restlichen Familie einmal wieder erholen, auftanken und nach dem Urlaub ihren Sohn gestärkt wieder pflegen.

WISO rät: Bevor Sie sich für ein Pflegeheim entscheiden, sollten Sie sich die Einrichtung genau anschauen und sich einen Eindruck von ihr und dem Personal verschaffen. Wenn möglich, sollten Sie mehrere Unterkünfte vergleichen. Nur wer das Gefühl hat, dass sein Angehöriger in guten Händen ist, kann sich während der Kurzzeitpflege auch selbst erholen.

Welche Einrichtungen in Ihrer Umgebung die Möglichkeit der Kurzzeitpflege anbieten und wie hoch die Kosten dort sind, erfahren Sie bei Ihrer Pflegekasse. Die Pflegekassen geben üblicherweise dazu auch Preisvergleichslisten heraus.

Wann Sie Kurzzeitpflege in Anspruch nehmen können

Die Möglichkeit der Kurzzeitpflege kann insbesondere dann eine Pflegevariante sein, wenn

- die Pflegeperson in Urlaub geht,
- die Pflegeperson durch Dauerstress bei der Pflege überfordert ist,
- die Pflegeperson kurzzeitig ausfällt (zum Beispiel durch eine akute Krankheit),
- nach einem Krankenhausaufenthalt der zu pflegenden Person erst einmal das häusliche Umfeld für die neue Pflegesituation geschaffen werden muss (beispielsweise Einrichtung eines Pflegezimmers, Umstellung des Tagesablaufs der Pflegekraft auf die neue Situation),

- sich die Pflegebedürftigkeit plötzlich verschlimmert,
- alle Familienangehörigen zu einer auswärtigen großen Familienfeier fahren wollen,
- die Wohnung renoviert werden muss.

Wichtig: Der Anspruch auf Kurzzeitpflege ist sowohl zeitlich als auch der Höhe nach begrenzt: Höchstens vier Wochen im Jahr und maximal 1.432 Euro pro Kalenderjahr zahlt die Pflegekasse als Zuschuss. Dieser Höchstbetrag gilt unabhängig von der Pflegestufe. Bezuschusst werden die Kosten für die allgemeinen Pflegeleistungen, wie die Körperpflege und die medizinische Behandlungspflege (Einläufe, Absaugen, Blutdruckmessen, Medikamentenverabreichung usw.). Gleiches gilt für die hauswirtschaftliche Versorgung (beispielsweise das Wäschewaschen) und die Kosten für die soziale Betreuung (Spazierengehen mit dem Patienten oder die Betreuung bei der Teilnahme an Gemeinschaftsveranstaltungen usw.). Kost und Logis werden von der Pflegekasse nicht erstattet. Diese muss die pflegebedürftige Person selbst zahlen.

WISO rät: Beantragen Sie möglichst vor Beginn der Kurzzeitpflege die Kostenübernahme bei der Pflegekasse. Wenn das auf Grund eines Notfalls oder einer Krisensituation nicht geht, kann der Antrag auch nachgereicht werden. Manche Pflegeheime übernehmen in solchen Situationen auch die Antragstellung und bitten die Pflegekasse um Kostenzusage.

Wenn der Pflegebedürftige nicht selbst über ausreichende finanzielle Mittel verfügt, sollten Sie vor Beginn der Kurzzeitpflege parallel einen Antrag auf Übernahme der Kosten beim Sozialamt stellen.

Die Pflegesätze sind in den verschiedenen Pflegeheimen nicht einheitlich. Sie werden vielmehr in jeder Kurzzeitpflegeeinrichtung unterschiedlich vereinbart. Mit folgenden Tagessätzen müssen Sie aber rechnen:

Für die Pflegestufe I:	50–75 Euro täglich
Für die Pflegestufe II und III:	60–100 Euro täglich

Der Anteil, den die Pflegekasse nicht übernimmt, beträgt etwa 40 Prozent des Tagespflegesatzes.

Jede Unterbringung in einer Kurzzeitpflege ist also auch mit einer finanziellen Eigenbelastung verbunden. Unter Umständen springt für den Eigenanteil ergänzend die Sozialhilfe ein, wenn der Pflegebedürftige nicht genügend finanzielle Mittel zur Verfügung hat, um den Rest aus eigener Tasche zu bestreiten.

WISO rät: Ist unmittelbar im Anschluss an eine stationäre Behandlung die Unterbringung in einer Kurzzeitpflegeeinrichtung geplant, sollte der Antragsteller möglichst sofort auf eine Begutachtung des Medizinischen Dienstes drängen, wenn diese noch nicht zuvor erfolgte. Nach den vorgegebenen Richtlinien sollte dies innerhalb einer Woche geschehen.

Empfehlenswert in dem Zusammenhang ist auch die Broschüre: „Pflegefall – was tun? Informationen und Tipps für Betroffene und Pflegepersonen." Verbraucherzentrale Nordrhein-Westfalen e.V., Zentralversand, Adersstraße 78, 40215 Düsseldorf, Tel.: 0180/500 14 33, Fax: 0211/3809-235, e-Mail: publikationen@vz-nrw.de. Kosten: 9,80 Euro zuzüglich 2 Euro für Porto und Versandkosten.

4. Betreuung

Beispiel: Allein stehend im Alter

Hans Füßer hat keine Kinder. Seine Frau Lieselotte ist bereits vor vielen Jahren gestorben. Und allmählich ist er auch nicht mehr so rüstig wie früher. Er kann sich zwar noch gut selbst versorgen und kommt zu Hause ohne weiteres zurecht. Aber das Einkaufen fällt ihm schwer, und auch den Weg zur Bank kann er kaum noch zurücklegen. In letzter Zeit wird er außerdem zunehmend vergesslicher, was bereits dazu führte, dass er selbst nach der dritten Mahnung eine Rechnung nicht zahlte. Sein Hausarzt, der ihn wöchentlich einmal besucht, regt deshalb beim Vormundschaftsgericht eine Betreuung an. Er ist der Auffassung, dass Hans Füßer jemanden braucht, der ihm in allen Bereichen zur Seite steht.

Betreuung – was ist das?

Viele Menschen sind mit zunehmendem Alter nicht mehr in der Lage, den Alltag alleine zu bewältigen. Schwierigkeiten treten auf, wenn sie Rechnungen bezahlen sollen oder sonstige Bankgeschäfte tätigen wollen. Oft klappt auf Grund des Alters auch die hauswirtschaftliche Versorgung nicht mehr wie früher oder die vom Arzt verschriebenen Medikamente werden nur noch sporadisch eingenommen. Doch nicht nur ältere Menschen sind häufig auf fremde Hilfe angewiesen. Auch die Zahl psychisch Kranker und Suchtkranker unter den Jüngeren steigt. Hinzu kommen Menschen, die von Geburt an geistig behindert sind und beim Erreichen der Volljährigkeit ihre Angelegenheiten nicht selbst wahrnehmen können. Für all diese Menschen sieht das seit 1992 geltende Betreuungsgesetz die Möglichkeit der gesetzlichen Betreuung vor: Ein Betreuer oder eine Betreuerin leisten in den unterschiedlichsten Bereichen Hilfestellung.

Die Bestellung eines Betreuers ist ein gerichtliches Verfahren. Zuständig ist das Vormundschaftsgericht. Der Betroffene kann dort selbst einen Antrag stellen. Es können aber auch außenstehende Personen wie Familienangehörige, Nachbarn, Behörden oder Ärzte einen solchen Antrag bei Gericht stellen. Das ist häufig dann der Fall, wenn sich der Betroffene selbst gar nicht mehr zu helfen weiß oder seine Hilfsbedürftigkeit infolge des Alters oder einer Erkrankung nicht erkennt. Bevor das Gericht eine Entscheidung trifft, muss es den Betroffenen in der Regel persönlich anhören und sich einen unmittelbaren Eindruck von ihm verschaffen. Der Betroffene kann in dem Verfahren selbst Anträge stellen und Rechtsmittel gegen die Entscheidung des Gerichts einlegen. Für Betroffene, die nicht mehr in der Lage sind, ihre Interessen hinreichend selbst wahrzunehmen, bestellt das Gericht einen Verfahrenspfleger. Dieser kann ein Rechtsanwalt, ein Mitarbeiter vom Betreuungsverein, ein Sozialarbeiter, aber auch eine Vertrauensperson aus dem Familienkreis sein. Der Verfahrenspfleger soll den Betroffenen im Verfahren unterstützen, ihm zum Beispiel einzelne Verfahrensschritte, den Inhalt der Mitteilungen des Gerichts und die Bedeutung der Angelegenheit erläutern. Er soll dem Gericht aber auch Wünsche des Betroffenen unterbreiten, damit diese bei der gerichtlichen Entscheidung einfließen können.

WISO rät: Falls das Gericht zu dem Entschluss kommt, dass der Betroffene einen Betreuer braucht, dann sollte dieser zunächst selbst einen Vorschlag machen, wen er gerne als Betreuer hätte. Tut er das nicht, bestimmt das Gericht selbst einen Betreuer.

Je nach Einzelfall bekommt der Betreuer dann zum Beispiel die Vermögenssorge, die Gesundheitsfürsorge oder auch den Aufgabenkreis der Aufenthaltsbestimmung vom Gericht übertragen.

Vermögenssorge

Wer als Betreuer den Aufgabenkreis der Vermögenssorge übertragen bekommt, wird es zukünftig mit vielen Stellen wie Behörden oder Banken zu tun haben. Derjenige, der eine Betreuung übernimmt, sollte sich deshalb gleich zu Beginn der Betreuung bei den Banken als Betreuer ausweisen, was er mit einem dafür vom Gericht ausgestellten Betreuerausweis tun kann. Auch mit dem Rentenzahler, der Sozialhilfestelle und dem Arbeitgeber sollte erforderlichenfalls Verbindung aufgenommen werden. Gleiches gilt für Gläubiger und Schuldner.

Gerade in unserem Ausgangsfall von Hans Füßer ist es denkbar, dass ihm das Gericht einen Betreuer zur Seite stellt, der sich um sein Vermögen kümmert.

Dieser müsste dann zusehen, dass Rechnungen bezahlt werden und Hans Füßer diesbezüglich keine Schwierigkeiten bekommt.

Zur Vermögenssorge gehört es, zunächst einmal ein Verzeichnis des Betreutenvermögens zu erstellen. Der Stichtag ist der Tag der Übernahme der Betreuung. Für die Erstellung händigt das Gericht vorgedruckte Formulare aus. Zu verzeichnen sind dann beispielsweise Grundstücke, Giro- und Sparkonten, Wertpapierangaben und Sonstiges. Einkünfte können durch Kontoauszüge, Verdienst oder Rentenbescheide nachgewiesen werden.

Nach Ablauf jeweils eines Jahres fordert das Gericht den Betreuer auf, alle Ausgaben

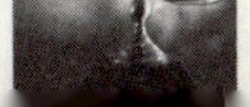

und Einnahmen offen zu legen. Auch hierfür gibt es Vordrucke, die das Gericht in der Regel mitschickt.

WISO rät: Wer Probleme mit der Rechnungslegung hat, sollte sich nicht scheuen, Hilfe in Anspruch zu nehmen. Rat kann bei der Betreuungsbehörde, bei Betreuungsvereinen sowie bei dem Vormundschaftsgericht eingeholt werden.

Dem Abrechnungsbericht ist zudem ein Bericht über die persönlichen Verhältnisse des Betreuten beizufügen. Darin sollte erläutert werden, wie häufig der Betreuer persönlichen Kontakt zu dem Betreuten hat, wo sein Aufenthaltsort ist, wie sein Gesundheitszustand ist. Außerdem kann der Betreuer auch dahingehende Angaben machen, ob die Betreuung überhaupt noch notwendig ist oder ob sein Wirkungskreis erweitert werden soll oder eingeschränkt werden kann.

Ist der Betreuer Vater, Mutter, Ehegatte oder Abkömmling des Betreuten, besteht eine Pflicht zur laufenden Rechnungslegung nur dann, wenn das Gericht dies ausdrücklich angeordnet hat. Eine Bestandsaufstellung des Vermögens nach zwei Jahren muss aber auch der Verwandte bei Gericht einreichen.

Wichtig: Der Betreuer muss das Geld des Betreuten wirtschaftlich verwalten. Wenn es nicht zur Bestreitung laufender Ausgaben benötigt wird, ist es verzinslich und mündelsicher anzulegen. Mündelsicher sind alle Banken mit ausreichender Sicherungseinrichtung. Hierzu zählen üblicherweise Großbanken, Volksbanken, Raiffeisenbanken sowie Stadt- und Kreissparkassen. Die Anlage muss vom Vormundschaftsgericht genehmigt werden. Ausnahme: Der Betreuer ist Vater, Mutter Ehegatte oder Abkömmling des Betreuten.

Umfangreiche Genehmigungserfordernisse bestehen im Zusammenhang mit der Vermögenssorge außerdem bei Grundstücksgeschäften, und zwar nicht nur beim Kauf oder Verkauf, sondern ebenso bei der Bestellung von Grundschulden und Hypotheken.

Hinweis: Wer als Betreuer einen Vertrag zwischen ihm selbst und dem Betreuten abschließen will, muss sich an das Gericht wenden. Dieses bestellt dann für den Vertragsabschluss einen zweiten Betreuer. Kein Betreuer darf sich nämlich selbst bei dem Abschluss eines Vertrags mit seinem Betreuten vertreten. Auf diese Weise sollen Interessenkollisionen vermieden werden.

Gesundheitsfürsorge

Ist der Betreuer vom Gericht für die Gesundheitsfürsorge bestellt, entbindet dies die behandelnden Ärzte von der Schweigepflicht. Aufgabe des Betreuers ist es, Kontakt zum Hausarzt und zu den Fachärzten aufzunehmen. Der Betreuer sollte sich dort über das Krankheitsbild und den Verlauf informieren. Er sollte außerdem mit dem Arzt be-

sprechen, welche Medikamente genommen werden sollen, ob stationäre Behandlungs- oder Reha-Maßnahmen geplant sind und ob ambulante Pflege oder Hilfsdienste eingesetzt werden müssen. Darüber hinaus sollte er sich auch darum kümmern, ob Leistungen aus der Pflegeversicherung beantragt werden können oder der Betreute einen Schwerbehindertenausweis erhalten kann.

Im Fall von Hans Füßer könnte der Betreuer auch Essen auf Rädern bestellen, um sicherzustellen, dass der Betreute ausreichend warme Mahlzeiten zu sich nimmt.

WISO rät: Wenn Sie als Betreuer meinen, der Betreute muss dringend, vielleicht auch gegen seinen Willen, in ärztliche Behandlung, sollten Sie zunächst mit dem Hausarzt sprechen und ihn über Ihre Beobachtung informieren. In der Regel wird er dann das Notwendigste veranlassen. Ist bei einer erheblichen Selbstgefährdung der behandelnde Arzt nicht zu erreichen, sollten Sie den Notdienst und eventuell zusätzlich die Polizei rufen. Bei psychiatrischen Fragen können Sie sich an den sozialpsychiatrischen Dienst des Gesundheitsamtes wenden. Dieser steht Ihnen helfend zur Seite.

Auch bei der Gesundheitsfürsorge gibt es übrigens Entscheidungen, bei denen in der Regel die Genehmigung des Vormundschaftsgerichts notwendig ist. In vielen Fällen ist diese Genehmigungspflicht als Hilfe für den Betreuer gedacht, der schwer wiegende Entscheidungen dann nicht alleine treffen muss. Das ist zum Beispiel dann der Fall, wenn der Betreute sich einer schweren Operation unterziehen oder über einen längeren Zeitraum beruhigende Medikamente bekommen soll, um ihn ruhig zu stellen.

Aufenthaltsbestimmung

Beim Aufgabenkreis der Aufenthaltsbestimmung geht es um Folgendes: Der Betreuer soll zusammen mit seinem Betreuten die Wohnform sowie den Wohnort besprechen und entscheiden. Die Wünsche des Betroffenen stehen hierbei eindeutig im Vordergrund. Niemand sollte beispielsweise in einem Heim leben, wenn andere Möglichkeiten noch nicht erprobt und ausgeschöpft wurden. Aufgabe des Betreuers im Zusammenhang mit der Aufenthaltsbestimmung kann es unter anderem auch sein, eine Wohnung anzumieten oder beim Sozialamt eventuell Anträge auf Zuschüsse zu beantragen.

Soll der Betreute doch in einem Pflege- oder Altersheim untergebracht werden, soll der Betreuer gemeinsam mit dem Betreuten einen Besichtigungstermin vereinbaren, um dem Schützling ein Kennenlernen der Einrichtung zu ermöglichen. In dem Zusammenhang ganz wichtig ist es, Heimverträge zunächst intensiv durchzulesen. Wer hier Fragen hat, sollte sich unbedingt mit der Betreuungsbehörde in Verbindung setzen.

Wer kann Betreuer werden?

Betreuer können sowohl hauptamtliche Personen sein, wie etwa Mitarbeiter von Betreuungsbehörden und -vereinen, als auch Rechtsanwälte. Es ist aber auch möglich, ehrenamtlich eine Betreuung zu übernehmen. Wer daran Interesse hat, kann sich an gemeinnützige Verbände wenden oder bei der Betreuungsbehörde in seiner Stadt nachfragen.

WISO rät: Niemand sollte sich leichtfertig dazu entschließen, eine Betreuung zu übernehmen, denn Betreuer haben auch zahlreiche Pflichten. Nur wer den Aufwand und die Pflichten nicht scheut und sich tatsächlich um einen hilfebedürftigen Menschen kümmern will, sollte an eine Betreuung denken.

Welche Auswirkungen hat die Betreuung?

Die Bestellung eines Betreuers ist keine Entrechtung. Sie ist vielmehr eine erhebliche Verbesserung für Menschen, die Hilfe benötigen. Mit der Einführung des Betreuungsgesetzes gibt es zudem keine Entmündigungen mehr. Dadurch wurde die Rechtsstellung für hilfsbedürftige Menschen ganz einschneidend verbessert. Der Betreuer muss die ihm übertragenen Aufgaben immer so erledigen, wie es dem Wohl des Betreuten entspricht. Das persönliche Wohlbefinden des Schützlings steht im Mittelpunkt der Betreuung, und zwar ganz unabhängig vom übertragenen Aufgabenkreis des Gerichts. Der Betreuer darf demzufolge nicht einfach über den Kopf seines Betreuten hinweg Entscheidungen treffen. Er darf dem Betreuten nicht irgend etwas aufzwingen, sondern muss die Wünsche des Betroffenen ernst nehmen. Nach diesen Wünschen muss sich der Betreuer auch richten, es sei denn, dies liefe eindeutig dem Wohl des Betreuten zuwider.

Die Betreuung hat außerdem keine automatische Auswirkung auf die Geschäftsfähigkeit des Betroffenen, und zwar auch dann nicht, wenn der Betreuer die Vermögenssorge vom Vormundschaftsgericht übertragen bekommt. Auch Betreute können deshalb in der Regel Kaufverträge, Mietverträge und andere Rechtsgeschäfte abschließen.

Von diesem Grundsatz gibt es allerdings eine wichtige Ausnahme: Wenn das Gericht für einen einzelnen Aufgabenkreis einen so genannten Einwilligungsvorbehalt angeordnet hat, tritt hierdurch eine Beschränkung der Teilnahme am Rechtsverkehr ein. Damit das Rechtsgeschäft des Betreuten wirksam ist, braucht der Betreute die Einwilligung seines Betreuers. Einen solchen Einwilligungsvorbehalt ordnet das Gericht aber nur dann an, wenn der Betreute sich selbst oder sein Vermögen nachhaltig schädigt. Das ist beispielsweise dann der Fall, wenn der Betroffene häufig für ihn völlig sinnlose Versandhausbestellungen großen Umfangs tätigt.

Die Betreuung hat gegenüber früher außerdem keinen Einfluss mehr auf die Möglichkeit, zu heiraten oder ein Testament zu errichten. Einen Einwilligungsvorbehalt

gibt es hierfür ebenso nicht. Kein Betreuer darf also durch Ablehnung oder Einverständnis Einfluss darauf nehmen, wen der Betreute zum Erben einsetzen will oder wen er heiraten möchte.

Wann endet die Betreuung?

Die Betreuung wird vom Gericht nicht auf Lebzeiten ausgesprochen. Der Betreuer kann jederzeit beim Gericht die Aufhebung der Betreuung beantragen, wenn er diese nicht mehr als erforderlich hält. Außerdem prüft das Gericht spätestens nach fünf Jahren automatisch, ob die Betreuung noch notwendig ist. Ohne dass ein Aufhebungsbeschluss seitens des Vormundschaftsgerichts erforderlich ist, endet die Betreuung mit dem Tod des Betreuten. Der Betreuer ist dann in der Regel nicht mehr befugt, weitere Erledigungen durchzuführen.

WISO rät: Teilen Sie als Betreuer dem Gericht formlos den Tod des Betreuten mit und fügen Sie eine Kopie der Sterbeurkunde bei. Weisen Sie Angehörige, Gläubiger, Schuldner, Vermieter, Banken und Behörden darauf hin, dass Ihre Zuständigkeit als Betreuer in rechtlicher Weise erloschen ist. Überlassen Sie den Angehörigen und Erben die Beauftragung und Ausgestaltung der Bestattung. Sind Angehörige nicht vorhanden oder nicht erreichbar, können Sie mit vorheriger Absprache mit dem Vormundschaftsgericht ein Bestattungsunternehmen beauftragen.

Welche Rechte kann der Betreuer geltend machen?

Berufsbetreuer haben einen Anspruch auf Vergütung. Ehrenamtliche Betreuer hingegen bekommen in der Regel eine pauschale Aufwandsentschädigung, und zwar jeweils nach Ablauf eines Jahres. Diese beträgt derzeit 312 Euro. Ist der Betreute wohlhabend, darf der vom Gericht genehmigte Betrag aus dem Vermögen des Betreuten genommen werden. Ansonsten werden Aufwandsentschädigung und Ersatz aus der Staatskasse erstattet.

Der Betreuer muss dem Betreuten gegenüber für schuldhafte Pflichtverletzungen einstehen. Auch das Unterlassen einer Handlung kann eine Schadenersatzpflicht auslösen. Deshalb ist es für den Betreuer sinnvoll, eine Haftpflichtversicherung abzuschließen. Der ehrenamtliche Betreuer kann diese Kosten in der Regel ersetzt verlangen. In manchen Bundesländern werden ehrenamtliche Betreuer auch kostenlos und automatisch in eine Gruppenversicherung einbezogen. Nähere Informationen können Interessierte hierzu beim Vormundschaftsgericht erfragen.

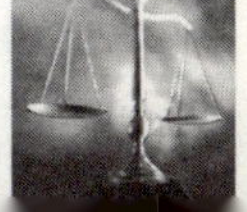

Besser rechtzeitig vorsorgen

Wer für den Fall vorsorgen möchte, dass er infolge von Alter, Krankheit oder Unfall keine eigenen Entscheidungen mehr treffen kann, der hat die Möglichkeit, eine so genannte Betreuungsverfügung zu treffen. Darin können Sie Ihre Wünsche äußern, wer in einem solchen Fall Betreuer werden soll und wer auf gar keinen Fall Ihr Betreuer werden soll. Sie können aber genauso gut festhalten, welche Wünsche und Gewohnheiten von Ihrem Betreuer auf jeden Fall berücksichtigt werden sollen.

WISO rät: Verfassen Sie die Betreuungsverfügung schriftlich. Händigen Sie sie entweder einer Person Ihres Vertrauens aus oder bewahren Sie sie an einem geeigneten Platz bei Ihren persönlichen Unterlagen auf. So ist sichergestellt, dass die Betreuungsverfügung im Betreuungsfall auch aufgefunden wird. Wer möchte, der kann auch beim Vormundschaftsgericht nachfragen, ob es die Möglichkeit gibt, die Betreuungsverfügung zur Aufbewahrung dort zu hinterlegen. In manchen Bundesländern ist das möglich.

Hier ein Beispiel für eine Betreuungsverfügung (siehe auch Anhang):

1. *Meine Schwester Ingrid soll Betreuerin werden. Falls meine Schwester die Betreuung nicht übernehmen kann, soll diese meinem Neffen Michael übertragen werden. Mein Bruder Frank soll in gar keinem Fall Betreuer werden.*
2. *Mein auswärtiges Patenkind Axel besucht mich häufig. Ich ersetze ihm immer die Fahrtkosten. Dabei soll es auch künftig bleiben.*
3. *Jedes meiner Enkelkinder soll zum Geburtstag ein Geldgeschenk von 100 Euro erhalten.*
4. *So wie immer möchte ich meinen Geburtstag auch weiterhin mit meinen Freundinnen Käthe Beyer und Emma Siebert in einem guten Restaurant feiern. Dabei möchte ich auch in Zukunft alle Kosten übernehmen.*
5. *Im Pflegefall möchte ich von meiner Enkelin Sabine zu Hause versorgt werden. Sie soll wie eine Berufspflegerin vergütet werden.*
6. *Lässt sich das nicht realisieren, möchte ich ein Einbett-Zimmer im Pflegeheim in unserer Stadt bewohnen. In das Pflegeheim im Nachbarort möchte ich auf keinen Fall.*

Ort
Datum
Unterschrift
Geburtsdatum
Anschrift

5. Vorsorgevollmacht

Beispiel: Abgesichert für den Ernstfall

Elke Beyer ist 60 Jahre alt und eigentlich kerngesund. Sie führt mit ihrem Mann Harry eine liebevolle Ehe, beide besitzen ein kleines Haus und haben etwas fürs Alter zur Seite gelegt. Eines Tages erleidet Harrys Bruder Theo einen schweren Schlaganfall. Seitdem ist er die meiste Zeit bewusstlos, sein neues Zuhause ist die Klinik. Elke erlebt, dass Theos Frau Gitta durch diese Situation völlig hilflos geworden ist. Zum einen hatten Gitta und Theo immer davon gesprochen, dass sie niemals durch Geräte am Leben erhalten werden wollen. Zum anderen kann Gitta keine finanziellen Entscheidungen treffen. Als sie das Haus verkaufen will, sagt ihr der Notar, dass das nicht ohne die Unterschrift ihres Mannes ginge.

Elke will unbedingt vermeiden, dass ihr und ihrem Mann Harry auch so etwas passiert. Sie fragt ihren Anwalt, der ihr rät, eine Vorsorgevollmacht und eine Patientenverfügung zu errichten.

Patientenverfügung – was ist das?

In jungen Jahren macht man sich wenige Gedanken über Krankheit oder Tod, doch die Bilder sind uns alle geläufig: ein Patient, der nur noch durch komplizierte Apparate am Leben erhalten wird, ohne Hoffnung auf ein Überleben. Er wird künstlich beatmet und ernährt, bekommt Infusionen und muss mehrmals täglich gewendet werden, um ein Wundliegen zu verhindern. Und das Schlimme: Der Patient kann sich nicht mehr selbst äußern, kann nicht sagen, wie es ihm geht, wo er Schmerzen hat, was er jetzt braucht und ob er eine solche Behandlung überhaupt noch will – oder nicht einfach in Ruhe, vielleicht auch zu Hause, sterben will.

Die meisten Leute denken: „Wenn es erst einmal so weit ist, dann werden sich meine Angehörigen schon darum kümmern, dass es nicht so schlimm kommt.“ Doch ganz so ist es nicht.

Grundsätzlich muss jeder Patient selbst darüber entscheiden, wie er behandelt werden soll. Denn so seltsam es auch klingt: Jeder Eingriff eines Arztes stellt erst einmal eine Körperverletzung dar, in die ein Patient einwilligen muss. Wenn er das nicht mehr kann, etwa weil er im Koma liegt oder dauerhaft bewusstlos ist, dann müssen die Ärzte nach seinem so genannten mutmaßlichen Willen handeln. Und der ist nicht immer so einfach zu ermitteln. Die Ärzte gehen erst einmal davon aus, dass der Patient wünscht, sein Leben soll erhalten werden. Deshalb müssen die Ärzte auch alles für das Überleben eines Patienten tun.

Dieser mutmaßliche Wille kann nur dann anders ausgelegt werden, wenn es Anhaltspunkte dafür gibt. Wenn die Angehörigen behaupten: „Das hat er nie gewollt. Er

hat uns immer gesagt, dass er nie durch Apparate am Leben gehalten werden will!“, dann kann das für den Arzt ein Indiz sein, dass der mutmaßliche Wille des Patienten ein anderer ist. Aber kann man es dem Arzt zumuten, über einen vielleicht tödlichen Behandlungsabbruch zu entscheiden, wenn nur die mündlichen Aussagen von Angehörigen vorliegen? Jedenfalls muss er sich einen solchen Schritt sehr genau überlegen, denn ohne handfeste Anhaltspunkte macht er sich im Falle eines Behandlungsabbruchs unter Umständen strafbar.

Hier kann eine Patientenverfügung Arzt und Patient aus der Misere helfen. Die Patientenverfügung ist eine Anweisung an die Ärzte. In ihr kann jeder Mensch bestimmen, welche Behandlungsmethoden er im Fall des Falles wünscht oder auch nicht wünscht. Viele Patienten wünschen beispielsweise keine lebenserhaltende Apparatemedizin, wenn dadurch nur noch das Leiden bis zum Tode verlängert wird, keine Wiederbelebung nach einem Herzstillstand, wenn damit eine Schädigung des Gehirns verbunden ist, oder sie wollen Schmerzmittel haben, auch wenn der Eintritt des Todes damit beschleunigt wird. Liegt eine solche wirksame Patientenverfügung vor, dann müssen sich die Ärzte im Krankenhaus danach richten.

Wie verfasst man eine wirksame Verfügung?

Zahlreiche Organisationen bieten Vordrucke an, die der Patient nur noch unterschreiben muss. Natürlich preisen dabei viele dieser Anbieter ihre Version als die einzig wirksame an und kritisieren die der „Konkurrenz“. Doch haben etliche Ärzte ein Problem damit, einen solchen unterschriebenen Vordruck zu akzeptieren. Die Gründe sind einleuchtend. Mit einer einfachen Unterschrift unter einen vorformulierten Text dokumentiert man nicht unbedingt, dass man ihn auch verstanden oder sogar gelesen hat. Damit Sie sichergehen können, dass Ihr letzter Wille auch wirklich beachtet wird, sollten Sie einige wichtige Formalien beachten. Ein Vordruck kann dabei eine sinnvolle Hilfe sein. Solange Sie das Formular nicht einfach unterschreiben, sondern sich nur Anregungen holen, tut es jeder Text von jeder beliebigen seriösen Organisation. Ganz wichtig: Machen Sie sich klar, was Sie wirklich wollen.

So verfassen Sie eine wirksame Patientenverfügung

(siehe auch Beispiel im Anhang):

- Schreiben Sie eine Verfügung stets handschriftlich. Sie können dabei ruhig einen der zahlreichen Vordrucke verwenden, die es gibt, und diesen dann abschreiben. Für den Arzt ist eine handschriftlich verfasste Verfügung ein wichtiges Indiz: nämlich, dass der Patient sich mit jedem einzelnen Satz, den er geschrieben hat, inhaltlich auseinandergesetzt hat. Wer abschreibt, weiß über den Inhalt viel besser Bescheid als derjenige, der einen Vordruck lediglich unterschreibt.
- Besprechen Sie den Inhalt der Verfügung mit einem Hausarzt. Lassen Sie sich von ihm über die Folgen Ihrer Wünsche genau aufklären, denn als medizinischer Laie können Sie kaum beurteilen, wie der Verlauf einer Krankheit ist oder wie Schmerzmittel den Eintritt des Todes beschleunigen können. Der Hausarzt sollte in die Verfügung kurz hineinschreiben, dass er mit Ihnen über alle wesentlichen Punkte gesprochen und Sie aufgeklärt hat. Zum einen ist das ein weiteres Indiz dafür, dass Sie sich ausführlich mit diesem Thema auseinandergesetzt haben. Zum anderen kann Ihr Hausarzt für den später behandelnden Arzt im Krankenhaus wichtige Hilfestellung geben.
- Hinterlegen Sie die Verfügung an einem Ort, wo man sie leicht finden kann. Vielleicht da, wo Sie auch Ihr Testament aufbewahren. Zur Sicherheit sollten Sie eine Kopie der Verfügung bei Ihrem Hausarzt hinterlegen.
- Tragen Sie eine Karte in Ihrem Geldbeutel mit sich, die auf die Existenz der Patientenverfügung hinweist. Im Notfall wissen die Ärzte dann sofort Bescheid.
- Sprechen Sie mit Ihrer Familie über die Patientenverfügung. Sagen Sie ihr, dass Sie eine solche Verfügung verfasst haben und wo Sie diese aufbewahren. Das ist wichtig, denn die beste Verfügung nützt nichts, wenn sie im Ernstfall niemand finden kann.
- Unterschreiben Sie die Verfügung jedes Jahr wieder neu: Bei einer jahrealten Verfügung könnte der Arzt davon ausgehen, dass Sie Ihre Meinung in der langen Zeit wieder geändert haben und jetzt die Dinge ganz anders sehen.
- Sie können Ihre Unterschrift auch von zwei Zeugen bestätigen oder von einem Notar beglaubigen lassen.

Kommen Sie in eine Situation, in der Sie sich nicht mehr selbst zu Ihren Behandlungswünschen äußern können, etwa weil Sie im Koma liegen oder dauernd bewusstlos sind, dann richten sich die Ärzte jetzt nach den Wünschen in dieser Verfügung, denn sie dokumentiert Ihren wirklichen Willen. Über Ihren mutmaßlichen Willen müssen die Ärzte jetzt nicht mehr spekulieren.

WISO rät: Schreiben Sie alle Beweggründe, die Sie zum Verfassen der Verfügung veranlasst haben, in ihr nieder. Wichtig ist, dass die Ärzte davon ausgehen können, dass Sie sich wirklich ernsthaft mit diesem Thema auseinandergesetzt haben.

Vorsorgevollmacht

Viele Patienten haben jedoch ein ungutes Gefühl, wenn sie sich allein auf eine Patientenverfügung verlassen sollen. Sie fühlen sich sicherer, wenn sie wissen, dass im Notfall eine Person für sie einsteht und die geäußerten Wünsche den Ärzten gegenüber verteidigt. Außerdem: Mit den Entscheidungen, die Ihre Gesundheit betreffen, ist es im Falle einer solch schweren Erkrankung ja nicht getan. Auch Ihre alltäglichen Rechtsgeschäfte müssen weitergehen: Jemand muss Ihre Miete und sonstige Rechnungen zahlen, Bankgeschäfte vornehmen, vielleicht einen Heimplatz für Sie besorgen, die Wohnung behindertengerecht einrichten oder sonstige wichtige Entscheidungen treffen.

In diesen Fällen bietet sich das Verfassen einer Vorsorgevollmacht an. Für den Fall der eigenen Handlungs- und Entscheidungsunfähigkeit kann jeder volljährige und uneingeschränkt geschäftsfähige Bürger eine Person seines Vertrauens bevollmächtigen, die ihn nicht nur in Vermögensangelegenheiten, sondern auch in medizinischen Behandlungsfragen vertreten kann. Das können die eigenen Kinder, der Ehegatte oder ein guter Freund sein. Der Arzt, die Bank oder die Behörde müssen die Entscheidungen des Bevollmächtigten akzeptieren, und zwar genauso, als wären sie von Ihnen persönlich ausgesprochen worden. In einer Vorsorgevollmacht legen Sie also fest, wer für den Fall, dass Sie sich selbst nicht mehr äußern können, in Ihrem Namen handeln und entscheiden darf. Eine Vorsorgevollmacht können Sie in den folgenden Bereichen erteilen.

Gesundheitsangelegenheiten

Sie haben hier die Möglichkeit, dem Bevollmächtigten die Entscheidung über ärztliche Behandlung im Allgemeinen zu übertragen. Er darf dann über jegliche Arten von ärztlichen Behandlungen, Therapien, Medikamentenvergabe, Pflege und Operationen entscheiden, wenn Sie dazu nicht mehr in der Lage sind, das selbst zu tun. Ganz wichtig ist, dass Sie mit Ihrer Vertrauensperson über alle gesundheitlichen Fragen vertrauensvoll sprechen. Teilen Sie ihr genau mit, wie in welcher Situation verfahren werden soll, etwa ob Sie lebenserhaltende Maßnahmen, künstliche Ernährung oder Schmerzmittel wünschen. Die Vertrauensperson kann nur dann in Ihrem Sinne entscheiden, wenn Sie Ansichten und Absichten genau kennt.

WISO rät: Erwähnen Sie in der Vollmacht ausdrücklich, dass Ihre Vertrauensperson in eine Unterbringung oder in lebensgefährliche ärztliche Untersuchungen oder Ope-

rationen einwilligen darf. Zwar ist nach dem Gesetz trotzdem die Genehmigung des Vormundschaftsgerichts notwendig. Ist dieser Bereich aber nicht in der Vollmacht erwähnt, muss für diesen Fall extra ein gesetzlicher Betreuer bestellt werden, und das kann erst einmal dauern. Außerdem besteht die Gefahr, dass eine Person bestimmt wird, die nicht in Ihrem Interesse ist.

In Eilfällen (wie bei einer Notoperation) kann der von Ihnen Bevollmächtigte auch ohne Genehmigung des Vormundschaftsgerichts entscheiden.

Sinnvoll ist es außerdem, die behandelnden Ärzte gegenüber dem Bevollmächtigten von der ärztlichen Schweigepflicht zu entbinden und darüber hinaus zu bestimmen, dass auch der Bevollmächtigte selbst die Ärzte gegenüber Dritten von der Schweigepflicht entbinden darf. Dieser Gesichtspunkt spielt häufig bei versicherungsrechtlichen Fragen eine Rolle.

Vermögensangelegenheiten

Hier können Sie den Bevollmächtigten berechtigen, Sie in allen Vermögens-, Steuer-, Renten-, Sozial- und sonstigen Rechtsangelegenheiten sowohl gerichtlich wie auch außergerichtlich zu vertreten. Die Vollmacht umfasst dann insbesondere die Vertretung gegenüber Behörden, Banken, Versicherungen und der Krankenkasse. Der Bevollmächtigte hat beispielsweise das Recht, Bankgeschäfte zu tätigen, Mietverhältnisse zu regeln oder die Haushaltsauflösung sowie eine Immobilienverwaltung vorzunehmen.

Sie können darüber hinaus auch bestimmen, dass die Vollmacht über Ihren Tod hinausgehen soll. Der Bevollmächtigte bleibt dann auch nach Ihrem Tod handlungsfähig und kann so lange Maßnahmen treffen, bis die Erben einen Erbschein haben.

Wenn Sie eine Vorsorgevollmacht verfassen, sollten Sie auf jeden Fall folgende wichtige Punkte beachten

(siehe auch Beispiel im Anhang):

- Formulieren Sie möglichst eindeutig, was der Bevollmächtigte darf und was nicht: von Finanzgeschäften bis hin zu persönlichen Angelegenheiten, wie der Auswahl eines Pflegeheims oder medizinischen Entscheidungsbefugnissen.
- Wenn Sie die Regelung Ihrer finanziellen Angelegenheiten lieber in andere Hände legen möchten als die Entscheidungsbefugnisse über zum Beispiel medizinische Fragen, können Sie in einer Vorsorgevollmacht auch unterschiedliche Aufgaben auf mehrere Personen verteilen.
- Klären Sie unbedingt ab, ob die ausgewählte Person bereit ist, diese Aufgabe für Sie zu übernehmen.
- Nennen Sie einen Ersatzbevollmächtigten für den Fall, dass der Bevollmächtigte ausfällt.
- Überprüfen Sie immer wieder, ob die Vollmacht noch aktuell ist. Sie können die Vorsorgevollmacht jederzeit ändern oder widerrufen.
- Geben Sie kein Wirksamkeitsdatum an, denn schließlich kann niemand wissen, wann der Ernstfall tatsächlich eintritt. Um sicher zu gehen, dass die Vollmacht nicht vorher gebraucht wird, sollten Sie die Wirksamkeit davon abhängig machen, dass ein ärztliches Attest über die Entscheidungsunfähigkeit ausgestellt wird.
- Ganz wichtig: Lassen Sie die Vorsorgevollmacht unbedingt notariell beurkunden. Es ist ein Dokument, das Wirkung bei Behörden und Banken haben soll und an dessen Wirksamkeit daher nie Zweifel bestehen sollte. Eine notarielle Beurkundung gibt Sicherheit.

WISO rät: Die Vorsorgevollmacht muss in jedem Fall schriftlich erfolgen. Eine notarielle Beurkundung ist vom Gesetz zwar nicht zwingend vorgeschrieben, aber äußerst sinnvoll. Gerade Banken und Sparkassen haben immer wieder Zweifel an der Echtheit der Urkunde. Auf Grund der Vermögensbetreuungspflicht gegenüber ihren Kunden müssen sie ganz sicher gehen, dass diese mit den Geldgeschäften auch einverstanden wären. Die notariell beurkundete Vorsorgevollmacht bringt dafür den Beweis. Sobald Immobilien oder Firmenbesitz im Spiel sind, geht außerdem ohne notarielle Beurkundung gar nichts. Die Kosten dafür berechnen sich nach dem Vermögen des Vollmachtgebers.

Ganz wichtig ist auch die Aufbewahrung des Dokuments. Sie können die Vorsorgevollmacht durchaus zu Hause aufbewahren. Dabei sollten Sie aber auf jeden Fall sicherstellen, dass das Dokument im Ernstfall dem Bevollmächtigten auch zugänglich ist. Sie sollten ihm also vorher sagen, wo sich die Papiere befinden. Außerdem kommt das nur für denjenigen in Betracht, der ganz sicher sein kann, dass das Original dort nicht in falsche Hände gerät. Bei einer notariell beurkundeten Vollmacht liegt das Original beim Notar und der Vollmachtgeber bekommt davon eine Ausfertigung, die er ebenfalls zu Hause aufbewahren kann. Auf jeden Fall sollte der Vollmachtgeber ein Kärtchen mit dem Hinweis auf die Vorsorgevollmacht in seinem Portemonnaie haben. Das Deutsche Rote Kreuz und die Deutsche Hospiz Stiftung bieten zudem an, Ihre Verfügungen und Vollmachten zu registrieren. Auch hier bekommt der Vollmachtgeber ein Kärtchen, das er mit sich führen kann. Im Ernstfall können Ärzte die Verfügung dort abrufen und dementsprechend handeln. Diese Möglichkeit hat den Vorteil, dass Sie automatisch und regelmäßig aufgefordert werden, Ihre Unterlagen zu aktualisieren und gegebenenfalls auch den geänderten Lebensumständen oder Ansichten entsprechend anzupassen.

Eine Reihe von Organisationen bieten Vordrucke und Formulierungshilfen für Vorsorgevollmachten und Patientenverfügungen an, unter anderem Städte und Gemeinden, die Ärztekammern der Bundesländer, Aidshilfeorganisationen, Hospizvereine und die Kirchen. Aber Achtung vor unseriösen Angeboten! Längst haben auch windige Geschäftemacher Vorsorgevollmachten und Patientenverfügungen als Markt entdeckt. Lassen Sie die Finger von Angeboten, die für entsprechende Formulare mehr als zehn oder 15 Euro Schutzgebühr verlangen.

Weitere Informationen und Adressen

- Für weitere Informationen empfiehlt sich der WISO Vorsorgeplaner mit zahlreichen Musterformularen und Checklisten, Erläuterungen zur Nachlassregelung, Formularen für den Todesfall und Entwürfen für Patienten-, Betreuungs- und Organverfügungen. Den Vorsorgeplaner erhalten Sie im Buchhandel (ISBN 3-8323-0869-5) für 19,90 Euro.
- **Deutsche Hospiz Stiftung**, Im Defdahl 5–10, 44141 Dortmund,
  Tel.: 0231/738070, Fax: 0231/7380731, Internet: www.hospize.de
- **Deutsches Rotes Kreuz**, Ortsverein Mainz (Zentralarchiv),
  Altenauergasse 1, 55116 Mainz,
  Tel.: 06131/22 11 17, Fax: 06131/22 47 30,
  Internet: www.drk-mainz. org

6. Arzthaftung

Beispiel: Die Freude aufs Baby

Annette und Christian Kramer freuen sich auf ihr Baby. Es ist ihr erstes Kind, daher ist alles besonders spannend. Als bei Annette die Wehen einsetzen, fährt sie ihr Mann gleich ins Krankenhaus. Zunächst läuft alles wie bei einer gewöhnlichen Geburt. Doch dann gibt es Komplikationen. Annette muss beatmet werden. Der behandelnde Arzt – ein junger Mediziner, der gerade die Ausbildung hinter sich hat – wird nervös. Er schafft es nicht, den Beatmungsschlauch fachgerecht zu verlegen. Ein älterer Kollege kommt ihm zu Hilfe. Das Kind wird durch einen Kaiserschnitt gesund auf die Welt gebracht. Annette aber ist schwerstbehindert, weil sie zu lange ohne Sauerstoff war.

Halbgötter in Weiß – nicht unfehlbar

Wer zum Arzt geht, der hat nicht selten fast grenzenloses Vertrauen. Gerade dann, wenn man sich einer Operation unterziehen muss, ist man ihnen ja praktisch völlig ausgeliefert. Doch Ärzte sind auch nur Menschen und daher nicht unfehlbar. Und fast jedem von ihnen ist schon einmal ein Fehler unterlaufen, meistens harmlose Versehen, aber manchmal auch solche mit gravierenden Folgen. Offiziell passiert es zwar „nur" 30.000-mal im Jahr, doch Experten gehen von einer Dunkelziffer von mehreren hunderttausend Fällen pro Jahr aus. Jedem zehnten Arzt, so die neuesten Statistiken, unterläuft pro Jahr ein grober Schnitzer. Statistisch gesehen passieren die meisten Arzthaftungsfälle im Bereich der Geburtshilfe. Zwei von jeweils 1.000 Geburten enden mit Verletzungen der Babys. Doch auch im Bereich der Anästhesie, Chirurgie und Orthopädie liegen die Jahresbeiträge der Ärzte an ihre Haftpflichtversicherung mittlerweile im fünfstelligen Bereich. Passiert ein Kunstfehler, geben die Ärzte ihn nicht gerne zu, denn ihre Versicherungsbeiträge können dann leicht astronomische Höhen erreichen.

Welche Ansprüche haben Betroffene?

Viele Patienten versuchen sich mit ihren Anwälten und dem Arzt oder dessen Versicherung außergerichtlich zu einigen. Der Grund: Die Prozesse ziehen sich bisweilen über Jahre hinweg und zehren an den Nerven aller Beteiligten.

Kommt es nicht zu einer Einigung, dann kann der Patient den Arzt auf Schadenersatz und Schmerzensgeld verklagen. Die Höhe des Schmerzensgeldes ist dabei nicht leicht zu beziffern. Es kommt immer auf die Art des Schadens an und darauf, wie groß die Beeinträchtigung ist.

WISO rät: Klären Sie in jedem Fall mit Ihrem Anwalt ab, mit welchen Kosten Sie rechnen müssen. Wenn Sie den Prozess verlieren, müssen Sie Ihren und den gegnerischen Anwalt sowie die Gerichtskosten tragen. Falls Sie eine Rechtsschutzversicherung haben, müssen Sie vorher eine Deckungszusage einholen, was in der Regel der Anwalt für Sie übernimmt. Bei geringem Einkommen kann ein Anspruch auf Prozesskostenhilfe bestehen. Der Staat übernimmt dann die Kosten für Sie.

Folgende Voraussetzungen müssen vorliegen, damit Sie die Chance haben, den Prozess zu gewinnen:

- Ein gesundheitlicher Schaden.
- Ein Behandlungsfehler. Ein solcher liegt vor, wenn der Arzt gegen die Regeln der ärztlichen Pflicht verstoßen hat. Konkret kann das heißen, er hat Sie nicht richtig über die Risiken der Behandlung aufgeklärt oder den medizinischen Standard eingehalten.
- Es muss feststehen, dass die Beeinträchtigung der Gesundheit gerade auf den Behandlungsfehler des Arztes zurückzuführen ist. In unserem Beispielsfall müsste die Behinderung von Annette also gerade darauf zurückzuführen sein, dass der junge Arzt nicht in der Lage war, rechtzeitig den Beatmungsschlauch einzuführen.

Unabhängig von Schmerzensgeld und Schadenersatz können Sie auch Strafanzeige gegen den Arzt erstatten. In diesem Fall ermittelt die Staatsanwaltschaft. Eine persönliche Entschädigung ist in diesem Fall aber nicht möglich.

WISO rät: So verständlich der Wunsch ist, den Arzt auch strafrechtlich zu belangen, so negativ kann sich das auf den Zivilprozess auswirken. Überlegen Sie sich deshalb mit Ihrem Anwalt zusammen, ob Sie diesen Schritt wirklich gehen wollen. Der Grund: Die Anforderungen für einen Schuldspruch sind im Strafprozess wesentlich höher als im Zivilprozess. Kann die Schuld des Arztes nicht einwandfrei nachgewiesen werden, dann gilt: in dubio pro reo – im Zweifel für den Angeklagten. Der Prozess wird somit in der Regel eingestellt. Das kann den Zivilprozess belasten. Der Arzt kann vortragen, dass das Strafverfahren eingestellt worden ist. Das könnte im Zivilverfahren eine gewisse Indizwirkung mit sich bringen.

Wer muss was beweisen?

Im Fall einer Klage müssen Sie sämtliche Beweise beibringen. Das heißt, Sie müssen beweisen,

- dass der Arzt Sie falsch behandelt hat
- und dass diese falsche Behandlung auch Ursache der Beschwerden ist.

Diese Nachweise sind nicht immer leicht zu führen. Deshalb haben die Gerichte den Patienten in den letzten Jahren einige Beweiserleichterungen zugebilligt. So muss der

Patient den Ursachenzusammenhang beispielsweise nicht mehr beweisen, wenn der Arzt einen groben Behandlungsfehler gemacht hat, also etwa gegen elementare Erkenntnisse der Medizin verstoßen hat.

Was tun, wenn der Arzt gepfuscht hat?

Wer Opfer eines Kunstfehlers geworden ist, der kennt häufig seine Rechte nicht und weiß vor allem auch nicht, was er zunächst unternehmen soll. Hier ein kleiner Überblick über Ihre ersten Schritte:

- Fordern Sie zuerst die Behandlungsunterlagen beim Arzt an. Das darf er nicht mit der Begründung verweigern, diese seien sein Eigentum. Als Patient müssen Sie allerdings eventuelle Kopierkosten selbst zahlen.
- Diese Unterlagen können Sie dann dem Hausarzt oder einem sonstigen Arzt Ihres Vertrauens zeigen. Dieser kann die Akten fachlich beurteilen und eventuell schon ein erstes unverbindliches Gutachten abliefern.
- Der Medizinische Dienst der Krankenkassen ist ebenfalls eine erste Anlaufstelle, um sich über die Erfolgsaussichten eines Prozesses zu informieren. Der Dienst erstellt kostenlose Gutachten.
- Auch die Ärztekammern haben Gutachterkommissionen und Schiedsstellen, die kostenlos Behandlungsfehlern auf den Grund gehen. Aber: Die Ärztekammern sind erst einmal parteiisch, da sie auf der Seite der Ärzte stehen.
- Wer sicher ist, Opfer eines Behandlungsfehlers geworden zu sein, sollte unbedingt anwaltliche Hilfe in Anspruch nehmen. Doch Vorsicht: Nicht jeder Anwalt kennt sich im Arzthaftungsrecht aus. Spezialisierte Anwälte vermittelt beispielsweise die Deutsche Anwaltauskunft, die Sie unter der Rufnummer 01805/18 18 05 erreichen können.

VIII. Rechtsberatung und Rechtsschutz

1. Der Besuch beim Anwalt

Beispiel: Anwaltsuche – gar nicht leicht

Virginia Maler ist Architektin und deshalb viel mit dem Auto zu den verschiedenen Baustellen unterwegs. Eines Tages überholt sie ein parkendes Auto auf der Hauptstraße, als aus einer Seitenstraße ihr verhasster Nachbar Christian Rosner herausfährt. Die beiden stoßen zusammen. Für Virginia ist eigentlich klar, dass sie keine Schuld am Unfall hat, weil sie ja auf der Hauptstraße fuhr. Aber Christian sieht das anders. Seiner Meinung nach fuhr Virginia schlicht und einfach auf der falschen Straßenseite und ist deshalb schuld. Bereits nach kurzer Zeit wird ihr klar: Christian ist ein harter Knochen, der versuchen wird, ihr jeden Stein, den er finden kann, in den Weg zu legen. Um ohne Schaden aus dieser Sache herauszukommen, braucht sie einen Rechtsanwalt. Ratlos schlägt sie das Telefonbuch auf. Dort gibt es mehrere Seiten mit unzähligen Anwälten. Einige haben Interessenschwerpunkte, einige Tätigkeitsschwerpunkte, wieder andere sind Fachanwälte. Sie weiß nicht, an wen sie sich wenden soll.

Keine Angst vor Anwälten

Für viele Menschen stellt er eine echte Hemmschwelle dar: der Gang zum Rechtsanwalt. Zum einen wissen viele nicht, wie sie an einen guten Anwalt herankommen können, zum anderen haben sie Scheu vor ihm. Dabei ist das, was Anwälte tun, eine Dienstleistung. Sie müssen versuchen, für ihre Kunden, in der Anwaltssprache Mandanten genannt, bestmöglichen Service zu leisten. Und dafür bekommen sie auch ihr Geld. Der Konkurrenzkampf unter den Rechtsanwälten ist groß – sie müssen deshalb genauso um ihre Mandanten werben wie andere Berufszweige um ihre Kunden. Deshalb: Keine Angst vor Anwälten. Die Zeiten, in denen Anwälte sich nicht als Dienstleister verstanden, sind längst vorbei. Heute versucht jeder, seinem Mandanten verständlich nahe zu bringen, wie die Rechtslage ist und welche Möglichkeiten er hat. Das Problem dabei ist nur, an den richtigen Anwalt zu gelangen.

Wie finde ich den richtigen Anwalt?

Das ist gar nicht so leicht, denn neben der fachlichen Qualifikation ist es für viele Mandanten auch wichtig, auf menschlicher Ebene zu dem Anwalt zu „passen". Die Suche nach dem passenden Anwalt ähnelt deshalb oft der nach einem guten Arzt: Den Richtigen findet man erst, wenn man vorher schon einige andere ausprobiert hat. Das „Durchprobieren" von Anwälten ist jedoch wenig empfehlenswert, denn es kostet Zeit, die Sie in einem Rechtsstreit meist nicht haben, und außerdem Geld.

WISO rät: Suchen Sie nicht nur im Branchenverzeichnis nach einem Anwalt. Hören Sie sich im Bekannten- und Freundeskreis um. Vielleicht hat einer Ihrer Freunde bei seiner Scheidung, nach einem Verkehrsunfall usw. gute Erfahrungen mit einem bestimmten Anwalt gemacht.

Fachanwälte

Damit Ihr Anwalt Ihre Angelegenheit kompetent durchführen kann, sollte er möglichst viel Erfahrung in diesem Rechtsgebiet haben. Der Grund ist einleuchtend: In Deutschland gibt es eine schier unübersehbare Anzahl von Gesetzen mit einer großen Anzahl von Regelungen und diffiziler Rechtsprechung, sodass heutzutage fast nur noch ein Fachmann in der Lage ist, dies zu überschauen.

Auch aus diesen Gründen gibt es seit einigen Jahren für verschiedene Rechtsgebiete so genannte Fachanwälte. Diese müssen neben der allgemeinen Anwaltsausbildung eine besondere Zusatzausbildung absolvieren. Außerdem müssen sie eine bestimmte Anzahl von bearbeiteten Fällen auf diesem Rechtsgebiet nachweisen. Erst dann dürfen Sie den Titel „Fachanwalt" führen. Fachanwälte gibt es in folgenden Gebieten:

- Familienrecht
- Arbeitsrecht
- Sozialrecht
- Strafrecht
- Verwaltungsrecht
- Steuerrecht
- Insolvenzrecht

Für andere Rechtsgebiete, wie zum Beispiel das Verkehrsrecht oder das Erbrecht, wird der Titel zwar seit langem gefordert, aber bislang noch nicht eingeführt.

Achtung: Ohne Zweifel kann natürlich auch ein Anwalt, der kein Fachanwalt ist, Ihre Angelegenheit im Familienrecht oder einem anderen Fachanwaltsgebiet vortrefflich für Sie lösen. Oft ist es aber für den potenziellen Mandanten schwer, die Erfahrung und die Qualifikation des Rechtsanwaltes einzuschätzen, denn er kann schlecht hinter die Kulissen blicken. Der Zusatztitel „Fachanwalt“ weist den Rechtsanwalt jedoch ausdrücklich als auf diesem Gebiet spezialisiert aus. Die Wahrscheinlichkeit, mit dem Fachanwalt den „besseren“ Anwalt zu finden, ist deshalb deutlich größer.

WISO rät: Falls Sie noch keine Erfahrungen mit einem bestimmten Anwalt gemacht haben, ist es sinnvoll, sich an einen Fachanwalt zu wenden. Im Zweifel wird er über Feinheiten am besten Bescheid wissen. Häufig haben diese Anwälte auf ihrem Spezialgebiet auch die neuesten Computerprogramme.

Interessen- und Tätigkeitsschwerpunkte

Für Virginia besteht nicht die Möglichkeit, auf einen Fachanwalt zurückzugreifen, da für das Verkehrsrecht noch kein spezieller Fachanwalt eingeführt ist.

Anwälte, die ein Rechtsgebiet demgegenüber als Tätigkeitsschwerpunkt auf ihrem Kanzleischild oder im Branchenverzeichnis angeben, bringen damit zum Ausdruck, dass sie seit mindestens zwei Jahren auf dem Gebiet tätig sind. Sie müssen aber nicht wie der Fachanwalt eine besondere Zusatzausbildung absolviert haben. Virginia könnte deshalb nach einem Anwalt suchen, der das Verkehrsrecht als seinen Tätigkeitsschwerpunkt ausweist.

Nennt ein Anwalt hingegen ein Rechtsgebiet als seinen „Interessenschwerpunkt“, sagt das nichts über seine Erfahrungen aus. Er bezeichnet damit das Rechtsgebiet lediglich als eines seiner juristischen Vorlieben. Oft wird dieser Begriff deshalb gerade von Berufsanfängern verwendet.

Wer vermittelt den richtigen Anwalt?

Wer nicht auf eine entsprechende Mundpropaganda zurückgreifen kann, für den gibt es andere Möglichkeiten, einen geeigneten Anwalt zu finden:

- Der Fachanwaltsuchservice vermittelt ausschließlich Fachanwälte. Er hat die bundesweite Rufnummer 0800/343 63 88.
  Der Vorteil: Hier wird Ihnen gleich ein absoluter Spezialist vermittelt. Doch keine Angst: Fachanwälte sind nicht teurer als „normale“ Anwälte. Ihre Leistung zahlen Sie in der Regel nach der Gebührenordnung, und die ist für jeden Anwalt gleich.
- Die Anwaltskammern, die es in vielen deutschen Großstädten gibt, haben Auskunftsstellen, die Ihnen einen Anwalt nennen können. In den Anwaltslisten dort ist im Grunde genommen jeder Anwalt verzeichnet, der in Deutschland zugelassen ist.
  Aber Vorsicht: Wenn Sie Wert darauf legen, dass Sie gerade von einem Fachanwalt vertreten werden, müssen Sie auch speziell nach einem solchen fragen. Ansonsten laufen Sie Gefahr, dass man Ihnen einen Rechtsanwalt ohne diese Zusatzqualifika-

tion nennt. Hier sind auch Tätigkeits- und Interessenschwerpunkte von Anwälten verzeichnet.

- Advogarant erreichen Sie unter der Rufnummer 01805/87 27 27. Hier werden Ihnen Rechtsanwälte mit mindestens drei Jahren Berufserfahrung vermittelt. Außerdem müssen die für das Familienrecht aufgelisteten Anwälte 30 bearbeitete Fälle auf dem Rechtsgebiet nachweisen können (www.advogarant.de).
- Rechtsanwälte nennt Ihnen auch die „Deutsche Anwaltauskunft", die Sie unter der bundesweiten Rufnummer 01805/18 18 05 beziehungsweise unter der Internetadresse www.anwaltauskunft.de erreichen können.
- Den gleichen Service bietet der Anwaltsuchservice, Tel.: 01805/25 45 55, www.anwaltsuchservice.de.
- Branchenfernsprechbücher sollten Sie mit Vorsicht genießen. Sie haben zum Teil mehr Unterhaltungs- als Informationscharakter. Gleichwohl kann man aber auch hier durch Zufall an den „richtigen" Anwalt geraten.

Checkliste für die Anwaltsuche

Einem Laien ist es oftmals gar nicht möglich zu beurteilen, ob ein Anwalt wirklich kompetent ist oder nicht. Es gibt jedoch Indizien, die gegen einen Anwalt sprechen können.

Seien Sie vorsichtig, wenn Sie bei einem Anwalt Folgendes erleben:

☐ Die Kanzlei ist fast nie oder nur über einen Anrufbeantworter zu erreichen.
☐ Sie müssen lange auf einen Rückruf warten.
☐ Der Anwalt nimmt sich keine Zeit für eine ausführliche Besprechung.
☐ Er hält Termine nicht ein.
☐ Er kann Ihnen keine Auskunft darüber geben, wie teuer das Verfahren ungefähr wird.

Gut beraten sind Sie wahrscheinlich, wenn folgende Punkte vorliegen:

☐ Der Anwalt führt mit Ihnen zunächst ein ausführliches Gespräch über die Rechtslage in Ihrem Fall.
☐ Er analysiert sodann systematisch Ihr individuelles Problem und den sich für Sie daraus ergebenden Handlungsbedarf.
☐ Er rechnet Ihnen bereits beim ersten Termin eventuell bestehende Ansprüche grob aus.
☐ Er verwendet die neuesten Computerprogramme.
☐ Er erfasst das Prozessrisiko und händigt Ihnen die Berechnungen aus.
☐ Er spricht mit Ihnen in einer Sprache, die Sie verstehen, und verwendet nicht vorwiegend juristische Fachausdrücke.

WISO rät: Machen Sie Ihrem Anwalt bereits im ersten Gespräch deutlich, was Sie von Ihm erwarten. Grundsätzlich ist es sinnvoll, Prozesse möglichst zu vermeiden. Das

spart Zeit und Nerven und vor allen Dingen viel Geld. Wenn Sie bemerken, dass Ihr Anwalt eher streitsüchtig ist, dann sollten Sie vorsichtig sein.

Wenn Sie im Laufe der Zeit das Vertrauen zu Ihrem Anwalt verlieren oder merken, dass er Ihren Fall nicht in Ihrem Interesse betreut, dann sollten Sie sich nicht scheuen, ihn zu wechseln. Verlangen Sie dann die Ihm ausgehändigten Unterlagen umgehend wieder heraus. Die Leistung, die er bisher erbracht hat, müssen Sie aber trotzdem bezahlen. Langfristig kann Ihnen ein Wechsel unter Umständen allerdings auch Geld sparen, nämlich dann, wenn der neue Anwalt eine andere Strategie verfolgt und Ihnen dadurch Gerichtskosten erspart.

Welche Unterlagen sollten Sie mitbringen?

Für Ihren Anwalt ist es wichtig, dass er umfangreich über Ihren persönlichen Fall informiert ist. Deshalb sollten Sie schon beim ersten Termin alle Unterlagen mitbringen, die Ihnen für Ihren Fall wichtig erscheinen. Denken Sie auch an Ihre Unterlagen über die Rechtsschutzversicherung. Fehlen Unterlagen, so verzögert sich unter Umständen die Bearbeitung Ihres Falles, und manchmal kann Zeit entscheidend sein. Denken Sie deshalb an folgende Unterlagen, wenn Sie mit dem Fall zu tun haben:

- Verträge
- Versicherungen
- Korrespondenz mit Ihrem Gegner, eventuell in Kopie
- gegebenenfalls Gehalts- und Lohnabrechnungen
- Rechnungen
- Versicherungsunterlagen

Wie teuer ist der Anwalt?

Ein Anwalt ist selten so teuer, wie Sie vielleicht denken. Sein Honorar richtet sich nach dem Streitwert, also danach, um wie viel Geld Sie sich mit Ihrem Gegner streiten. Je höher der Streitwert, desto höher auch die Gebühren. Die Gebühren sind zugunsten des Mandanten allerdings degressiv gestaffelt. Das bedeutet, dass sie nicht im selben Verhältnis steigen wie die Gegenstandswerte, sondern prozentual gesehen niedriger werden.

Welche Gebühren entstehen und wie diese Gebühren berechnet werden, ergibt sich aus der Bundesgebührenordnung für Rechtsanwälte (BRAGO).

Die Kosten für den Anwalt setzen sich zusammen aus

- den Anwaltsgebühren,
- den Auslagen (werden in der Regel pauschal abgerechnet),
- der Umsatzsteuer auf Gebühren und Auslagen in Höhe von 16 Prozent.

Die pauschale Honorarvereinbarung

Ihr Anwalt ist zwar in der Regel an die BRAGO, also die Gebührenordnung für Rechtsanwälte, gebunden. Er kann mit Ihnen allerdings auch eine schriftliche Honorarvereinbarung treffen. Das ist sozusagen ein „Paketpreis" auf Grund einer Honorarvereinbarung. Sie ist sowohl für den Rechtsanwalt als auch für Sie als seinen Mandanten verbindlich. Manche Anwälte werden nur noch auf Grund einer Honorarvereinbarung tätig. Der Grund: Die Gebührensätze der BRAGO sind nicht sonderlich hoch, manche Fälle allerdings recht umfangreich.

Sobald der Rechtsanwalt mit Ihnen den Beratungsbedarf, den Handlungsbedarf und das weitere Vorgehen abgesprochen hat, wird er Ihnen einen pauschalen Vorschlag hinsichtlich des Honorars unterbreiten.

WISO rät: Eine Honorarvereinbarung kommt für den Mandanten in der Regel teurer, als wenn der Anwalt regulär nach Gebühren abrechnet. Sie sollten deshalb nur dann darauf eingehen, wenn Sie wissen, dass Ihr Anwalt wirklich gut ist, oder wenn Ihr Fall besonders umfangreich ist.

Honorarvereinbarung auf Stundenbasis

Zulässig ist es auch, mit dem Rechtsanwalt eine Honorarvereinbarung auf Stundenbasis zu treffen. Seien Sie hier jedoch vorsichtig. Die Kosten sind für Sie nicht von vornherein kalkulierbar, da niemand vorhersehen kann, wie viele Stunden Ihr Anwalt an Ihrem Fall arbeiten wird.

2. Beratungs- und Prozesskostenhilfe

Sabine Piller musste für ihren Jahresurlaub lange sparen. Sie ist alleinerziehend und hat zwei kleine Kinder. Sabine geht zwar viermal die Woche halbtags arbeiten, aber viel bleibt ihr davon nicht übrig. Sie kommt gerade so knapp über die Runden.

Umso schlimmer trifft es sie, als in dem lang ersehnten Urlaub alles schief geht: Entgegen der Prospektangabe liegt das Hotel nicht am Strand, der erwähnte Swimmingpool wird gerade repariert und kann nicht benutzt werden. Enttäuschend für sie und ihre Kinder, denn auf das Baden hatten sie sich am meisten gefreut. Am liebsten würde sie einen Anwalt einschalten und einen Teil des Reisepreises zurückverlangen, aber sie hat keine Rechtsschutzversicherung und ein Prozess wäre ihr finanzieller Ruin. Was tun?

Hilfe vom Staat ist kein Almosen

Die Inanspruchnahme der Gerichte darf nicht daran scheitern, dass sich der Bürger einen Prozess oder die Rechtsberatung nicht leisten kann. Aus finanzieller Not soll niemand auf sein Recht verzichten müssen. Aus diesem Grund gibt es die Beratungs- und die Prozesskostenhilfe.

Die Beratungshilfe sichert dem Bürger mit geringem Einkommen eine nahezu kostenlose Rechtsberatung und Rechtsvertretung im außergerichtlichen Bereich. Den Zugang zu den Gerichten erleichtert die Prozesskostenhilfe. Je nachdem, wie die finanzielle Situation aussieht, muss der Bürger für den Prozess gar nichts zahlen oder aber die Kosten in Raten wieder zurückerstatten.

Anspruch auf Prozesskostenhilfe haben übrigens nicht nur Deutsche, sondern auch in Deutschland lebende Ausländer, sofern der Sachverhalt einen inländischen Bezug hat.

WISO rät: Ganz gleich, ob Reisereklamation, Mietstreitigkeit oder Ärger mit den Handwerkern: Tausende von Bürgern nehmen wegen der unterschiedlichsten Streitigkeiten die Hilfe vom Staat in Anspruch. Beratungs- und Prozesskostenhilfe sind keine Almosen. Die Inanspruchnahme ist Ihr gutes Recht. Scheuen Sie sich deshalb nicht davor, die Hilfe zu beantragen.

In unserem Ausgangsfall sollte sich Sabine also ruhig einen Anwalt suchen, sich beraten lassen und gegebenenfalls auch vor Gericht ziehen. Da sie mit ihrem Teilzeitjob und den zwei Kindern finanziell sehr klamm ist, ist davon auszugehen, dass sie das Geld noch nicht einmal in Raten zurückzahlen muss.

Was passiert mit dem Haus?

Auch das kommt immer wieder vor: Man hat zwar ein eigenes Häuschen oder eine Wohnung, aber monatlich nur wenig Geld zum Leben. Hier stellt sich schnell die Frage, inwieweit man erst einmal sein Vermögen einsetzen muss, bevor man bei den Prozesskosten Unterstützung vom Staat bekommt. Das ist nur der Fall bei hochwertigen Vermögensbeständen, die man weder für den Familienunterhalt noch zur Erhaltung der beruflichen Existenz benötigt. Das Vermögen braucht man demnach nur einzusetzen, soweit es zumutbar ist. Aus diesem Grund gibt es zahlreiche Fälle, in denen auch Eigenheimbesitzer Prozesskostenhilfe in Anspruch nehmen können.

Der Anspruch kann aber dann entfallen, wenn der Rechtssuchende beispielsweise eine Rechtsschutzversicherung hat. Dann nämlich kann es ihm zuzumuten sein, dass er auf die Versicherung zurückgreift.

Beratungshilfe – wer reklamiert?

Wer Beratungshilfe bekommt, kann fachlichen Rat bei einem Anwalt einholen. In vielen Fällen reicht das aber nicht aus. Es ist ein Schriftwechsel notwendig, es müssen Fristen gesetzt und es muss reklamiert werden. Hier können Sie sich getrost zurücklehnen. Auch das umfasst die Beratungshilfe.

Wer berät?

Zunächst einmal können Sie sich beim Amtsgericht beraten lassen. Für die Beratungshilfe ist dort ein Rechtspfleger zuständig, dem Sie Ihr Problem schildern können. Dem Rechtspfleger sind auch die persönlichen und wirtschaftlichen Verhältnisse darzulegen. Wenn das Gericht nicht ohne größeren Aufwand helfen kann, stellt es einen Berechtigungsschein aus. Mit diesem Schein können Sie einen beliebigen Rechtsanwalt aufsuchen. Wer möchte, kann aber auch – ohne Umweg über das Amtsgericht – direkt zum Anwalt gehen und diesem seine wirtschaftlichen Verhältnisse schildern. Dieser kann dann den Antrag ausfüllen und die Beratungshilfe durch das Amtsgericht nachträglich stellen. In dem zu stellenden Antrag müssen Sie detaillierte Angaben über Ihre Einkommensverhältnisse, Unterhaltsleistungen, Wohnkosten sowie über sonstige eventuell vorhandenen finanziellen Belastungen machen.

Achtung: Der direkte Gang zum Anwalt ist in einigen Bundesländern, wie in Bremen und Hamburg, ausgeschlossen. Dort gibt es eine öffentliche Beratung. Auskunft in Hamburg erteilen die öffentlichen Rechtsauskunfts- und Vergleichsstellen, in Bremen die Arbeitnehmerkammern. In Berlin hingegen kann man zwischen der dort eingeführten öffentlichen Beratung und anwaltlicher Beratungshilfe wählen.

Was kostet die Beratungshilfe?

Die Beratungshilfe beim Amtsgericht ist kostenlos. Ein Rechtsanwalt kann zehn Euro verlangen. In vielen Fällen wird diese Gebühr aber erlassen, wenn der Antragsteller sie nur schwer aufbringen kann.

Prozesskostenhilfe – Vorsicht Haken!

Die Prozesskostenhilfe deckt die Gerichtskosten und die Ausgaben für den eigenen Anwalt, jedoch nicht die Kosten des Gegners. Ist dieser anwaltlich vertreten und verlieren Sie den Prozess, müssen Sie die Kosten für den gegnerischen Anwalt übernehmen. Eine Ausnahme gilt lediglich in arbeitsgerichtlichen Verfahren.

WISO rät: Überlegen Sie sich mit Ihrem Anwalt zusammen, ob Sie wirklich prozessieren sollen. Verlieren Sie den Prozess, bleiben Sie auf den Kosten des Gegners sitzen – und zwar auch dann, wenn die Prozesskostenhilfe bewilligt wurde.

3. Rechtsschutzversicherung

Beispiel: Schutz mit Wartezeit

Cordula Wenzel ist ein vorsichtiger Mensch. Als Redaktionssekretärin eines Boulevardblattes weiß sie, welche harten Schicksalsschläge unschuldige Menschen jeden Tag treffen können. Sie ist deswegen auch gegen fast alles versichert. Man weiß ja nie. Eines Tages entdeckt sie mit Entsetzen, dass sie keine Rechtsschutzversicherung hat. Sofort benachrichtigt sie ihren Versicherungsmakler, der ihr hocherfreut eine weitere Versicherung verkauft. Drei Wochen später kündigt ihr der Vermieter: Eigenbedarf. Streitlustig beschließt sie, anwaltliche Hilfe in Anspruch zu nehmen, denn dass der Vermieter die Wohnung wirklich für sich selbst braucht, glaubt sie nicht. Und weil sie rechtsschutzversichert ist, kostet das ja auch nichts. Doch einige Wochen später bekommt sie Post von der Rechtsschutzversicherung. Diese lehnt die Kostenübernahme ab. Der Grund: Frau Wenzel sei noch nicht lange genug bei dem Unternehmen versichert. Im Vertrag sei eine Wartezeit von drei Monaten vorgesehen. Wütend ruft sie ihren Versicherungsmakler an und kündigt ihm die weitere Zusammenarbeit.

Rechtsschutzversicherung – ja oder nein?

Irgendwann passiert es fast jedem einmal. Die Kündigung flattert ins Haus, der Vermieter will schon wieder mehr Geld oder der Handwerker hat einfach nur gepfuscht. Weil man sich im Recht fühlt, geht man nun zu einem Anwalt. Der soll die Sache durchziehen, wenn nötig bis zur letzten Instanz. Doch viele Menschen scheuen sich dann doch vor einem Rechtsstreit, denn der ist teuer. Wer verliert, zahlt sämtliche Prozesskosten, Kosten für den eigenen und den gegnerischen Anwalt, eventuelle Gutachterkosten. Je nach Streitwert können da leicht fünfstellige Summen zusammen kommen. Wer eine Rechtsschutzversicherung hat, kann da klar im Vorteil sein. Diese sichert einen gegen alle Risiken ab. Das glauben zumindest viele Versicherungskunden. Doch wenn der Ernstfall dann eintritt, müssen sie oft feststellen, dass die Versicherung keinen Cent bezahlt.

Rechtsschutzversicherung – das Rundum-sorglos-Paket?

Eine Rechtsschutzversicherung gegen alle juristischen Risiken gibt es nicht. Als Kunde kann man nur zwischen verschiedenen Leistungspaketen wählen.

So gibt es zum Beispiel Verkehrsrechtsschutz, Eigentümer- und Mieterrechtsschutz, Privat- und Berufsrechtsschutz für Nichtselbstständige, Privat-, Berufs- und Verkehrsrechtsschutz für Nichtselbstständige sowie Privatrechtsschutz für Selbstständige.

WISO rät: Wenn Sie eine Rechtsschutzversicherung abschließen wollen, dann müssen Sie nicht zwingend einen Rundum-Schutz mit sämtlichen Leistungspaketen wählen. Die dabei erzielbaren Prämienersparnisse sind relativ gering. Fragen Sie sich deshalb erst einmal, gegen welche persönlichen Prozessrisiken Sie sich genau versichern möchten. Wer als Arbeitnehmer zum Beispiel in einer wackeligen Branche tätig ist, für den kann eine private Rechtsschutzversicherung mit Berufsrechtsschutz sinnvoll sein. Wer häufig mit dem Auto unterwegs ist, für den empfiehlt sich eine Verkehrsrechtsschutzversicherung. Besteht überhaupt kein Prozessrisiko, sollten Sie sich überlegen, ob Sie das Geld nicht besser investieren können.

Lassen Sie sich nicht von einem freundlichen Versicherungsvertreter einreden, jeder könne ja mal in einen Prozess verwickelt werden. Ein Prozess kommt selten völlig unvorhergesehen, und mit einem Anwalt zusammen kann man das Risiko weitgehend abschätzen. Unüberlegte Vertragsabschlüsse führen häufig dazu, dass Versicherte für eine Rechtsschutzversicherung mehr als 200 Euro im Jahr bezahlen. Für das gleiche Geld könnten Sie für den Todesfall 95.000 Euro Versicherungssumme oder für den Fall der Berufsunfähigkeit 450 Euro Monatsrente versichern und Ihre Familie damit zusätzlich absichern.

WISO rät: Erst wenn alle wichtigen Versicherungen abgeschlossen sind und die Familie gegen die finanziellen Folgen von Krankheit, Unfall und Tod des Ernährers abgesichert ist, sollten Sie an den Abschluss einer Rechtsschutzversicherung denken.

Bevor sich Versicherungswillige dafür entscheiden, sollten sie zudem beachten, dass auch Interessenvertretungen wie Gewerkschaften, ADAC oder Mietervereine häufig Rechtsschutz bieten. Darüber hinaus kann man in vielen Fällen bei Verbraucherzentralen Rechtsberatung recht günstig in Anspruch nehmen. In einigen Großstädten beraten öffentliche Rechtsauskunftsstellen teilweise auch kostenlos. Die eigene Haftpflichtversicherung bietet in einigen Fällen ebenfalls Schutz. Sie prüft, ob Ansprüche gegen ihre Versicherungsnehmer berechtigt sind, und wehrt sie gegebenenfalls vor Gericht ab.

Wer nach genauer Überlegung zu dem Entschluss kommt, dass er eine Rechtsschutzversicherung benötigt, sollte jedenfalls darauf achten, dass diese so günstig wie möglich ist. Für gleiche Leistungen gibt es erhebliche Preisunterschiede. Ein Vergleich lohnt sich. Die Versicherungssumme sollte im Übrigen nicht unter 100.000 Euro liegen.

Schutz mit Lücken

Vorsicht: Rechtsschutzversicherungen decken zahlreiche Risiken nicht ab. Manche Streitigkeiten lassen sich auch gar nicht versichern. So deckt die Verkehrsrechtsschutzversicherung meist keine Streitigkeiten um Halte- und Fahrverbote ab. Ausgeschlossen ist der Versicherungsschutz außerdem, wenn der Versicherungsnehmer wegen einer vor-

sätzlichen Verkehrsstraftat rechtskräftig verurteilt wird. Wer ohne die erforderliche Fahrerlaubnis fährt, bleibt ohnehin auf seinen Kosten sitzen. Auch derjenige, der für Verbindlichkeiten von anderen haften muss, wie zum Beispiel der Bürge, kann selten mit dem Schutz der Rechtsschutzversicherung rechnen. Die anwaltliche Beratung, die Arbeitnehmer häufig bei Aufhebungsverträgen benötigen, wird ebenfalls von vielen Rechtsschutzversicherungen nicht bezahlt, und auch bei finanziellen Risiken in familien- und erbrechtlichen Angelegenheiten hält die Rechtsschutzversicherung nicht immer das, was man sich als Versicherter von ihr verspricht. Kosten für einen Prozess erstattet der Versicherer gar nicht. Für eine bloße anwaltliche Beratung ist er zwar eintrittspflichtig, aber auch nur dann, wenn sich die Rechtslage geändert hat. Das ist beispielsweise anzunehmen, wenn der Erbfall eingetreten ist. Kommt es auf Grund der Beratung zu einem Prozess, entfällt die Kostenerstattung für die Beratung aber wieder rückwirkend, sodass man das von der Versicherung erstattete Geld für die Beratung wieder zurückzahlen muss. Wer sich nur rein vorsorglich von einem Rechtsanwalt beraten lässt, beispielsweise wie er ein Testament errichten soll, sieht von der Versicherung ohnehin kein Geld.

Streitigkeiten, die im Zusammenhang mit dem Hausbau oder dem Kauf von Baugrundstücken stehen, sind in der Regel ebenfalls von der Versicherung ausgeschlossen. Für Bauherren ist das besonders bitter, denn gerade Baustreitigkeiten kommen sehr häufig vor und verursachen, insbesondere wenn die Einschaltung eines Gutachters erforderlich wird, oft erhebliche Kosten. Für diese muss man –selbst wenn man den Prozess später gewinnt – zunächst selbst aufkommen. Dabei sind 25.000 Euro für Anwälte, Gutachter und Gericht keine Seltenheit, und eine Prozessdauer von vier bis fünf Jahren ist heutzutage auch nicht mehr unüblich.

Bei einem Wechsel in die Selbstständigkeit gibt es eine weitere Versicherungslücke. Hier verlieren Versicherungsnehmer den Familienrechtsschutz für Nichtselbstständige, sobald sie selbst oder der Ehepartner eine selbstständige oder freiberufliche Berufstätigkeit aufnehmen.

Wartezeiten beachten

Selbst wenn Versicherungsschutz grundsätzlich gegeben ist, können Probleme auftauchen, und zwar dann, wenn die Police noch nicht lange genug besteht. Bei fast allen Versicherungen beträgt die Wartezeit drei Monate, bei manchen sogar sechs Monate. Erst nach Ablauf dieser Frist können Versicherte davon ausgehen, dass die Versicherung einspringt.

Auch in unserem Ausgangsfall muss sich Cordula Wenzel an die allgemein üblichen Wartezeiten von drei Monaten halten. Die Kündigung ihrer Wohnung passierte drei Wochen, nachdem sie den Vertrag unterschrieben hatte, also in der Zeit zwischen Abschluss der Rechtsschutzversicherung und dem Ende der Wartezeit. Da heißt es einfach nur: Pech gehabt.

Ist es schon vor Vertragsabschluss zu einer Rechtsstreitigkeit gekommen, bezahlt die Versicherung aber auch nach Ablauf der Wartezeit nicht. Das Gleiche gilt, wenn die Ursache für einen Prozess schon vor Vertragsabschluss liegt, und zwar selbst dann, wenn man die Streitigkeit nicht vorhersehen konnte. Wer also zum Beispiel denkt, er schließt eine Rechtsschutzversicherung ab, weil sich nach einer Kündigung des Arbeitgebers ein Rechtsstreit anbahnt, geht leer aus. Andererseits muss die Versicherung unter Umständen aber auch nach Beendigung des Vertrages bezahlen, nämlich dann, wenn der Versicherungsfall noch während der Vertragsdauer eingetreten ist.

Wichtig: erst Deckungszusage einholen

Wer rechtliche Schritte einleiten möchte, sollte auf jeden Fall erst einmal die Deckungszusage vom Versicherer einholen. Diese wird in der Regel erteilt, wenn man den Warteausschluss beachtet hat, nicht in Prämienverzug ist und die Erfolgsaussichten für einen Prozessgewinn nicht offensichtlich ausgeschlossen sind.

Man kann die Deckungszusage entweder selbst einholen oder seinen Rechtsanwalt damit beauftragen. Viele Anwälte bieten als Service die kostenlose Einholung der Deckungszusage. Bezahlt werden muss dann nur die übliche Beratungsgebühr. Am besten fragen Sie deswegen erst einmal bei Ihrem Anwalt nach.

WISO rät: Wenn Sie sich selbst um die Deckungszusage kümmern, sollten Sie versuchen, möglichst schnell eine Kostenzusage zu erreichen. Mit der Anfrage empfiehlt es sich deshalb, gleich alle zur Beurteilung der Eintrittspflicht erforderlichen Informationen mitzuschicken. Insbesondere sollten Sie den Versicherer darüber informieren, über welchen Versicherungsschein Sie versichert sind und zu welchem Zeitpunkt was genau passiert ist beziehungsweise was konkret den Streit ausgelöst hat.

Über folgende Dinge sollten Sie den Versicherer unbedingt sofort informieren:

Im Verkehrsbereich:

- Kfz-Kennzeichen
- Fahrer
- Halter
- War die erforderliche Fahrerlaubnis vorhanden?
- Gegebenenfalls Kopie des Bußgeldbescheides, des Strafbefehls, des Anhörungsbogens

Im arbeitsrechtlichen Bereich:

- Kündigungsschreiben

Im grundstücksrechtlichen Bereich:

- Genaue Bezeichnung des Grundstücks (Anschrift, gegebenenfalls Flur-Nr.)
- In welcher Eigenschaft ist man betroffen (Mieter, Vermieter, Pächter, Eigentümer)?

Im Schadenersatz- oder Vertragsbereich:

- Wer macht Ansprüche gegen wen geltend?
- Art und Höhe des Anspruchs

Alles in allem gilt also: Je besser Sie dem Versicherer die Voraussetzungen der Eintrittspflicht darlegen, desto schneller erteilt diese eine Deckungszusage.

Lehnt die Versicherung die Deckung ab, kann man mit einem Vertrag nach den neuen Rechtsschutzbedingungen (ARB 94) ein Schiedsverfahren beantragen. Über die Erfolgsaussichten entscheidet dann ein von der Rechtsanwaltskammer benannter unabhängiger Gutachter. Kommt der Gutachter aber zu dem Ergebnis, dass die Versicherung Recht hat, dann müssen Sie die Kosten für dieses Schiedsgerichtsverfahren, die sich je nach Streitwert auf 100 bis 500 Euro belaufen, selbst tragen. Wer noch einen Vertrag nach den alten allgemeinen Rechtsschutzbedingungen (ARB 75) hat, ist da besser dran. Hier prüft nämlich der eigene Anwalt die Erfolgsaussichten des Falles. Die Kosten für die Stellungnahme trägt dann die Rechtsschutzversicherung.

Weltweiter Schutz

In vielen Fällen ist der Versicherungsschutz nur auf Europa beschränkt. Rechtsstreitigkeiten werden dann nur ersetzt, wenn der im Reisevertragsabschluss bestimmte Gerichtsstand in Europa ist. Zumindest für Urlaubsreisen leisten jetzt aber die ersten Rechtsschutzversicherer statt nur in Europa und den Mittelmeerländern auch weltweiten Schutz. Wer darauf Wert legt, muss seine Police gegebenenfalls auf den neuesten Tarif umstellen lassen.

Anhang

Düsseldorfer Tabelle

A.
Kindesunterhalt

	Nettoeinkommen des Barunterhaltspflichtigen (Anm. 3, 4)	Altersstufen in Jahren (§ 1612 a Abs. 3 BGB)				Vomhundertsatz	Bedarfskontrollbetrag (Anm. 6)
		0 - 5	6 - 11	12 - 17	ab 18		
		Alle Beträge in Euro (€)					
1.	bis 1300	188	228	269	311	100	730/840
2.	1300 - 1500	202	244	288	333	107	900
3.	1500 - 1700	215	260	307	355	114	950
4.	1700 - 1900	228	276	326	377	121	1000
5.	1900 - 2100	241	292	345	399	128	1050
6.	2100 - 2300	254	308	364	420	135	1100
7.	2300 - 2500	267	324	382	442	142	1150
8.	2500 - 2800	282	342	404	467	150	1200
9.	2800 - 3200	301	365	431	498	160	1300
10.	3200 - 3600	320	388	458	529	170	1400
11.	3600 - 4000	339	411	485	560	180	1500
12.	4000 - 4400	358	434	512	591	190	1600
13.	4400 - 4800	376	456	538	622	200	1700
	über 4800	nach den Umständen des Falles					

als Vortabelle zur Düsseldorfer Tabelle mit den Kindergeldabzugstabellen für das alte Bundesgebiet und für das Beitrittsgebiet

Die Tabelle geht aus von den in Art. 1 § 2 der Zweiten Verordnung zur Änderung der Regelbetrag-Verordnung vom 8. Mai 2001 festgesetzten Euro-Regelbeträgen ab 1. Januar 2002 für das *in Artikel 3 des Einigungsvertrages genannte Gebiet* (BGBl I 2001, 842) und nennt in Ergänzung der *Düsseldorfer Tabelle* (Stand: 1. Januar 2002) die monatlichen Unterhaltsrichtsätze der im Beitrittsteil des Landes Berlin wohnenden unverheirateten Kinder, deren Unterhaltsschuldner gegenüber insgesamt drei Personen (einem Ehegatten und zwei Kindern) unterhaltspflichtig ist und ebenfalls im Beitrittsteil wohnt.
Die Vomhundertsätze Ost ab Gruppe b) sind gemäß § 1612 a Abs. 2 S. 1 BGB zu errechnen (z.B. 254 EUR : 174 EUR = 145,9 %). Die **135 %-Grenze Ost** für die Kindergeldanrechnung nach § 1612 b Abs. 5 BGB beträgt in den drei Altersstufen **235 EUR** bzw. **285 EUR** bzw. **337 EUR**. Die **150 %-Grenze Ost** für das Vereinfachte Verfahren (§ 645 Abs. 1 ZPO) beläuft sich in den drei Altersstufen auf **261 EUR** bzw. **317 EUR** bzw. **374 EUR.**

Altersstufen in Jahren (Der Regelbetrag einer höheren Altersstufe ist ab dem Beginn des Monats maßgebend, in den der 6.. Bzw. 12. Geburtstag fällt.)		**0 - 5** (Geburt bis 6. Geburtstag)	**6 - 11** (6. bis 12. Geburtstag)	**12 - 17 [- 20*]** (12. bis 18. Geburtstag) * [18. bis 21. Geburtstag, wenn noch in der allg. Schulausbildung und im Elternhaushalt lebend]	**Vom-hundert-satz Ost**	**Vom-hundert-satz West**
Nettoeinkommen des Barunterhaltspflichtigen		**Alle Beträge in Euro**				
Gruppe						
a)	bis 1000	**174**	211	249	**100**	
b)	1000 - 1150	181	220	259		
	ab 1150	wie Düsseldorfer Tabelle (aber ohne 4. Altersstufe und ohne Bedarfskontrollbetrag)				
Gruppe						
1	bis 1300	188	228	269		**100**
2	1300 - 1500	202	244	288		107
3	1500 - 1700	215	260	307		114
4	1700 - 1900	228	276	326		121
5	1900 - 2100	241	292	345		128
6	2100 - 2300	254	308	364		**135**
7	2300 - 2500	267	324	382		142
8	2500 - 2800	282	342	404		**150**
9	2800 - 3200	301	365	431		160
10	3200 - 3600	320	388	458		170
11	3600 - 4000	339	411	485		180
12	4000 - 4400	358	434	512		190
13	4400 - 4800	376	456	538		200
	über 4800	nach den Umständen des Falles				

Anmerkungen zur Berliner Tabelle:

I.	Der monatliche *Selbstbehalt* des Unterhaltspflichtigen beträgt gegenüber *minderjährigen Kindern und gleichgestellten vollj. Schülern (s. o.*)*		(West)
	1. wenn der Unterhaltspflichtige erwerbstätig ist:	775 EUR	(840 EUR)
	2. wenn der Unterhaltspflichtige nicht erwerbstätig ist:	675 EUR	(730 EUR)
II.	Der monatliche *Selbstbehalt* des Unterhaltspflichtigen beträgt gegenüber *volljährigen Kindern*		
	1. wenn der Unterhaltspflichtige erwerbstätig ist:	925 EUR	(1000 EUR)
	2. wenn der Unterhaltspflichtige nicht erwerbstätig ist:	825 EUR	(890 EUR)
III.	Der monatliche *Selbstbehalt* des Unterhaltspflichtigen beträgt gegenüber dem *getrenntlebenden* und dem *geschiedenen Ehegatten*		
	1. wenn der Unterhaltspflichtige erwerbstätig ist:	880 EUR	(950 EUR)
	2. wenn der Unterhaltspflichtige nicht erwerbstätig ist:	775 EUR	(840 EUR)
IV.	Der angemessene *Bedarf* (samt Wohnbedarfs und üblicher berufsbedingter Aufwendungen, aber ohne Beiträge zur Kranken- und Pflegeversicherung) eines *volljährigen Kindes,* welches nicht gemäß § 1603 Abs. 2 S. 2 BGB gleichgestellt ist, beträgt in der Regel monatlich:	555 EUR	(600 EUR)
V.	Der angemessene *Selbstbehalt* des Unterhaltspflichtigen gegenüber *seinen Eltern* beträgt mindestens monatlich:	1155 EUR	(1250 EUR)

VI.	Der angemessene *Selbstbehalt* des Unterhaltspflichtigen gegenüber der *Mutter* oder dem *Vater* (§ 1615 I BGB) beträgt mindestens monatlich:	925 EUR	(1000 EUR)

Die *Berliner Tabelle als Vortabelle zur Düsseldorfer Tabelle* ist anzuwenden, wenn sowohl der Unterhaltsgläubiger als auch der Unterhaltsschuldner im Beitrittsgebiet wohnen. Sie ist nur differenziert anzuwenden in den sog. Ost-West-Fällen, in denen nicht alle Beteiligten im Beitrittsgebiet wohnen. In diesen Mischfällen ist wegen der Regelbeträge der Kinder nach Gruppe a oder Gruppe 1 und wegen des Bedarfs laut Anmerkung IV auf den Kindeswohnsitz und wegen des Selbstbehalts des Unterhaltspflichtigen auf dessen Wohnsitz abzustellen. Die Bestimmung eines höheren Unterhaltsbedarfs des Kindes richtet sich - ohne einen Abschlag von den Sätzen der Tabelle - nach den allgemeinen Grundsätzen. Der besseren Übersicht halber sind oben in Klammern die West-Beträge der Düsseldorfer Tabelle bzw. bei den Anmerkungen II und III die West-Beträge des Kammergerichts genannt.

Die grundsätzlich hälftige **Anrechnung von Kindergeld** auf den Tabellenunterhalt erfolgt nur noch insoweit, als das hälftige Kindergeld zusammen mit dem geschuldeten Tabellenbedarfsbetrag der Düsseldorfer Tabelle (DT) bzw. der Berliner Tabelle (BT) den jeweils geltenden **135 %igen Regelbetrag** (das Barexistenzminimum des minderjährigen Kindes) übersteigt (§ 1612 b Abs. 1 und 5 BGB). Der Kindergeldabzug kann mit folgender **Formel** (alle Beträge in Euro) berechnet werden:

Hälftiges Kindergeld (dieses beträgt ab 1. Januar 2002 77 EUR für das 1. bis 3. Kind sowie 89,50 EUR für das 4. und jedes weitere Kind, BGBl I 2001, 2074, 2077 f.) **+ Unterhaltsbedarfsbetrag – 135 %iger Regelbetrag West bzw. Ost** (nach dem Wohnsitz des Kindes und seiner Altersstufe) = **anzurechnendes Kindergeld** (bei einem Negativsaldo entfällt die Anrechnung).

Daraus ergibt sich als Anlage zur Berliner Tabelle die folgende **Kindergeldabzugstabelle** (Tabellenbedarfsbetrag – Kindergeldabzug = Zahlbetrag) für das **alte Bundesgebiet** bis zur Gruppe 6 der DT (135 %-Grenze West):

Kind	Gruppe der DT	1. Altersstufe	2. Altersstufe	3. Altersstufe
1. bis 3. Kind	**1** [bis 1300]	**188 – 11 = 177**	**228 – 0 = 228**	**269 – 0 = 269**
ab 4. Kind	1	188 – 23,50 = 164,50	228 – 9,50 = 218,50	269 – 0 = 269
1. bis 3. Kind	**2** [1300 – 1500]	**202 – 25 = 177**	**244 – 13 = 231**	**288 – 1 = 287**
ab 4. Kind	2	202 – 37,50 = 164,50	244 – 25,50 = 218,50	288 – 13,50 = 274,50
1. bis 3. Kind	**3** [1500 – 1700]	**215 – 38 = 177**	**260 – 29 = 231**	**307 – 20 = 287**
ab 4. Kind	3	215 – 50,50 = 164,50	260 – 41,50 = 218,50	307 – 32,50 = 274,50
1. bis 3. Kind	**4** [1700 – 1900]	**228 – 51 = 177**	**276 – 45 = 231**	**326 – 39 = 287**
ab 4. Kind	4	228 – 63,50 = 164,50	276 – 57,50 = 218,50	326 – 51,50 = 274,50
1. bis 3. Kind	**5** [1900 – 2100]	**241 – 64 = 177**	**292 – 61 = 231**	**345 – 58 = 287**
ab 4. Kind	5	241 – 76,50 = 164,50	292 – 73,50 = 218,50	345 – 70,50 = 274,50
1. bis 3. Kind	**6** [2100 – 2300]	**254 – 77 = 177**	**308 – 77 = 231**	**364 – 77 = 287**
ab 4. Kind	6	254 – 89,50 = 164,50	308 – 89,50 = 218,50	364 – 89,50 = 274,50

Die **Kindergeldabzugstabelle** für das **Beitrittsgebiet** bis zur 135 %-Grenze Ost als Anlage zur Berliner Tabelle ist:

Kind	Gruppe der BT	1. Altersstufe	2. Altersstufe	3. Altersstufe
1. bis 3. Kind	**a)** [bis 1000]	**174 – 16 = 158**	**211 – 3 = 208**	**249 – 0 = 249**
ab 4. Kind	a)	174 – 28,50 = 145,50	211 – 15,50 = 195,50	249 – 1,50 = 247,50
1. bis 3. Kind	**b)** [1000 – 1150]	**181 – 23 = 158**	**220 – 12 = 208**	**259 – 0 = 259**
ab 4. Kind	b)	181 – 35,50 = 145,50	220 – 24,50 = 195,50	259 – 11,50 = 247,50
1. bis 3. Kind	**1** [bis 1300]	**188 – 30 = 158**	**228 – 20 = 208**	**269 – 9 = 260**
ab 4. Kind	1	188 – 42,50 = 145,50	228 – 32,50 = 195,50	269 – 21,50 = 247,50
1. bis 3. Kind	**2** [1300 – 1500]	**202 – 44 = 158**	**244 – 36 = 208**	**288 – 28 = 260**
ab 4. Kind	2	202 – 56,50 = 145,50	244 – 48,50 = 195,50	288 – 40,50 = 247,50
1. bis 3. Kind	**3** [1500 – 1700]	**215 – 57 = 158**	**260 – 52 = 208**	**307 – 47 = 260**
ab 4. Kind	3	215 – 69,50 = 145,50	260 – 64,50 = 195,50	307 – 59,50 = 247,50
1. bis 3. Kind	**4** [1700 – 1900]	**228 – 70 = 158**	**276 – 68 = 208**	**326 – 66 = 260**
ab 4. Kind	4	228 – 82,50 = 145,50	276 – 80,50 = 195,50	326 – 78,50 = 247,50
1. bis 3. Kind	**135 %-Grenze Ost**	**235 – 77 = 158**	**285 – 77 = 208**	**337 – 77 = 260**
ab 4. Kind	135 %-Grenze Ost	235 – 89,50 = 145,50	285 – 89,50 = 195,50	337 – 89,50 = 247,50

(Verfasst in Abstimmung mit der Unterhaltskommission des DFGT und mit dem Kammergericht und mitgeteilt von RiAG *Rudolf Vossenkämper*, Berlin)

Einkommen des Berechtigten kann u.U. erhöht werden um:
(alle Beträge, umgerechnet auf den Monat ....

Abfindungen	....
Altenteilleistungen	....
Arbeitseinkommen	....
Arbeitslosigkeit	....
Arbeitsplatzaufgabe	....
Akkordarbei	....
Auslösegeld	....
Arbeitslosengeld	....
Beamtenversorgung	....
Berlinzulage	....
Betreuungsentgeld	....
bilanzmäßiger Gewinn	....
Darlehen, Obliegenheit zur Rückforderung	....
Deputate	....
Dividenden	....
eheähnliche Lebensgemeinschaft	....
Erschwerniszulage	....
Essensgeld	....
Fahrtspesen	....
Feiertagszuschläge	....
Forderungseinziehung	....
Gewinnbeteiligung	....
Grundbesitz	....
Haus	....
Hausmann- Entgeld	....
Jubiläumszuwendungen	....
Kapitalvermögen	....
Kleiderzulage	....
Krankengeld	....
Kreditaufnahme	....
Landwirte, Einkommensermittlung	....
Leistungsprämien	....
Lohnfortzahlung im Krankheitsfall	....
Lohnsteuerjahresausgleich	....

Montageprämien	....
Mutterschaftsgeld	....
Nachtarbeitszuschläge	....
Nebentätigkeit	....
Naturalleistungen	....
Nettoeinkommen, bereinigtes	....
Nießbrauch	....
Ortszuschlag	....
Pensionszahlung	....
Pflegegeld	....
Pflichtteilsanspruch	....
Pkw- Nutzungsüberlassung	....
Privatentnahmen	....
Provisionen	....
Reisekosten	....
Renten	....
Sachzuwendungen	....
Schenkungen, Pflicht zur Rückforderung	....
Schichtzuschläge	....
Schmutzarbeitszulagen	....
Schwarzarbeitslohn	....
Schwerstarbeiterzulage	....
Schwerstbeschädigtenzulage	....
Selbständige	....
Soldatenversorgung	....
Sonderzuwendungen	....
Sozialhilfe	....
Sozialstaatliche Zuwendungen	....
Sparguthaben	....
Spesen	....
Steuervergütung	....
Tantiemen	....
Trennungsentschädigung	....
Treueprämie	....
Trinkgeld	....
Überstundenvergütung	....
Übernachtungsspesen	....
Unterhaltsleistungen des neuen Ehegatten	....
Vermietung und Verpachtung	....
Vermögen	....
Weihnachtsgeld	....
Wohngeld	....
Wohnwertanrechnung	....

- 3 -

Zinseinkünfte ....
Zugewinn ....
Zuwendungen Dritter ....

<u>Das ermittelte Nettoeinkommen kann u.U. um folgende Abzugspositionen bereinigt werden:</u>
(alle Beträge, umgerechnet auf den Monat: ....

Abschreibungen	....
Altersversorgung	....
Anwaltskosten	....
Anschaffungskosten	....
Arbeitsmittel	....
auswärtige Tätigkeit	....
Autohaftpflichtversicherung	....
Bausparverträge	....
Beerdigungskosten	....
berufsbedingte Aufwendungen	....
Berufs- und Erwerbsunfähigkeitsversicherung	....
Betreuungsaufwand	....
Berufsverbände, Beiträge	....
Diätkosten	....
Erholungsreisen	....
Fahrtkosten	....
Fortbildungskosten	....
Gebäudeabschreibungen	....
Geldbußen	....
Gerichtskosten	....
Gesundheit, Aufwendungen	....
Gewerbesteuer	....
Gewerkschaftsbeiträge	....
Grundsteuer	....
Grundstücksbelastungen	....
Hauskosten	....
Haftpflichtversicherung	....
Haushaltshilfe	....
Hausrat, Anschaffungen	....
Heilkuren	....
Heizkosten	....
Heirat	....
Hypothekenzinsen	....
Kinderbetreuungskosten	....
Kindergarten	....
Kindersunterhalt	....
Kirchensteuer	....
Kleideranschaffungen	....
Krankenversicherungskosten	....
krankheitsbedingter Mehrbedarf	....
Kreditaufnahme	....

Lebensversicherung	....
Lohnsteuer	....
Mehraufwendungen, trennungsbedingte	....
Miete	....
Nachhilfeunterricht	....
Parteibeiträge	....
Pauschalabzüge	....
Pflichtsversicherungsbeiträge	....
Pkw-Kosten	....
Prämien	....
privatärztliche Behandlungskosten	....
Prothesen	....
Prozeßkostenvorschuß	....
psychische Erkrankungen	....
Ratenzahlungverpflichtungen	....
Reisekosten	....
Rentenversicherung	....
Reparaturkosten	....
Repräsentationskosten	....
Rücklagenbildung	....
Schulden	....
Steuerbelastung	....
Steuerberatungskosten	....
Steuernachzahlung	....
Steuerschulden	....
Taxikosten	....
Umgangsrecht (Kosten)	....
Umzugskosten	....
Unfallversicherung	....
Unterhaltsleistungen	....
Urlaubskosten	....
VermietungundVerpachtung(Aufwendungen)	....
Vermögenseinkünfte (Abzugskosten)	....
Vermögensbildung vermögenswirksame Leistungen	....
Verbindlichkeiten	....
Vereinsbeiträge	....
Versicherungen	....
Vorsorgeaufwendungen	....
Werbegschenke	....
Werbungskosten	....
Wohnkosten	....
Zahnersatz	....
Zinsen	....
Zugewinnausgleichszahlungen	....

Zusatzversicherug ....
Zweitausbildungskosten ....
Zweithaushalt ....

Nr.1 der Urkundenrolle für 2001

Verhandelt

zu 02. Januar 2001

Vor mir, dem Notar

mit dem Amtssitz in

erschienen heute:

1) Herr Harald Muster, geb. am 20.02.1960, wohnhaft in Musterstadt v.d.H., Klosterwald 20,

2) dessen Ehefrau Ellen Muster, geb. Bayer, geb. am 05.06.1965, wohnhaft daselbst ;

- Die Erschienenen sind dem amtierenden Notar persönlich bekannt -

Der Notar fragte nach einer Vorbefassung im Sinne des § 3 Abs. 1 Nr. 7 Beurkundungsgesetz. Sie wurde von den Beteiligten verneint.

Die Erschienenen erklärten sodann:

Wir haben am 01.08.1990 vor dem Standesbeamten in Musterstadt v.d.H. die Ehe geschlossen, sind deutsche Staatsangehörige und leben im gesetzlichen Güterstand der Zugewinngemeinschaft.

Unsere Ehe ist kinderlos. Wir sind beide berufstätig und verfügen über eine ausreichende Altersversorgung.

Wir schließen folgenden

EHEVERTRAG

I.

Regelung des Güterstandes

1. Wir heben den gesetzlichen Güterstand der Zugewinngemeinschaft auf und vereinbaren für unsere Ehe ab sofort den Güterstand der **Gütertrennung.**

2. Der Notar hat uns darauf hingewiesen, daß durch die Vereinbarung der Gütertrennung ein Ausgleich des Zugewinnes bei der Beendigung der Ehe, insbesondere nach einer Scheidung, nicht stattfindet, und daß sich das gesetzliche Erbrecht und das Pflichtteilsrecht vermindern können.

   Jeder von uns ist berechtigt, ohne Zustimmung des anderen über sein Vermögen im ganzen, auch über die ihm gehörenden Gegenstände des ehelichen Haushaltes, frei zu verfügen.

3. Der Erschienene zu 1) verpflichtet sich zum Ausgleich der Zugewinnausgleichsansprüche der Erschienenen zu 2) einen Betrag in Höhe von DM ?? zu zahlen.

Mit Zahlung dieses Betrages bestehen keine weiteren Zugewinnausgleichs ansprüche mehr.

4. Eine Aufstellung unseres beiderseitigen Vermögens wollen wir diesem Vertrag nicht beifügen.

5. Wir beantragen die Eintragung der Gütertrennung in das Güterrechtsregister.

Der Notar soll jedoch die Eintragung nur auf besondere schriftliche Anweisung eines von uns veranlassen.

II.

Sonstige vermögensrechtliche Ansprüche

Zuwendungen eines Ehegatten an den anderen können bei Scheidung der Ehe nicht zurückgefordert werden.

Die Scheidung der Ehe führt nicht zum Wegfall der Geschäftsgrundlage für derartige Zuwendungen.

Dies gilt unabhängig vom Verschulden am Scheitern der Ehe.

Die Rückfordung ist nur möglich, wenn sie bei der Zuwendung ausdrücklich schriftlich vorbehalten wurde.

Auf eventuelle weitere Ansprüche nach § 242 BGB wird ebenfalls (trotz Belehrung des Notars) verzichtet.

Die Parteien nehmen den Verzicht wechselseitig an.

III.

Ausschluß des Versorgungsausgleichs

1. Wir schließen den Versorgungsausgleich im Falle einer Scheidung unserer Ehe aus.

2. Der Notar hat uns über die Bedeutung des Ausschlusses des Versorgungsausgleichs belehrt, insbesondere auch darüber, daß ein Ausgleich der in der Ehezeit erworbenen Anwartschaft oder Aussichten auf eine Versorgung wegen Alters oder Berufs- oder Erwerbsunfähigkeit, gleich aus welchem Grund, nach Scheidung unserer Ehe nicht durchgeführt wird.

   Er hat uns auf die Risiken fehlender sozialer Sicherung im Scheidungsfall, aber auch auf die denkbare Nichtigkeit dieser Vereinbarung wegen Sittenwidrigkeit hingewiesen.

3. Uns ist bekannt, daß der Ausschluß des Versorgungsausgleichs unwirksam ist, wenn einer von uns innerhalb eines Jahres Antrag auf Scheidung der Ehe stellt. Wir erklären, daß auch in diesem Falle die Vereinbarung der Gütertrennung aufrecht erhalten bleiben soll.

IV.

Unterhaltspflicht für die Zeit nach der Scheidung

1. Wir vereinbaren für den Fall der rechtskräftigen Scheidung unserer Ehe den wechselseitigen Verzicht nachehelichen Unterhaltes.

   Wir nehmen diesen Verzicht wechselseitig an.

   Der Notar hat uns über die Folgen dieses Unterhaltsverzichtes belehrt, insbesondere auch über das Risiko, dass nach der Scheidung der Ehe jeder für sich selbst Sorge zu tragen hat. Wir verfügen beide über Einkommen aus Erwerbstätigkeit und wollen auch während der Ehe berufstätig bleiben, bis uns ein gemeinsames Kind geboren wird.

Sollte wegen der Geburt eines gemeinsamen Kindes einer von uns seine Berufstätigkeit ganz oder teilweise aufgeben, so stehen ihm Unterhaltsansprüche nach den gesetzlichen Regelungen zu, soweit die Unterhaltsansprüche aus Anlaß der Kindesbetreuung bestehen.

Der Unterhaltsanspruch des kinderbetreuenden Ehegatten endet jedoch spätestens mit Erreichen des 14. Lebensjahres des jüngsten Kindes.

Die Vertragsparteien sind sich darüber einig, daß der Unterhaltsanspruch ausschließlich aus Anlaß der Kindesbetreuung besteht und auf alle anderen nachehelichen Unterhaltsansprüche wechselseitig verzichtet wird.

Der Notar hat darauf hingewiesen, daß der Verzicht nicht für den Zeitraum der Trennung gilt.

V.

Erb- und Pflichtteilsverzicht

1. Der Ehemann verzichtet für sich der Ehefrau gegenüber auf sein gesetzliches Erb- und Pflichtteilsrecht.

Die Ehefrau nimmt diesen Verzicht an.

2. Die Ehefrau verzichtet für sich dem Ehemann gegenüber auf ihr gesetzliches Erb- und Pflichtteilsrecht.

Der Ehemann nimmt diesen Verzicht an.

3. Der Notar hat die Beteiligten darauf hingewiesen, daß der Verzichtende von der gesetzlichen Erbfolge nunmehr ausgeschlossen ist und er auch keinen Pflichtteilsanspruch hat.

VI.

Schlußbestimmungen

1. Sollten Bestimmungen dieses Vertrages ganz oder teilweise nicht rechtswirksam oder nicht durchführbar sein oder ihre Rechtswirksamkeit oder Durchführbarkeit später verlieren, soll hierdurch die Gültigkeit der übrigen Bestimmungen der Vereinbarung nicht berührt werden.

Das gleiche gilt, soweit sich herausstellen sollte, daß die Vereinbarung eine Regelungslücke enthält.

Anstelle der unwirksamen oder undurchführbaren Bestimmung oder zur Ausfüllung der Lücke soll dann eine angemessene Regelung gelten, die, soweit rechtlich möglich, dem am nächsten kommt, was die Vertragsparteien gewollt haben oder nach dem Sinn und Zweck des Vertrages gewollt haben würden, sofern sie bei Abschluß dieses Vertrages diesen Punkt bedacht hätten.

Dies gilt auch dann, wenn die Unwirksamkeit einer Bestimmung etwa auf einem in der Vereinbarung vorgeschriebenen Maß der Leistung oder Zeit (Frist oder Termin) beruht.

Es soll dann ein dem Gewollten möglichst nahe kommendes rechtlich zulässiges Maß der Leistung oder Zeit (Frist oder Termin) als vereinbart gelten.

2. Letztwillige Verfügungen wollen wir im Zusammenhang mit diesem Ehevertrag nicht treffen.

3. Die mit diesem Vertrag verbundenen Kosten tragen wir je zur Hälfte.

4. Unser Reinvermögen beträgt DM ??.

Das Protokoll wurde den Erschienenen von dem Notar vorgelesen, von ihnen genehmigt und eigenhändig, wie folgt, unterschrieben :

Nr. 2 der Urkundenrolle für 2001

Verhandelt

zu 02. Januar 2001

Vor mir, dem Notar

mit dem Amtssitz in

erschienen heute:

1) Herr Harald Muster, geb. am 20.02.1960, wohnhaft in Musterstadt v.d.H., Klosterwald 20,

2) dessen Ehefrau Ellen Muster, geb. Bayer, geb. am 05.06.1965, wohnhaft daselbst ;

- Die Erschienenen sind dem amtierenden Notar persönlich bekannt -

Der Notar fragte nach einer Vorbefassung im Sinne des § 3 Abs. 1 Nr. 7 Beurkundungsgesetz. Sie wurde von den Beteiligten verneint.

Die Erschienenen erklärten sodann:

Wir haben am 01.08.1990 vor dem Standesbeamten in Musterstadt v.d.H. die Ehe geschlossen.

Wir sind deutsche Staatsangehörige und leben im gesetzlichen Güterstand der Zugewinngemeinschaft.
Wir haben keine Kinder.

Wir schließen folgenden

EHEVERTRAG

I.

Modifizierte Zugewinngemeinschaft

1. Wir vereinbaren für den Fall der Scheidung unserer Ehe, daß die Vermögenswerte vom Zugewinnausgleich ausgeschlossen sind, die Anfangsvermögen im Sinne des § 1374 BGB sind, also auch die Vermögenswerte, die ein jeder von uns vor oder nach Eheschließung von Todes wegen, mit Rücksicht auf ein künftiges Erbrecht oder durch Schenkung erworben hat oder noch erwerben wird.

Dies gilt insbesondere für:

- die Beteiligung des Ehemannes an der ..... Kommanditgesellschaft;
- Wertsteigerungen von Vermögensgegenständen, die zum Anfangsvermögen gehören, so z.B. auch nicht die Wertsteigerungen von Gegenständen, die ein Ehegatte erbt oder die ihm geschenkt werden, ebenso die Surrogate.

Jeder Ehegatte ist berechtigt, auch ohne Einwilligung des anderen Ehegatten über diese Vermögenswerte frei zu verfügen; § 1365 BGB wird insoweit ausgeschlossen.

Soweit danach bei Scheidung der Ehe Zugewinnausgleich beansprucht werden kann, ist eine Vollstreckung in das vom Zugewinnausgleich ausgeschlossene Vermögen unzulässig.

- 3 -

Im übrigen bleibt es beim gesetzlichen Güterstand, insbesondere auch beim Zugewinnausgleich im Todesfall.

2. Auf Ausgleich des etwa bereits entstandenen Zugewinns bezüglich der vorgenannten Vermögenswerte verzichten wir und nehmen diesen Verzicht wechselseitig an.

3. Eine Aufstellung der vom Zugewinnausgleich ausgeschlossenen Vermögenswerte wollen wir diesem Vertrag nicht beifügen.

II.

Unterhaltsregelung für die Zeit nach der rechtskräftigen Scheidung:

1. Der Ehemann verzichtet der Ehefrau gegenüber vollständig auf die Gewährung nachehelichen Unterhalts.

   Die Ehefrau nimmt diesen Verzicht an.

2. Für den Unterhaltsanspruch der Ehefrau bleibt es bei der gesetzlichen Regelung mit folgenden Maßgaben:

   Der Anspruch auf Unterhalt wird auf höchstens 1.500,00 DM monatlich begrenzt.

   Die Ehefrau verzichtet auf einen etwa weitergehenden Unterhaltsanspruch.

   Der Ehemann nimmt diesen Verzicht an.

   Der Höchstbetrag ist nach den heutigen Lebenshaltungskosten festgelegt. Wir vereinbaren deshalb, daß sich der Höchstbetrag nach oben oder nach unten im gleichen prozentualen Verhältnis verändert, wie sich der vom Statistischen Bundesamt festgestellte Preisindex für die Lebenshaltung aller privaten Haushalte nach oben oder nach unten verändert.

- 4 -

Die erste Anpassung erfolgt nach Rechtskraft der Ehescheidung durch Vergleich des für den Monat des Vertragsschlusses festgestellten Preisindexes mit dem dann festgestellten Preisindex. Jede weitere Anpassung erfolgt dann jeweils für den Januar eines Jahres.

Der Notar wird beauftragt, die Genehmigung der Europäischen Zentralbank zu dieser Wertsicherungsklausel einzuholen.

Durch die Vereinbarung einer Höchstgrenze des Unterhaltsanspruchs bleiben die gesetzlichen Vorschriften über den nachehelichen Unterhalt im übrigen.

Die Beteiligten sind sich weiterhin darüber einig, daß die Ehefrau verpflichtet ist, im Falle einer rechtskräftigen Scheidung der Ehe eine Berufstägigkeit auszuüben.

III.

Ausschluß des Versorgungsausgleichs

1. Wir schließen den Versorgungsausgleich im Falle einer Scheidung unserer Ehe aus.

2. Der Notar hat uns über die Bedeutung des Ausschlusses des Versorgungsausgleichs belehrt, insbesondere darüber, daß ein Ausgleich der in der Ehezeit erworbenen Anwartschaft oder Aussichten auf eine Versorgung wegen Alters oder Berufs- oder Erwerbsunfähigkeit, gleich aus welchem Grund, nach Scheidung unserer Ehe nicht stattfindet.

   Uns ist bekannt, daß der Ausschluß des Versorgungsausgleichs unwirksam wird,, wenn einer von uns innerhalb eines Jahres Antrag auf Scheidung der Ehe stellt.

3. Der Ehemann verpflichtet sich, die zugunsten der Ehefrau bei der ?? Versicherung abgeschlossene Lebensversicherung über ursprünglich DM ??, zahlbar beim Tode des Ehemannes, spätestens bei Vollendung des 60. Lebensjahres der Ehefrau, aufrechtzuerhalten und die Beiträge pünktlich zu entrichten.

   Der Ausschluß des Versorgungsausgleichs wird insoweit auflösend bedingt vereinbart. Er wird unwirksam, falls im Zeitpunkt der rechtskräftigen Scheidung der Ehe die Lebensversicherung mit unwiderruflicher Bezugsberechtigung der Ehefrau nicht mehr besteht oder die fälligen Prämien nicht vollständig gezahlt sind.

IV.

Gegenständlich beschränkter Pflichtteilsverzicht

Die Ehefrau verzichtet hiermit für sich (nicht für ihre Abkömmlinge) gegenüber dem Ehemann auf ihr Pflichtteilsrecht, jedoch nur insoweit, als für das Pflichtteilsrecht der Wert der Beteiligung des Ehemannes an der Kommanditgesellschaft ausgenommen bleibt.

Der Ehemann nimmt diesen gegenständlich beschränkten Verzicht an.

V.

Schlußbestimmungen

1. Sollten Bestimmungen dieses Vertrages ganz oder teilweise nicht rechtswirksam oder nicht durchführbar sein oder ihre Rechtswirksamkeit oder Durchführbarkeit später verlieren, soll hierdurch die Gültigkeit der übrigen Bestimmungen der Vereinbarung nicht berührt werden.

   Das gleiche gilt, soweit sich herausstellen sollte, daß die Vereinbarung eine Regelungslücke enthält.

   Anstelle der unwirksamen oder undurchführbaren Bestimmung oder zur Ausfüllung der Lücke soll dann eine angemessene Regelung gelten, die, soweit rechtlich möglich, dem am nächsten kommt, was wir gewollt haben oder nach dem Sinn und Zweck des Vertrages gewollt haben würden, sofern wir bei Abschluß dieses Vertrages diesen Punkt bedacht hätten.

   Dies gilt auch dann, wenn die Unwirksamkeit einer Bestimmung etwa auf einem in der Vereinbarung vorgeschriebenen Maß der Leistung oder Zeit (Frist oderTermin) beruht. Es soll dann ein dem Gewollten möglichst nahe kommendes rechtlich zulässiges Maß der Leistung oder Zeit (Frist oder Termin) als vereinbart gelten.

2. Wir haben ein Reinvermögen von ca. DM

- 6 -

Das Protokoll wurde den Erschienenen von dem Notar vorgelesen, von ihnen genehmigt und eigenhändig, wie folgt, unterschrieben :

Nr.3 der Urkundenrolle für 2001

Verhandelt

zu , am

Vor mir, dem Notar

mit dem Amtssitz in

erschienen heute:

1) Herr Helmut Muster, geb. am 10.06.1060, wohnhaft in Musterstadt v.d.H., Stadtwald 10,

2) dessen Ehefrau Anna Muster, geb. Hurtig, geb. am 02.02.1965, wohnhaft daselbst ;

- Die Erschienenen sind dem amtierenden Notar persönlich bekannt -

Der Notar fragte nach einer Vorbefassung im Sinne des § 3 Abs. 1 Nr. 7 BeurkG. Sie wurde von den Beteiligten verneint.

Die Erschienenen erklärten sodann :

I.

Vorbemerkungen

1. Wir sind beide deutsche Staatsangehörige.

2. Wir haben am 03.07.1990 vor dem Standesbeamten in Musterstadt v.d.H. die Ehe geschlossen.

3. Wir leben im gesetzlichen Güterstand der Zugewinngemeinschaft.

4. Einen Ehevertrag haben wir bisher nicht errichtet.

5. Aus unserer Ehe sind die Kinder:

   Mark Muster, geb. am

   Sylvia Muster, geb. am

   hervorgegangen.

Zwischen uns ist kein Scheidungsverfahren anhängig.

II.

Ehevertrag

1. Vermögen:

a) Wir schließen den gesetzlichen Güterstand der Zugewinngemeinschaft für unsere Ehe mit sofortiger Wirkung aus und vereinbaren von heute an, den Güterstand der Gütertrennung.

Unter anderem soll zum Ausgleich etwaiger, seit Beginn unserer Ehe bis zum heutigen Tage entstandener Zugewinnausgleichsansprüche die nachfolgend in dieser Urkunde protokollierten Regelungen getroffen werden:

Soweit diese nicht geeignet sein sollten, etwa bestehende Zugewinnausgleichsansprüche vollständig zu erfüllen, verzichten wir hiermit wechselseitig auf etwaige weitergehende Zugewinnausgleichsansprüche und nehmen diesen Verzicht wechselseitig an.

Der Notar hat uns über die rechtliche Bedeutung und die Auswirkungen der Gütertrennung ausführlich belehrt, insbesondere wurden wir über den Wegfall jeglichen Zugwinnausgleichs bei Beendigung des Güterstandes einschließlich darauf, daß die Vereinbarung der Gütertrennung zum Fortfall der Beschränkungen aus den §§ 1365 und 1369 BGB führt, fortan also jeder von uns ohne Zustimmung des anderen Ehegatten über sein Vermögen im Ganzen und über die ihm gehörenden Gegenstände des ehelichen Haushalts verfügen kann, weiterhin wurden wir auf die Notwendigkeit hingewiesen, bei Zuwendungen der Ehegatten während der Ehe eine Rückforderung bei Beendigung des Güterstandes ausdrücklich vorzubehalten.

b) Die Erschienene zu 2., nachstehend "Übergeberin" genannt, überträgt ihren ideellen Miteigentumsanteil von 1/2 an dem Grundbesitz

Grundbuch von Musterstadt Band 10 Blatt 100
Flur 2, Flurstück 115

Gebäude- und Freifläche, Stadtwald 10, 820 qm

an den Erschienenen zu 1., nachstehend "Übernehmer" genannt, der die

Übertragung annimmt, zu folgenden Bedingungen:

(1) Die Veräußerung erstreckt sich auch auf das Zubehör.

(2) Die Übergabe erfolgt mit Wirkung zum ??

Mit der Übergabe gehen Gefahr und Nutzen auf den Übernehmer über.

(3) Für den angegebenen Flächeninhalt wird nicht gehaftet.

(4) Der Grundbesitz wird frei von Ansprüchen Dritter übertragen, soweit nicht Lasten oder Verpflichtungen in diesem Vertrag übernommen werden. Ausgenommen hiervon sind Grunddienstbarkeiten, Baulasten und nicht eingetragene Nachbarrechte, insbesondere Leitungs- und Wegerechte. Die Beteiligten erklären, daß ihnen solche nicht bekannt sind.

Der Notar hat die Beteiligten darauf hingewiesen, daß er das Baulastenverzeichnis nicht eingesehen hat.

Im Grundbuch sind folgende Belastungen eingetragen:

Abt. II: keine

Abt. III Nr. 1): DM 400.000,00 Grundschuld für die Deutsche Bank Frankfurt/Main, nebst 15 % Zinsen und 5 % einmalige Nebenleistung.

Das Recht Abt. III Nr. 1 bleibt bestehen und wird von dem Übernehmer übernommen.

Etwa entstandene Eigentümergrundschulden bzw. der Anspruch auf Rückübertragung der Grundschuld wird an den Übernehmer abgetreten. Dieser nimmt die Abtretung an.

Die Eintragung der Abtretung im Grundbuch soll nicht erfolgen.

Die Grundschuld dient zur Sicherung der nachstehend aufgeführten Darlehen, für die beide Vertragsschließenden gesamtschuldnerisch haften :

Darlehen Nr. ??
Darlehen Nr. ??

Der Übernehmer übernimmt diese Darlehen einschließlich aller zukünftigen Zins- und Zahlungsverpflichtungen mit Wirkung vom ?? und stellt die Übergeberin ab diesem Tag von einer Inanspruchnahme der Gläubigerin im Innenverhältnis frei.

Der Valutastand der von dem Übernehmer insgesamt zu tragenden Darlehen beträgt ca. DM ??

Der amtierende Notar hat die Erschienenen darüber belehrt, daß die Schuldübernahme -wie vorstehend protokolliert- nur im Innenverhältnis zwischen den Erschienenen gilt und daß es zur Wirksamkeit dieser Schuldübernahme auch im Außenverhältnis, also gegenüber der Gläubigerin, der Genehmigung dieser Schuldübernahme durch die Gläubigerin und der Entlassung der Übergeberin aus der persönlichen Schuldhaft durch die Gläubigerin bedarf.

Insoweit verpflichten sich die Erschienenen, alle Erklärungen abzugeben, Rechtshandlungen vorzunehmen und Anträge zu stellen, die zu einer Schuldhaftentlassung der Übergeberin und zur Genehmigung der Schuldübernahme durch den Übernehmer erforderlich sind.

(5) Die auf dem übertragenen Grundbesitz ruhenden öffentlichen Abgaben und Lasten gehen ab Besitzübergabe auf den Übernehmer über.

(6) Der Übernehmer verpflichtet sich, eine Herauszahlung an die Übergeberin in Höhe von ?? (i. W.: ??Deutsche Mark) zu leisten.

Der Betrag errechnet sich wie folgt :

Der Betrag ist fällig am ??, jedoch nicht vor Eintragung einer Auflassungsvormerkung zugunsten des Übernehmers.

Bis zur Fälligkeit sind Zinsen nicht zu entrichten. Nicht fristgemäß gezahlte Beträge sind ab dem Tage der Fälligkeit mit einem Zinssatz von 4 über dem jeweiligen Basiszinssatz der Europäischen Zentralbank zu verzinsen.

Die Zinsen sind nachträglich am Ende eines Monats zur Zahlung fällig.

Der amtierende Notar wird beauftragt, die Vertragsparteien vom Eingang der Grundbuchnachricht über die Eintragung der Auflassungsvormerkung schriftlich zu benachrichtigen.

(7) Der übertragene Grundbesitz wird in dem Zustand übernommen, in dem er steht und liegt.

Die Haftung für Sach-und sonstige Mängel wird ausgeschlossen.

(8) Der Notar wird bevollmächtigt, Anträge aus dieser Urkunde ganz oder geteilt zu stellen und auch ganz oder geteilt wieder zurückzunehmen.

(9) Die Vertragsparteien sind darüber einig, daß Erschließungskosten und Anliegerbeiträge für Maßnahmen, die bis zum Tage der Übergabe gegenüber den Parteien festgesetzt werden, von den Parteien je zur Hälfte zu tragen sind.

Die Erschließungskosten und Anliegerbeiträge, die ab dem Tag, der der Übergabe folgt, festgesetzt werden, trägt der Übernehmer. Er stellt die Übergeberin insoweit von einer Inanspruchnahme durch Dritte frei.

(10) Die Vertragsparteien bewilligen und beantragen, für den Übernehmer zur Sicherung des Rechts auf Übertragung des Eigentums an der übertragenen Grundbesitzhälfte eine Auflassungsvormerkung einzutragen.

(11) Die Vertragsparteien sind darüber einig, daß das Eigentum an dem übertragenen Grundbesitz auf den Übernehmer übergehen soll und bewilligen und beantragen die Eintragung des Eigentumsüberganges im Grundbuch.

Das Eigentum ist nunmehr für den Übernehmer allein einzutragen.

2. Güterrechtsregister:

Wir beantragen die Wahrung des Vertrages im Güterrechtsregister, bitten jedoch den Notar, den Antrag auf Wahrung erst dann zu stellen, wenn einer von uns ihn dazu schriftlich auffordert.

Das Recht des Notars, von sich aus die Gütertrennung im Register wahren zu lassen, bleibt hiervon unberührt.

3. Versorgungsausgleich:

a) Den bei einer evtl. Scheidung unserer Ehe nach den §§ 1587 ff. BGB regelmäßig eintretenden Versorgungsausgleich schließen wir hiermit aus.

Wir wurden vom Notar über das Wesen des Vesorgungsausgleichs und die Wirkungen seines Ausschlusses unterrichtet.

b) Der Notar hat uns darauf hingewiesen, daß der vereinbarte Ausschluß des Versorgungsausgleiches unwirksam ist, wenn einer von uns beiden innerhalb eines Jahres Antrag auf Scheidung der Ehe stellt.

Sollte einer von uns innerhalb eines Jahres Antrag auf Scheidung stellen, so verzichten wir gegenseitig auf die Durchführung des Versorgungsausgleiches bzw. auf die Ansprüche, die einem von uns aufgrund des Versorgungsausgleiches zustehen sollten.

Wir wurden vom Notar darauf hingewiesen, daß diese - für den Fall der Stellung eines Scheidungsantrages innerhalb eines Jahres getroffene - Vereinbarung nach § 1587 o BGB der Genehmigung des Familiengerichts bedarf.

Wir werden mit Einreichung des Scheidungsantrages die Genehmigung des Familiengerichts mit der Begründung beantragen, daß wir beide während der Ehezeit erwerbstätig waren und Versorgungsanwartschaften erworben haben.

Daneben ist bei dem Alter jedes Ehegatten damit zu rechnen, daß jeder noch ausreichende und angemessene Versorgungsanwartschaften erwerben kann.

c) In diesem Zusammenhang erklären die Erschienenen, daß die unter Ziffer II 1. a) dieser Urkunde vereinbarte Gütertrennung auch in dem Fall wirksam und gültig bleiben soll, daß der vorstehend protokollierte Ausschluß des Versorgungsausgleichs unwirksam werden sollte, etwa weil einer von uns vor Ablauf der Jahresfrist Scheidungsantrag stellt oder weil der Ausschluß des Versorgungsausgleichs vom Familiengericht nicht genehmigt wird.

4. Verzicht auf nachehelichen Unterhalt

Der Ehemann verpflichtet sich, Ehegattenunterhalt aus Anlaß der Kindesbetreuung zu leisten.

Die Unterhaltsverpflichtung erlischt mit Erreichen des 16. Lebensjahres des jüngsten Kindes.

Im übrigen verzichten die Eheleute wechselseitig auf Unterhalt und nehmen diesen Unterhalt wechselseitig an.

Der Unterhaltsanspruch der Ehefrau ist begrenzt auf den notwendigen Unterhalt, soweit es den Bedarf betrifft.

Die Parteien vereinbaren, daß zur Unterhaltsberechnung das Einkommen des Verpflichteten aus Erwerbstätigkeit für das Maß der Leistungsfähigkeit heranzuziehen ist.

Weitere Unterhaltsansprüche bestehen nicht.

Der Notar hat uns darauf hingewiesen, daß die Wirksamkeit eines solchen allgemeinen Unterhaltsverzichts nicht unumstritten ist.

Darüber hinaus hat der Notar die Erschienenen umfassend über die Folgen und die Bedeutung dieses wechselseitigen Unterhaltsverzichts belehrt, insbesondere über das nicht vorhersehbare Risiko, daß nach der Ehescheidung jeder von ihnen in eigener Verantwortung für den eigenen Unterhalt und die Deckung des eigenen Lebensbedarfs Sorge zu tragen hat.

Ferner hat der Notar die Erschienenen darüber belehrt, daß eine vertragliche Vereinbarung, in der ein nicht erwerbsfähiger, einkommensloser und nichtvermögender Ehegatte auf nachehelichen Unterhalt mit der Folge verzichtet, zwangsläufig der Sozialhilfe zu unterfallen, den guten Sitten zuwiderlaufen und damit nichtig sein kann, auch wenn er nicht aus einer Schädigungsabsicht der Ehepartner zu Lasten des Trägers der Sozialhilfe beruht.

Der Notar hat die Erschienenen schließlich darüber belehrt, daß der vorstehend vereinbarte Unterhaltsverzicht zunächst nur Gültigkeit zwischen den Vertragsschließenden hat und daß sich der Träger der Sozialhilfe oder anderen Sozialleistungen unter Umständen darauf berufen kann, daß dieser

III.

Erbverzicht und Pflichtteilsverzichtsvertrag

1. Der Ehemann verzichtet hiermit auf sein gesetzliches Erb- und Pflichtteilsrecht am Nachlass seiner Ehefrau.

   Die Ehefrau nimmt den Verzicht an.

2. Die Ehefrau verzichtet hiermit auf ihr gesetzliches Erb- und Pflichtteilsrecht am Nachlasse ihres Ehemannes.

   Der Ehemann nimmt den Verzicht an.

IV.

Sonstige Erklärungen

1. Durch die in dieser Urkunde protokollierten Vereinbarungen bzw. mit deren Erfüllung sind alle vermögensrechtlichen Ansprüche zwischen den Erschienenen, mögen diese Ansprüche heißen wie sie wollen, abschließend geregelt bzw. erfüllt. Dies gilt insbesondere auch hinsichtlich eventuell bestehender Zugewinnausgleichs-ansprüche für die Zeit ab Beginn unserer Ehe bis zum heutigen Tage.

2. Wir wurden vom amtierenden Notar über die rechtliche Bedeutung und Tragweite der vorstehenden Erklärungen belehrt. Wir bitten den Notar um Erteilung einer einfachen Abschrift dieses Vertrages für jeden von uns.

Nach Vollzug der Eigentumsumschreibung aus dieser Urkunde soll der Notar uns weiterhin jeweils eine Ausfertigung dieser Urkunde erteilen.

3. Sollte eine der vorstehenden Bestimmungen dieser Urkunde unwirksam sein, bleiben die übrigen Bestimmungen wirksam.

   Die Erschienenen verpflichten sich für diesen Fall, die unwirksame Regelung durch eine solche zu ersetzen, die den Zweck der unwirksamen Regelung soweit als rechtlich möglich auf anderem Wege ersetzt.

4. Die Kosten dieser Urkunde und ihres Vollzugs, der Eintragung und Löschung der Vormerkung und der Eigentumsumschreibung trägt der Erschienene zu 1) alleine.

5. Den Wert unseres Vermögens geben wir mit ca. DM ?? an.

Das Protokoll wurde den Erschienenen vorgelesen, von ihnen genehmigt und eigenhändig, wie folgt, unterschrieben :

A N T R A G   A U F   E H E S C H E I D U N G

des **Otto Muster**, Musterstraße 10, 12345 Musterstadt

- Antragsteller -

Prozeßbevollmächtigte:

g e g e n

seine Ehefrau,
die **Erna Muster geb. Arm, Mustergasse 2, 12345 Musterstadt**

- Antragsgegnerin -

Prozeßbevollmächtigter:

vorläufiger Streitwert: 24.126,00 DM

- 2 -

Anbei überreichen wir Prozeßvollmacht.

Es wird beantragt, wie folgt zu erkennen:

Die am 06.02.1990 vor dem Standesbeamten in Musterstadt zur Heiratsregister-Nr.: 12/1990 geschlossene Ehe der Parteien wird geschieden.

Begründung:

I.

Die Parteien, nämlich der Ehemann,

geb. am 16.07.1965 in Frankfurt
Staatsangehörigkeit: deutsch
Konfession: evangelisch
Beruf: Fahrer
Nettomonatseinkommen: 2.200,00 DM

und die Ehefrau

geb. am 20.01.1970 in Frankfurt
Staatsangehörigkeit: deutsch
Konfession: evangelisch
Beruf: Bürokauffrau
Nettomonatseinkommen: 2.342,00 DM

haben ausweislich der beigefügten beglaubigten Fotokopie der Heiratsurkunde am 06.02.1990 vor dem Standesbeamten in Musterstadt die Ehe geschlossen.

II.

Aus der Ehe sind die gemeinsamen Kinder

Max, geb. am 12.10.1988 (12)
Moritz, geb. am 11.11.1991 (9)

- 3 -

hervorgegangen.

Anträge zur elterlichen Sorge oder zum Besuchsrecht werden nicht gestellt werden. Es soll bei der gemeinsamen elterlichen Sorge bleiben.
Beide Parteien sind sich darüber einig, daß sich die Kinder hauptsächlich bei der Kindesmutter aufhalten.

III.

Das Gericht ist örtlich und sachlich zuständig.

Die Antragsgegnerin wohnt mit den Kindern in 12345 Musterstadt, Mustergasse 2.

Dies war auch der letzte gemeinsame Wohnsitz der Parteien.

Beweis: Parteivernehmung.

IV.

Die Ehe der Parteien ist gescheitert.

Der Scheidungsantrag stützt sich auf die §§ 1565 Abs. 1, § 1566 Abs. 1 BGB.

Die Parteien leben seit dem 01.04.2000 voneinander getrennt. Die Trennung erfolgte durch Beendigung der häuslichen Gemeinschaft. Der Antragsteller ist aus der früheren ehelichen Wohnung ausgezogen.

Beweis: Parteivernehmung.

Beide Eheleute lehnen die Fortsetzung der ehelichen Lebensgemeinschaft endgültig ab.

Die Anhörung nach § 613 ZPO wird ergeben, daß eine Wiederherstellung der ehelichen Lebensgemeinschaft zwischen den Parteien ausgeschlossen ist.

Beweis: Parteivernehmung.

Die Antragsgegnerin wird dem Scheidungsantrag zustimmen oder selbst Scheidungsantrag stellen.

- 4 -

V.

Die Parteien werden sich über alle Fragen im Zusammenhang mit der Ehescheidung außergerichtlich notariell einigen und diese Einigung dem Gericht rechtzeitig vor dem Scheidungstermin vorlegen.

VI.

Familiensachen sind bei anderen Gerichten nicht anhängig.

VII.

Der Versorgungsausgleich ist vorzunehmen.

VIII.

Der Streitwert errechnet sich nach § 12 Abs. 2 GKG in Verbindung mit den Richtlinien des OLG Frankfurt/Main wie folgt:

1.) Scheidung:

a) Streitwertermittlung aus Einkommen:
(4.542,00 DM x 3)
(= addiertes Monatsnettoeinkommen beider Parteien x 3
einschl. Urlaubs- u. Weihnachtsgeld) 13.626,00 DM

abzüglich Kindesunterhalt
(mtl. Unterhalt x 3) - noch nicht feststellbar -

abzüglich Ehegattenunterhalt
(mtl. Unterhalt x 3) - noch nicht feststellbar -

Streitwertanteil aus Einkommen: 13.626,00 DM

- 5 -

<u>b) Streitwertermittlung aus Vermögen:</u>

Aktivvermögen	500.000,00 DM	
abzgl. Verbindlichkeiten:	250.000,00 DM	
abzgl. Freibetrag:	60.000,00 DM	
ergibt:	190.000,00 DM	
Streitwertanteil aus Vermögen 5 %:		9.500,00 DM
Gesamtstreitwert aus Einkommen und Vermögen:		23.126,00 DM
<u>2.) Versorgungsausgleich:</u>		1.000,00 DM
Summe der ermittelten Gegenstandswerte:		**<u>24.126,00 DM</u>**

Rechtsanwalt u. Notar
Fachanwalt für Familienrecht

Antragsformular Umgangsregelung (Beispiel)

Familiengericht

☐ Nur das Angekreuzte gilt.

In der Familiensache betreffend das Kind:..................
Geboren am:..................
Staatsangehörigkeit:....................
Wohnhaft bei der Mutter:.................
Vater:........................
Geboren am:..................
Staatsangehörigkeit:....................
Mutter:....................
Wohnhaft:..................
Geboren am:....................
Staatsangehörigkeit:.........................

Erscheint der Vater, ausgewiesen durch Personalausweis/Reisepass. Er erklärt:

Ich beantrage, die folgenden Umgangsregelungen zu beschließen:

☐ Der Vater ist berechtigt, mit dem Kind........am..........eines jeden Monats und an jedem zweiten Feiertag der Feste Ostern, Pfingsten und Weihnachten in der Zeit von .....bis.......zusammen zu sein.
☐ Trifft ein Umgangstag auf den 24. Dezember, den ersten Feiertag zu Ostern, Pfingsten oder Weihnachten, den Geburtstag des Kindes oder der Mutter, so entfällt er ersatzlos.
☐ Muss ein Umgangstag wegen Krankheit des Kindes oder wegen seiner Abwesenheit von....entfallen, so hat der betreuende Elterteil den umgangsberechtigten Elternteil unverzüglich davon zu benachrichtigen.
☐ Ersatztag für den ausgefallenden Umgangstag ist dann der......
☐ Der Vater ist zudem berechtigt, mit dem Kind in den .... eines jeden Jahres einen Urlaub zu verbringen, und zwar vom ersten Umgangstag ......Uhr bis zum letzten Umgangstag der Ferienregelung um ....Uhr.
☐ Die Mutter ist verpflichtet, das Kind pünktlich zu den genannten Zeiten dem Vater an seiner Wohnung zu übergeben.
☐ Der Vater ist verpflichtet, das Kind pünktlich zu den genannten Zeiten zur Wohnung der Mutter zurückzubringen.
☐ Der Umgangsberechtigte ist verpflichtet, sich um das Kind während des Zusammenseins verantwortungsbewußt zu kümmern und jede Beeinflussung des Kindes gegen den anderen Elternteil und dessen Angehörige zu unterlassen.
☐ Kann oder will der Umgangsberechtigte einen oder mehrere Umgangstage nicht wahrnehmen, so hat er den anderen Elternteil sobald wie möglich zu benachrichtigen.
☐ Für jede Zuwiderhandlung gegen die vorstehenden Anordnungen wird ein Zwangsgeld in Höhe von 25.000 Euro angedroht. Die gerichtlichen Kosten des Verfahrens werden dem Vater und der Mutter je zur Hälfte auferlegt.

Außergerichtliche Kosten werden nicht erstattet.
Der Wert des Verfahrens beträgt 2500 Euro.

Gesetz über die Eingetragene Lebenspartnerschaft (Lebenspartnerschaftsgesetz - LPartG)

Vom 16. Februar 2000 (BGBl. I S. 266)

Abschnitt 1
Begründung der Lebenspartnerschaft

§ 1
Form und Voraussetzungen

(1) Zwei Personen gleichen Geschlechts begründen eine Lebenspartnerschaft, wenn sie gegenseitig persönlich und bei gleichzeitiger Anwesenheit erklären, miteinander eine Partnerschaft auf Lebenszeit führen zu wollen (Lebenspartnerinnen oder Lebenspartner). Die Erklärungen können nicht unter einer Bedingung oder Zeitbestimmung abgegeben werden. Die Erklärungen werden wirksam, wenn sie vor der zuständigen Behörde erfolgen. Weitere Voraussetzung für die Begründung der Lebenspartnerschaft ist, dass die Lebenspartner eine Erklärung über ihren Vermögensstand (§ 6 Abs. 1) abgegeben haben.

(2) Eine Lebenspartnerschaft kann nicht wirksam begründet werden

1. mit einer Person, die minderjährig oder verheiratet ist oder bereits mit einer anderen Person eine Lebenspartnerschaft führt;
2. zwischen Personen, die in gerader Linie miteinander verwandt sind;
3. zwischen vollbürtigen und halbbürtigen Geschwistern,
4. wenn die Lebenspartner bei der Begründung der Lebenspartnerschaft darüber einig sind, keine Verpflichtungen gemäß § 2 begründen zu wollen.

Abschnitt 2
Wirkungen der Lebenspartnerschaft

§ 2
Partnerschaftliche Lebensgemeinschaft

Die Lebenspartner sind einander zu Fürsorge und Unterstützung sowie zur gemeinsamen Lebensgestaltung verpflichtet. Sie tragen füreinander Verantwortung.

§ 3
Lebenspartnerschaftsname

(1) Die Lebenspartner können einen gemeinsamen Namen (Lebenspartnerschaftsnamen) bestimmen. Zu ihrem Lebenspartnerschaftsnamen können die Lebenspartner durch Erklärung den Geburtsnamen eines der Lebenspartner bestimmen. Die Erklärung über die Bestimmung des Lebenspartnerschaftsnamens soll bei der Begründung der Lebenspartnerschaft erfolgen. Die Erklärungen werden wirksam, wenn sie vor der zuständigen Behörde erfolgen. Voraussetzung für die Wirksamkeit einer später abgegebenen Erklärung ist ihre öffentliche Beglaubigung.

(2) Ein Lebenspartner, dessen Geburtsname nicht Lebenspartnerschaftsname wird, kann durch Erklärung dem Lebenspartnerschaftsnamen seinen Geburtsnamen oder den zur Zeit

der Erklärung über die Bestimmung des Lebenspartnerschaftsnamens geführten Namen voranstellen oder anfügen. Dies gilt nicht, wenn der Lebenspartnerschaftsname aus mehreren Namen besteht. Besteht der Name eines Lebenspartners aus mehreren Namen, so kann nur einer dieser Namen hinzugefügt werden. Die Erklärung wird wirksam, wenn sie vor der zuständigen Behörde erfolgt. Die Erklärung kann widerrufen werden; in diesem Fall ist eine erneute Erklärung nach Satz 1 nicht zulässig. Der Widerruf wird wirksam, wenn er vor der zuständigen Behörde erfolgt. Die Erklärung und der Widerruf müssen öffentlich beglaubigt werden.

(3) Ein Lebenspartner behält den Lebenspartnerschaftsnamen auch nach der Beendigung der Lebenspartnerschaft. Er kann durch Erklärung seinen Geburtsnamen oder den Namen wieder annehmen, den er bis zur Bestimmung des Lebenspartnerschaftsnamens geführt hat, oder seinen Geburtsnamen dem Lebenspartnerschaftsnamen voranstellen oder anfügen. Absatz 2 gilt entsprechend.

(4) Geburtsname ist der Name, der in die Geburtsurkunde eines Lebenspartners zum Zeitpunkt der Erklärung nach Abs. 1 bis 3 einzutragen ist.

§ 4

Umfang der Sorgfaltspflicht

Die Lebenspartner haben bei der Erfüllung der sich aus dem lebenspartnerschaftlichen Verhältnis ergebenden Verpflichtungen einander nur für diejenige Sorgfalt einzustehen, welche sie in eigenen Angelegenheiten anzuwenden pflegen.

§ 5

Verpflichtung zum Lebenspartnerschaftsunterhalt

Die Lebenspartner sind einander zum angemessenen Unterhalt verpflichtet. Die §§ 1360a und 1360b des Bürgerlichen Gesetzbuchs gelten entsprechend.

§ 6

Erklärung über den Vermögensstand

(1) Vor der Begründung der Lebenspartnerschaft haben sich die Lebenspartner über den Vermögensstand zu erklären. Dabei müssen die Lebenspartner entweder erklären, dass sie den Vermögensstand der Ausgleichsgemeinschaft vereinbart haben, oder sie müssen einen Lebenspartnerschaftsvertrag (§ 7) abgeschlossen haben.

(2) Beim Vermögensstand der Ausgleichsgemeinschaft wird Vermögen, das die Lebenspartner zu Beginn der Lebenspartnerschaft haben oder während der Lebenspartnerschaft erwerben, nicht gemeinschaftliches Vermögen. Jeder Lebenspartner verwaltet sein Vermögen selbst. Bei Beendigung des Vermögensstandes wird der Überschuss, den die Lebenspartner während der Dauer des Vermögensstandes erzielt haben, ausgeglichen. Die §§ 1371 bis 1390 des Bürgerlichen Gesetzbuchs gelten entsprechend.

(3) Ist die Vereinbarung nach Absatz 1 Satz 2 oder der Lebenspartnerschaftsvertrag unwirksam, so besteht Vermögenstrennung.

§ 7
Lebenspartnerschaftsvertrag

(1) Die Lebenspartner können ihre vermögensrechtlichen Verhältnisse durch Vertrag (Lebenspartnerschaftsvertrag) regeln. Der Vertrag muss bei gleichzeitiger Anwesenheit beider Lebenspartner zur Niederschrift eines Notars geschlossen werden. Die §§ 1409 und 1411 des Bürgerlichen Gesetzbuchs gelten entsprechend.

(2) Absatz 1 Satz 2 gilt nicht, wenn die Lebenspartner vor der Begründung der Lebenspartnerschaft den Vermögensstand der Ausgleichsgemeinschaft in der in § 6 Abs. 1 vorgesehenen Form vereinbaren.

§ 8
Sonstige vermögensrechtliche Wirkungen

(1) Zugunsten der Gläubiger eines der Lebenspartner wird vermutet, dass die im Besitz eines Lebenspartners oder beider Lebenspartner befindlichen beweglichen Sachen dem Schuldner gehören. Im übrigen gilt § 1362 Abs. 1 Satz 2 und 3 und Abs. 2 des Bürgerlichen Gesetzbuchs entsprechend.

(2) § 1357 und die §§ 1365 bis 1370 des Bürgerlichen Gesetzbuchs gelten entsprechend.

§ 9
Sorgerechtliche Befugnisse des Lebenspartners

(1) Führt der allein sorgeberechtigte Elternteil eine Lebenspartnerschaft, hat sein Lebenspartner im Einvernehmen mit dem sorgeberechtigten Elternteil die Befugnis zur Mitentscheidung in Angelegenheiten des täglichen Lebens des Kindes. § 1629 Abs. 2 Satz 1 des Bürgerlichen Gesetzbuchs gilt entsprechend.

(2) Bei Gefahr im Verzug ist der Lebenspartner dazu berechtigt, alle Rechtshandlungen vorzunehmen, die zum Wohl des Kindes notwendig sind; der sorgeberechtigte Elternteil ist unverzüglich zu unterrichten.

(3) Das Familiengericht kann die Befugnisse nach Absatz 1 einschränken oder ausschließen, wenn dies zum Wohl des Kindes erforderlich ist.

(4) Die Befugnisse nach Absatz 1 bestehen nicht, wenn die Lebenspartner nicht nur vorübergehend getrennt leben.

§ 10
Erbrecht

(1) Der überlebende Lebenspartner des Erblassers ist neben Verwandten der ersten Ordnung zu einem Viertel, neben Verwandten der zweiten Ordnung oder neben Großeltern zur Hälfte der Erbschaft gesetzlicher Erbe. Zusätzlich stehen ihm die zum lebenspartnerschaftlichen Haushalt gehörenden Gegenstände, soweit sie nicht Zubehör eines Grundstücks sind, und die Geschenke zur Begründung der Lebenspartnerschaft als Voraus zu. Ist der überlebende Lebenspartner neben Verwandten der ersten Ordnung gesetzlicher Erbe, so steht ihm der Voraus nur zu, soweit er ihn zur Führung eines angemessenen Haushaltes benötigt. Auf den Voraus sind die für Vermächtnisse geltenden Vorschriften anzuwenden.

(2) Sind weder Verwandte der ersten noch der zweiten Ordnung noch Großeltern vorhanden, erhält der überlebende Lebenspartner die ganze Erbschaft.

(3) Das Erbrecht des überlebenden Lebenspartners ist ausgeschlossen, wenn zur Zeit des Todes des Erblassers

1. die Voraussetzungen für die Aufhebung der Lebenspartnerschaft nach § 15 Abs. 2 Nr. 1 oder 2 gegeben waren und der Erblasser die Aufhebung beantragt oder ihr zugestimmt hatte oder

2. der Erblasser einen Antrag nach § 15 Abs. 2 Nr. 3 gestellt hatte und dieser Antrag begründet war.

In diesen Fällen gilt § 16 entsprechend.

(4) Lebenspartner können ein gemeinschaftliches Testament errichten. Die §§ 2266 bis 2273 des Bürgerlichen Gesetzbuchs gelten entsprechend.

(5) Auf eine letztwillige Verfügung, durch die der Erblasser seinen Lebenspartner bedacht hat, ist § 2077 Abs. 1 und 3 des Bürgerlichen Gesetzbuchs entsprechend anzuwenden.

(6) Hat der Erblasser den überlebenden Lebenspartner durch Verfügung von Todes wegen von der Erbfolge ausgeschlossen, kann dieser von den Erben die Hälfte des Wertes des gesetzlichen Erbteils als Pflichtteil verlangen. Die Vorschriften des Bürgerlichen Gesetzbuchs über den Pflichtteil gelten mit der Maßgabe entsprechend, dass der Lebenspartner wie ein Ehegatte zu behandeln ist.

(7) Die Vorschriften des Bürgerlichen Gesetzbuchs über den Erbverzicht gelten entsprechend.

§ 11
Sonstige Wirkungen der Lebenspartnerschaft

(1) Ein Lebenspartner gilt als Familienangehöriger des anderen Lebenspartners, soweit nicht etwas anderes bestimmt ist.

(2) Die Verwandten eines Lebenspartners gelten als mit dem anderen Lebenspartner verschwägert. Die Linie und der Grad der Schwägerschaft bestimmen sich nach der Linie und dem Grade der sie vermittelnden Verwandtschaft. Die Schwägerschaft dauert fort, auch wenn die Lebenspartnerschaft, die sie begründet hat, aufgelöst wurde.

Abschnitt 3
Getrenntleben der Lebenspartner

§ 12
Unterhalt bei Getrenntleben

(1) Leben die Lebenspartner getrennt, so kann ein Lebenspartner von dem anderen den nach den Lebensverhältnissen und den Erwerbs- und Vermögensverhältnissen während der Lebenspartnerschaft angemessenen Unterhalt verlangen. Der nichterwerbstätige Lebenspartner kann darauf verwiesen werden, seinen Unterhalt durch eine Erwerbstätigkeit selbst zu verdienen, es sei denn, dass dies von ihm nach seinen persönlichen Verhältnissen unter

Berücksichtigung der Dauer der Lebenspartnerschaft und nach den wirtschaftlichen Verhältnissen der Lebenspartner nicht erwartet werden kann.

(2) Ein Unterhaltsanspruch ist zu versagen, herabzusetzen oder zeitlich zu begrenzen, soweit die Inanspruchnahme des Verpflichteten unbillig wäre. § 1361 Abs. 4 und § 1610a des Bürgerlichen Gesetzbuchs gelten entsprechend.

§ 13
Hausratsverteilung bei Getrenntleben

(1) Leben die Lebenspartner getrennt, so kann jeder von ihnen die ihm gehörenden Haushaltsgegenstände von dem anderen Lebenspartner herausverlangen. Er ist jedoch verpflichtet, sie dem anderen Lebenspartner zum Gebrauch zu überlassen, soweit dieser sie zur Führung eines abgesonderten Haushalts benötigt und die Überlassung nach den Umständen des Falles der Billigkeit entspricht.

(2) Haushaltsgegenstände, die den Lebenspartnern gemeinsam gehören, werden zwischen ihnen nach den Grundsätzen der Billigkeit verteilt. Das Gericht kann eine angemessene Vergütung für die Benutzung der Haushaltsgegenstände festsetzen.

(3) Die Eigentumsverhältnisse bleiben unberührt, sofern die Lebenspartner nichts anderes vereinbaren.

§ 14
Wohnungszuweisung bei Getrenntleben

(1) Leben die Lebenspartner getrennt oder will einer von ihnen getrennt leben, so kann ein Lebenspartner verlangen, dass ihm der andere die gemeinsame Wohnung oder einen Teil zur alleinigen Benutzung überlässt, soweit dies notwendig ist, um eine schwere Härte zu vermeiden. Steht einem Lebenspartner allein oder gemeinsam mit einem Dritten das Eigentum, das Erbbaurecht oder der Nießbrauch an dem Grundstück zu, auf dem sich die gemeinsame Wohnung befindet, so ist dies besonders zu berücksichtigen; Entsprechendes gilt für das Wohnungseigentum, das Dauerwohnrecht und das dingliche Wohnrecht.

(2) Ist ein Lebenspartner verpflichtet, dem anderen Lebenspartner die gemeinsame Wohnung oder einen Teil zur alleinigen Benutzung zu überlassen, so kann er vom anderen Lebenspartner eine Vergütung für die Benutzung verlangen, soweit dies der Billigkeit entspricht.

Abschnitt 4
Aufhebung der Lebenspartnerschaft

§ 15
Aufhebung

(1) Die Lebenspartnerschaft wird auf Antrag eines oder beider Lebenspartner durch gerichtliches Urteil aufgehoben.

(2) Das Gericht hebt die Lebenspartnerschaft auf, wenn

1. beide Lebenspartner erklärt haben, die Lebenspartnerschaft nicht fortsetzen zu wollen, und seit der Erklärung zwölf Monate vergangen sind;

2. ein Lebenspartner erklärt hat, die Lebenspartnerschaft nicht fortsetzen zu wollen, und seit der Zustellung dieser Erklärung an den anderen Lebenspartner 36 Monate vergangen sind;
3. die Fortsetzung der Lebenspartnerschaft für den Antragsteller aus Gründen, die in der Person des anderen Lebenspartners liegen, eine unzumutbare Härte wäre.

(3) Die Lebenspartner können ihre Erklärungen nach Absatz 2 Nr. 1 oder 2 widerrufen, solange die Lebenspartnerschaft noch nicht aufgehoben ist. Widerruft im Falle des Absatzes 2 Nr. 1 einer der Lebenspartner seine Erklärung, hebt das Gericht die Lebenspartnerschaft auf, wenn seit der Abgabe der übereinstimmenden Erklärung 36 Monate vergangen sind.

(4) Die Erklärungen nach Absatz 2 Nr. 1 und 2 und nach Absatz 3 müssen persönlich abgegeben werden und bedürfen der öffentlichen Beurkundung. Sie können nicht unter einer Bedingung oder einer Zeitbestimmung abgegeben werden.

§ 16
Nachpartnerschaftlicher Unterhalt

(1) Kann ein Lebenspartner nach der Aufhebung der Lebenspartnerschaft nicht selbst für seinen Unterhalt sorgen, kann er vom anderen Lebenspartner den nach den Lebensverhältnissen während der Lebenspartnerschaft angemessenen Unterhalt verlangen, soweit und solange von ihm eine Erwerbstätigkeit, insbesondere wegen seines Alters oder wegen Krankheiten oder anderer Gebrechen, nicht erwartet werden kann.

(2) Der Unterhaltsanspruch erlischt, wenn der Berechtigte eine Ehe eingeht oder eine neue Lebenspartnerschaft begründet. Im übrigen gelten § 1578 Abs. 1 Satz 1, Satz 2 erster Halbsatz und Satz 4, Abs. 2 und 3, §§ 1578a bis 1581 und 1583 bis 1586 und § 1586b des Bürgerlichen Gesetzbuchs entsprechend.

(3) Bei der Ermittlung des Unterhalts des früheren Lebenspartners geht dieser im Falle des § 1581 des Bürgerlichen Gesetzbuchs einem neuen Lebenspartner und den übrigen Verwandten im Sinne des § 1609 Abs. 2 des Bürgerlichen Gesetzbuchs vor; alle anderen gesetzlich Unterhaltsberechtigten gehen dem früheren Lebenspartner vor.

§ 17
Familiengerichtliche Entscheidung

Können sich die Lebenspartner anlässlich der Aufhebung der Lebenspartnerschaft nicht darüber einigen, wer von ihnen die gemeinsame Wohnung künftig bewohnen oder wer die Wohnungseinrichtung und den sonstigen Hausrat erhalten soll, so regelt auf Antrag das Familiengericht die Rechtsverhältnisse an der Wohnung und am Hausrat nach billigem Ermessen. Dabei hat das Gericht alle Umstände des Einzelfalls zu berücksichtigen. Die Regelung der Rechtsverhältnisse an der Wohnung oder am Hausrat hat rechtsgestaltende Wirkung.

§ 18
Entscheidung über die gemeinsame Wohnung

(1) Für die gemeinsame Wohnung kann das Gericht bestimmen, dass

1. ein von beiden Lebenspartnern eingegangenes Mietverhältnis von einem Lebenspartner allein fortgesetzt wird oder

Musterbriefe an den Reiseveranstalter

Ärger vor der Reise

Einschreiben – Rückschein
An den Reiseveranstalter
Sonnenstr. 12
80000 München

Datum

Reise nach Kreta vom 1.6.–14.6./Buchungsnummer 12121212

Sehr geehrte Damen und Herren,

vor kurzem haben wir die oben genannte Reise bei Ihnen gebucht. Jetzt haben Sie uns mitgeteilt, dass wir mit folgenden Änderungen rechnen sollen: Vor dem Hotel wird sich eine Baustelle befinden und die Flugroute hat sich geändert.

Wir teilen Ihnen mit, dass wir die Änderungen nicht akzeptieren werden. Wir werden aber die Reise dennoch antreten, da wir von hier aus nicht beurteilen können, ob die Änderungen sich auch wirklich mangelhaft auf unsere Reise auswirken. Wir machen Sie aber darauf aufmerksam, dass wir uns ausdrücklich vorbehalten, eventuelle Ansprüche gegen Sie geltend zu machen.

Mit freundlichen Grüßen

Susanne und Holger Hebbel

Frist zur Abhilfe setzen

Einschreiben – Rückschein
An den Reiseveranstalter
Sonnenstr. 12
80000 München

Datum

Reise nach Ibiza vom 1.6.–14.6./Buchungsnummer 24242424

Sehr geehrte Damen und Herren,

vor kurzem habe ich die oben genannte Reise bei Ihnen gebucht. Jetzt haben Sie mir mitgeteilt, dass ich mit folgenden Änderungen rechnen soll: Das gebuchte Ferienhaus hat nur drei statt vier Zimmer und liegt außerdem statt am Strand etwa 200 Meter vom Strand entfernt.

Ich bin leider nicht bereit, diese Änderungen zu akzeptieren.

Ich setze Ihnen daher eine Frist bis zum (Datum setzen), innerhalb der Sie mir bestätigen, dass Sie die vertraglich vereinbarten Leistungen ohne Mängel erbringen werden.

Falls Sie meiner Aufforderung bis zum genannten Termin nicht Folge leisten, werde ich von meinen gesetzlichen Rechten Gebrauch machen.

Mit freundlichen Grüßen

Klaus Kramer

Kündigen der Reise

Einschreiben – Rückschein
An den Reiseveranstalter
Sonnenstr. 12
80000 München

Datum

Reise nach Lanzarote vom 1.6.–14.6./Buchungsnummer 36363636

Sehr geehrte Damen und Herren,

vor kurzem habe ich die oben genannte Reise bei Ihnen gebucht. Jetzt haben Sie mir mitgeteilt, dass ich mit folgenden Änderungen rechnen soll: Das gebuchte Sporthotel ist ausgebucht, sodass ich in ein anderes Hotel umgebucht werde. Dieses verfügt aber über keinerlei Sportmöglichkeiten.

Bei dieser Änderung handelt es sich um eine erhebliche Änderung, die zu einer Kündigung des Vertrages berechtigt. Ich kündige Ihnen daher den Reisevertrag. Ich fordere Sie weiterhin auf, mir zu bestätigen, dass das Vertragsverhältnis beendet ist und gegen mich keine weiteren Forderungen bestehen.

Den bereits angezahlten Betrag in Höhe von 500,- Euro überweisen Sie bitte auf mein Konto 48484848 bei der Sparkasse XY.

Mit freundlichen Grüßen

Bernd Schuldt

Reklamation an den Reiseveranstalter

Einschreiben – Rückschein
An den Reiseveranstalter
Sonnenstr. 12
80000 München

Datum

Reise nach Kreta vom 1.6.–14.6./Buchungsnummer 12121212

Sehr geehrte Damen und Herren,

ich habe die obenstehende Reise bei Ihrem Unternehmen gebucht.

Leider sind am Urlaubsort folgende Mängel aufgetreten:

Direkt vor dem Hotel befand sich eine Baustelle, die etwa 12 Stunden am Tag erheblichen Lärm verursacht hat.
Unser Urlaub wurde dadurch erheblich beeinträchtigt. Wir erwarten daher von Ihnen ein entsprechendes Minderungsangebot bis zum (Frist setzen), das sich nach den Grundsätzen der Frankfurter Tabelle orientiert.

Mit freundlichen Grüßen

Sabine und Holger Hebbel

Textvorschlag für eine Patientenverfügung:

Klara Mustermann
Beispielsweg 1
20000 Hamburg

Patientenverfügung

Ich, Klara Mustermann (Geburtsdatum und Anschrift), versichere, dass ich im Falle eines unheilbaren Leidens nicht über einen langen Zeitraum mit intensivmedizinischen Maßnahmen am Leben erhalten werden will.
Ich gebe diese Erklärung nach sorgfältiger Überlegung und zu einer Zeit ab, da ich im Vollbesitz meiner geistigen Kräfte bin. Für den Fall, dass ich aufgrund von Bewusstlosigkeit oder anderen körperlichen Beeinträchtigungen nicht mehr in der Lage sein werde, über meine persönlichen Belange zu entscheiden, soll diese Erklärung als meine letztwillige Verfügung gelten.
(An dieser Stelle ist es ratsam, einen Hinweis auf die eigene Krankheit einzufügen.)
Diese Verfügung soll befolgt werden, wenn ich an einer körperlichen oder geistigen Krankheit oder Schädigung leide, von der angenommen werden muss, dass sie mir schwere Leiden verursachen und mir ein Leben bei Bewusstsein unmöglich machen wird. Sofern in einer solchen Situation nach ärztlichem Ermessen keine Aussicht auf meine Gesundung oder zumindest die Verbesserung meines Gesundheitszustands besteht, fordere ich, dass man mich sterben lässt. In diesem Fall sollen an mir keine lebensverlängernden intensivmedizinischen Maßnahmen und Behandlungen mehr angewendet werden.
Ich verlange weiterhin, mir dann die notwendigen Medikamente zu verabreichen, die mich von Schmerzen und großer Belastung befreien, auch wenn dadurch voraussichtlich der Augenblick meines Todes früher eintreten wird.
Diese Erklärung ist von mir unterzeichnet und datiert in Gegenwart von zwei Personen, die auf mein Ersuchen hin durch ihre Unterschrift meine Willenserklärung bezeugen.

Ort, Datum, Unterschrift der Verfasserin

Namen und Anschriften der Zeugen/Ort, Datum, Geburtsdaten, Unterschriften der Zeugen

(Mit freundlicher Genehmigung der Ärztekammer Hamburg, Humboldtstr. 56, 22083 Hamburg)

Textvorschlag für eine Vorsorgevollmacht:

Klara Mustermann
Beispielsweg 1
20000 Hamburg

Vorsorgevollmacht

Hiermit erteile ich, Klara Mustermann (Geburtsdatum und Anschrift), meinem Sohn, Herrn Ernst Mustermann (Geburtsdatum und Anschrift), Vollmacht, mich in allen Angelegenheiten vollen Umfanges zu vertreten, in denen eine Vertretung rechtlich zulässig ist. Der Bevollmächtigte darf Untervollmachten erteilen und widerrufen. Diese Vollmacht soll durch meinen Tod nicht erlöschen.

Diese Vollmacht erstreckt sich auch auf alle Angelegenheiten der Personensorge, insbesondere der Gesundheitssorge. Der Bevollmächtigte darf für mich auch in Untersuchungen meines Gesundheitszustandes, Heilbehandlungen und ärztliche Eingriffe einwilligen. Dies gilt auch für besonders risikoreiche Eingriffe, bei denen die Gefahr besteht, dass ich dadurch sterbe oder einen schweren und länger andauernden gesundheitlichen Schaden erleide (§ 1904 BGB). Hierzu entbinde ich alle Ärzte und Pflegepersonen gegenüber dem Bevollmächtigten von ihrer Schweigepflicht. Er ist ebenfalls berechtigt, meinen Aufenthalt zu bestimmen, insbesondere auch über eine notwendig werdende Einweisung beziehungsweise dauernde oder zeitweise Unterbringung in einem Krankenhaus oder in einem Pflegeheim mit Freiheitsentziehung zu entscheiden und die Einwilligung in notwendige unterbringungsähnliche Maßnahmen, wie zum Beispiel das Anbringen von Bettgittern beziehungsweise Bauchgurten oder die medikamentöse Ruhigstellung, zu erteilen (§ 1906 BGB).

Mir ist bewusst, dass diese Vollmacht umfassend und generell ist. Ich kann dem Bevollmächtigten jedoch jederzeit im Innenverhältnis konkrete Weisungen erteilen. Ich weise den Bevollmächtigten darauf hin, dass

- *er verpflichtet ist, meine gesonderten Weisungen zum Gebrauch dieser Vollmacht zu beachten,*
- *ich diese Vollmacht jederzeit frei widerrufen kann,*
- *er mir bei einem Widerruf diese Vollmacht persönlich aushändigen muss,*
- *er seit dem 1.1.1999 für die Einwilligung in Maßnahmen, die in den §§ 1904 und 1906 BGB geregelt sind, die Genehmigung des Vormundschaftsgerichtes benötigt,*
- *mein in einer gesonderten Patientenverfügung geäußerter Wille konsequent beachtet wird.*

Ort, Datum, Unterschrift der Verfasserin

Ich/wir bestätige(n), dass Frau Klara Mustermann die Vollmacht im Vollbesitz ihrer geistigen Kräfte unterschrieben hat.

Namen und Anschriften der Zeugen/Ort, Datum, Geburtsdaten, Unterschriften der Zeugen

(Mit freundlicher Genehmigung der Ärztekammer Hamburg, Humboldtstr. 56, 22083 Hamburg)

Textvorschlag für eine Betreuungsverfügung:

Klara Mustermann
Beispielsweg 1
20000 Hamburg

Betreuungsverfügung

Für den Fall, dass für mich, Klara Mustermann (Geburtsdatum und Anschrift), eine gesetzliche Vertretung (Betreuung) eingerichtet werden muss, möchte ich, dass mein Sohn, Herr Ernst Mustermann (Geburtsdatum und Anschrift), diese Aufgabe übernimmt.
Ich möchte im Pflegefall so lange wie möglich zu Hause versorgt werden.
Ich möchte gern weiterhin regelmäßig Kontakt zu Frau/Herrn XY haben.
Ich möchte, dass mein in der anliegenden Patientenverfügung geäußerter Wille konsequent beachtet wird.

Ort, Datum, Unterschrift der Verfasserin

(Mit freundlicher Genehmigung der Ärztekammer Hamburg, Humboldtstr. 56, 22083 Hamburg)

Auszug aus der ADAC-Schmerzensgeldtabelle von Hacks/Ring/Böhm.

Quelle: „Schmerzensgeldbeträge“, ISBN 3-89905-030-4, 68,00 Euro

Hinweis: Die Tabelle zeigt auf, welche Schmerzensgeldbeträge das Gericht in genau diesem Fall zugesprochen hat. Es kommt aber immer auf die konkreten Umstände im Einzelfall an. Daher kann die Tabelle nur eine Orientierung für vergleichbare Fälle bieten.

Die Beispiele betreffen sowohl Verletzungen bei Verkehrsunfällen als auch ärztliche Behandlungsfehler.

Art der Verletzung und deren Folgen	Schmerzensgeldbetrag in Euro
Prellung beider Knie	100
2 cm große Verbrennung 2. Grades an der Außenseite des Unterschenkels, 5 Wochen ärztliche Behandlung	200
Schleudertrauma der Halswirbelsäule, Schulterprellung	250
Psychische Anpassungsstörung nach Verkehrsunfall	500
Schädelriss, Gehirnerschütterung, multiple Prellungen eines 5-jährigen Jungen	1.000
Darmverschluss mit erforderlicher Bauchoperation, Verletzung ärztlicher Aufklärungspflicht vor Implantation eines „Magenvolumen-Reduzierballons“, 40 % Mitverschulden	1.500
Rippenserienfraktur, Beckenprellung, HWS-Distorsion	2.250
Infektion und Teilversteifung des rechten Zeigefingers infolge ärztlichen Behandlungsfehlers. Patient konnte Arbeit wieder aufnehmen.	3.000
Narben im Bereich der beiden Gesäßhälften aufgrund einer fehlerhaften Injektion. Langwieriger Heilungsprozess	4.000
Perforation des Wurmfortsatzes „Blinddarmdurchbruch“ mit anschließender Peritonitis infolge eines ärztlichen Behandlungsfehlers (Hinauszögern der Operation)	5.000
Skalpierungsverletzung mit deutlich erkennbarer 15 cm langer und etwa 1,5 cm breiter Narbe über der ganzen Stirn, ca. 2–3 cm über den Augenbrauen. Entstellende Narben an der Stirn. Später eventuelle kosmetische Operation.	6.000
Schwerste Leberquetschung, Zerreißung des rechten Leberlappenbandes, Bruch der 9. und 10. Rippe	7.000

Verlust des linken Zeigefingers nebst dazugehörigem Mittelhandknochen eines 10-jährigen Jungen	7.500
Milzverlust	9.000
Sterilisations-Operation ohne vorherige Einwilligung	10.000
Gelenkstarre des rechten Armes	12.500
Unfallbedingte Amputation sämtlicher Finger der linken Hand	15.000
Verschluss der linken Armarterie, dadurch Verlust zweier Finger	20.000
Verlust des rechten Auges	25.000
Stimmbandlähmung nach Schilddrüsenoperation. Mangelnde ärztliche Aufklärungspflicht	30.000
Amputation des rechten Unterschenkels	40.000
Verlust der Gebärmutter durch ärztl. Kunstfehler	50.000
Totale Oberarmamputation	60.000
Nahezu völlige Erblindung eines sechs Monate alten Kindes durch Schütteltrauma	75.000
Inkomplette Querschnittslähmung ab Hüftgelenk	100.000
Komplette Querschnittslähmung an Hals, Patientin kann nicht sprechen	250.000

Stichwortverzeichnis

V

W

Z

Der WISO-Zuschauerservice

Das ZDF-Wirtschaftsmagazin WISO ist nicht nur auf dem Bildschirm Marktführer. Darüber hinaus bietet die Redaktion zur Ergänzung und Vertiefung der Tipps und Themen auch zahlreiche sendungsbegleitenden Informationen: zum Abrufen per Fax, im Internet, per TV-Gerät als ZDF-Text, als Buch und als Software. Hier ein Überblick über die wichtigsten Dienstleistungen:

WISO. Das Wirtschaftsmagazin – immer montags, 19.25 Uhr im ZDF.

Der WISO-Zuschauerservice:

WISO im ZDF.text auf den Tafeln ab 530.

WISO-Faxabruf. Kompakte „geldwerte" Informationen zu den Themen aus der WISO-Sendung. Das aktuelle Inhaltsverzeichnis finden Sie im ZDF.text, Tafel 533, oder unter Fax 0190/25 00 25 (0,62 € pro Minute).

WISO im Internet. Unter www.zdf.de mit Kurzfassungen der WISO-Tipps, aktuellen Zinskonditionen, Börseninformationen und vielen anderen aktuellen Infos, die Ihnen helfen können, Geld zu sparen oder zu verdienen.

WISO-Magazin. Vierfarbige Monatszeitschrift. Erscheint 12-mal jährlich. Mit vielen zusätzlichen Informationen zu den Beiträgen aus den WISO-Sendungen des Vormonats. Preis: 4,70 € als Einzelexemplar, 48,00 € im Jahresabonnement. Bestellung unter Tel. 01805/35 45 55 oder e-mail: wiso-service@zdf.de.

WISO-CD-ROM. Das monatlich erscheinende Medium für den PC. Ebenso wie WISO-Magazin mit zahlreichen Zusatzinformationen zu den WISO-Themen des Vormonats sowie WISO-Wirtschaftslexikon, Graphikbibliothek, zusätzlichen „Knüllern" (Software). Hypertext ermöglicht einfaches Durchblättern und Zugriff auf Querverweise. Preis pro Stück: 7,14 €, im Abonnement 70,56 €. Bestellung unter Tel. 01805/35 45 55, per e-mail: wiso-service@zdf.de oder unter www.zdf.de im „WISO-Shop".

WISO-Bookware: Buch und Software in einem Paket
Software-Produkte aus der WISO-Redaktion. Komplette Übersicht: siehe WISO-Shop. Viele Testsieger in ihrem Segment. Zum Beispiel:

WISO-Sparbuch. Erscheint jährlich in aktueller Ausführung; Begleitbuch und Software auf CD-ROM. Macht das Ausfüllen der Steuerformulare zum Kinderspiel. Bezugsquelle: Buch- und Softwarehandel oder „WISO-Shop" unter www.zdf.de.

WISO-Börse: Software zur Analyse und Verwaltung Ihrer Wertpapiere. Begleitbuch mit einer Einführung in das Geschehen an der Börse und zahlreichen Tipps. Bezug: siehe oben.